조선왕조 영의정 173人의 삶과 권력

영의정실록
(제1권)

영의정 실록 제1권

초판 1쇄   2020년 07월 13일

지은이   박용부
발행인   김재홍
디자인   조혜수
교정 · 교열   김진섭
마케팅   이연실

발행처   도서출판 지식공감
등록번호   제2019-000164호
주소   서울특별시 영등포구 경인로82길 3-4 센터플러스 1117호 (문래동1가)
전화   02-3141-2700
팩스   02-322-3089
홈페이지   www.bookdaum.com
이메일   bookon@daum.net

가격   20,000원
ISBN   979-11-5622-515-7 04910
SET ISBN   979-11-5622-514-0

CIP제어번호   CIP2020022982
이 도서의 국립중앙도서관 출판예정도서목록(CIP)은 서지정보유통지원시스템 홈페이지(http://seoji.nl.go.kr)
와 국가자료공동목록시스템(http://www.nl.go.kr/kolisnet)에서 이용하실 수 있습니다.

조선왕조 영의정 173人의 삶과 권력

영의정실록 1

박용부 편저

지식공감

서문

—
1
—

인간은 태어나면서부터 이기적인 존재로 보다 편안하고, 보다 안전하고, 보다 즐거운 삶을 끝없이 추구해 나간다. '보다'라는 기준은 스스로가 정한 기준에서 끝나는 것이 아니라 남과의 비교를 통한 기준으로 바뀌어 서로 간에 치열한 경쟁을 한다. 경쟁을 통해 얻은 성취는 만족감과 즐거움을 더욱 가중시켜 주고 또 다른 보상까지 안겨다 준다. 바로 권력이다. 그 권력이 신분이거나 금전이거나 전문자격이거나를 막론하고, 권력을 통해 보다 나은 삶을 구현할 수 있다고 믿기에 대부분의 사람들은 권력을 차지하기 위해 전력을 다한다.

인간의 역사는 끝없는 권력 투쟁의 역사다. 권력을 향한 인간의 욕구는 그 끝을 찾을 수가 없다. 권력에는 왕권력, 공권력, 금권력, 전문력, 완력 등등이 있다. 왕권은 절대 왕조시대 최고 존엄의 권력으로 아무나 범접할 수 없는 영역이었기에 감히 추구할 수 없는 권력이었다. 일반 백성이 접근할 수 있는 권력으로 국가권력인 공권력과, 돈이면 뭐든 해결할 수 있다고 믿는 금권력과, 재능이나 기술에 의해 주어지는 전문력과, 힘으로 해결할 수 있다고 믿는 완력 등이 있다.

권력은 시대에 따라 그 가치 기준을 달리해 왔다. 원시사회에는 완력이 가장 큰 권력을 발휘했고, 시대가 발전함에 따라 완력에서 무력으로 무력에서 지력으로 변화해 오다가 국가조직이 형성되면서부터 법이 보장해주는 공권력이 가장 큰 권력을 차지하게 되었다. 금권력과 전문권력은 조직사회가 분업화되면서부터 서서히 그 두각을 발휘하기 시작하여 자본주의 사회에 접어들고부터는 어마어마한 힘을 발휘하게 되었다. 자본주의가 강화될수록 금권력의 가치는 하늘로 치솟아 너나 할 것 없이 금권을 차지하기 위해 인간사회 삶의 기본규칙인 윤리 규범마저 헌신짝처럼 취급해 버리고 만다. 공권력은 유한하지만 금권력은 무한하기에 공권력을 가진 사람도 금권을 차지하기 위해 권력을 남용하고 탈법을 자행한다. 법의 힘으로 공권력을 차지하고, 국민 위에 군림하다가 정작 금권력 앞에서는 법을 저버리고 만다. 유한 권력 후의 무한 금력을 생각하며 금력으로 권력을 살 수 있다고 믿기 때문이다.

권력이 무엇이길래 인간은 수천 년 전부터 그토록 권력을 차지하려 하고 한번 차지한 권력은 놓치지 않으려 하며, 과학기술의 발달로 농업사회에서 4차 산업사회로 삶의 방식이 송두리째 바뀌어버린 지금끼지도, 권력을 차지하려는 인간의 욕구는 아무런 변화도 없이 더 치열하고 더 비굴하며 더 참혹하게 물불을 가리지 않고 다투고 있는 것일까. 물질문명이 발달하면 할수록 사회가 복잡하면 할수록 인문학은 더 발전하는 것이 아니고 오히려 퇴보하는 방향으로 흘러가고 있는 것은 아닐까.

2

서구사회에서 대학이 설립되고 전공 학부가 생겨나는 과정을 살펴보면 인간의 욕구가 그대로 반영되고 있음을 알 수 있다. 서구 대학의 전공 신설 순서는 르네상스 이전에 신학과 법학과 의학이 생겨났고, 르네상스기에 철학과 문학과 사학이 생겨났으며, 산업혁명이 시작되면서부터 경상계열과 공학계열이 나타나게 된다. 전공설립 순서가 사회의 욕구에 따라 생겨난 것이다.

서구사회 대학은 1088년에 설립된 이태리 볼로냐 대학을 그 출발점으로 본다. 5세기부터 13세기까지의 서구사회는 신이 지배하던 사회로 과학의 암흑기였다. 신의 명령에 의해 신의 이름으로 움직이던 신 중심사회에서는 신의 말씀을 전파하고 집정하는 사제가 가장 큰 권력을 가지고 있었다. 그러한 집정관을 양성하기 위해 신학을 가르치는 교육기관이 필요했다. 그래서 생겨난 학교가 수도원학교였고 모든 공교육 기관의 출발 자체가 수도원학교로부터 시작되었다. 상급의 학교가 만들어지면서 신학을 전공하는 학과가 생겨났다. 신학에 이어 법학과 의학이 등장했다. 사람이 사는 사회는 논쟁과 송사가 있기 마련이었고 이를 중재하고 판결하는 율사가 무엇보다 필요했다. 율사의 권력은 국가가 부여한 가장 큰 공권력이었다.

인간의 삶은 생로병사의 과정이라 누구나가 살면서 병마와의 싸움을 피할 수가 없다. 아픔을 치료하고 병을 고쳐주고 삶을 연장해주는 의사의 전문권력은 모든 사람에게 도움을 주는 따스한 권력이었다. 인류사회가 존재하는 한 영원히 이어질 전문의술로 시민들이 부여한 전문권력이다.

　왕권사회에서 왕을 대리하여 법을 집행하고 통치하는 공권력자들이 있었다. 군주의 권력을 대신하여 집정하는 집정관이자 관료이자 귀족인 상류층의 인사들이다. 이들에게는 전문 학력이 필요한 건 아니었지만 귀족으로서 갖추어야 할 필수능력으로는 글을 읽고 쓰는 능력, 조리 있게 논리적으로 말하는 능력, 도형의 구획을 구분하며 셈할 수 있는 계산 능력, 천문인 해와 달과 별자리를 읽고 기후와 미래를 예측할 수 있는 능력, 시를 짓고 운율에 따라 풍류를 즐길 수 있는 음악적 소양 능력 등은 지도자로서 갖추어야 할 기본 능력으로 인문학적 소양이있다. 인문학적 소양 능력은 대학에서 필수 교양과목으로 등장했는데 이는 대학이 생기기 이전부터 이미 존재하고 있음을 알 수 있다. 삶의 근원적인 의문에 질문을 던지고 답했던 소크라테스, 플라톤, 아리스토텔레스 등의 그리스 철학자와 수많은 소피스트들이 아카데미를 형성하여 유럽 사회의 사상을 이끌었고, 동양에서는 공자, 맹자, 노자, 장자, 묵비자 등의 사상가들이 동양 사회를 이끌었다. 수신제가 치국평천하를 기본 덕목으로 내세우는 동양에서는 서양과 달리 소양을 갖춘 자만이 남을 통치할 수 있다고 믿었기에 인문학이 인재 등용시험의 주요과목으로 채택되었고, 이에 따른 학습은 필수였지만, 서양에서는 인문학이 지식인으로서 반드시 갖추어야 할 필수 소양이긴 했지만, 권력으로서 직접 힘을 발휘하지 못했기 때문에 대학의 전공으로는 실용학문보다 늦게 출발했을 수도 있다. 서양에서는 실용학문 위주로 권력에 다가섰고, 동양에서는 먼저 인간이 된 자가 남을 통치할 수 있다고 판단했기에 인문학이 먼저 권력에 다가섰다고 볼 수 있다. 이들이 내세운 인문학이 모여 철학이 되고 문학이 되고 사학이 되었다.

이들 전공 외에 수 세기 이후에 등장하는 상학이나 공학은 산업혁명과 더불어 등장하였다. 가내수공업에서 탈피하여 대규모 공장이 생기고 많은 인력이 필요로 하게 되면서부터, 그 조직을 관리 운영하고 생산품을 판매하며 재고량과 재정을 관리하며 경제의 흐름을 파악해야 하는 요구에 따라 경영학과 경제학의 전공이 필요했고, 새로운 기계기술을 발명해야 하는 요구에 따라 공학 분야의 학문들이 생겨난 것이다. 여타의 어학, 무역학, 교육학 등도 국제교류와 다양한 인재양성의 필요에 따라 이 시기를 기점으로 사회수요에 따라 등장하기 시작하였다. 모두가 이러저러한 권력의 분점과 권력을 차지하기 위한 수단에 의해서 만들어졌다.

인간 개개인은 누구나 절대적인 권리를 가지고 있고 이 절대적 권리는 남에게 빼앗기지 않으려고 한다. 영국의 사상가 존 로크는 인간의 '절대적 권리'로 생명권과 자유권과 재산권을 말하며, 인간이 자연 상태에서는 혼자의 힘으로 절대적 권리를 지켜나가기 어려우므로 사회를 형성한다고 말하고 있다. 개개인의 절대적 권리를 지키려고 만든 사회가 공룡이 되어 개개인을 통제하는 국가권력이 된 것이다.

국가권력을 어떤 권력체제로 꾸려 나갈 것인가는 권력을 장악한 지배구조에 달려있다. 서구사회에서의 지배체제 구조의 흐름은 노예제 사회에서 봉건제 사회로, 봉건제 사회에서 절대왕정체제로, 절대왕정체제에서 시민사회체제로 흘러왔다. 국가권력은 모든 개개인이 가진 절대권리를 선거를 통해 뽑은 대리자에게 일부 위탁함으로써 그 모여진 절대권으로 통치하는 것이다. 따라서 모든 국가권력은 국민에게서 나오는 것이다.

—
3
—

조선의 사회는 신분제 사회에 절대왕정체제가 복합되어 정치권력을 행사해 왔다. 사농공상의 신분 사회는 오직 양반 신분을 가진 자만이 공권력을 가질 수 있는 사회였고, 생산력을 책임지는 농민은 농자천하지대본이라는 혹세무민하는 입발림으로 서열은 두 번째 위치에 놓여 있었지만, 군역과 부역과 조세를 책임져야 했고, 권력을 가진 양반들이 수탈하는 대상일 뿐 공권력의 근처에도 다가설 수가 없었다. 서구사회에서 인정을 받았던 의료인과 공인과 상인은 서열상으로는 하위였지만 전문력과 금력을 쥐었기에 중인으로서 중간적 위치의 권력을 가지고 있었다.

조선왕조의 역사도 양반들의 권력 투쟁의 역사다. 왕족만이 오를 수 있는 왕권은 정실소생(적자) 간의 다툼의 연속이었고, 왕권을 이용하여 권력을 쥐려는 권간들의 암투로 왕권이 바뀔 때마다 순탄한 왕위세습은 손꼽을 정도였다. 일인지하 만인지상의 영의정 자리는 왕족이 왕권을 차지하는 데 얼마만큼 공훈을 세웠느냐에 따라 결정되는 경우가 많았기에 조선왕조 27명의 왕이 바뀔 때마다 공훈을 세우려는 권모술수와 다툼으로 수많은 사람이 희생되어야 오를 수 있는 자리였다. 조선왕조 519년 동안 최고의 자리에 오른 173명의 영의정의 역사는 곧 조선의 내면을 좀 더 깊숙이 말해준다. 조선왕조 왕권 다툼의 역사를 살펴보자면,

위화도 회군으로 고려왕조를 부정하고 왕위에 오른 태조는 재위 7년 만에 이방원이 일으킨 제1차 왕자의 난으로 왕권을 정종에게 넘겨주었고, 정종은 아우 이방간과 이방원의 왕권 다툼인 2차 왕자의 난으로 재위 2년 후 왕권을 태종 이방원에게로 넘겼다. 두 차례의 왕권 이양을 주도했던 태종은 왕권 강화를 주목표로 삼고, 왕권에 방해되는 요인은 개국공신이라도 과감히 처단하였으며 처가까지도 멸문지화에 이르게 했다. 세자 양녕이 문란한 생활을 하자 14년간 세자생활을 한 양녕을 폐하고 세종에게 왕권을 물려주었다.

세종은 32년간 재위하면서 국가를 반석 위에 올려놓았고 처음으로 왕권을 적장자에게 세습하였다. 순탄하게 왕권을 세습받은 문종은 29년간 세자생활을 하였으나 병약하여 재위 2년 만에 병사하였고, 어린 나이로 왕권을 세습 받은 단종은 왕위를 노리던 삼촌 수양대군에게 재위 3년 만에 왕권을 강탈당하고 만다.

조카의 왕위를 빼앗은 세조는 집권기간 내내 술잔치를 벌이며 왕권찬탈에 협조한 공신들을 위무하며 저지른 일을 잊으려 했으나, 14년간 재위하는 동안 세자 도원군(처 인수대비)이 먼저 죽었고 둘째 아들 예종에게 왕위를 넘겼으나 둘째마저 1년 만에 단명하고 만다. 예종에게는 왕위를 물려줄 3살 난 적장자 제안대군이 있었으나, 인수대비의 둘째 아들과 한명회의 딸 간의 혼인을 맺는 왕권담합으로 왕위는 인수대비의 둘째 아들 성종에게로 넘어간다.

11세에 취임한 성종은 대왕대비(세조비) 정희왕후와 친모 인수대비의 수렴청정으로 정치를 시작하였고, 왕비가 된 한명회의 딸이 자녀 없이 5년 만에 죽자 후궁이던 폐비 윤씨를 왕비로 봉하였고 아들 연산을 낳았다. 평소 폐비 윤씨를 못마땅해 하던 인수대비는 폐비 윤씨가 성종의 여성 편력을 문제삼아 질투를 하여 임금의 용안에 손톱자국을 남기자 왕비를 폐위시키고 사약을 내렸다. 12명의 처첩을 두었던 성종은 38세의 나이로 죽고 우여곡절 끝에 왕위에 오른 연산은 재위 12년 동안, 사초 문제로 무오사화를 일으키고, 어머니의 비참한 죽음을 알고 갑자사화를 일으켜 조정을 피바다로 만들었다. 폭정에 못 견딘 반정공신들이 중종반정을 일으켜 왕권은 성종의 적자 아들인 진성대군에게로 돌아갔다.

왕권 반정으로 왕위에 오른 중종에게는 정비 장경왕후가 맏아들 인종을 낳다가 엿새 만에 죽었으며, 이어 후비로 들어온 문정왕후가 인종을 기르며 둘째 아들 명종을 낳아 왕실을 이을 두 명의 대군이 있었다. 중종이 재위 39년을 누렸으니 반정공신들은 이미 모두 공덕을 입어 권력을 누렸고, 왕자의 외척들이 권력을 두고 다투고 있었다.

중종이 승하하자 인종의 외척 윤임과 명종의 외척 윤원형 간의 권력다툼이 벌어졌다. 25년간 세자생활을 한 맏아들 인종이 왕위를 계승하자 외삼촌 윤임이 집권하여 권력을 휘둘렀고 윤원형은 탄핵을 받아 파직되었는데 인종이 6개월 만에 31세의 나이로 죽고 만다. 독살설이 나돌았고 왕권은 12살 난 이복동생 명종에게로 넘어가고 외삼촌 윤원형이 집권한다.

문정왕후의 수렴청정이 시작되었고 동생 윤원형이 무한 권력을 행사하며 인종의 외삼촌 윤임 세력과 사림들을 처단하는 을사사화를 일으킨다. 거슬릴 것 없이 무한 권력을 누리며 부를 축적했던 윤원형도 누이 문정왕후가 죽자 수많은 금은보화를 처분도 못 한 채 시골로 유배를 당했다가 애첩 정난정과 함께 자결하고 만다. 명종은 불과 34세였는데 후계자 없이 사망하고 말았다.

왕권은 다시 거슬러 올라가 중종의 서자 출신 덕흥군의 아들 선조에게로 넘어갔다. 조선왕조 처음으로 서자 출신 계보에서 왕이 탄생한 것이다. 세자교육을 받지 않고 왕위에 오른 선조는 참으로 무능했다. 재위 시절 당파가 생겨났고, 임진왜란을 만나 판단력마저 잃은 채 피난 다니기에 급급하였다. 정비 의인왕후와의 사이에 적자 출신의 왕자가 없자 서자 출신의 광해군을 세자로 책봉하여 전쟁을 수습하게 하였다. 7년간의 전쟁이 끝나고 의인왕후가 죽자 인목왕후에게 새장가를 들었는데 영창대군이 태어났다. 적장자 영창대군의 출생으로 16년간 세자생활을 한 광해군을 세자에서 폐위하자는 설이 나돌고 권력은 영창대군을 지지하는 파와 광해군을 지지하는 파로 나뉘어 왕권의 행방에 따라 권력이 움직였다.

그 와중에 선조가 재위 41년 만에 승하하자 왕권은 세자인 광해군에게 넘어갔다. 이 때 중국이 광해의 책봉을 두고 심술을 부렸다. 장자 임해군이 있는데 왜 차자 광해군이 왕이 되었느냐면서 책봉을 미루었다. 임해군이 중풍이 걸려 왕위를 감당할 수 없다고 둘러대자 실사를 나오겠다며 조사단을 파견했다. 결국 뇌물을 주고 사태를 해결한 후에야 광해군의 집권은 무마되었다. 이런저런 고초를 겪으며 왕권을 잡은 광해군과 지지세력인 북인들은 영창대군을 밀었던 서인 세력과 걸림돌인 임해군의 축출은 불 보듯 뻔한 노릇이었다. 이로 인해 많은 서인 세력이 권력에서 쫓겨나 있었고, 북인들은 왕권의 걸림돌이 된 영창대군을 죽이고 인목대비마저도 폐하려 하였다. 권력에서 쫓겨난 서인들은 인목대비를 폐출한 집권세력(북인)의 행위를 인륜의 패륜 행위로 규정하고 인조반정을 일으킨다. 거사계획이 사전에 발각되었음에도 대수롭지 않게 처리했던 광해군은 결국 천하의 폭군으로 누명을 쓴 채 북인들과 함께 역사의 후면으로 밀려나 버렸다. 세자를 죽이고 왕권을 빼앗은 태종과, 왕을 죽이고 왕권을 강탈한 세조에 비하면 대수롭지 않은 사건이었는데도 인목대비를 폐한 죄로 강상의 죄를 범했다 하여 폭군이 되고 말았다.

왕권은 반정을 주도하며 군사를 이끌던 선조의 손자 능양군 인조에게로 넘어간다. 인조는 서인들의 도움으로 왕위에 올랐기에 왕권 강화는 꿈도 꾸지 못한 채 중화사상을 중시하는 서인들의 뜻대로 친명 배금 정책을 펼쳤다. 이로 인해 정묘호란과 병

자호란을 겪어야 했고 아들 소현세자와 봉림대군을 볼모로 잡혀 청나라에 보내야
했다. 인질기간 동안 소현세자와 세자빈 강씨는 청나라에서 적극적인 활동을 하며
관료들과도 허물없이 지냈고, 봉림대군은 복수를 꿈꾸며 지내게 된다. 8년 만에 인
질에서 풀려나 귀국한 소현세자에게 청나라에서 왕위를 이양받게 할 것이라는 왕위
이양설이 나돌던 중 소현세자는 의문사하게 되고, 둘째 아들 봉림대군이 세자로 책
봉되어 귀국하였다.

적장자 소현세자의 아들에게 계승된 게 아니라 둘째 아들 효종에게로 넘어간 것이다.
효종부터 현종, 숙종까지는 왕위가 순탄하게 계승되었다. 효종은 아들 하나에 딸 여
섯을 낳아, 아들 현종이 왕위를 계승하였고, 현종은 아들 하나에 딸 셋을 낳아 아들
이 왕권을 이어받으니 숙종이다.

숙종은 정비소생 셋에게서 왕자가 없었고 남인들이 미인계로 궁녀로 들인 희빈 장
씨 사이에서 아들이 태어났다. 당시 왕후이던 인현왕후는 모함을 당하여 쫓겨났고
아들을 낳은 장희빈을 왕후로 봉하여 그 아들을 원자로 삼았다. 이를 반대하던 서
인의 총수 송시열은 유배를 갔다가 사약을 받고 죽고 만다. 숙종과 장희빈과의 관계
가 소원해질 무렵 인현왕후를 모시던 궁녀의 충성심을 지켜보던 숙종은 그 궁녀를
침실로 불러들여 성은을 베풀었다. 이에 장희빈의 질투가 이어지고 장희빈의 행실
에 실망한 숙종은 점점 멀어지게 되고 결국엔 장희빈을 왕비에서 폐하여 빈으로 봉
하고 인현왕후를 다시 궁중으로 불러들여 왕비에 복귀시켰다. 성은을 입었던 궁녀에
게서 왕자 연잉군이 태어났다. 인현왕후가 죽자 인현왕후를 저주했던 장희빈의 주술
적 행위가 발각되어 결국 궁에서 쫓겨나 사약을 받고 만다. 연산의 생모 폐비 윤씨
의 일을 기억하던 신하들은 두 파로 나누어져, 장희빈의 아들을 세자로 둘 수 없다
는 측과 왕위를 계승해야 한다는 측으로 나누어 다투니 노론과 소론이다. 노론은 무
수리의 아들 연잉군을 지지하였고 소론은 장희빈의 아들 경종을 지지하였다. 당시
의 권력 구조는 서인과 남인이 다투다가 서인이 집권하였는데 서인은 다시 송시열과
윤증 간의 회니논쟁으로 노론과 소론으로 나누어져 노론이 집권하고 있었다.

숙종이 승하하고 장희빈의 아들 경종이 왕위를 오르자 소론이 권력을 잡았다. 노론은 경종이 33세가 넘었는데도 후사가 없고 건강이 쇠약하다는 이유를 들어 연잉군(경종의 이복동생. 영조)을 후계자로 삼을 것을 간청하였고 경종은 이를 승낙하였다. 노론은 한 걸음 더 나아가 경종의 건강을 염려하는 이유를 들어 동생에게 대리청정하게 할 것을 주장하였다. 이 행위를 소론들은 왕위를 찬탈하려는 역모로 규정하고 경종의 허가를 득하여 노론에 대한 대대적인 숙청을 단행하였다. 그러나 경종은 즉위 4년 만에 36세의 나이로 동생 연잉군이 가져다준 게장을 먹고 승하하고 말았다. 다시 독살설이 나돌았고 세제이던 연잉군 영조에게 왕권이 넘어갔다.

영조는 재위기간 동안에 경종의 독살설로 괴로워하였다. 재위 52년간 장기집권을 하다 보니 세자가 장성해지자 왕위 전위설도 내렸다가 거두어들이고, 세자에게 대리청정을 맡겨놓고 사사건건 질책을 하기도 하였다. 세자는 정사를 처리하는 일마다 꾸지람을 받으니 정사를 멀리하게 되고 일탈된 행동을 하게 된다. 세자는 권력의 주위를 맴돌며 왕의 비위를 맞추는 노론들을 멀리하고 소론들과 가까이하니 노론들은 영조의 편에 서서 사도세자의 잘잘못을 일일이 고자질하여 결국은 뒤주 속에서 죽게 하고 만다. 사도세자는 세자생활만 26년을 하고 비운의 죽임을 당한 것이다.

왕권은 손자 정조에게로 넘어갔고, 정조 재위 기간은 노론들과 영조의 계비 정순 왕후와의 결탁으로 한순간도 마음 편히 정치할 수 없었다. 정조의 재위기간은 왕권과 신권을 두고 노론과의 권력싸움이었다. 이를 퇴치하기 위해 노론과 소론과 남인을 고루 등용한 정조는 재위 24년 만에 48세의 나이로 승하하고 만다. 노론들을 꺼렸던 정조도 독살설이 나돌았다.

정조의 후계자로 의빈 성씨가 출산한 장자 문효세자가 죽자 수빈 박씨가 출생한 순조가 왕위를 이어받았고, 순조의 아들 효명세자가 150년 만에 적장자로 태어나니 조정의 경사였으나 효명세자는 세자생활만 26년을 한 채 세상을 떠나고 만다. 순조의 재위기간 34년은 긴 당파싸움에서 벗어나 순조비 순원왕후의 친정세력인 안동김씨의 문벌 정치가 시작된다. 노론 속의 한 문벌이 권력을 독점하는 형태가 된 것이다. 순조는 안동김씨 세력들을 견제하기 위해 아들 효명세자비로 풍양조씨를 세자비로 삼았으나 왕위에 오르지도 못하고 승하하니 견제세력의 꿈도 허위로 돌아가고 말았다.

순조를 이은 왕권은 효명세자의 아들 헌종에게로 넘어갔고 헌종비는 다시 안동김씨가 차지했다. 헌종도 후계자를 두지 못한 채 23세로 승하하였다. 후계자가 없으니 안동김씨들은 사도세자의 후손인 은언군의 손자 강화도령을 철종으로 앉혔고 철종비마저 안동김씨를 들였다. 권력을 이어가기 위해 3대 왕의 왕비를 안동김씨로 채운것이다. 안동김씨 족벌세력은 60년을 이어갔다. 강화도령 철종마저도 후사를 두지 못한 채 33세에 승하하였다.

더 이상 왕권을 계승시킬 곳이 없다고 여기던 즈음 흥선군이 비밀리 숨은 왕권 계승 작업을 하여 흥선군의 가계를 사도세자의 후손으로 입적시켜 흥선군의 아들 이명복에게 왕권이 돌아오게 만들었다. 효명세자비로 대왕대비가 된 조대비와 비밀리 친분을 쌓아 아들을 차기 왕위에 오르게 한 흥선군의 노력의 결실이었다. 아들 고종이 왕위에 오르자 흥선군은 조대비의 수렴청정을 통해 대원군으로 봉해졌고 실권을 쥐어 안동김씨 세력을 몰아내고, 왕비는 외척의 힘을 부리지 못할 아버지도 없는 여흥 민씨를 고종비로 맞아들였으나 큰 오산이었다. 고종이 장성해지니 민비의 지략으로 흥선대원군은 집권 10년 만에 권력에서 밀려났고, 이때부터 민비와 대원군 간의 치열한 권력다툼이 벌어졌다. 외세를 끌어들여 정권을 잡으려는 민비 세력과 문을 걸어 잠근 채 내부세력만으로 권력을 유지하려 했던 대원군 간의 정권 다툼은 나라 기둥이 뿌리째 뽑혀나가는 줄 모르고 있었다. 이를 읽고 있던 일본은 대원군과 민비를 적절히 이용하여 조선 침략의 걸림돌을 하나씩 없애 나가기 시작하였다. 일본은 을미사변을 일으켜 가장 큰 걸림돌인 민비를 죽였고, 고종마저도 이완용을 이용해 퇴위시켰다. 고종과 민비 사이에 태어난 순종이 조선의 마지막 왕위를 이었으나 이미 나라의 실권이 넘겨진 이후의 일이었다.

조선왕조 519년 동안 26차례의 왕위계승이 이루어졌으나 7~8차례만 순조롭게 세습되었고 나머지는 모두 왕권을 둘러싼 암투가 있었다. 그 이면에는 권력을 차지하려는 조정 대신들의 권모술수가 함께 했음은 두말할 나위가 없다. 이토록 조선왕조 519년은 입으로는 국가와 국민을 위한다고 천명하면서 내부적으로는 개인적 권력추구에 일관하면서 권력쟁탈로만 세월을 보냈다. 나라를 지킨다는 허명 아래 국고를 축내고 온갖 부역으로 백성들을 도탄에 빠트린 채 국방력을 소홀히 한 결과 임진왜란과 정묘호란, 병자호란을 맞아 나라는 쑥대밭으로 변하는 경지에까지 이르렀다. 임진왜란이 발발한 지 2개월도 못 되어 전 국토가 유린되었으며, 명나라의 원군을 받고서야 국토가 수복되었고, 병자호란이 일어난 지 15일도 못 되어 수도 서울을 점령당하고 남한산성에 갇혔다가 삼배 구고두례를 당하는 수모를 겪어야 했고, 이후 국내 민란과 정변인 동학란과 갑신정변이 일어났을 때도 국방력이 약해 외세를 업고서야 평정할 수 있었다. 어디 그뿐이랴. 대한민국이 수립된 이후 6·25 동란 때에도 4일 만에 서울을 점령당하고 한 달 만에 부산 일부 지역을 제외하고는 모두 점령당하지 않았던가. 삼국이 나누어져 있던 고구려, 백제, 신라 시대에도 조선 반도보다 더 넓은 영토를 차지하고 있었고, 고려 또한 중국과 대치하며 막강한 국방력을 지녔던 한반도가 사대주의를 표방한 이후부터는 권력을 쥔 위정자들이 국가수호보다는 가산家産수호에 앞장선 결과 그렇게도 나약한 국가로 만든 것은 아니었을까. 만약에 현재 전쟁이 일어난다면 또 어떤 결과를 가져올까.

—
4
—

    필자는 이러한 현실에서 앞서 살아간 조선왕조 519년 동안 왕권 다음의 최고 권력인 영의정 자리는 어떤 사람이 어떤 배경으로 어떻게 그 자리에 올랐고 권력을 누린 이후의 삶과 평가는 어떠했는가를 살펴봄으로써 오늘의 사회를 살아가며 권력을 추구하는 사람들에게 그 메시지를 전달하고자 한다. 다만 개개인별 평가는 독자의 몫으로 돌리고자 한다.

    여기에 수록된 173명의 영의정들은 널리 알려진 이름도 있고 들어보지도 못한 금시초문인 사람도 있다. 당대 최고의 실력자로 영의정까지 오른 인물들은 이름은 남겼지만 이름이 숨겨져 버렸고, 당대에 정승직에는 근처에도 가지 않았지만 이름을 남긴 이순신, 퇴계 이황, 율곡 이이, 사임당 신씨, 다산 정약용, 구암 허준 등등의 수많은 인물들은 해가 갈수록 후세대들에게 점점 각광을 받으며 더 가까이 다가서고 있다.

    조선조 지방 목민관을 평가하는 기준은 수령칠사守令七事라 하여 농상성(農桑盛 : 농업과 잠업을 성하게 함)·호구증(戶口增 : 호구를 증가시킴)·학교흥(學校興 : 학교를 부흥시킴)·군정수(軍政修 : 군정을 갈고닦음)·부역균(賦役均 : 부역의 부과를 균등하게 함)·사송간(詞訟簡 : 소송을 간단명료하게 함)·간활식(奸猾息 : 교활하고 간사한 논쟁을 그치게 함)의 일곱 가지로 평가하였다. 이렇듯 하급관리들도 모든 평가요소가 국가와 국민을 위하여 얼마만큼 노력했는가에 달려 있었다. 주로 관찰사와 암행어사에 의해 평가되었던 이들 평가는 선정을 베푼 목민관은 중앙으로 불러 들여졌고 그렇지 못한 자는 퇴출되었다.

 이러한 평가는 당상관(정3품) 이상이 되면 평가 대상에서 벗어나 평가된 기록이 보이질 않지만 지방 목민관을 평가하던 수령칠사의 평가틀이 중앙관리로서 전혀 고려되지 않을 수는 없었을 것이다. 조선조 역사 동안 등용되고 퇴출된 수많은 인물 중 지금까지 명명되어 전해지는 저명인사들의 면면을 살펴보면 당대 최고의 권력자인 3정승의 순서가 아니라 국가의 발전과 국민의 삶을 위해 얼마만큼 업적을 남겼느냐에 따라 이름이 드러나고 있다는 것이다.

 이순신 장군의 공적은 두말할 필요도 없거니와, 퇴계와 율곡은 수차례의 벼슬자리 부여를 마다하며 오직 후학양성과 학문 발전에 매진하여 조선의 지식사회를 한 단계 상승시켰고, 이름조차 없었던 조선시대 여성으로서 율곡을 길러내며 여성화가로서 작품을 남겼던 사임당 신씨, 천주교 박해로 온갖 고난 속에서도 수많은 저서를 남기고 실용적인 과학기구들을 발명했던 다산 정약용, 중인으로서 국민 건강증진을 위해 의료활동에 이바지한 구암 허준 등은 조선의 역사를 한 발짝 앞서 나가게 했던 장본인들이다. 정약용에 대한 평가는 당대는 물론 정약용 사후 1~2백 년까지는 천주쟁이로 폄하되었지만, 지금은 해가 갈수록 그의 저서에 대한 평가와 학술대회는 물론이고 유적지까지 수많은 인파가 몰려들고 있다.

 이러한 평가는 조선조 역사에만 국한되는 것이 아니라 대한민국에 대한 평가도 향후 100년, 200년이 지난 후 유사한 방식으로 후대의 척도로 평가되어 그 이름이 회자될 것이다. 지금의 학자들이 지금의 눈으로 불과 수십 년 전의 인물을 평가하는 것은 아무런 역사적 의미가 없다는 것이다.

영의정을 지낸 173명의 인물 또한 현저한 공적을 남긴 이도 있지만 악명과 오명을 남겨 조선 멸망을 앞둔 순종 2~3년에 복권된 사람들도 부지기수인 점을 상기해야 할 것이다. 여기서 분명한 것은 어떤 자리에 올랐느냐가 중요한 것이 아니라 어떤 자리에서든 국가와 민족을 위해 무엇을 했느냐가 더 중요한 평가척도가 된다는 것이다.

—
5
—

사람이 일생 동안 살아가면서 의식주 활동을 유지하기 위해서는 누구나 일을 해야 한다. 어디에서 무엇을 어떻게 일하며 살아가느냐는 각자의 능력과 취향과 선택에 따라 달라진다. 조선이란 사회는 선택의 범위가 제한적이었고 지금은 다양하게 늘어났다.

조직사회에서 성장하는 과정은 어떤 사회에서나 비슷한 과정을 거친다. 600년 전의 조선 사회나 현재 사회의 승진과정은 그 방법의 차이는 있을 수 있지만, 적재적소의 인재를 뽑아 쓰는 과정은 같다고 본다. 조선 사회에서는 조직이 정부 관료 조직 하나밖에 없는 조직이었다면 지금의 사회는 활동 공간이 늘어남에 따라 관료 조직 외에도 기업조직, 경제조직,

사회조직, 교육조직, 문화조직, 언론 방송조직, 체육조직 등 다양한 분야에서 조직의 분화가 늘어났고, 활동무대가 늘어난 것일 뿐이다.

당 시대로서는 전혀 예측할 수 없었던 천체의 변화와 그에 따라 일어나는 현상들은 엄청난 위협의 요소였다. 하늘이란 단어는 당 시대에 가장 무서우면서 가장 높은 권력을 가진 절대권력자였다. 그래서 하늘과 관련된 단어는 참으로 많다.

천간지지, 천기누설, 천부인권, 천생배필, 천인공노, 천연자연, 천우신조, 천재지변, 천지개벽, 천지창조, 천진난만, 천진무구, 천하일색, 천하장사, 천하태평, 천부인, 천수답, 천연색, 천일염, 천주교, 천주당, 천주님, 천국, 천공, 천관, 천궁, 천극, 천기, 천당, 천덕, 천도, 천동, 천륜, 천리, 천마, 천명, 천문, 천방, 천벌, 천변, 천복, 천사, 천상, 천생, 천성, 천세, 천수, 천시, 천심, 천안, 천연, 천왕, 천운, 천위, 천은, 천음, 천자, 천재, 천적, 천제, 천지, 천직, 천청, 천총, 천추, 천치, 천하, 천행, 천황, 천평, 천품

하늘에 계신 신이 하느님이 되었고 지금은 종교적인 절대자와 혼동되어 부르고 있다. 어려움이 닥칠 때마다 천지신명과 명산대천 산신령께 기도하였던 그 시대적 상황을 폄하해서도 안된다. 기도를 통해 해결될 수 있다는 긍정적 생각을 가졌고, 부족하다 싶으면 더 많이 더 자주 더 절실한 기도를 올렸다. 특히 가뭄이나 왕실의 우환이 생길 경우 비가 내릴 때까지, 병이 나을 때까지 기도를 올렸다. 흔히 인디언식 기우제로 비가 내릴 때까지 빈다는 말은 우리 조선시대에도 그러했다.

비가 내릴 때까지 기우제를 올린 기록은 어렵지 않게 찾을 수 있다. 그

렇게 빌어도 안 되는 왕실의 우환은 고쳐지지 않을 경우 정성의 부족으로 여겼다. 그렇게 하여 우리 민족은 지금까지 살아왔다.

중국 주변의 모든 종족이 중국이란 이름으로 흡수 통합되어 흔적도 없이 사라졌고, 일본 주변의 유구국을 비롯한 작은 섬나라들이 일본국으로 흡수 통합되어 자취를 감추었다. 그런데도 우리나라는 강대국 중국에 붙어 있으면서도, 일본의 주변국이면서도 조선국으로 대한제국의 이름으로 국가를 전수시켜 왔고 우리는 그 나라들 가운데서 살아가고 있다. 삼국사기와 고려사와 조선왕조실록을 고이 보존하며 역사를 이어온 것이다.

우리 조상들이 믿었던 기도의 대상은 한반도에서 세계 종교의 보급과 함께 귀신으로 몰려 사라져갔지만, 우리 조상들이 그토록 기도하고 빌었던 그 신들은 모두 일본으로 건너가 생활화되어 자체종교로 거듭나 있나. 그린 그들이 세계 속의 강대국으로 자리 잡았고 선진화된 국민으로 살아가고 있다. 종교는 어떤 방식으로든 인간이 신을 믿게 하고 기원하게 하고, 기도를 통해 긍정적인 마음을 갖게 한다. 또한 자신의 삶을 되돌아보게 하고 잘못을 반성하게 하며 뉘우치게 한다. 종교는 교육의 으뜸이고 사회를 정화시켜 나가는 윤리 규범이다. 어느 사회에서 어떤 믿음의 대상을 가졌다고 하여 그것을 천시하거나 비웃을 이유가 없다. 당 시대의 정보의 흐름과 역량으로 당 시대가 택했던 당 시대의 믿음은 그것이 최선의 방책이었기 때문이다.

우리 선조들이 살았던 조선 시대. 그분들이 살아남았기에 오늘의 우리가 존재하는 것이다. 따라서 그들의 삶은 우리에게 소중한 것이고 그 자료는 더더욱 가치 있는 것이다. 지켜나가야 할 소중한 가치는 더욱 지켜

나가고 그 소중한 가치를 후손에게 전달할 때 한민족으로서의 정체성을 이어나가는 것이다.

—
6
—

여기서 다루는 원전은 세종대왕기념사업회와 한국 고전번역원에서 번역한 조선왕조실록의 내용과 세종대왕기념사업회의 국역 국조인물고, 한국학중앙연구원에서 발간한 한국민족문화대사전의 내용을 주본으로 하여 그 내용을 발췌하거나 인용하여 조선왕조 173명의 좌시중, 좌정승, 영의정, 의정, 내각 총리의 기록을 편집하고 때로는 편저자의 뜻을 서술하였다. 조선왕조 전반부의 인물 중 고려 시대에 벼슬한 인명은 한국학 종합 데이터베이스 중 국역 고려사 DB를 참고로 하였다.

조선왕조실록의 원본은 한문이지만 한국고전번역원과 세종대왕기념사업회의 노력으로 국역화 되어 누구나 검색할 수 있다는 것은 조금만 관심을 가진 독자라면 살펴보았을 것이다. 또한 조선왕조실록을 검색해본 사람이라면 번역된 내용도 이해하기 쉽게 읽을 수 없음을 또한 느꼈을 것이다. 번역된 한글 자체가 조선 왕조시대 양반들이 사용하던 단어들이기 때문이다.

우리가 자주 사용하는 많은 한자어들은 이미 한글화되어 읽기에 큰 문제가 없으나 조선 왕조시대에 양반들이 사용했던 한자어들은 일제 36년 동안 단절되어 사용되지 않았고 그 이후 대한민국의 출범과정에서 모두 묻혀버리고 말아 단어 자체가 생소한 경우가 많다. 적어도 100년간 사용하지 않은 글들은 국어사전은 물론 고전 용어사전에도 기록되어 있지 않은 경우도 많다.

우리가 지금 사용하고 있는 한자어들은 우리나라에서 일본으로 건너갔다가 다시 한국으로 넘어온 단어들도 많다는 것이다. 특히 법률 용어들, 정부에서 사용하는 행정 용어 기록들이 그러하다. 따라서 왕조실록의 어려운 한자어의 해석은 전후 문맥의 흐름과 한자를 찾아 유사한 해석을 할 수밖에 없었다.

한글화되어 있는 왕조실록을 읽는 과정도 막힘이 있는데 한문 문장을 번역하는 과정은 얼마나 힘들었을까 하는 점에서 세종대왕기념사업회와 한국고전번역원의 노고에 다시 한번 고개 숙여 무한한 감사를 드린다.

왕조실록의 영의정 개개인별 승진과정을 조사하다가 정확한 임명 시점을 알 수 없는 경우도 많았고, 당파싸움이 한창이던 선조, 광해군, 현종, 숙종, 경종 시대의 경우 정본과 수정보궐본의 기록이 서로 다른 경우 수정본보다는 정본을 기준으로 하였다.

임진왜란과 병자호란, 정묘호란으로 왕조실록이 기록이 미흡한 경우 승정원일기와 비변사등록을 참고로 하였다. 그리고 졸기의 경우 당파싸움으로 두 개가 존재할 경우 둘 다 수록하였다.

조선왕조실록에는 기록되어 있지 않고 인터넷에 떠도는 야사들은 그 가치가 있다고 판단된 것은 가급적 그 야사집을 찾아 출처를 밝혔으나 끝까지 출처를 찾지 못한 경우에는 인터넷에 실린 내용을 그대로 담았다. 묻혀있는 우리의 역사를 우리 국민들에게 알리고 싶은 심정에서다.

이 책의 구성은 전 10권으로 편집되었다.

제1권에서는 태조시대 배극렴, 조준, 정종 시대 심덕부, 태종 시대 성석린, 민제, 이거이, 김사형, 이서, 이화, 하륜, 유정현, 남재, 한상경, 세종시대 심온, 이직을 다루었다.

제2권에서는 세종시대 황희 정승부터 시작하여 하연, 문종 시대 황보인, 단종시대 수양대군, 세조시대 정인지, 정창손, 강맹경, 신숙주, 구치관, 한명회, 황수신, 심회까지 다루었다.

제3권에서는 세조시대 최항, 조석문, 이준, 예종 시대 박원형, 홍윤성, 성종 시대 윤자운, 윤필상, 이극배, 연산군시대 노사신, 신승선, 한치형, 성준, 유순, 중종 시대 박원종, 김수동, 유순정, 성희안, 송질, 정광필, 김전, 남곤, 장순손, 한효원, 김근사, 윤은보를 다루었다.

제4권에서는 인종시대 홍언필, 윤인경, 명종 시대 이기, 심연원, 상진, 윤원형, 이준경, 선조시대 권철, 이탁, 홍섬, 박순, 노수신, 유전, 이산해, 유성룡, 이양원, 최흥원, 이원익, 윤두수, 이항복, 이덕형, 윤승훈, 유영경을 다루었다.

제5권에서는 광해군시대 기자헌, 정인홍, 박승종, 인조시대 윤방, 신흠, 오윤겸, 김류, 이홍주, 최명길, 홍서봉, 이성구, 신경진, 심열, 김자점, 효종 시대 이경석, 이경여를 다루었다.

제6권에서는 효종시대 김육, 정태화, 이시백, 심지원, 현종 시대 홍명하, 허적, 김수흥, 숙종시대 김수항, 남구만, 여성제, 권대운, 유상운, 서문중, 최석정, 신완, 이여, 서종태, 이유를 다루었다.

제7권에서는 숙종시대 김창집, 경종 시대 조태구, 최규서, 영조시대 이광좌, 정호, 홍치중, 심수현, 이의현, 김흥경, 김재로, 조현명, 이종성, 이천보, 유척기, 김상로, 홍봉한, 신만, 윤동도, 서지수를 다루었다.

제8권에서는 영조시대 김치인, 김상복, 한익모, 신회, 김상철, 정조시대 김양택, 서명선, 정존겸, 김익, 이재협, 채제공, 홍낙성, 이병모, 순조시대 심환지를 다루었나.

제9권에서는 순조시대 이시수, 서매수, 김재찬, 서용보, 한상구, 남공필, 헌종시대 이상황, 심상규, 조인영, 권돈인, 정원용, 철종 시대 김흥근, 김좌근, 고종 시대 조두순, 이경재를 다루었다.

제10권에서는 고종시대 김병학, 홍순목, 이유원, 이최응, 서당보, 김병국, 심순택, 김병시, 김홍집, 박정양, 윤용선, 조병세, 이근명, 민영규, 조병호, 순종시대 이완용을 다루었다.

이 책은 조선왕조 519년 동안 살다간 우리 선조들의 삶 중 일반 백성으로서의 최고의 권력에 오른 영의정들의 삶과 정치과정으로 개개인의 삶을 비방하기 위한 것도 아니고 단순한 재미로 읽히기 위한 것도 아니다. 조선 시대 영의정까지 올랐던 인물들은 당 시대의 공인이었고 우리의 역사를 이끌어 온 선현들이다. 따라서 이들의 삶의 과정을 통해 우리 후손들의 삶에 대한 반추와 성찰이 있을 수 있었으면 하는 것이 첫 번째 바람이요, 보다 다양한 방법으로 역사를 고찰하고 밝혀서 세계사에 둘도 없는 귀중한 조선왕조실록을 활용하는 계기가 되었으면 하는 것이 두 번째 바람이요, 오늘날에도 여전히 최고의 권력을 차지하기 위해 국론을 분열시키고 권모술수를 일삼는 정치권력자들과 정치지망생들에게 타산지석이 되었으면 하는 세 번째 바람과 숨어있는 우리의 역사를 통해 인문학의 추구 방향이 좀 더 발전된 방향으로 나아갔으면 하는 네 번째 바람으로 이 책을 엮는다.

끝으로 엄청난 분량의 책을 선뜻 출간하기로 해준 도서출판 지식공감의 김재홍 대표님께 무한한 감사의 뜻을 표하며 이를 주선해준 후배 문병석 교수께도 고마움을 표한다. 아울러 책을 엮기 위해 노력해준 도서출판의 많은 관계자들께도 감사드린다.

2020년 6월 평촌 귀인벌에서
금산琴山 쓰다.

목차

태조 시대

1. 배극렴裵克廉 - 조선 개국의 기초를 다듬다

2. 조준趙浚 - 태조와 태종의 신임을 받은 책사

정종 시대

태종 시대

세종 시대 一

조선왕조 영의정 재임기간

일러두기

1. 영의정 실록의 내용은 조선왕조실록 국역본에 실려 있는 내용을 중심으로 작성하였다. 조선왕조실록 국역본에서 이해가 힘든 부분은 다시 현대적 의미의 글로 바꾸었고 한자어 사용은 자제하고 뜻을 이해하기 어려울 때만 한자를 한글과 병기하였다.

2. 본문에서 인용한 조선왕조실록의 내용은 세종대왕기념사업회와 한국고전번역원에서 발간한 조선왕조실록 한글번역본을 인용하였고, 국조인물고는 세종대왕기념사업회의 번역본을 인용하였다. 조선 시대 전반기 인물 중 고려 시대와 겹친 인물의 기록은 한국학 종합 DB 중 고려사 DB의 내용을 인용하였다.

3. 인적사항과 주요 역사적 기록은 한국학중앙연구소에서 발간한 한국민족문화대백과사전과 한국향토문화대사전, 세종대왕기념사업회에서 발간한 국조인물고의 내용을 기본으로 하고 미흡한 부분은 인터넷 검색을 통해 각 종친회 홈페이지나 블로그에 실려 있는 묘비명의 행장을 참고로 하였다.

4. 조선 후기 영의정들의 승진과정은 조선왕조실록의 기록을 주본으로 하고 비변사등록과 승정원일기도 함께 참고하여 미진한 부분을 보완하였다.

5. 극심한 당파싸움으로 왕조실록이 2개 본으로 작성된 선조실록, 광해군일기, 현종실록, 숙종실록, 경종실록의 경우 정본을 중심으로 작성하였고, 수정보궐본은 정본에서 기록이 없을 경우에 참고로 하였다.

6. 조선 초기에는 관제상 영의정이란 직제가 없어 최고위직으로 임명된 좌시중과 좌정승을 다루었고 조선 말기에는 관제개편으로 최고위직으로 임명된 의정, 총리를 영의정에 포함시켜 작성하였다.

7. 조선 초기의 영의정 임명은 공신들 위주의 발령이어서 후임 영의정과 공백 기간이 거의 없이 이루어졌다. 중기 이후부터 각종 사화, 당파싸움에 의한 환국, 세력다툼으로 인한 공백 기간, 정승에 제수되면 한두 번의 사양을 해야 하는 예법 등으로 공백 기간이 길어져 수 개월간 자리가 비어 있거나 많게는 2년 이상씩 영의정 없이 국정을 운영하는 경우도 있었다. 조선 초기 세종조에 1426년 5월 14일부터 1431년 9월 2일까지의 영의정은 왕조실록 어디에도 기록되지 않아 누구인지 밝힐 수가 없었다.

8. 영의정 개개인에 따라 야사가 있을 경우 역사적 이슈가 된 자료이거나, 인문학적 가치가 있다고 판단되는 자료일 경우 야사가 실린 원본을 구해 작성하였으나 원본을 구할 수 없을 경우 각 문중의 홈페이지, 카페, 블로그에 실린 내용을 참고로 하였다.

조선왕조 왕권의 역사와
영의정직의 변화 (태조~세종)

조선을 건국한 태조 이성계는 국가창업의 정당성을 확보하기 위하여 고려왕조에 대한 철저한 부정에서 출발한다. 고려 공민왕의 뒤를 이은 우왕과 창왕은 공민왕의 후손 왕씨가 아니라 승려 신돈의 아들 신씨라고 단정 짓는다. 우왕과 창왕은 공민왕비와 신돈 간의 불륜으로 태어난 씨앗이기에 이들을 왕위에서 끌어내리고 왕씨인 공양왕을 고려의 마지막 왕으로 추대하고는, 고려를 개혁한다는 명분으로 공양왕마저 실각시킨다. 고려 말기 정치권력의 문란, 온갖 세금 착취로 인해 백성이 도탄에 빠진 점, 불교의 지나친 정치개입 등 더 이상 현 체제로 국가를 이끌어 나갈 수 없다고 선언하고 불교를 배척하고 유교 이념을 도입한 새로운 국가의 건설을 천명한다.

고려중엽부터 중국 원나라의 지배를 당해 수많은 치욕을 겪었기에 대국인 중국 명나라를 섬기겠다는 사대 선언을 표명하고, 조선 초기의 모든 직제는 고려란 국호와 직제를 그대로 사용하였다. 이성계는 고려말 수문하시중으로서 명나라로부터 왕으로 책봉을 받아야 했기 때문에 명나라 조정에 사신을 보내어 승인 요청을 하였다. 이때 보낸 문서는 다음과 같다.

1392년 태조 1년 7월 18일 중국 서울에 가서 예부에 아뢰게 하기를 청하였다. "그 윽이 생각하옵건대, 우리나라 공민왕이 후사가 없이 세상을 떠나자, 역신 신돈의 아들 신우가 권신 이인임 등에 의하여 왕으로 세워졌으나, 신우는 곧 우매하고 사나우며 방자하여 죄 없는 사람을 많이 죽이고, 군사를 일으켜 요동으로 향하려는 지경에 이르렀습니다. 이때 우군도통사 이성계가 상국의 국경을 범할 수 없다고 하면서 대의에 의거하여 군사를 돌이켰습니다. 〈중략〉 간절히 생각하옵건대, 군정과 국정의 사무는 하루라도 통솔이 없어서는 안 될 것이므로, 종친 중에서 가려 뽑아 보니 세상의 인망에 당할 만한 사람이 없었습니다. 오직 문하시중 이성계는 은택이 백성들에게 입혔으며, 공로는 사직에 있어서, 조정과 민간의 마음이 일찍부터 모두 진심으로 붙좇았으므로, 이에 온 나라의 대소 신료와 한량·기로·군민들이 모두 왕으로 추대하기를 원하여, 지밀직부사 조반으로 하여금 앞서 조정에 가서 아뢰오니 삼가 바라옵건대, 번거롭게 아뢰옴을 밝게 살펴서 여러 사람의 뜻을 굽어 따라서, 한 나라의 백성을 편안하게 하소서."

－태조실록 1년 7월 18일－

이런 과정을 통해 왕에 등극한 태조는 국호를 조선으로 승인받았고, 새 시대 새 국가의 건설을 패망한 고려의 수도 개성에서 시작할 수 없었기에 새 도읍지로 한양을 정하였다.

이후 왕이나, 왕비, 세자가 책봉되거나 바뀔 때마다 중국에 주청 사은사를 보내 고명(승인장)과 도장(옥새)을 인가받아야 했다. 거기다가 새해 정조일, 황제의 탄신일인 성절聖節, 황태자의 생일인 천추절, 동짓날마다 축하 사은사를 보내 공물을 바쳐야 했고, 새해 첫날에는 문무백관이 조정 뜰에 모여 중국 대궐을 향하여 신년을 하례하는 망궐례를 행하여야 했다. 더군다나 중국 사신이 황제의 칙서를 가지고 와서 전해줄 때도 칙서를 향해 황제 대하듯이 절을 올리는 수모를 거리낌 없이 받아들여야 했다.

"1425년 세종 7년 2월 11일 명나라 사신 내관 윤봉과 박실이 서울에 들어오니, 임금이 왕세자 이하 여러 신하를 거느리고, 모화루로 거둥하여 칙사를 맞이하고, 창덕궁에 이르러 예를 행하기를 의식과 같이하였다. 임금이 사신과 더불어 두 번 절하고, 다례를 행하였다."

삼국시대와 고려중엽까지만 해도 중국과 맞서 싸워 이길 정도의 강한 군사력을 가지고 있었는데, 고려 무인정치 시대부터 원나라에 정복당한 이후 사대사상을 앞세워 중국을 섬기며 중국이 보호해 줄 것만 믿고 자체적인 군사력을 스스로 나약하게 만들어 버린 위정자들의 판단력이 문제였다.

과학의 발달이 늦었던 조선은 비바람과 천둥·번개를 쳐 벼락을 내리는 하늘을 천신으로 섬겼고, 땅이 갈라지고 산이 무너지고 홍수를 지게 하는 힘을 가진 명산과 대천과 대해를 지신과 수신과 해신으로 섬겼다. 천재지변이 생기면 통치의 잘못으로 인한 하늘의 벌로 여겨 하늘과 명산대천에 제를 올리고 임금의 수라상에 반찬 수를 줄여가며 빌며 반성해야 했고, 3정승은 임금을 잘못 보필한 책임을 지고 사직서를 제출해야 했다. 가뭄이 심해지는 5~6월이면 종묘와 소격전과 원단과 명산대천에 3정승과 6조판서를 보내 기우제를 올려 비가 내리기를 빌었고, 그래도 비가 오지 않을 경우 승려, 무당, 어린 사내아이들까지 동원하여 기도를 올리게 하고 억울하게 죽어간 사람들의 원혼을 달랬으며, 감옥에 갇힌 죄수를 사면하고 석방해 주었다. 명산대천마다 벼슬 품계를 부여하고 국가 차원에서 산신령과 성황신을 받들어 모시던 시대였다. 태조시대 수상직에 오른 인물은 배극렴과 조준 두 사람이었다.

문하시중 자리는 이때부터 조선왕조에서는 사용하지 않았다. 배극렴을 초대 수상 자리에 앉힌 것은 위화도 회군 공신에 조선 개국공신으로 묵묵히 협조해준 원로 대신이 고마웠던 것이다. 배극렴이 좌시중에 오른 지 4개월 만에 세상을 떠나자 태조는 책사 노릇을 하던 조준을 좌시중에 앉혔다. 조준은 태조 7년 동안 개국초기의 국가 건립에 필요한 모든 체제를 정도전과 함께 수립하였다.

태조는 57세에 즉위하여 형제간 왕권을 다툰 제1차 왕자의 난을 계기로 64세에 정종에게 왕위를 전위하고 태상왕으로 물러나 73세까지 살았다. 태조시대 주요 연표는 다음과 같다.

즉위　　1392년 7월 17일 개성 수창궁 57세 즉위
　　　　1398년 8월 26일 제1차 왕자의 난(세자 방석 죽음)
퇴위　　1398년 9월 5일 왕위 전위(재위 7년), 둘째 아들 방과에게 승계
　　　　1408년 5월 73세 승하

왕후　　신의왕후 안변한씨 / 장남 방우, 차남 방과(정종), 3남 방의, 4남 방간,
　　　　　　　5남 방원(태종), 6남 방연 / 경진공주, 경선공주
　　　　신덕왕후 곡산강씨 / 장남 방번, 차남 방석 / 경순공주
　　　　후궁 4명　　　　 / 2옹주 의령옹주, 숙진옹주

좌시중(수상) : 배극렴(개국 1등공신), 조준(개국 1등공신)

주요 역사기록
    1392년 7월 17일 조선건국 태조 이성계 등극
    1392년 문무백관 제도를 정함, 의료기관 활인서 혜민서 설치
    1393년 2월 국호를 조선으로 인가받음
    1394년 5월 조선경국전 편찬, 고려사 편찬, 10월 한양 천도
    1395년 6월 한양을 한성으로 개칭, 전제개혁, 10월 경복궁 명명, 예문관, 춘추관 설치
    1396년 9월 도성 축조 완성
    1397년 12월 경제육전 간행, 제생원 설치
    1398년 8월 제1차 왕자의 난

공신 개국공신
    1등공신 정도전, 배극렴, 조준, 김사형, 남은, 남재, 이제, 이지란,
            이화, 조박, 이방의 등 16명
    2등공신 박포 조영규 등 12명
    3등공신 한상경, 이직, 이서, 조영무, 함부림 등 16명

　이방원이 제1차 왕자의 난을 일으켜 이복동생 방번, 방석 형제와 개국
공신 정도전, 남은을 죽이자 태조는 재위 7년 만에 왕위를 둘째 아들 정
종에게 이양하였다. 정종은 42세의 나이에 자의 반 타의 반으로 왕위에
올랐으나 이방간과 이방원이 차기 왕권을 두고 제2차 왕자의 난을 일으
키자 44세의 나이로 태종에게 왕위 전위하였다. 이때 정종은 정실소생의
아들은 없었으나 후궁 소생의 아들은 15명이나 두고 있었다. 왕권에 대
한 욕심을 더 이상 부리지 않고 상왕으로 물러나 62세까지 천수를 누리
며 편안하게 살았다. 후에 정종의 후손들은 영의정에 오르는 등 많은 벼
슬을 하게 된다.

태조 이성계가 도읍을 한양으로 정하여 경복궁을 짓고 한양으로 천도하였는데 정종은 경복궁에 까마귀가 심하게 울자 불길한 징조라며 다시 개성으로 환도하였다.

　개성에서 정무를 시작한 정종은 좌시중 조준의 후임으로 왕실과 혼척 관계를 맺고 있던 심덕부를 좌시중으로 임명하였고, 이어 태조의 오랜 친구이자 좌명공신인 성석린, 태종의 사부이자 장인인 민제 순으로 좌시중에 임명하였다. 정종시대 주요 연표는 다음과 같다.

즉위　　1398년 9월 5일 경복궁 근정전 42세 즉위
퇴위　　1400년 11월 11일 왕위 전위(재위 2년), 동생 이방원에게 전위
　　　　1419년 62세 승하

왕후　　정안왕후 경주김씨 / 정비소생 후손 없음
　　　　후궁 7명 / 15군(왕자), 7옹주

좌시중 : 조준(정사 1등공신), 심덕부(왕실 혼맥), 성석린(태조의 절친)
　　　　민제(태종의 장인)

주요 역사기록
　　　　1399년 1월 명나라 연호 사용, 3월 개경 환도, 향약제생 집성방 편찬
　　　　1400년 1월 28일 제2차 왕자의 난, 사병혁파, 관제개혁(승정원 설치)
　　　　1400년 2월 1일 이방원 왕자 책봉

공신 정사공신(1차 왕자의 난)
    1등공신 이화, 이방의, 이방간, 이방원, 조준, 김사형, 조영무, 이백경,
        하륜, 이거이, 이무, 조박 12명
    2등공신 이양우, 이지란, 박포, 이숙번, 민무구, 민무질 등 17명
    3등공신 박유명, 이항, 신경식, 김원량 등 28명

조선왕조의 출발은 태조의 세자 책봉 과정부터가 무리수였다. 조선의 건국은 위화도 회군에서부터 비롯되기는 하였으나 건국의 공과는 정몽주를 척결한 이방원의 시의적절한 결단력과 판단력도 무시할 수는 없었다. 태조가 왕위에 오르자 이러한 건국의 공로와 정실소생의 적자순서를 무시하고 계비 소생의 이방석을 세자로 책봉하면서부터 조선의 왕권은 피비린내 나는 권력 투쟁의 장으로 변하게 된다.

왕권보다는 신권 강화를 노렸던 정도전의 권력욕과 어긋난 세자 책봉 지지가 제1차 세자의 난을 불러오게 하였고, 왕자의 난 이후 공훈 보상을 제대로 받지 못했다고 변심한 박포의 권력욕과 넷째 아들 이방간의 왕권욕이 제2차 왕자의 난을 일으켰다.

왕권은 출발부터 피로 얼룩졌지만, 조정의 관직은 공신들의 공로잔치로 이어졌다. 조선은 초기부터 공신들로 가득 찼다. 이성계의 위화도 회군에 공을 세웠던 회군공신, 조선 건국에 협조한 개국공신, 제1차 왕자의 난에 협조한 정사공신, 2차 왕자의 난에 협조한 좌명공신 등 이들 4대 공신만으로도 벼슬자리가 모자랄 지경이었다.

거기다가 태조와 정종, 태종은 모두 자녀들을 많이 두었다. 정종은 정실소생의 자녀가 없었으나 후궁소생의 자녀는 많았고 자의 반 타의 반으

로 왕위에 올라 권력 배분에 크게 신경을 쓰지 않아도 되었다. 태조와 태종은 왕권에도 직접 관여하였고 자녀들도 많이 두었으니 공신들의 예우 문제와 혼맥으로 맺은 혼척에 대한 예우도 신경을 써야 했다. 왕실과 혼척을 맺어 사돈이 된 집안의 권력도 공신세력의 권력에 못지않았다.

적자 세습의 규칙이 깨어진 왕권의 출발은 이후 이 모델이 후대 왕들의 거울이 된다. 왕권 다툼으로 애지중지하던 자식들을 둘이나 잃은 태조는 왕위를 둘째 아들 정종에게 넘겨주었고, 이어 왕위에 오른 정종은 불길한 경복궁을 버리고 개성으로 다시 환도하였고, 2차 왕자의 난이 일어나자 후궁 7명에게서 15명의 왕자가 있었음에도 적자가 없다는 이유로 이방원을 세자로 책봉할 수밖에 없었다.

3대 왕이 된 태종은 아버지 태조가 일으킨 도읍 터를 버려둘 수가 없어 띠풀로 점을 쳐서 다시 한양으로 입성하기로 하였으나, 경복궁 터에 대한 풍문이 많아 이궁인 창덕궁을 지어 천도하였다. 태조가 건축한 경복궁은 법궁으로만 삼아 공식행사인 과거시험이나 사신을 접대하는 장소로 삼았다. 형제의 살육을 일으킨 경복궁으로 들어가고 싶지 않았던 것이다.

힘들게 한양으로 다시 천도한 태종은 왕권을 강화하기 위해 왕비 원경왕후의 동생들을 모두 역모로 몰아 죽였고, 태조와 사돈이자 본인과도 사돈인 3대공신 이거이가 사병 혁파에 반발하자, 평소에 이거이가 말하던 '왕실에는 왕위를 탐하는 여러 아들이 필요치 않다'란 말을 문제 삼아 폐서인하여 유배를 보내고 영구히 풀어주지 않았다.

또한, 13년간 세자로 삼았던 양녕을 폐하고 셋째아들 충녕에게 왕위를 전위하였다. 태종은 아들 세종이 더 잘 통치할 수 있도록 세종의 장인 심온을 영의정에 제수하여 명나라 주청사로 보낸 뒤 돌아오는 길에 역모로 몰아 처단하여 왕권을 강화시켜 주었다. 왕권강화에는 매서운 칼날을 휘두른 반면 인재등용에는 엄정했던 면모가 곳곳에서 나타난다. 태종조에 영의정을 지낸 인물들을 살펴보면

태종조 영의정은 태조의 사돈이자 태종과도 겹사돈을 맺고 있는 3대공신 이거이가 첫 좌정승에 올랐다. 이어 정승에 오른 김사형은 개국공신에 정사공신이다. 맑은 심지에 모나지 않은 인품이 태종의 신뢰를 받았고, 다음 좌정승이 이서였다. 이서는 개국 3등공신으로 공신기록으로는 승진을 바라볼 입장은 되지 못하였으나 지극히 곧은 성격과 높은 인품이 영의정에 오르게 했다. 이후 5년간은 이거이, 성석린, 조준, 이서를 재등용하여 수개월씩 맡겼고, 그다음으로 영의정에 오른 인물은 태조의 서얼 동생이자 태종의 서얼 삼촌인 이화였다. 개국 초가 아니었다면 삼정승은커녕 당상관의 자리에도 못 오를 신분이었다. 그런데도 영의정까지 오른 것은 태조와 태종에게 바친 충성심 때문이었다. 이화에 이어 영의정에 오른 인물은 태종이 왕위에 오르는데 결정적인 역할을 한 태종의 장자방이자 정사 및 좌명공신 하륜이다. 하륜의 뒤에 영의정이 된 유정현은 공신 출신도 아니고 왕실과 혼맥 관계도 맺지 않았다. 성격이 강직하고 곧은 것으로 기록되고 있는 유정현은 태종의 인재 등용책으로 선택되었다. 다음의 영의정 남재는 회군공신에 개국1등공신으로 태조가 이름을 직접 지어 내릴 정도로 아끼던 신하로 태종이 등용했다. 정도전과 함께 이방석을 지지하던 남은은 남재의 동생이었다. 형은 태종 편에 서서 영의정까지 올랐고 동생은 정도전 편에 서서 죽임을 당한 것이다. 이어 영의정에 오른 한상경은 옥새를 이성계에게 전달한 공로로 개국3등공신에 올라 영의정이 되었다. 태종은 인재를 등용하는데 공신과 혼맥을 절대적인 기준으로 여기지는 않았다. 유정현과 이서와 한상경은 공신이

아니거나 공신이라도 겨우 참여만 한 3등공신을 발탁한 것이다. 뿐만 아니라 세종
조의 황희 정승도 태종이 발탁하여 세종에게 추천한 인물 중의 한 사람이다. 태종은
강직하고 찬바람이 이는 매서운 왕이었지만 사람을 보고 인재를 등용하는 데 남다
른 일가견을 가지고 있었다.

태종 이방원은 33세에 왕위에 즉위하여 51세에 세종에게 왕위를 전위
하고 55세에 폐렴으로 승하하였다. 재임 중 왕권 강화를 위해 무척 힘썼
으며 18년 동안 영의정을 20번이나 발령을 낼 정도로 신권 무력화에 힘
을 기울였다. 그중 성석린은 5번이나 임명하였고 조준과 하륜과 이서는
3번의 임명을 받았다. 이렇게 왕권 강화에 힘썼지만 제1차 왕자의 난과
제2차 왕자의 난을 일으킴으로써 조선왕조 기간 내내 왕권 다툼이 일어
나게 하는 왕권 무력화의 원인을 제공하고 말았다. 태종조의 주요 연표
는 다음과 같다.

즉위   1400년 11월 11일 개성 수창궁 33세 즉위
       1404년 8월 8일 양녕 세자책봉
       1418년 6월 3일 충녕 세자책봉, 양녕 폐위.
퇴위   1418년 8월 10일 왕위 전위 (재위 18년)
       1422년 55세 폐렴으로 승하
왕후   원경왕후 여흥민씨 / 장남 양녕, 차남 효령, 3남 충녕(세종),
              4남 성령 / 경정공주, 경안공주, 정선공주(4대군 3공주)
       후궁 18명 / 8군, 12옹주

영의정 : 이거이(좌명 1등공신, 태종과 사돈) 김사형(정사 1등공신)

　　　　이서(개국 3등공신) 성석린(좌명 3등공신, 태조의 절친)

　　　　조준(개국·정사 1등공신) 이화(개국·정사 1등공신, 서삼촌)

　　　　하륜(정사 1등공신) 남재(개국 1등공신), 유정현(발탁)

　　　　한상경(개국 3등공신)

주요 역사기록

　　　　1401년 7월 관제개편(도평의사사를 의정부로 개편)

　　　　　　　　신문고 설치, 사섬서 설치(저화 관장)

　　　　1402년 1월 무과 시행, 공신전 수세법 제정

　　　　1403년 2월 주자소 설치(계미자 주조)

　　　　1404년 10월 개경에서 한양으로 재천도, 양녕 세자책봉

　　　　1405년 창덕궁 창건

　　　　1406년 2월 인재 등용법(전선법) 시행, 10학설치

　　　　1408년 5월 태조 이성계 승하

　　　　1409년 11도에 도절제사를 두다.

　　　　1410년 2월 주자소에서 서적 간행

　　　　1413년 12월 호패제 실시(16세 이상 신분증명서), 8도 지방행정조직 완성

　　　　　　　　동서 양계 양전실시(평안도 함경도 토지측량)

　　　　1414년 4월 육조직계제 실시

　　　　1415년 벽골제 수축

　　　　1416년 6월 호패제 폐지, 8월 승려 도첩제 실시

　　　　1417년 향약구급방 간행

　　　　1418년 세자 양녕 폐위, 세종 세자책봉

공신 좌명공신(2차왕자의 난)

　　　　1등공신 이저, 이거이, 하륜, 이무, 조영무, 이숙번, 민무구, 민무질, 신극례 9명

　　　　2등공신 이내, 이화, 이천우 3명

　　　　3등공신 성석린, 이지란, 박은, 박석명, 마천목, 조희민 등 12명

　　　　4등공신 조박, 권근, 이직, 이종무, 윤목, 심귀령 등 23명

태종의 왕위를 계승한 세종은 조선왕조에서 가장 빼어난 임금이었다. 인재를 적재적소에 가장 잘 활용한 임금이었으며, 집현전을 설치하여 한글을 창제하고 학문을 장려하였으며, 모든 업무를 표준화시켜 업무절차의 예규를 만들었으며, 각종 과학기기를 발명하는 등 조선왕조를 태평성세에 누리게 한 왕이다. 전후 왕조의 인사배치 기준은 공신 출신 위주의 인사였는데 비하여 세종조에서만은 능력에 따른 적재적소의 인재배치가 그 기준이었다.

명철한 임금이었음에도 경복궁 궁궐 문제만은 끊임없는 논란이 계속되었다. 태종으로부터 왕위를 물려받은 세종은 태종이 살아 있는 동안에는 창덕궁에서 거주하였으나 태종 사후에는 경복궁과 창덕궁을 오가며 거주하였다. 세종이 경복궁 터에 대한 확신이 서지 않던 차에 최양선이란 풍수사가 나와서 불길한 이야기를 하니 이후에도 경복궁은 법궁으로써 주요 행사지로만 삼고 주거지는 주로 창덕궁에서 하게 된다. 세종의 임기 동안 경복궁이 길지냐 흉지냐를 두고 대신들 간에 가장 활발한 논의가 있었으나 결론을 내리지 못한다. 그런데 세종은 느닷없이 경복궁 내에 내불당을 짓는다. 유교를 국교로 정한 조선이 법궁 내에 불교 사찰 내불당을 짓는다는 것은 조선의 건국이념을 부정하는 행위라 하여 불가하다는 상소문이 끊임없이 이어졌으나, 세종은 끝내 그 사유를 밝히지 않은 채 내불당을 고집한다. 유교를 국교로 삼았으면서도 시국이 혼란할 때는 늘 불교에 기대는 인간으로서의 한계의식을 드러낸 것이다. 끝내 불당을 설치한 사유를 밝히지는 않았지만 풍수적으로 흉지라는 경복궁의 터의 흉액을 막아보려는 심산이 강했던 것 같다. 세종은 풍수를 미신이라고 강하게 주장하는 조정 신료들에게, 각 가정에서는 집터를 구하고 무덤 터를 찾을 때는 술사를 불러 길지를 택해 구하면서, 왜 조정의 궁궐과 왕릉을 정할 때는 미신이라고 반대하느냐며 조정 신료들의 이중적 생활 태도를 오히려 크게 나무랐다.

세종은 21세에 즉위하여 재위 32년간 많은 치적을 남기고 53세에 당뇨병으로 사망하면서 병약한 아들 문종에게 왕위를 세습하였다. 재위기간 많은 훈구대신들을 물리치고 오직 능력을 갖춘 인재들을 등용함으로써 태평성대를 이루었다. 세종 임기 32년 동안 영의정은 단지 5명만 임용하였고 그중 2명은 태종이 임명하였으니 3명만 발령한 셈이다. 특히 황희 정승은 18년 1개월 동안 영의정에 임명하여 교체하지 않을 정도로 인사관이 뚜렷하였다. 세종조의 영의정에 대한 개요는 다음과 같다.

태종이 세종에게 왕위를 전위하면서 세종이 왕권을 장악할 때까지 병권는 본인이 직접 챙기겠다는 말을 한다. 그러면서 인사권까지도 관여하게 된다. 첫 인사가 세종의 장인 심온을 영의정에 앉혀 중국의 고명 사신으로 보냈다가 돌아오는 길에 사약을 내려 죽였다. 44세밖에 되지 않은 세종의 장인이 왕권 강화에 걸림돌이 될 것이라 판단하여 사전에 제거한 것이다. 두 번째 영의정이 된 유정현은 태종조에 이어 연임된 영의정으로 심온을 4개월간 활용하고 다시 태종이 임용한 영의정이다. 심온이 영의정일 때 좌의정이던 박은은 심온을 퇴출시키는 데 활용한 후 토사구팽시키고 전 전임 유정현을 재임용하여 6년간 등용시켰다. 세 번째 영의정 이직은 혼맥 덕분에 영의정까지 오른 인물이다. 사위 민무휼을 두둔하였다 하여 8년간 귀양살이를 하고 있던 이직에게 그의 상처한 둘째 딸을 태상왕(태종)이 후궁으로 삼겠다고 하여 태종에게 시집을 보내게 된다. 승낙하자마자 이직은 귀양에서 풀려나 사면복권되었고 태종이 죽자 영의정까지 제수된다. 태종의 청을 세종이 받아들인 것이다. 이직의 후임으로 영의정에 오른 황희 정승은 세종이 직접 영의정에 제수한 인물로 18년 1개월 동안 세종 곁에서 보필한 조선 시대를 대표하는 영의정이다. 공훈도 없고 왕실과 혼척 관계도 없는 황희를 등용한 것은 능력과 인품에 의한 등용이었다. 황희의 후임으로 영의정에 오른 하연도 공신 출신이 아닌 입지전적인 인물이다. 세종 32년 동안 영의정은 단지 다섯 사람이었는데 심온은 영의정에 발령받았지만 재임기간 동안 중국을 다녀와 실무를 수행하지 않고 끝났기에 4명의 영의정과 정치를 한 것이다. 전후의 왕들과 대조되는 대목이다. 세종조의 주요 연표는 다음과 같다.

즉위   1418년 8월 10일 경복궁 근정전 21세 즉위
퇴위   1450년 2월 17일 53세 당뇨병으로 승하(재위 32년)
왕후   소헌왕후 청송심씨 / 장남 문종, 차남 수양대군, 3남 안평대군,
        4남 임영대군, 5남 광평대군, 6남 금성대군, 7남 평원대군,
        8남 영응대군 / 정소공주, 정의공주(8대군 2공주)
        후궁 10명 / 10군 2옹주

영의정 : 심온(세종의 장인, 태종이 영의정에 임명)
        유정현(태종이 임용했던 영의정으로 심온 처결 후 재임)
        이직(태종의 후궁 장인으로 태종의 요청으로 등용)
        황희(태종의 천거에 의한 세종이 발탁), 하연(세종의 발탁)

주요 역사기록
        1418년 창덕궁 인정전 준공
        1419년 이종무 대마도 정벌, 9월 정종 승하
        1420년 10월 경연청 설치, 집현전 설치
        1421년 12월 왕세자 서연書筵 실시
        1422년 2월 태종 승하
        1424년 9월 조선통보 주조, 불교를 선종 교종 양종으로 통합
        1426년 삼포개항(부산포, 제포, 염포)
        1428년 7월 종학宗學 시행

1429년 10월 농사직설 편찬, 수차의 제작

1430년 2월 농사직설 반포, 토지세를 토질에 따라 6등급,
      작황에 따라 9등급으로 나누어 조세

1431년 5월 4품 이상을 대부大夫, 5품 이하를 사士라 칭함.

1432년 6월 삼강행실도 편찬, 4군설치, 팔도지리지

1433년 혼천의를 새로 제작

1434년 7월 갑인자로 자치통감 인쇄, 자격루(물시계) 설치

1437년 육진설치

1441년 8월 측우기 제작

1442년 7월 행수법行守法 시행

1443년 12월 훈민정음 28자 창제, 언문청 설치

1444년 11월 전분6등田分六等, 연분9등年分九等 제도 마련

1445년 4월 용비어천가 지음, 9월 동국정운 편찬

1446년 10월 훈민정음 반포, 문서에 한글 사용, 12월 이과吏科에 훈민정음 시험

1449년 12월 월인천강지곡 간행

태
조
시
대

1. 배극렴裵克廉
조선 개국의 기초를 다듬다

생몰년도	1325년(고려 충숙왕 12)~1392년(태조 1) [68세]
	문하좌시중 재직기간(1392.7.17.~1392.11.24.) (4개월)
본관	경산京山-지금의 성주星州
자	양가量可
호	필암筆菴, 주금당畫錦堂
시호	정절貞節
공훈	회군공신. 개국1등공신
출생	경상도 경산부 성산현 성주읍 대황리
	(현 경상북도 성주군 성주읍 대황리)
묘소	충청북도 괴산군 증평읍 송산리
조부	배신경裵伸勁
부	배현보裵玄甫-위시 소윤
외종6촌	이인임(고려말 수문하시중)
외가	조민수(고려말 요동정벌 좌군도통사)

회군공신, 개국 1등공신

배극렴은 조선 초대 영의정 역할을 했다. 영의정으로 발령받은 건 아니지만 고려 말 문하시중으로 조선 건국에 참여하여 이성계에게 왕위에 오를 것을 권하였고, 왕위에 오른 뒤 문하좌시중으로 발령을 받았는데 관제상 문하시중 자리는 없었다. 문하좌시중 자리는 일인지하 만인지상一人之下 萬人之上의 자리로 수상직이었다.

배극렴의 자는 양가量可이고, 호는 필암筆菴 또는 주금당晝錦堂으로 본관은 성주이다. 이성계보다 10살 위의 인물로 경북 성주에서 위시소윤으로 근무하던 배현보의 아들로 태어나, 1353년 공민왕 3년 문음(부모의 음덕)으로 천거되어 벼슬에 올랐다가 문과 과거에 급제하여 문관으로서 관직을 시작하였다.

1376년 우왕 2년에 진주 도원수가 되어 진주에 쳐들어온 왜구를 대파시키고 이듬해 우인열을 대신하여 경상도 도순문사가 되어 왜구 방어에 공을 세웠다. 이때 병영이 있는 창원 인근의 합포에 왜구 방어를 위한 축성을 주관하여 완성했는데 지금까지 그 일부가 남아 전해진다. 1378년 우왕 4년에 경상도원수가 되어 욕지도에서 왜구를 대파하고, 도순문사로 하동, 진주, 사주, 울주, 청도 전투에서 왜구를 물리쳐 큰 공을 세우니 문무를 겸비한 무장으로 이름을 높였다.

1380년 우왕 6년 중앙 정계에 진출하여 밀직부사에 올랐으나 친인척 등 기존의 집권 무신들의 권력 남용과 온갖 부정부패 등을 보고 정치에 뜻을 두지 않고 이성계 휘하로 들어갔다.

배극렴은 외종조부가 이조년으로 명문 세가의 외손이고 그들의 후손인

이인임과는 외육촌 관계인 데다가 조민수와도 외가 친척 관계여서 권세를 누릴 수 있는 위치에 있었으나 전쟁터를 전전하며 국가수호에 힘을 쏟은 전형적인 무신으로 활약하였다.

1388년 우왕 14년에 있었던 역사적인 사건인 요동 출병 때 우군도통수 이성계 휘하의 조전원수로 참여하여 위화도 회군에 협조하였다. 돌아와 최영 등을 축출한 후 1389년 창왕 1년 7월에 판 개성부사를 맡았고 10월에는 문하찬성사로 승진하였다. 이어 명나라에 신년축하 사신단으로 다녀온 후 1390년 공양왕 1년 종2품 문하평리로 회군공신에 추록되었다.

배극렴은 평소 성격이 강직하고 말수가 적었으며 전쟁에 나가서는 물러섬이 없는 용장이었다. 이성계가 병권을 장악하기 위해 군제를 개편하고, 삼군도총제부를 신설할 때 좌군에 정도전, 우군에 조준 등 이성계가 신임하는 핵심 문신이 임명되었지만, 무신으로는 배극렴을 중군을 맡길 정도로 신뢰를 받은 인물이었다.

1392년 공양왕 3년 문하시중에 올랐다. 7월에 조준, 정도전 등과 함께 고려의 마지막 왕인 공양왕을 폐위시키고 신료들과 함께 옥새를 받들고 이성계의 저택에 가서 왕위에 오르기를 권유하여, 태조가 보위에 올랐다. 그 뒤 조선 최초의 문하좌시중에 특진되고 성산백에 봉해졌다.

이성계의 왕위 등극에 배극렴보다 더 큰 공을 세운 막료들이 많았으나 배극렴이 문하좌시중에 오른 것은 고려말 충신을 포용하려는 이성계의 융화정책도 있었지만 배극렴의 명확한 정세판단으로 친인척보다는 이성계 추대에 앞장섰기 때문이다. 당시 위화도 회군을 동반 단행한 좌군 도통사 조민수는 고려 말기 좌시중까지 올랐으나 우시중 이성계의 사전私田 개혁을 반대하여 대립하였고, 공양왕이 즉위하자 다시 우왕의 혈통문제로 논쟁하다가 서인으로 강등되어 창녕으로 유배를 가서 객사하고 말았다. 패망해 가는 고려에서 충신들은 모두 불사이군을 외치며 죽어갔거나 두문동으로 피했다가 후에 복권되었지만, 이성계와 권력을 두고 다툰 조민수는 역사 속으로 사라져 가 고려에서 복권도 되지 않은 채 영원히 서인으로 묻혀버린 것이다.

배극렴은 문하좌시중 재직 기간이 4개월밖에 되지 않았지만, 나라를 건국하는 데 필요한 관제를 선포하고, 기강을 확립하였으며, 인사고과법을 제정하고, 개국공신의 책정, 충성맹세, 세자책봉 등을 주도적으로 관여하였다. 세자책봉 시 조선 건국에 주도적인 역할을 한 이방원을 강력히 천거하지 못하고 태조 이성계의 뜻이 강씨 자녀에게 있음을 알고 이방석을 세자로 책봉할 것을 주청함으로써 이방원의 미움을 사게 되었다. 이로 인해 배극렴의 졸기는 폄하된 채 기록되어 전한다. 배극렴이 좀 더 오래 살았다면 정도전과 같은 신세가 되었을지도 모른다. 아들이 없어 누이의 외손인 안순安純이 상주 노릇을 하였다.

배극렴이 관향인 경상도 성주 관하리에서 살고 있을 때, 황무지를 개간하여 고을 백성들에게 나눠주어 농사를 짓게 하니 백성들은 그 공을 고맙게 생각해 그곳의 하천을 배천裵川이라 하고 마을 이름을 배리裵里라 불렀는데 지금까지도 그렇게 부르고 있다 한다.

삼방리 어래산

충북 괴산읍에서 음성으로 가는 중간 즈음에 '부처의 정수리'라는 뜻의 불정면이 있고, 이곳에 삼방리三訪里 마을과 어래산御來山이 있다. '삼방三訪'이라면 세 번 방문했다는 뜻이고, '어래御來'라는 것은 임금님이 왔다는 뜻이다. 이 지명 유래는 배극렴과 태조 이성계와의 관계에서 생긴 지명으로 전해진다.

배극렴과 이성계는 오랜 전우이며 혁명 지기였다. 그런데 옛 전우이자 신하인 배극렴이 관직을 사직하고 낙향하여 이곳에 머무르게 된 것이다. 조선을 창업한 이성계는 회군공신인 배극렴에게 자신을 도와줄 것을 요청하여 3번이나 이곳을 찾아왔다 하여 삼방리가 되었고, 임금이 찾아온 산이라 하여 어래산이라는 유래가 생겨났다 한다.

회군 공신에 개국공신 1호인 배극렴은 자신의 역할과 한계를 알고 처신한 지혜로운 사람이었다. 부패한 고려를 멸망시키고 새 시대를 여는 것까지를 자신의 사명으로 알고 물러난 것이다. 나갈 자리와 물러갈 자리를 알고 새 시대에 걸맞은 새 인물에게 길을 열어주려 한데서 생겨난 지명이 오늘날에 더욱 새로워 보인다.

태조에게 왕위에 오를 것을 권하다

1392년 7월 12일에 공양왕이 이성계의 사저로 가서 술자리를 베풀고 이성계와 더불어 동맹하려고 하여 의장儀仗이 이미 늘어섰는데, 문하시중 배극렴 등이 왕대비에게 아뢰었다.

"지금 왕이 혼란스럽고 어두워 임금의 도리를 이미 잃고 인심도 이미 떠나갔으므로, 사직과 백성의 주도자가 될 수 없으니 이를 폐하기를 청합니다."

마침내 왕대비의 교지를 받들어 공양왕을 폐하기로 일이 이미 결정되었는데, 남은이 문하 평리 정희계와 함께 교지를 가지고 북천동의 궁전에 이르러 교지를 선포하니, 공양왕이 엎드려 명령을 듣고 말하기를,

"내가 본디 임금이 되고 싶지 않았는데 여러 신하들이 나를 강제로 왕으로 세웠습니다. 내가 성품이 불민하여 나랏일의 기틀을 알지 못하니 어찌 신하의 심정을 거스른 일이 없겠습니까?"
하면서, 이내 울어 눈물이 두서너 줄기 흘러내리었다. 마침내 왕위를 물려주고 원주로 가니, 백관이 옥새를 받들어 왕대비전에 두고 모든 정무를 명을 받아 재결하였다.

13일에 대비가 교지를 선포하여 태조를 감록국사監錄國事로 삼았다. 16일에 배극렴과 조준이 정도전·김사형·이제·이화·정희계·이지란·남은·남재·조견·박포·조영규·이직·이서·조영무·손흥종·심효생·장지화·함부림·한상경·민여익 등 대소신료와 70세가 넘은 원로 등이 국새를 받들고 태조의 저택에 나아가니 사람들이 마을의 골목에 꽉 메어 있었다.
대사헌 민개가 홀로 기뻐하지 않으면서 얼굴빛에 나타내고, 머리를 기울이고 말하지 않으므로 남은이 이를 쳐서 죽이고자 하니, 전하가 말하기를,

"의리상 죽일 수 없다." 하면서 힘써 이를 말리었다.

이날 마침 족친의 여러 부인들이 태조와 강비를 알현하고, 물에 만 밥을 먹는데, 여러 부인들이 모두 놀라 두려워하여 북문으로 흩어져 가버렸다. 태조는 문을 닫고 들어오지 못하게 했는데, 해 질 무렵에 이르러 배극렴 등이 문을 밀치고 바로 내정으로 들어와서 국새를 마루 위에 놓으니, 태조가 두려워하여 말을 잃었다. 이천우를 붙잡고 겨우 방문 밖으로 나오니 백관이 늘어서서 절하고 북을 치면서 만세를 불렀다. 7월 17일 태조가 매우 두려워하면서 스스로 용납할 곳이 없는 듯하니, 배극렴 등이 합사하여 왕위에 오르기를 권고하였다.

"나라에 임금이 있는 것은 위로는 사직을 받들고 아래로는 백성을 편안하게 할 뿐입니다. 고려는 시조가 건국함으로부터 지금까지 거의 5백 년이 되었는데, 공민왕에 이르러 아들이 없이 갑자기 세상을 떠나셨습니다. 그때 권력을 쥔 신하들이 권세를 마음대로 부려 자기의 총애받음을 견고히 하고자 하여, 거짓으로 요망스러운 중 신돈의 아들 신우를 공민왕의 후사라 일컬어 왕위를 도둑질해 있은 지가 15년이 되었으니, 왕 씨의 제사는 이미 폐해졌던 것입니다. 신우가 포학한 짓을 마음대로 행하고 죄 없는 사람을 살육하며, 군대를 일으켜 요동을 공격하는 지경에 이르렀는데, 공公이 맨 먼저 대의를 주창하여 천자天子의 국경을 범할 수 없다고 하고는 군사를 돌이키니, 신우는 스스로 그 죄를 알고 두려워하여 왕위를 사양하고 물러났습니다. 이에 이색·조민수 등이 신우의 장인인 이임에게 가담하여 그 아들 신창을 왕으로 세웠으니, 왕 씨의 후사가 두 번이나 폐해졌습니다.

이것은 하늘이 공에게 왕을 명한 시기이었는데도, 공은 겸손하고 사양하여 왕위에 오르지 아니하고 정창 부원군(공양왕)을 추대하여 임시로 국사를 서리하게 했으니, 겨우 사직을 받들어 백성을 편안하게 할 수가 있었습니다. 전날에, 신우의 악행은 여러 사람이 다 같이 아는 바인데, 그 무리 이색·우현보 등은 미혹됨을 고집하여 깨닫지 못하고 신우를 맞아 왕위를 회복할 것을 모의하다가 간사한 죄상이 드러나매, 그 죄를 모면하려고 같은 무리 윤이·이초 등을 몰래 중국에 도망하게 하여서 들어가서, '고려가 이미 배반했다.'라고 거짓으로 호소하고는, 친왕親王에게 청하여 중국의 군사를 움직여 고려국을 소탕하고자 하였으니, 그 계책이 행해졌다면 사직은 장차 폐허에 이르고 백성도 또한 멸망에 가까웠을 것입니다. 이것을 하는데 무슨 일을 하지 못하겠습니까?

간관과 시헌부가 상소를 번갈아 올려 아뢰기를, '이색·우현보 등이 사직에 죄를 얻고 백성에게 화를 끼쳤으므로 마땅히 그 죄를 다스려야 되겠습니다.' 하여 글이 수십 번 올라갔는데, 공양왕은 인척 관계라는 이유로 법을 굽혀 보호하여 언관을 곤장쳐서 쫓으니, 이로 말미암아 간사한 무리들이 중앙과 지방에 흩어져 있으면서 더욱 법을 두려워하지 않았습니다.

김종연은 도피하고 있으면서 당을 결성하여 난리를 꾀하고, 김조부 등은 안에 있으면서 그 변란에 응하기를 도모하여, 화란이 날마다 발생하여 그치지 않았는데, 공양왕은 사직과 백성을 위하는 계책을 돌보지 아니하고 사사로운 은혜를 베풀어 인심을 수습하고자 하여, 법을 범한 사람이 있으면 모두 용서해 주고 더 뽑아 썼으니, 서경書經의 이른바, '달아난 죄수를 수용하는 괴수가 되어 물고기가 연못에 모이듯, 짐승이 숲에 모이듯 한다.'는 것입니다.
도와서 왕을 세울 계책을 결정한 것으로 말한다면 공로가 사직에 있으며, 대의를 주창하여 군사를 돌이킨 것으로써 말한다면 덕택이 백성에게 가해졌는데도, 좌우에 있는 부인과 환관의 거짓 이야기를 지나치게 듣고서 죽을 곳에 두려고 하고, 사람들이 간직하여 아첨하지 않는 사람이 있으면 모두 죄를 주니 거짓 이야기고 아첨한 무리들이 뜻대로 되고, 충성하고 선량한 사람들은 기가 꺾여져서 정치와 형벌이 문란하여 백성들이 그 수족을 둘 데가 없었습니다. 하늘이 견책하는 뜻을 알려서, 별자리가 여러 번 변하고 재앙의 징조가 번갈아 일어나니, 공양왕도 스스로 임금의 도리를 잃고 백성의 마음이 이미 떠나가서 사직과 백성의 주재자가 될 수 없음을 알고 물러나 사저로 갔습니다. 군정과 국정의 사무는 지극히 번거롭고 지극히 중대하므로, 하루라도 통솔이 없어서는 안 될 것이니, 마땅히 왕위에 올라서 신神과 사람의 기대에 부응하소서."

태조가 거절하면서 말하기를, "예로부터 제왕의 일어남은 천명이 있지 않으면 되지 않는다. 나는 실로 덕이 없는 사람인데 어찌 감히 이를 감당하겠는가?" 하면서, 응답하지 아니하였다.

—태조실록 1년 7월 17일—

대소신료와 한량·연로하고 덕이 높은 기로 등이 부축하여 호위하며 물러가지 않고 왕위에 오르기를 권고함이 간절하니, 태조가 마지못하여 수창궁으로 가게 되었다. 태조가 수창궁에서 왕위에 올랐다. 백관들이 궁궐문 서쪽에서 줄을 지어 영접하니, 태조는 말에서 내려 걸어서 궁전으로 들어가 왕위에 오르는데, 어좌御座를 피하고 기둥 안에 서서 여러 신하들의 축하인사를 받았다. 육조의 판서 이상의 관원에게 명하여 궁전에 오르게 하고는 이르기를,

"내가 수상이 되어서도 두려워하는 생각을 가지고 항상 직책을 다하지 못할까 두려워하였는데, 어찌 오늘날 이 일을 볼 것으로 생각했겠는가? 내가 만약 몸만 건강하다면, 필마匹馬로도 피할 수 있지마는, 지금은 병에 걸려 손·발을 제대로 쓸 수 없는데 이 지경에 이르렀으니, 경들은 마땅히 각자가 마음과 힘을 합하여 덕이 적은 이 사람을 보좌하라." 하였다.

－태조실록 1년 7월 17일－

　이에 명하여 고려왕조의 중앙과 지방의 대소 신료들에게 예전대로 정무를 보게 하고, 사저로 돌아왔다.

문무백관의 관제를 선포하다

문무백관의 관제官制를 정하였다.

정1품은 특진 보국 숭록대부·보국 숭정대부이고, 종1품은 숭록대부·숭정대부이며, 정2품은 정헌대부·자헌대부이고, 종2품은 가정대부·가선대부이며, 정3품은 통정대부·통훈대부이고, 종3품은 중직대부·중훈대부이며, 정4품은 봉정대부·봉렬대부이고, 종4품은 조산대부·조봉대부이며, 정5품은 통덕랑·통선랑이고, 종5품은 봉직랑 ·봉훈랑이며, 정6품은 승의랑·승훈랑이고, 종6품은 선교랑·선무랑이며, 정7품은 무공랑이고 종7품은 계공랑이며, 정8품은 통사랑이고, 종8품은 승사랑이며, 정9품은 종사랑이고, 종9품은 장사랑이다.

도평의사사에는 판사가 2명인데 시중이 맡고, 동판사 11명은 문하부와 삼사의 정2품 이상이 맡는다.

문하부의 재신宰臣은 백관의 서무를 관장하고, 낭사는 헌납·간쟁·잘못을 바로잡음·벼슬임용·교지의 수발, 아룀·상소장의 소통과 이룀 등의 일을 관장하는데, 영부사 1명, 좌시중 1명, 우시중 1명, 이상은 정1품이다.

삼사는 녹봉을 주고 지출을 계산하는 등의 일을 관장하는데, 영사사 1명은 정1품이고, 판사사 1명 종1품이다.

예문춘추관은 논의·교명·국사 등의 일을 관장하는데, 감관사 1명, 시중 이상이 겸무하게 하고, 대학사 2명 정2품이다.

중추원은 아룀·출납과 병기·군정·숙위·경비·인사임명 등의 일을 관장하는데, 판사 1명 정2품이다.

경연관은 경사를 진강함을 관장하는데, 영사 1명, 시중 이상이고, 지사 2명 정2품이고, 동지사 2명 종2품이다.

세자관속은 모두 강학과 시위 등의 일을 겸해 관장하고 있는데, 좌사 1명 우사 1명 정2품이고, 좌빈객 1명, 우빈객 1명 종2품이고, 좌보덕 1명, 우보덕 1명 종3품이고, 좌필선 1명, 우필선 1명 정4품이고, 좌문학 1명, 우문학 1명 정5품이다.

사헌부는 시정의 득실을 논집하고, 풍속을 바로잡고, 공로와 죄과를 고찰하여 포창하고 탄핵하는 등의 일을 관장하는데, 대사헌 1명 종2품이다.
개성부는 경기의 토지·호구·농상·학교·송사 등의 일을 관장하는데, 판사 2명 정2품이고, 윤 2명 종2품이고, 소윤 2명 정4품이고, 판관 2명 정5품이다.

이조는 품계를 평가하고 근무성적을 고과하는 등의 일을 관장하는데, 전서 2명 정3품이고, 의랑 2명 정4품이고, 정랑 1명, 고공 정랑 1명 정5품이고, 좌랑 1명, 고공 좌랑 1명 정6품이고, 주사 2명 정7품이고, 영사 6명은 8품인데, 임기만료하더라도 관리의 녹봉은 타게 되며, 그 밖의 관원은 이동하게 한다.

병조는 무관의 선발과 병적·역마 등의 일을 관장하는데, 전서 2명 정3품이고, 의랑 2명 정4품이고, 정랑 2명 정5품이고, 좌랑 2명 정6품이고, 주사 2명 정7품이다.

호조는 토지·호구·재용 등의 일을 관장하고, 형조는 물불·이간도적·투기살인·송사 등의 일을 관장하고, 예조는 제향·빈객·조회·과거·종교·진상 등의 일을 관장하고, 공조는 공장·조작 등의 일을 관장하는데, 전서로부터 영사에 이르기까지 모두 병조의 예를 따른다.

형조의 도관은 노예·남종여종 등의 일을 관장하는데, 지사 1명, 겸직으로 종3품이고, 의랑 2명 정4품이고, 정랑 2명 정5품이고, 좌랑 2명 정6품이고 주사 2명 정7품이고, 영사 6명 8품인데, 이동하게 된다.

성균관은 학교·학문연구 등의 일을 관장하는데, 대사성 1명 정3품이고, 좨주 1명 종3품이고, 악정 2명 정4품이고, 직강 1명 정5품이고, 전부 1명 종5품이고, 박사 2명 정7품이고, 순유 박사 2명 종7품이고, 진덕 박사 2명 정8품이고, 학정 2명, 학록 2명 정9품이고, 직학 2명, 학유 4명 종9품이고, 서리 2명 9품인데, 이동하게 된다.

각 문(통례문)은 조회·의례 등의 일을 관장하는데, 판사 1명, 겸 판사 1명 정3품이다.

봉상시는 종묘·제향 등의 일을 관장하는데, 판사 2명 정3품이다.

훈련관은 모두 겸직으로서 무예를 훈련하고 병서와 전진을 교습시키는 등의 일을 관장하는데, 사 1명 정3품이다.

사복시는 왕실 말과 마굿간 등의 일을 관장하는데, 판사 2명 정3품이고, 경 2명 종3품이고, 소경 2명 종4품이고, 주부 1명, 겸주부 1명 종6품이고, 직장 2명 종7품이다.

사농시는 적전(임금이 직접 경작하는 논밭)의 경작과 전곡 및 제사의 술과 희생을 진설하는 등의 일을 관장하는데, 판사 2명 정3품이다.

내부시는 창고에 재화를 저장하고, 복식을 출납하고, 등촉을 진열시키는 등의 일을 관장하는데, 판사 2명 정3품이고, 경 2명 종3품이고, 소경 2명 종4품이고, 주부1명, 겸주부 1명 종6품이고, 직장 2명 종7품이다.

예빈시는 빈객과 연향 등의 일을 관장하는데, 판사 2명 정3품이고, 경 2명 종3품이고, 소경 2명 종4품이고, 승 1명, 겸승 1명 종5품이고, 주부 2명, 겸주부 1명 종6품이고, 직장 2명 종7품이고, 녹사 2명 정8품이다.

교서감은 문적·도서와 제를 올리는 일의 축문 등의 일을 관장하는데, 판사 2명 정3품이고, 감 2명 종3품이고, 소감 2명 종4품이고, 승 1명 종5품이고, 낭 2명 정7품이고, 지작랑 2명 전8품이고, 교감 2명 정9품이고, 정자 2명 종9품이다.

선공감은 재목·영선·시탄을 지응하는 등의 일을 관장하는데, 판사 2명 징3품이다.

사재감은 고기잡이와 산과 못의 일을 관장하는데, 판사 2명 정3품이다.

군자감은 군사조직의 의복과 물품의 일을 관장하는데, 판사 2명 정3품이다.

군기감은 병기·깃발·전쟁무기·집물 등의 일을 관장하고, 사수감은 전함을 영조하고 수리하며, 군량을 운반하는 등의 일을 관장하는데, 판사로부터 녹사에 이르기까지 모두 군자감의 예에 따르게 한다.

서운관은 천문의 재난과 상서, 일력을 추천과 선택하는 등의 일을 관장하는데, 판사 2명 정3품이다.

전의감은 진찰과 약방문 등의 일을 관장하는데, 판사 2명 정3품이다.

사온서는 술의 일을 관장하는데, 영 1명 종5품이고, 승 1명 종6품이고, 직장 2명 종7품이고, 부직장 2명 정8품이다.

요물고는 임금의 식사용의 미곡을 수입·지출하는 일을 관장하는데, 사 1명 종5품이고, 부사 1명 종6품이고, 주부 2명 종8품이다.

장흥고는 포필·지석 등의 일을 관장하는데, 사 1명 종5품이고, 부사 1명 종6품이고, 직장 2명 종7품이고, 주부 2명 종8품이다.

풍저창은 국가의 재용을 수입·지출하는 일을 관장하는데, 사 1명 종5품이고, 부사 2명 종6품이고, 승 2명 종7품이고, 주부 2명 종8품이다.

광흥창은 백관의 녹봉을 수입·지출하는 일을 관장하는데, 사로부터 주부에 이르기까지 풍저창의 예를 모방하게 한다.

제용고는 비단·명주와 모시 등의 일을 관장하는데, 사 1명 종5품이고, 부사 2명 종6품이고, 승 2명 종7품이고, 주부 2명 종8품이고, 녹사 2명 종9품이다.

경시서는 시중가격을 평균시키고 허위와 거짓을 금지시키며, 세금부과를 감독하는 등의 일을 관장하는데, 영 1명 종5품이고, 승 2명 종6품이고, 주부 2명 종8품이다.

공조서는 대나무 물품의 일을 관장하는데, 영 1명 종6품이고, 승 2명 종7품이다.

동부는 본부의 호적을 부역하는 일을 관장하는데, 영 1명 종6품이고, 녹사 2명 권무이다. 남부·서부·북부·중부는 모두 동부의 예에 모방하게 한다.

사온서로부터 오부에 이르기까지 사리는 모두 사선서와 같으니, 이상 각사의 이전은 정수 외에 모두 임시직이 있다.

의염창은 소금세의 일을 관장하는데, 승 2명 종7품이고, 주부 2명 종8품이고, 판관4명 권무이고, 사리 2명이다.

가각고는 전적을 거두어 저장하는 일을 관장하는데, 승 2명 종7품이고, 주부 2명 정8품이고, 직장 2명 종9품이고, 사리 2명이다.

전옥서는 죄수의 일을 관장하는데, 영 2명 종7품이고, 승 2명 종8품이고, 사리 2명이다.

서적원은 경적을 인출하는 일을 관장하는데, 영 1명 종7품이고, 승 2명 종8품이고, 녹사 2명 종9품이고, 사리 2명이다.

양현고는 판관 2명, 혜민국은 판관 4명, 동서 대비원은 부사 1명, 녹사 2명이다.

서반西班은

정3품은 절충 장군·과의 장군이고, 종3품은 보의 장군·보공 장군이고,

정4품은 위용 장군·위의 장군이고, 종4품은 선절 장군·선략 장군이고,

정5품은 충의 교위·현의 교위이고, 종5품은 현신 교위·창신 교위이고,

정6품은 돈용 교위·진용 교위이고, 종6품은 승의 교위·수의 교위이고,

정7품은 돈용 부위이고, 종7품은 진용 부위이고, 정8품은 승의 부위이고, 종8품은 수의 부위이다.

－태조실록 1년 7월 28일－

문무文武 품계의 외에 별도로 내시부를 설치하여 환관직으로 삼고, 액정서를 설치하여 내수직으로 삼고, 전악서와 아악서를 설치하여 악공직으로 삼게 하니, 모두 그 산관散官 직사의 칭호를 다르게 하여 품계에 섞이지 않게 하였다.

기강확립 등 10개 조항의 상소문

1392년 태조 1년 7월 17일 태조가 백관의 추대를 받아 수창궁에서 왕위에 오른 후 백관들에게 명하여 고려왕조의 정치법령·법제의 장단점과 변천되어 온 내력을 상세히 기록하여 아뢰게 하였다. 종친과 대신에게는 여러 도의 군사를 나누어 거느리게 하고, 정도전에게는 도평의사사의 기밀 업무와 상시의 업무를 관여하게 하였나. 기강확립과 승려의 도태 등 10개 조목에 관한 사헌부의 상소문이 접수되니 이를 허가하였다.

"삼가 생각하옵건대, 전하께서 하늘의 뜻에 순응하여 혁명을 일으켜 처음으로 왕위에 오르게 되었습니다. 경敬이란 것은 한마음의 주재主宰이고 모든 일의 근저이니, 그러므로, 큰일로는 하늘을 섬기고 상제를 제향하는 것과, 작은 일로는 일어나고 자고 밥 먹고 휴식하는 것까지 이를 떠날 수는 없습니다. 천도를 공경하고 높여서 이른 아침부터 밤늦게까지 조심하고 두려워하는 일은 탕왕과 무왕이 흥한 이유이며, 덕을 없애고 위력을 사용하여 경敬을 행할 것이 못 된다고 한 것은 걸왕과 주왕의 망한 이유입니다. 역대의 치란과 흥망을 상고해 보아도 모두 이로 말미암아 나오게 되니, 이것은 경敬이란 한 글자가 진실로 임금의 정치를 하는 근원입니다. 삼가 당연히 행할 사목을 조목별로 기록하여 상세히 열거하오니, 전하께서는 채택 시행하시어 일대의 규모를 일으키고 만세의 준칙으로 삼으소서.

첫째는 기강을 세우는 일입니다.
둘째는 상주고 벌주는 것을 분명히 하는 일입니다.
셋째는 군자와 친하고 소인을 멀리하는 일입니다.
넷째는 간하는 말을 받아들이는 일입니다.
다섯째는 거짓 상소를 근절하는 일입니다.
여섯째는 안일과 욕망을 경계하는 일입니다.
일곱째는 절약과 검소를 숭상하는 일입니다.
여덟째는 환관을 물리치는 일입니다.
아홉째는 승려를 도태시키는 일입니다.
열째는 궁궐 단속을 엄중하게 하는 일입니다.

신 등이 생각하옵건대, 믿음이란 것은 인군의 큰 보배이니, 나라는 백성에게 보전되고 백성은 믿음에 보전되는 것입니다. 기강을 세우고 상벌을 분명히 하는 일도 믿음으로써 하지 아니하면, 기강은 반드시 점점 쇠퇴의 지경에 이르게 될 것이며, 상벌도 반드시 지나친 데에 이르게 될 것입니다. 〈중략〉

임금이 말하였다. "환관과 승려를 물리치고 도태시키는 일은 건국의 초기에 갑자기 시행할 수 없지마는, 나머지는 모두 시행하겠다."

─태조실록 1년 7월 20일─

수령의 인사고과법을 제정하다

  수령의 인사고과법을 제정하였다. 무릇 대소 목민관들은 모두 30개월로써 한 임기로 삼고 임기가 차서 교체된 뒤에 경력한 녹봉의 달을 계산하여, 같은 부류를 선발해서 승진 제배에 따져서 검토하고, 그 수령의 욕심이 많고, 잔인 포학하고, 무능하고 유약하고, 게으르고 용렬하여, 직무를 감내하지 못하는 사람은 각도의 감사가 그 실상을 조사하는 데 따라, 모두 무능한 사람을 물리치고 유능한 사람을 등용하게 하고, 이내 본도本道의 지방 유력자 내에 공평하고 근실하고, 청렴하고 재능 있고, 재주와 덕망이 다 갖추어진 사람을 추천해 뽑아서 임시로 사무를 대리하게 하고, 신분과 직분에 따라 임명하여 공무를 집행하게 하며, 직명을 위에 보고하여 아룀에 견주어 비교하게 해서 제수하고, 그 덕이 있고 재능이 있어 공적이 남보다 뛰어난 사람은 임기에 차례를 밟지 않고 발탁하여 쓰게 하였다.

개국공신의 순위와 포상규정을 정하다

고려왕조의 임금 자리는, 공민왕이 아들이 없이 세상을 떠남으로써 요망한 중 신돈의 아들 신우(우왕)가 사이를 틈타 도둑질해 차지하여, 주색에 빠져 무도한 짓을 하고, 마음대로 살육을 행하였다. 무진년에 함부로 군대를 일으켜 상국上國의 국경을 범하려고 하는데, 여러 장수들이 대의에 의거하여 군사를 돌이키니, 신우는 그제야 그 죄를 스스로 알고서 아들 신창(창왕)에게 왕위를 전했다.

왕씨 계통이 끊어진 것이 16년이 되었는데, 종친 중에서 택하여 정창부원군 왕요를 공양왕으로 삼아 국사를 처리하게 하였다. 왕요는 혼미하여 법도에 어긋나서, 앞날을 헤아리는 정도를 잊고 눈앞의 작은 이익만 보고, 그 사적 친분이 있는 것만 알고 공신이 있는 것은 알지 못하였다.

전제(토지제도)는 그 경계가 바른 것을 싫어하고, 정부의 양곡은 자식과 사위의 봉양에 다 없어졌으며, 무릇 바르고 덕 있는 사람에게는 시기하고 꺼릴 뿐만 아니라, 반드시 죄를 가하고자 하며, 참소하고 아첨하여 면전에서 알랑대는 자에게는 친근히 할 뿐만 아니라 빠짐없이 임용하였다. 상벌은 규칙이 없어서 국법을 무너뜨리고, 용도는 절제가 없어서 백성의 재물을 해치게 하였으며, 혼척과 인척과 환관의 말만 듣고, 곧은 말을 하는 선비는 모두 내쫓았으니, 백성이 원망하고 신神이 노하여, 재앙이 자주 일어나고, 전란의 기미가 날로 발생하여 그치지 않았다.

문하좌시중 배극렴·우시중 조준·문하시랑 찬성사 김사형·정도전·참찬문하부사 정희계·이지란·판중추원사 남은·예조 전서 조박 등은 천명의 거취와 인심의 향배를 알고, 백성과 사직의 대의로써 의심을 판단하고 계책을 결정하여, 짐을 추대하여 대업을 함께 이루어 그 공이 매우 컸으니, 황하가 띠와 같이 좁아지고 태산이 숫돌과 같이 작게 되어도 잊기가 어렵도다! 위에 말한 사람들에게는 차례대로 공신의 칭호를 내리고, 그 포상의 전례典禮는 관할사에서 거행할 것이다. 중추원 사 김인찬은 불행히 죽었지마는, 일찍이 배극렴 등이 의심을 판단하고 계책을 결정하여 짐을 추대할 때에 마음을 같이하여 서로 도왔으니, 그 공이 매우 크다. 아울러 배극렴의 예에 의거하여 시행하라.

–태조실록 1년 8월 20일–

이어 개국공신들의 포상 규정을 정하였다.

1392년 태조 1년 9월 공신도감에서 아뢰었다. "문하좌시중 배극렴과 우시중 조준 등 16인은 천명과 인심의 소재를 환하게 알고서 의논과 계책을 결정하여 전하를 추대하여 왕업을 이루었으니, 이것은 비록 전하의 덕과 신령의 공이 하늘의 뜻에 응하고 사람의 마음에 따른 것이겠지마는, 역시 일세에 뛰어난 신하들의 충성을 다하고 대의에 힘써서 천명을 도와 나라를 세운 것이니, 진실로 성상의 교서敎書에 이른바 그 공이 매우 커서 황하가 띠와 같이 좁아지고 태산이 숫돌과 같이 작게 되도록 길이 공을 잊기 어렵다는 것과 같습니다.

마땅히 '일등공신'의 칭호를 내리고 전각을 세워서 형상을 그리고 비석을 세워 공을 기록하고, 작위를 봉하고 토지를 주며, 그 아버지·어머니·아내에게는 3등급을 뛰어 올려서 작위를 증직하며, 직계 아들에게는 3등급을 뛰어 올려서 음직蔭職을 주고, 직계 아들이 없는 사람은 조카와 사위에게 2등을 뛰어 올려서 음직을 주고, 전지 몇 결, 노비 몇 구, 관노비 7명, 군사 10명을 주고 처음 벼슬함을 허락하고, 적자와 장손은 대대로 이어받아 그 녹祿을 잃지 않게 하고, 자손은 벼슬자 기록에 일등 공신 아무개의 자손이라고 자세히 써서, 비록 범죄가 있더라도 사면이 영구한 세대에까지 미치게 할 것입니다." 하니

임금이 이를 윤허하고, 또 명하여 일등 공신 배극렴과 조준에게 토지 1천 호戸, 세금을 내는 민가 3백 호, 전지 2백 20결, 노비 30구를 내려 주고, 김사형·정도전·남은에게는 전지 2백 결, 노비 25구를 내려 주었다.

판삼사사 윤호 등 11인은 위의 항목이 공신들이 천명을 도와 나라를 세우는 즈음에 모의에 참예하여 전하를 추대했으니, 진실로 성상의 교서에 이른바 그 공이 또한 크다는 것과 같습니다. 마땅히 '이등 공신'의 칭호를 내리고 전각을 세워서 형상을 그리고 비를 세워 공을 기록하며, 그 아버지·어머니·아내에게는 2등을 뛰어 올려서 봉작을 증직하며, 직계 아들에게는 2등을 뛰어 올려서 음직을 주고, 직계 아들이 없으면 생질과 사위에게 1등을 뛰어 올려서 음직을 주고, 전지 몇 결, 노비 몇 구, 관노비 5명, 군사 8명을 주고, 처음 입사함을 허락하고, 적자는 대대로 이어받아 그 녹을 잃지 않게 하고, 자손은 인사기록 내에 개국 이등 공신 아무개의 자손이라고 자세히 써서, 비록 범죄가 있더라도 사면이 영구한 세대에까지 미치게 할 것입니다.

도승지 안경공 등 16인은 고려왕조의 정치가 문란한 때에 전하에게 뜻을 두고 오늘날에 이르기까지 지조를 굳게 지켜 변하지 않았으니, 진실로 성상의 교서에 이른바 그 공이 칭찬할 만하다는 것과 같습니다. 마땅히 '삼등 공신'의 칭호를 내리고 전각을 세워서 형상을 그리고 비를 세워 공을 기록하며, 아버지·어머니·아내에게는 한 등을 뛰어 올려서 봉작을 증직하며, 직계 아들에게는 1등을 뛰어 올려서 음직을 주고, 직계 아들이 없으면 생질과 사위를 채용하고, 전지 몇 결, 노비 몇 구, 관노비 3명, 군사 6명을 주고, 처음 입사함을 허락하고, 적장은 대대로 이어받아 그 녹을 잃지 않게 하고, 자손은 인사기록 내에 개국 삼등 공신 아무개의 자손이라고 자세히 써서, 비록 범죄가 있더라도 사면이 영구한 세대에까지 미치게 할 것입니다.

중추원 사 김인찬은 지금 그 몸은 죽었지마는, 배극렴 등이 전하를 추대할 때에 마음을 같이하여 추대하였으니, 진실로 성상의 교서에 이른바 그 공이 매우 크다는 것과 같습니다. 마땅히 '일등 공신'의 칭호를 내리고 그 포상의 은전을 한결같이 배극렴의 예와 같이하소서.'

—태조실록 1년 9월 16일—

임금이 이를 윤허하고, 또 명하여 일등 공신 배극렴과 조준에게 식읍(공신에게 주어진 지역) 1천 호戶, 식실봉(공신에게 주어지는 민가) 3백 호, 전지 2백 20결, 노비 30구를 내려 주고, 김사형·정도전·남은에게는 전지 2백 결, 노비 25구를 내려 주고, 이제·이화·정희계·이지란·장사길·조인옥·남재·조박·정탁에게는 전지 1백 70결, 노비 20구를 내려 주고, 정총·오몽을·김인찬에게는 전지 1백 50결, 노비 15구를 내려 주고, 이등 공신에게는 전지 1백 결, 노비 10구를 내려 주고, 삼등 공신에게는 전지 70결, 노비 7구를 내려 주었다.

세자 책봉에 막내아들로 정할 것을 청하다

배극렴·조준·정도전이 세자를 세울 것을 청하면서, 나이와 공로로써 청하고자 하니, 임금이 강씨를 존중하여 뜻이 이방번에 있었으나, 이방번은 망령되고 경솔하여 볼품이 없으므로, 공신들이 이를 어렵게 여겨, 사적으로 서로 이르기를,

"만약에 반드시 강씨가 낳은 아들을 세우려 한다면, 막내아들이 조금 낫겠다." 고 하더니,

이때에 임금이, "누가 세자가 될 만한 사람인가?" 라고 물으니, 장자로 세워야만 되고, 공로가 있는 사람으로 세워야만 된다고 간절히 말하는 사람이 없었다. 배극렴이 말하기를, "막내아들이 좋습니다." 하니, 임금이 드디어 뜻을 결정하여 세자로 세웠다.

개국공신 충성 맹약문

조선 개국공신들이 한자리에 모여 산짐승을 잡아 하늘에 제사 지내고, 삽혈歃血을 하여 충성과 단결을 맹세하였는데 새로운 왕이 왕위에 오르면 희생犧牲을 잡아 서로 그 피를 들이마셔 입술을 벌겋게 하고, 서약誓約을 하여 충성을 맹세한다는 것으로 단심丹心을 신神 앞에 결의하였다. 옛날에는 흰 말을 잡아 그 피를 마시면서 맹세했으므로, 곧 공신들의 회맹을 지칭한 것이었다. 태조 1년 9월 28일 시작된 회맹은 전통 관습으로 이어져 영조 때까지 회맹한 기록이 나타난다.

개국공신들이 왕세자와 여러 왕자들과 회동하여 왕륜동王輪洞에서 맹세하였다. "문하좌시중 배극렴 등은 감히 황천후토皇天后土와 송악·성황 등 모든 신령에게 고합니다. 삼가 생각하옵건대, 우리 주상 전하께서는 하늘의 뜻에 응하고 사람의 마음에 따라서 큰 명을 받자왔으므로, 신 등이 힘을 합하고 마음을 같이하여 함께 큰 왕업을 이루었습니다. 이미 일을 같이했으므로 함께 한몸이 되었으니, 다행함이 이보다 큰 것이 없습니다. 그러나 '누구나 처음은 있지만 종말은 있기 드물다.'고 하여, 옛날 사람이 경계한 바 있습니다.

무릇 일을 같이한 우리들은 마땅히 임금을 성심으로 섬기고, 친구를 신의로 사귀고, 부귀를 다투어 서로 해치지 말며, 이익을 다투어 서로 꺼리지 말며, 다른 사람의 이간하는 말로 생각을 움직이지 말며, 말과 얼굴빛의 조그만 실수로 마음에 의심을 품지 말며, 등을 돌려서는 미워하면서도 얼굴을 맞대해서는 기뻐하지 말며, 겉으로는 서로 화합하면서도 마음으로는 멀리하지 말며, 과실이 있으면 바로잡아 주고, 의심이 있으면 물어보고, 질병이 있으면 서로 부조하고, 환란이 있으면 서로 구원해 줄 것입니다. 우리의 자손에게 이르기까지 대대로 이 맹약을 지킬 것이니, 혹시 변함이 있으면 신神이 반드시 죄를 줄 것입니다."

—태조실록 1년 9월 28일—

삼혈동맹 또는 회맹제라 하여 임금께 충성서약을 하는 맹서는 이후 대대로 이어져 계속되었는데 특히 왕권의 불안을 느낀 왕들은 임기 중 여러 차례 맹세를 강요하였고, 기반이 탄탄한 왕들은 명세문 없이도 지낼 수 있었다. 태종 4년 11월 16일 대청관 북쪽에서 회맹한 삼공신의 서약문은 다음과 같다.

"조선 국왕 신臣 이방원은 개국공신·정사공신·좌명공신 등을 삼가 거느리고 감히 황천의 상제와 종묘사직과 산천의 여러 신령에게 밝게 고합니다. 엎드려 생각하건대, 나라에서 군신과 붕우를 가지는 것은 가정에서 부자와 형제를 가지는 것과 같으니, 마땅히 충성과 신의와 성실로 그 마음을 굳게 맺어서 길이 처음과 끝을 보존하여야 하는데, 하물며 귀신에게 충성을 다하고 피를 마시고 같이 맹세하는 사람들이겠습니까? 생각하건대, 우리 태상왕은 뛰어난 무예와 용맹한 자질로 하늘과 사람의 도움을 얻고, 소자小子인 나도 또한 능히 조력하여 큰 기업을 도와서 이룩하였습니다.

개국하던 처음에 먼저 훈신과 더불어 같이 맹세하여 충성과 신의를 굳게 하였으나, 뜻하지도 아니하게 권간權奸이 사심을 품고 맹세를 저버리고 어린 서얼을 끼고 적통을 빼앗고, 우리 형제를 해치기를 꾀하여 장차 우리 종사를 위태롭게 하였는데, 다행히 천지 종사의 음덕의 도움에 힘입어, 충성스럽고 어진이가 의義에 분발하니, 흉도기 스스로 궤멸되었습니다. 적자로서 장자로서 상왕을 도와 세우니, 천륜이 이에 바르게 되고 종사가 다시 안정되었습니다. 또 훈신과 더불이 같이 화친맹약을 맺었는데, 얼마 되지 아니하여 간사한 이가 다시 그 맹세를 저버리고 실마리를 만들어 집안끼리 싸우게 하여, 거병하여 반란을 일으켰으나, 훈친과 장상將相이 시기에 응하여 평정하여, 죄인은 곧 잡아 이미 죄를 복죄하였습니다. 이것은 맹세를 어기면 반드시 죽이는 것이 징험으로 나타난 것이니, 가히 두렵지 않겠습니까?

소자인 내게 미쳐, 왕위를 계승한 뒤에도 또한 좌명한 신하와 더불어 같이 맹세하여 피를 마시고 더불어 보전할 것을 기약한 지 이제 여러 해입니다. 이때부터 삼맹(三盟 : 개국·정사·좌명공신)의 신하가 마음을 합하여 나를 도와, 이제 지금에 이르도록 평안하였으니, 가위 화합하여 틈이 없었다고 할 만합니다. 전후에 같이 맹세하는데 참여하지 않는 자가 그 마음이 오히려 미안하게 여길까 일찍이 염려하여, 특별히 길일을 가려서 이에 삼맹의 신하를 모아 상하의 신神에게 밝게 고하고, 다시 전의 맹세를 찾아서 그 뜻을 굳게 합니다.

이미 맹세한 뒤에는 각각 스스로 면려하고, 충성으로 서로 믿고 은애로 서로 좋아하고, 친애하기를 골육같이 하고, 굳건하기를 금석같이 할 것입니다. 정성을 다하고 충성을 다하여 왕실을 받들어 보좌하며, 그 사사 감정을 잊고 오로지 공도公道에 따르고, 항상 사직을 평안하게 하고 국가를 이롭게 하기를 생각하며, 부지런히 마음을 합하여 종시 변하지 아니하고, 길이 복록을 누려 함께 안전과 영화를 보존하여 세세 자손이 오늘을 잊지 않을 것입니다.

진실로 사정私情을 품고 간사한 마음을 끼거나, 맹세를 어기고 화목함을 저버리거나, 몰래 의심하여 두 가지 마음을 품거나, 겉으로는 친한 척하고 속으로는 꺼려하거나, 참언을 꾸며 구실을 만들거나, 붕당을 나누어 결당하거나, 나라를 전복하기를 꾀하거나, 같이 맹세한 이를 무함하는 자가 있으면, 이것은 천지를 속이고 귀신을 업신여기고 군부를 저버리는 것이니, 죽어서는 반드시 신의 형벌이 있을 것이고, 살아서는 반드시 왕법이 있을 것이며, 죄는 그 몸에만 그치지 아니하고 재앙이 자손에게까지 미칠 것입니다. 사직에 관계된 죄를 범하는 자는 마땅히 법으로 논하여, 또한 전의 맹세에 기재한 바와 같이 하리니, 이것은 모두 자취는 것이요, 그 누구의 허물이겠습니까? 천지신명이 위에 밝게 포열하여 있으니, 각기 맹세한 말을 공경하여 길이 힘쓰고 소홀하지 말지니라."

이후에도 영조까지 이어진 충성맹세의 기록은 다음과 같다.

태종 11년 11월 3일 경복궁에서 원종 공신들이 회맹하니 궁온을 내리다.
태종 17년 4월 11일 공신의 적장자들이 경복궁 북동에 모여 회맹한 글.
단종 1년 11월 20일 회맹의.
단종 2년 2월 13일 삼공신 등이 경복궁의 성 북쪽 단에서 맹서하다.
세조 1년 10월 23일 회맹제 음복연을 베풀고 전별연을 하다.
세조 2년 11월 14일 왕세자가 공신의 친자와 적장자손과 북단에서 맹세하다.
세조 6년 11월 16일 충훈부에서 왕세자의 공신 회맹을 행하기를 청하다.
세조 7년 2월 6일 세자가 오공신 및 그 적장자 등을 거느리고 회맹하다.
세조 13년 10월 27일 세자가 6공신을 거느리고 북단에서 회맹하다.
예종 1년 5월 13일 한명회 등이 회맹제를 연기할 것을 청하다.
성종 2년 4월 11일 회맹제의 음복연을 충훈부에 내려 주다.
중종 1년 10월 18일 임금과 신하가 한 소반에서 삽혈하게 하다.

중종 1년 10월 19일 단소에서 회맹제를 지내다.
중종 2년 9월 17일 대간이 합사하여 회맹제를 행하도록 청하다.
중종 2년 9월 26일 축시에 공신과 함께 북단에서 회맹제를 거행하다.
명종 1년 2월 21일 삼공이 공신 회맹제의 연기를 청하니 윤허하다.
명종 2년 윤 9월 13일 백관을 거느리고 신무문 밖에서 회맹제를 지내다.
선조 30년 2월 13일 분의 복수군이 남교에서 회맹하다.
선조 37년 9월 13일 회맹제를 10월 28일로 정하다.
선조 37년 10월 28일 삼공신 회맹제의 제문.
광해 5년 3월 12일 임금이 재계하고 백악 아래에서 공신들과 회맹하다.
인조 3년 4월 17일 회맹 제례를 거행하다. 이때의 맹서문.
인조 6년 9월 13일 여러 공신들과 함께 북악 아래에서 회맹하다.
숙종 6년 8월 30일 회맹제와 그 제문의 내용.
경종 3년 3월 11일 회맹제를 단소에서 행하다.
영조 4년 7월 18일 임금이 회맹제를 거행하고 환궁하다.

인재등용·음사·노비제도 등에 대한 시무책

도평의사사에서 아뢰었다.

공조 전서 이민도가 상소하여 시무時務를 논하였으므로 도평의사사에 내려서 헤아려 의논하게 하였습니다. 말한 것이 시무에 간절하므로 그 요점을 뽑아서 조목 별로 열거하여 보고하오니, 삼가 생각하옵건대, 상감께서 살펴서 시행하옵소서.

"첫째는, '뛰어난 인재를 천거하고 쓸모없는 관서를 다스려야 된다.'고 하였는데, 도평의사사에서 의논이 적당하다고 여깁니다. 뛰어난 인재란 것은 국가의 기본이므로, 국가의 치란은 실로 그 진퇴에 매여 있습니다. 제갈량이 촉나라 후주에게 말하기를, '현명한 신하를 친근히 하고 소인을 멀리한 것은 전한前漢이 번창하고 융성한 까닭이요, 소인을 친근히 하고 현신을 멀리한 것은 후한後漢이 기울고 무너진 까닭입니다.' 하였으니, 이 말은 실로 천년 동안의 격언입니다. 고려의 말기에 간사한 소인을 임용하고 충성스럽고 선량한 신하를 내쫓아서 스스로 멸망에 이르게 된 것은 전하께서 친히 보신 바입니다. 거울로 삼아 경계해야 할 선례가 바로 가까운 데 있으니 경계하지 않을 수 없습니다. 서경書經에, '여러 관직을 비워 두지 말게 하라. 하늘의 일을 사람이 대신하게 된다.' 했습니다. 군자가 벼슬자리에 있으면 모든 정치가 잘되고, 소인이 벼슬자리에 있으면 모든 일이 허물어지게 되니 조심하지 않을 수 있겠습니까?

둘째는, '아첨하는 신하를 멀리하고 참소하는 말을 근절시켜야 된다.'고 하였는데, 도평의사사에서 의논이 적당하다고 여깁니다. 아첨하는 사람은 임금의 뜻과 욕심을 잘 받들어 맞추게 되니, 아주 간사한 사람은 충성스러운 것 같습니다. 그런 까닭으로 임금은 알지 못하고서 도리어 이를 충성이라 하여 말은 듣지 않는 것이 없으며 계책은 따르지 않는 것이 없어서, 옳고 그름을 혼란시키고 충성스럽고 선량함을 무함하는 데까지 이르게 됩니다. 삼가 바라옵건대, 전하께서는 사람을 임용하실 즈음에는 그 충성한 사람과 아첨한 사람을 분별하여 그것이 서로 섞이지 말게 하소서. 대저 공명정대하여 임금의 싫어하는 안색을 범하면서까지 간쟁하는 사람은 충신이고, 예예 하고 공손히 대답하면서 임금의 뜻을 순종하여 거스르지 않는 사람은 아첨꾼이니, 진실로 충신인 줄 안다면 등용하여 가까이하고, 진실로 아첨꾼인 줄 안다면 물리쳐 내쫓으소서.

셋째는, '종묘를 세우고 음사(부정한 귀신에게 제사)를 금지해야 될 것이니, 고려왕조에서는 음사를 숭상하여 혹은 신神은 하나인데도 몇 곳에 나누어 제사 지내기도 하며, 혹은 하루 동안에도 몇 곳에 제사를 두 번 지내기도 하여, 제사의 예법을 더럽히고 문란하게 하여 멸망에 이르렀다.'고 하였는데, 도평의사사에서 의논을 적당하다고 여깁니다. 방금 하늘의 뜻에 순응하여 천명을 받아 한 시대의 정치를 혁신하게 되었는데, 다시 고려왕조의 폐단을 따르게 할 수 없으니, 예조로 하여금 상정하여 시행하게 하소서.

넷째는, '포백(베와 비단)의 징수를 금지해야 된다.'고 하였는데, 도평의사사에서 의논이 적당하다고 여깁니다. 서경書經에 '금전으로 형벌을 속바치게 한다.' 하였으니, 태형(곤장 1∼50대)과 장형(곤장 51∼100대)으로부터 사형죄에 이르기까지 정상이 불쌍히 여길 만하고 법이 슬피 여길 만한 것은 금전을 징수하여 속바치게 하였습니다. 고려왕조에서 포백을 징수한 것도 대개 그 고인의 유언이었으나, 그 말기에 와서는 이미 형벌을 쓰고 또 속바치게 되니, 죄인을 불쌍히 여겨서 법을 쓴 뜻에 어긋납니다. 지금부터는 중앙과 지방에 영을 내리어 두 가지를 겸해 시행하지 못하게 하소서.

다섯째는, '부채 노비를 금지해야 된다.'고 하였는데, 도평의사사에서 의논이 적당하다고 여깁니다. 우리 조정에서는 양민과 천민의 법이 매우 엄격한데, 양민 가운데 부채를 갚지 못한 사람을 영구히 노비로 삼으니 매우 이치에 맞지 아니합니다. 지금부터는 부채를 갚지 못하면 제공한 돈과 곡식의 수량을 노비 품삯의 수량과 비교하여 부채의 수량을 다 갚은 사람은 방면하게 하고, 한 본전에 한 이자로 하여 함부로 사역하지 못하게 하고, 이를 일정한 규정으로 삼고, 어긴 사람이 있으면 양민을 압박하여 천민으로 삼는 죄로 논죄하게 하소서."

—태조실록 1년 11월 17일—

임금이 "그 부정한 제사의 금지는 예조에 내리어 상세히 조사하여 보고하도록 하라." 하였다.

배극렴의 졸기

1392년[68세] 태조 1년 11월 26일 문하좌시중 성산백 배극렴의 졸기.

문하좌시중 성산백 배극렴이 졸卒하니, 임금이 3일 동안 조회朝會를 폐하고 7일 동안 고기를 쓰지 않은 반찬을 하고, 맡은 관원에게 명하여 관곽을 내려 장례를 치르게 하였다. 배극렴의 본관은 성산星山이니, 배현보의 아들이었다. 성품은 청렴하고 근신하며, 몸가짐은 근실하고 검소하였다. 진주·상주 두 주의 목사가 되고, 또 경주 윤·화령 윤이 되어 어진 정치를 하였다. 나가서 합포 원수가 되어 성을 쌓고 해자를 파서 떠돌아다니는 사람들을 평안하고 화목하게 하였었다. 수비하는 것은 잘했으나 싸워서 이기거나 공격하여 취하는 것은 그의 장점이 아니었다. 고려왕조의 말기에 이르러 이성계에게 마음을 돌려 조준 등과 더불어 서로 모의하여 임금을 추대하고는, 마침내 수상이 되었다. 그러나 배우지 못하여 학술이 없어서 임금에게 의견을 아뢴 것이 없었으며, 세자를 세우는 의논에 이르러서도 이에 임금의 뜻에 아첨하여 어린 서자를 세울 것을 청하고는 스스로 공功으로 삼으니, 식자들이 이를 탄식하였다. 졸卒하니 나이 68세였다. 시호는 정절貞節이다. 아들이 없었다.

—태조실록 1년 11월 26일—

[승진과정]

〈고려시대〉

1353년[29세] 공민왕 2년 부모의 음덕으로 천거.
　　　　　　　　고려 말 공민왕 때 문과 급제. 진주목사. 상주목사.
　　　　　　　　계림. 화령 부윤과 합포진 첨사 역임
1376년[52세] 우왕 2년 진주도원수. 이듬해 경상도 도순문사
1377년[53세] 우왕 3년 경상도 순문사
1378년[54세] 우왕 4년 경상도 도원수. 삼도 도원수
1380년[56세] 우왕 6년 밀직부사
1388년[64세] 우왕 14년 조전 원수로 위화도 회군에 참여
1389년[65세] 공양왕 원년 판개성부사. 문하찬성사
1390년[66세] 공양왕 2년 양광도 찰리사. 3군 중군 총제사. 판삼사사
1392년[68세] 공양왕 4년 수 문하시중. 이성계를 왕위에 추대하다.

〈조선시대〉

1392년[68세] 태조 1년 7월 17일 태조 이성계가 왕위에 오르기를 권하다.
1392년[68세] 태조 1년 7월 익대 보조공신 문하좌시중
1392년[68세] 태조 1년 7월 28일 문무백관의 관제를 선포
1392년[68세] 태조 1년 8월 2일 수령의 인사고과법을 제정
1392년[68세] 태조 1년 8월 개국공신의 순위를 정하다
1392년[68세] 태조 1년 8월 20일 이방석을 왕세자로 삼다.
1392년[68세] 태조 1년 9월 개국공신들의 충성 맹약문
1392년[68세] 태조 1년 9월 개국공신에게 공신녹권을 내리다.
1392년[68세] 태조 1년 10월 배극렴의 부모에게 벼슬을 부여하다.
1392년[68세] 태조 1년 11월 17일 인재의 천거 등 5가지 시무책
1392년[68세] 태조 1년 11월 24일 문하좌시중 사직
1392년[68세] 태조 1년 11월 26일 문하좌시중 성산백 배극렴이 죽다.

2. 조준趙浚

태조와 태종의 신임을 받은 책사

생몰년도	1346년(충목왕 2)~1405년(태종 5) [60세]
좌정승 재직기간	1차(1392.12.13.~1399.1.2.), 2차(1403.7.16.~1404.6.6.)
	3차(1405.1.15.~1405.6.27.) (총 8년간)
본관	평양
자	명중
호	우재·송당
군호	평양부원원군, 충의군
시호	문충
공훈	개국공신, 정사공신
출생지	평양
배향	태조 묘정(송뇌)에 배향
기타	사전私田혁파, 전제개혁, 경제육전 편찬, 고려사 편찬
증조부	조인규趙仁規—충선왕의 장인, 사도 시중 참지광정원사
조부	조연趙璉
부	조덕유趙德裕—판도판서
동생	조견趙狷—청계산에 은둔하며 가끔 망경봉에 올라 한양을 그리며 지내다.
아들	조대림—태종의 둘째딸 경정공주와 혼인
자부	경정공주

개국 1등공신, 정사 1등공신

조준은 조선 개국공신이다. 1371년 공민왕 20년 문음직으로 관직에 올랐다가 1374년 공민왕 23년에 문과에 급제하여 문관직과 무관직을 두루 지냈다. 1384년 관직에서 잠시 물러났다가 1388년 위화도 회군 후 이성계의 신임을 받아 관직에 복귀하여 지밀직사사 대사헌 등을 지냈다. 고려말 문하시중 조민수를 탄핵하여 축출시키고 공양왕을 폐위하여 정도전과 함께 이성계를 추대하여 조선을 세우는 1등 공신이 되었다.

태조 때 문하좌시중을 역임한 데 이어 태종 조에서 영의정을 두 번이나 지냈다. 조선 개국초 정도전과 함께 가장 뛰어난 문관 중 한 사람으로, 정도전은 통치력이 강한 왕보다는 신하의 권력이 강한 국가를 세우려다가 처참히 죽임을 당하였고, 조준은 보다 현실적인 선택으로 힘 있는 이방원 편에 서서 협조함으로써 권력을 차지하게 되었다. 두 갈림길에서의 선택이 결국은 두 사람의 인생을 바꿔놓았다. 이방원과 대결 구도를 택한 정도전은 가족이 몰살되는 결과를 가져왔고, 조준은 세 번의 영의정을 지냈고 화려한 업적과 족기를 남겼다. 그의 대표적인 업적은 경제와 이재에 밝아 전제田制 개혁을 통해 조선의 경제적 기초를 개편하였고 조선을 대표하는 법전인 경제육전을 남겼다. 그의 아들을 태종의 딸 경정공주와 혼인시킴으로써 왕실과 혼척을 맺어 탄탄한 가계를 이어 나갔다. 국역 고려사에 조준의 젊은 시절을 다음과 같이 서술하고 있다.

어렸을 때부터 인품이 호협하고 큰 뜻을 가지고 있었다. 공민왕이 수덕궁에 있으면서 조준이 책을 끼고 궁전 앞을 지나가는 것을 불러 보고 그를 기특하게 여겨 그의 가계를 물은 다음 즉석에서 보마배 지유의 무관직으로 임명하였다. 공민왕이 홍륜 일당을 시켜 여러 왕비들을 강제로 욕보이게 하자 조준이 개탄하기를

"사람의 도道가 사라졌으니 무엇을 더 말하겠는가? 왕이 상벌의 결정은 항상 소인들과 의논하고 군자는 이에 참여하지 못하니 오늘의 형세는 아주 불안정하다."라고 하였다.

그의 모친 오씨가 일찍이 과거 급제자들이 통행을 금지시키고 행진을 하는 것을 보고 한탄하여 하는 말이, "내가 아들이 많아도 과거에 급제한 자가 없으니 무슨 소용이 있는가?"라고 하였다. 조준이 이 말을 듣고 꿇어앉아 울면서 하늘을 가리켜 꼭 급제할 것을 맹세하였다. 이때부터 부지런히 공부하여 드디어 과거에 급제하고야 말았다.

전법판서, 체복사를 거쳐 우왕이 밀직제학·상의회의 도감사로 발탁한 후 불러서, "양광도와 경상도에서는 왜적의 기세가 치열하고 있는데 원수와 도순문사가 연약하고 겁이 많아서 싸우지 않으니 그대가 가서 군사상의 기밀을 맡아 보라"고 말하자 조준이, "저의 어머니가 나이 80이 넘었고 중병을 앓고 있으므로 다른 사람을 파견하기를 바랍니다."라고 하였더니 우왕은 "그대가 정직하고 사정私情이 없으며 또한 위신과 덕망에 있어서 그대를 대신할 만한 사람이 없다."고 하였다.

이에 조준은, "만약 전하가 2도의 통제를 전적으로 위임하고 머뭇거리다 패전한 자들을 저의 처치에 맡긴다면 저는 삼가 명령을 받겠습니다. 그렇지 않으면 원수나, 도순문사들이 그 직위가 저보다 위에 있으니 어찌 저를 무서워하여 죽을 결심을 하고 싸울 수가 있겠습니까?" 라고 하였다. 장수의 족단들이 그를 꺼리어서 그를 그만두게 하였다.

―국역 고려사, 열전, 조준, 한국학 종합 DB―

조선 건국 초기는 행정 수반의 할 일이 많았다. 외부적으로는 명나라와 적대관계를 유지할 것인가 사대를 할 것인가부터가 급선무였다. 위화도 회군 시부터 사대(대국을 섬김)에 뜻을 두었기에 중국 황제에게 국호와 왕의 책봉을 허락받아야 했고, 내부적으로는 조선왕조 조직부터 법률과 규칙 제정, 인재의 발굴 및 배치, 도읍을 정하는 일 등을 해야 하고, 고려왕조의 후손들에 대한 문제도 해결하여야 했던 만큼 산적한 일들을 초기에는 조준과 정도전이 나누어 처리하였다.

1392년 7월에 조선이 건국되었으니 서구사회는 르네상스가 일어날 무렵이다. 서구는 신神 중심 사회에서 인간 중심 사회로 바뀌어 가고 있는데 조선은 오직 천명에 순응하며 천신과 지신에게 목숨을 바쳐가며 믿던 시기였다. 서구의 사회는 그리스·로마 신들로부터 벗어나 카톨릭교가 등장하면서 예수 그리스도교가 뿌리를 내렸고, 가톨릭이 위주가 된 신 중심사회가 1000년을 지배해 오다 보니 르네상스 운동이 일어나 사람 중심의 인본주의를 내세우는 시기로 바뀌고 있었다. 그럼에도 그 흐름은 육로길인 중국에 가로막혀 조선 땅까지 전파되지 않고 있었다. 중국이 가로막고 있는 동양 사회는 모든 생사여탈의 권한을 왕이 가지고 있었고 왕권을 중심으로 권력을 차지하려는 치열한 혈투를 벌이고 있었다. 군주 중심사회에서 왕을 제어할 수 있는 기능은 오직 하늘밖에 없었다. 하늘을 공경하고, 하늘을 섬기며 하늘을 두려워하며 천도를 굳건히 믿고 있었다. 천주님, 천당, 천국, 천명, 천심, 천행, 천문, 천운, 천복, 천벌, 천직 등등 모든 위엄은 하늘과 통했다. 천재지변이 일어나면 맨 먼저 하늘에 그 죄와 용서를 빌었고 그다음이 자연이었다. 천지인의 사상이 동양인들의 가슴속 깊이 아로새겨진 시기였다. 조선 개국 초에 일어났던 제반 행위들을 살펴보면 다음과 같다.

명산대천의 신에게 작위를 부여하고 제를 올리다

1392년 태조 1년 8월 11일 임금은 역대 제사에 대한 내력을 조사하여 보고하게 하였다.

예조 전서 조박 등이 상소하였다.

"신 등이 삼가 역대의 제사전을 보옵건대, 종묘·적전(임금이 직접 경작하던 논밭)·사직·산천·성황·문선왕(공자)의 제사는 예부터 지금까지 널리 통용되었으며 국가의 변하지 않는 규정인 것입니다. 지금 예기의 격식대로 아래에 갖추어 기록하오니, 청하옵건대, 담당관에게 내려 때에 따라 거행하소서.

원구단[1]은 천자가 하늘에 제사 지내는 예절이니, 이를 폐지하기를 청합니다. 여러 신묘神廟[2]와 여러 주·군의 성황당은 나라의 제를 올리는 장소이니, 주州, 군郡의 성황신이라 일컫고, 위패를 설치하여, 각 고을 수령에게 매년 봄·가을에 제사를 지내도록 하고, 제사 물품·제기·술을 올리는 작헌의 예는 한결같이 조정의 예법에 따르도록 하소서. 봄·가을에 불경 설법의 법석法席[3]과 7곳의 친히 행차하는 법회와 여러 도교 사당, 천신에 대한 제사, 별에 지내는 제사 등의 일을 고려의 군왕이 각기 일신상의 소원으로서 때에 따라 설치한 것을, 후세의 자손들이 구습에 따라 혁파하지 못하였으니, 지금 천명을 받아 새로 건국함에 어찌 전례를 그대로 따라 하며 떳떳한 법으로 삼겠습니까? 모두 폐지해 버리기를 청합니다.

조선의 단군은 동방에서 처음으로 천명을 받은 임금이고, 기자는 처음으로 교화를 일으킨 임금이오니, 평양부로 하여금 때에 따라 제사를 드리게 할 것입니다. 고려의 혜종·현종·원종·충렬왕은 모두 백성에게 공이 있으니, 또한 마전군의 태조묘에 붙여 제사 지내게 할 것입니다." 하니

---

1) 천자가 하늘에 제사를 지내는 제천단. 중국의 원단. 천자는 황제를 뜻한다.

2) 신주를 모신 사당.

3) 부처님의 말씀을 듣는 자리로 야단법석은 야외에서 불법을 듣는 것을 말함.

임금이 의정부에 교지를 내렸다. "봄·가을의 불경 설법의 법석과 7곳의 법회에 대하여, 그것의 처음 설치한 근원을 고찰하여 아뢰라." 하였다.

－태조실록 1년 8월 11일－

1393년 태조 2년 1월 21일 전국의 명산·대천·성황·해도(섬)의 신에게 작위를 내리다.

이조에서 국경내의 명산·대천·성황·해도의 신神을 봉하기를 청하니, 개성 송악의 성황은 진국공鎭國公[4]이라 하고, 화령·안변·완산의 성황은 계국백啓國伯이라 하고, 지리산·무등산·금성산·계룡산·감악산·삼각산·백악의 여러 산과 진주의 성황은 호국백護國伯이라 하고, 그 나머지는 호국의 신이라 하였다.

－태조실록 2년 1월 21일－

1394년 태조 3년 12월 왕도 공사에 앞서 황천 후토와 산천의 신에게 고한 고유문.

임금이 하루밤을 재계齋戒[5]하고, 판삼사사 정도전에게 명하여 황천과 후토의 신에게 제사를 올려 왕도의 공사를 시작하는 사유를 고하게 하였는데, 그 고유문은 이러하였다.

---

4) 조선시대 개성의 성황신에게 수여한 작위. 전국의 명산과 대천大川·성황·해도海島의 여러 신들에게 작위를 수여했다. 이때 개성 송악의 성황신을 진국공으로 봉했다. 이 같은 봉작은 조선왕조의 건국을 경축하고 신들의 계속적인 지지를 바라기 위한 것이었다. 당시 다른 고을의 성황에게는 백伯이란 작위를 주었지만, 송악 성황만은 그보다 한 등급이 높은 공公으로 봉하여 성황신들 가운데 최고로 예우했다. 그것은 아직 조선왕조가 한양으로 천도하기 이전으로 수도가 개성이었기 때문이며, 이에 따라 국도의 성황신을 정점으로 전국의 성황신을 등급화한 것이라 할 수 있다. 1413년 태종 13년부터 성황신에게 수여한 작위를 폐지하고 신상을 위패로 바꾸자는 논의가 일어난다. 이에 따라 1430년 세종 12년 송악 성황사에는 진국공이란 표현은 삭제하고 송악지신神이라고만 쓴 위패를 모시게 되었다.

5) 식사와 행동하는 것을 삼가고, 몸과 마음을 깨끗하게 하는 것.

"조선 국왕 신 이단李旦[6]은 문하 좌정승 조준과 우정승 김사형 및 판삼사사 정도전 등을 거느리고서 한마음으로 재계와 목욕을 하고, 감히 밝게 황천 후토에 고하나이다. 엎드려 아뢰건대, 하늘이 덮어 주고 땅이 실어주어 만물이 생성하고, 옛것을 개혁하고 새것을 이루어서 사방의 도회都會를 만드는 것입니다. 그윽이 생각하니, 신 이단은 외람되게도 어리석고 못난 자질로서 천복의 기쁨을 얻어, 고려가 망하는 때를 당하여 조선 유신의 명을 받은 것입니다. 돌아보건대, 너무나 무거운 임무를 짊어지게 되어 항상 두려운 마음을 품고 편히 지내지 못하고, 영원히 아름다운 마무리를 도모하려고 하였으나 그 요령을 얻지 못했더니, 일관이 고하기를, '송도의 터는 지기가 오래되어 쇠해 가고, 화산의 남쪽은 지세가 좋고 모든 술법에 맞으니, 이곳에 나가서 새 도읍을 정하라.' 하므로, 신 이단이 여러 신하에게 묻고 종묘에 고유하여 10월 25일에 한양으로 천도한 것인데, 유사有司[7]가 또 고하기를, '종묘는 선왕의 신령을 봉안하는 곳이요, 궁궐은 신민의 정사를 듣는 곳이니, 모두 안 지을 수 없는 것이라.' 하므로, 유사에게 분부하여 이달 초 4일에 기공하게 하였습니다. 크나큰 역사를 일으키매, 이 백성의 괴로움이 많을 것이 염려되니, 우러러 아뢰옵건대, 황천께서는 신의 마음을 굽어살피사, 비 오고 개는 날을 때맞추어 주시고 공사가 잘되게 하여, 큰 도읍을 만들고 편안히 살게 해서, 위로 천명天命을 무궁하게 도우시고 아래로는 민생을 길이 보호해 주시면, 신 이단은 황천을 정성껏 받들어서 제사를 더욱 경건히 올릴 것이며, 때와 기회를 경계하여 정사를 게을리하지 않고, 신하와 백성과 더불어 태평을 누리겠나이다."

-태조실록 3년 12월 3일-

또 참찬문하부사 김입견을 보내서 산천의 신에게 고유하게 하였는데, 그 고유문은 이러하였다.

"왕은 이르노라! 그대 백악과 목멱산의 신령과 한강과 양진 신령이며 여러 물귀신이여! 대개 옛날부터 도읍을 정하는 자는 반드시 산山을 봉하여 진鎭이라 하고, 물을

---

6) 이성계. 단으로 이름을 바꾸었다. 임금의 이름자를 백성들이 쓰지 못하도록 하여 외자를 사용했다고 한다. 두 글자로 사용하면 일반 백성들이 사용할 수 있는 글자가 더 제한되기 때문이다. 임금의 이름을 휘諱라 하여 존중했다.

7) 단체의 사무를 맡아보는 직책으로 요즈음의 총무를 말함.

표하여 기紀라 하였다. 그러므로 명산대천으로 경내에 있는 것은 상시로 제사를 지내는 법전에 등록한 것이니, 그것은 신령의 도움을 빌고 신령의 도움에 보답하기 때문이다. 돌이켜 보건대, 변변치 못한 내가 신민의 추대에 부대끼어 조선 국왕의 자리에 앉아, 사업을 삼가면서 이 나라를 다스린 지 이미 3년이라. 이번에 일관의 말에 따라 한양에 도읍을 정하고, 종묘와 궁궐을 경영하기 위하여 이미 날짜를 정했으나, 크나큰 공사를 일으키는 데 백성들의 힘이 상하지나 아니할까. 또는 비와 추위와 더위가 혹시나 그때를 잃어버려 공사에 방해가 있을까 염려하여, 이제 문하 좌정승 조준과 우정승 김사형과 판삼사사 정도전 등을 거느리고 한마음으로 재계하고 목욕하여, 이달 초 3일에 참찬문하부사 김입견을 보내서 폐백과 제사 물품을 갖추어 여러 신령에게 고하노니, 이번에 이 공사를 일으킨 것은 내 한 몸의 안일을 구하려는 것이 아니요, 이 제사를 지내서 백성들이 천명을 한없이 맞아들이자는 것이니, 그대들 신령이 있거든 나의 지극한 회포를 알아주어, 음양을 탈 없이 하고 병이 생기지 않게 하며, 변고가 일지 않게 하여, 큰 공사를 성취하고 큰 업적을 정하도록 하면, 내 변변치 못한 사람이라도 감히 나 혼자만 편안히 지내지 않고 후세에 이르기까지 때를 따라서 제사를 지낼 것이니, 신도 또한 영원히 먹을 것을 가지리라. 그러므로 이에 알리는 바이다."

-태조실록 3년 12월 3일-

1395년 태조 4년 12월 29일 이조에 명하여 백악산을 진국백으로 삼고 남산을 목멱대왕으로 삼아, 경대부(고위직)와 사서인(사대부와 서인)은 제사를 올릴 수 없게 하였다.

1396년 태조 5년 1월 9일 도성의 기초를 열었으므로, 백악산과 5방의 신에게 제를 올렸다. 4월 29일 비가 오지 않아 승려 8백 명을 근정전에 모으고 금강경을 외우게 하니, 5월 4일 비가 내리다.

1396년 태조 5년 9월 1일 천변 지괴 때문에 백악산에 제사 지내고 여러 절에 소재 법석을 베풀다.

천변지괴가 여러 번 나타났으므로, 참찬문하부사 안익과 정당문학 한상질에게 명하여 백악산에 제사를 지내게 하고, 또 사람을 여러 절에 보내서 소재 법석을 베풀게 하였다.

1398년 태조 7년 8월 17일 천변 지괴 때문에 오대산 상원사와 금강산 표훈사에 법석을 베풀다.
1400년 정종 2년 12월 18일 제사에 관해 논하다.

정종이 말하기를 "인군은 천재天災·지괴地怪가 이르면 곧 복을 비는 기도를 베푸는데, 의리에 어떠한가?" 하니, 경연관이 말하기를, "복을 비는 기도는 폐할 수 없습니다." 하였다.

임금이 말하기를, "내가 들으니, '사람의 일이 아래에서 바르게 되면, 하늘 기운이 위에서 순하여진다.' 하니, 사람의 일이 순하지 못한 것이 있으면, 하늘 기운이 또한 따라서 불순할 것이다." 하고, 임금이 또 묻기를, "소격전(도교의 일월성신에 제사 지내던 전당)에서 별에 제사하는 일은 영험한 것이 여러 번 나타났으니, 소홀히 할 수 없다. 그 나머지 음사(바르지 못한 잡신)는 없애는 것이 어떠한가?" 하니,

경연관들이 대답하기를, "천자·제후·선비·서인이 각각 제사하는 신이 있으니, 천자인 연후에 천지에 제사하고, 제후인 연후에 산천에 제사하는 것인데, 지금 우리나라 풍속에 비록 서인이라도 모두 산천에 제사하니, 마땅히 금하여야 합니다." 하였다.

임금이 말하기를, "지금 풍속이 귀신을 숭상하여 모두 생각하기를, '신神의 숨은 도움이 아니면 편안히 살 수 없다.' 고 여기는데, 만일 금령禁令을 내리면, 백성이 기쁘게 복종하지 않고 도리어 원망을 할 것이다." 하였다.
응교 김첨이 대답하였다. "예전 제도에 따라 마을마다 토지신을 모시는 사당의 법을 세워서, 백성들로 하여금 모두 제사하게 하면, 백성이 모두 기쁘게 따르고, 잡신의 믿음 또한 장차 근절될 것입니다." 하였다.

—정종실록 2년 12월 18일—

금주령

조선 시대 큰 가뭄이 들거나 흉작·기근이 있으면 국가에서 술 마시는 것을 금하는 법령으로 이러한 기간에 근신 절제함으로써 하늘의 노여움을 풀고 굶주린 백성들을 위로하며 식량과 비용을 절약할 목적으로 행하여졌다. 1392년 조선 개국 직후 흉작으로 인하여 금주령을 내린 것을 비롯하여 왕조가 끝날 때까지 빈번하게 시행되었다. 특히, 태종 때는 거의 매년 내려졌고, 성종과 연산군 때도 자주 행하여졌다. 조선 후기에는 전국적인 금주령은 거의 없게 되었으나, 1758년 영조 34년에는 큰 흉작으로 궁중의 제사에도 술 대신 차를 쓰는 등 엄격한 금주령이 발포되었고, 왕이 홍화문에 나가 직접 백성들에게 금주 윤음을 발포하였다. 이 법령이 반포된 기간에도 음주나 양조가 허용되는 예외적인 경우가 있었는데, 그것은 국가의 제향, 사신 접대, 상왕上王에 대한 공물로 바칠 때, 그리고 백성들의 혼인·제사 및 노병자의 약용으로 쓰이는 경우였다. 또, 술을 팔아 생계를 이어가는 빈민들의 양조행위도 묵인되었다. 금주령은 지방에서는 비교적 엄격하게 준행되었으나, 서울의 사대부·관료사회에서는 잘 지켜지지 않았고 단속도 사실상 어려웠다. 다만, 공·사의 연회가 금지되고 과도한 음주·주정 등의 행위가 제재되는 정도였다.

1393년 태조 2년 12월 5일 임금이 사헌부에 명하여 지금 매우 춥고 또한 사신이 서울에 들어오니, 금주령을 해제하게 하라 하였다.

1394년 태조 3년 1월 11일 사헌부에 명하여 제사를 지내고자 하는 사람은 사온서司醞署로 하여금 술값을 수납하고 술을 주게 하였다. 1월 13일 사헌부에서 금주하기를 지나치게 엄하게 하니, 임금이 담당관인 김구덕을 불러 명령하였다.

"무릇 사람으로서 병이 있는 자는 혹 술을 약으로 마시게 되는데, 개괄하여 범법자로서 죄를 가하는 일이 옳겠는가? 대저 금주는 잔치를 베풀어 술을 마시어 몹시 취하지 못하게 할 뿐인 것이다."

1395년 태조 3년 7월 5일 금령을 어기고 술을 빚어 연회한 광주 목사 최식을 파직시키다.

최식은 금령을 범하여 술자리를 벌여 풍악을 갖추고 손님을 접대하니, 감사 최이가 이를 듣고 탄핵하게 되어 파직하였다.

1396년 태조 5년 4월 10일 오랜 가뭄 때문에 금주령을 내렸다.

고려 왕족에 대한 처리

고려 왕족에 대한 처리문제는 조선 초기 민심을 수습하는 데 중요한 변인이었다. 집권 초기에 이성계는 고려 국호도 바꾸지 않고 그대로 사용하였고, 고려말 벼슬을 하던 관료들을 그대로 인정한 채 왕위에 올랐다. 중국 황실의 반대급부에 대한 두려움도 있었겠지만 고려 공민왕 이후 우왕과 창왕에 대해 신돈의 자녀라는 의혹 제기 문제, 공양왕에 대한 왕위 찬탈, 고려말 장수 최영 장군에 대한 처형, 대학자 정몽주를 사사한 데 대한 민심의 이반 등을 걱정하지 않을 수 없었다. 따라서 초기에 고려 왕족에 대한 예우는 융숭하였다. 왕족들이 모여 살 수 있게 하였고, 고려 왕족에 대한 제사도 모실 수 있게 선행을 베풀었다. 그러나 각 처에서 올라오는 상소 내용에 고려 왕족 후예들의 모반 사건이 발생하자 유화정책의 태도를 바꾸어 왕씨 성을 모두 지워버리도록 명을 내리게 된다.

1394년 태조 3년 3월 13일 모반 사건에 관련된 왕화·왕거·김가행 등을 참수하였다.

어사 박신이 수원에서 각 사람들의 진술을 가지고 와서 아뢰니, 두 시중을 불러서 이를 의논하게 하였다. 왕화·왕거·김가행·박중질·김유의·이흥무 등의 목을 베고, 왕우와 박위는 특별히 용서하고, 승려 석능은 거제도에 유배시켰다.

-태조실록 3년 3월 13일-

1394년 태조 3년 4월 14일 왕씨 일족을 제거하기 위해 관원들을 삼척, 강화, 거제도에 보내다.

대간과 형조에서 나아와 아뢰었다.
"신 등은 전일의 청한 일을 윤허하시기를 원하옵니다."
임금이 말하였다.
"세 관청에서 상소를 같이 올리는 것을 이미 일찍이 금했는데, 따르지 않는 것은 무슨 이유인가?"
처음에 대간과 형조에서 비록 여러 번 상소를 올려 왕씨를 제거하기를 청하였으나, 임금이 마음으로 차마 할 수 없어서 그 청을 윤허하지 아니했더니, 이때 이르러 대궐 문 앞에 엎드려 힘써 간언한 지가 여러 날이 되었다. 임금이 도평의사사에 명하였다.

"왕씨를 제거하는 일은 내가 차마 할 수 없는 바이니, 마땅히 각 관사와 지방유지·원로를 모아서 각기 가부를 진술하게 하여 단단히 밀봉하여 바치게 하라."

도평의사사에서 모든 관사와 원로들을 수창궁에 모아서 알리기를,
"고려조의 왕씨는 천명天命이 이미 가버리고 인심이 이미 떠나서, 스스로 하늘이 하는 형벌을 초래하였는데, 전하께서는 특사함으로써 생명을 보전해 주었으니 은덕이 지극히 중하온데도, 왕씨들은 도리어 의심을 내어 몰래 반역을 도모했으니 법에 용납될 수가 없다. 그 왕씨를 처리할 방법을 단단히 봉하여 아뢰게 하라."

하니, 이에 의정부와 중추원 각 관사와 원로들이 모두 말하기를, "왕씨를 모두 제거하여 후일의 근심을 막게 하소서." 하였는데, 다만 천문관측관·의료원·곡식 저장고의 관원 수십 인만이 마땅히 섬에 귀양보내야 된다고 하므로, 도평의사사에 명하여 다시 의논하여 아뢰게 하였다. 도평의사사에서, "마땅히 여러 사람의 의논에 따라야 될 것입니다." 하니,

임금이 그대로 따라 명하였다.
"왕씨를 처리할 일은 한결같이 각 관사의 밀봉해 올린 글에 따르게 하나, 왕우의 삼
부자는 선대 조상을 받들어 제사하는 이유로서 특별히 사면한다."

중추원 부사 정남진과 형조 의랑 함부림을 삼척에 보내고, 형조전서 윤방경과 대장
군 오몽을을 강화에 보내고, 형조전서 손흥종과 첨절제사 심효생을 거제도에 보내
었다.

-태조실록 3년 4월 14일-

1394년 태조 3년 4월 20일 손흥종 등이 거제도에 있던 왕씨 일족을
바다에 빠뜨려 죽였다. 중앙과 지방에 명령하여 왕씨의 남은 자손을 대
대적으로 수색하여 이들을 모두 목을 베었다.

1394년 태조 3년 4월 26일 왕씨의 성을 쓰지 못하게 하다.

고려왕조에서 왕씨로 성을 부여받은 사람에게는 모두 본성을 따르게 하고, 무릇 왕
씨의 성을 가진 사람은 비록 고려왕조의 후손이 아니더라도 또한 어머니의 성을 따
르게 하였다.

1394년 태조 3년 6월 1일 고려조 왕비와 족친들의 물품 진상은 폐지
하고 월봉을 주도록 하다.

사헌부에서 상소하였다. "고려조의 왕비와 왕비의 어머니 및 가까운 족친들을 궁주·
옹주·국대부인에 봉하여, 혹은 물품을 진상하고 혹은 월봉을 주었으나, 모두 정지
해서 없애기를 청합니다."
임금이 말하였다. "물품 진상은 폐지하고 모두 월봉을 주도록 하라."

1394년 태조 3년 7월 17일 왕씨들의 복을 빌기 위해 금으로 법화경을
쓰고 읽게 하다.

임금이 왕씨의 복을 빌기 위하여 전 예의판서 한이와 전 우윤 정구, 봉상경 조서, 전 헌납 권홍, 전 사복 주부 변혼 등에게 명하여 금으로 법화경 4부를 써서 각 절에 나누어 두고 때때로 읽도록 하였다. 이보다 앞서 변혼이 죄를 범하여 도망해 있었는데, 변혼이 글씨를 잘 쓰므로 임금께서 같이 쓰게 하였다.

1395년 태조 4년 2월 24일 왕씨를 위해 관음굴 등에 수륙재를 베풀고 봄 가을로 거행하게 하다.

임금이 수륙재水陸齋[8]를 관음굴·현암사·삼화사에 베풀고 매년 봄과 가을에 항상 거행하게 하였다. 고려의 왕씨를 위한 것이었다.

만세, 만세, 만만세!!! 천세, 천세, 천천세!!!

음력 1월 1일 새해가 되면 해마다 빠짐없이 조선왕을 비롯한 모든 백관들이 근정전 뜰에 모여 중국의 황제가 있는 곳을 향해 새해 축하 만세 하례를 올렸다.

"만세, 만세, 만만세!!!"[9]

황제에 대한 축하례가 끝나면 조선의 임금을 향해 천세례를 올렸다.

"천세, 천세, 천천세!!!"[10]

---

8) 물과 육지에서 헤매는 외로운 영혼을 위로하기 위하여 올리는 재.

9) 황제에게 부르는 산호 : 만세萬歲 만세萬歲 (재산호) 만만세萬萬歲.

10) 왕에게 부르는 산호山呼 : 천세千歲 천세千歲 (재산호) 천천세千千歲.

조선의 새해 아침은 항상 이렇게 시작하였다. 중국 황제에 대한 신년하례 인사는 청일전쟁으로 조선이 중국으로부터 독립되는 1895년까지 계속되었다. 이후는 조선이 황제국이 되어 중국에 대한 하례를 할 필요가 없어졌기 때문이다. 이것도 한일 병합이 되기 이전까지만 독립국이었다.

1392년 태조 1년 8월 28일 명나라 황태자의 죽음에 대해 곡을 하다.

임금이 평주에 있었는데, 행재소(왕이 임시로 행차하는 장소)의 여러 신하들을 거느리고 황태자의 상복을 입고 곡을 하였다. 서울에 있는 각 관사에서도 또한 이날에 곡을 하였다. 권중화가 예부禮部에서 기록해 보인 상례를 가지고 왔는데,

1. 복식은, 상복은 마포(麻布 : 삼베)를 써서 제조하고 또 조포(粗布 : 거칠고 듬성듬성한 베)를 써서 제조하며, 두건은 사모紗帽 위에 싸서 쓰게 하고, 허리띠는 뒤로 드리우게 하며, 마질대는 백일 만에 벗게 하고,[11]

1. 13일 동안 음악을 정지하고, 3일 동안 도살을 금지하고, 1개월 동안 시집가고 장가감을 정지하고, 13일 동안 대사(종묘사직단의 제사)[12]와 소사(작은 제사)를 정지하는 것이다.

—태조실록 1년 8월 28일—

1393년 태조 2년 1월 1일 황제가 있는 곳을 향하여 새해를 축하하는 의식을 가지다.

임금이 여러 신하들을 거느리고 황제가 있는 곳을 향해 새해 아침에 하례를 하고 조정 제도의 관복을 입었다. 예를 마치고 난 뒤에 임금이 대궐에 앉아서 모든 신료들의 새해 인사를 받았다.

---

11) 최복衰服이라하여 참최斬衰복이나 재최齋衰복의 상복을 말한다.
12) 대사大祀는 종묘·영녕전·사직단·원구단의 큰제사를 말한다.

"정월 초하루 새해의 아침에 신 등은 큰 경사를 감내하지 못하여 삼가 천세수千歲壽를 올립니다. 천세! 천세! 천천세!"

여러 신하들이 모두 천세를 세 번 불렀다. 임금이 술잔을 다 비우고 여러 신하들에게 앉기를 허락하니, 여러 신하들이 두 번 절하고 자리에 나아가 앉아서 한껏 즐기고 파하였다. 해가 지매 군기감으로 하여금 불놀이를 설치하게 하고 이를 구경하였다.

1397년 태조 6년 9월 22일 중국 황제 탄신일을 맞아 하례를 한 후 태조의 교시는 다음과 같다.

황제 성탄일이므로 임금이 군신을 거느리고 하례를 행하고, 연후에 군신에 잔치하였는데, 세자가 잔을 올리고 군신들이 천세를 불렀다. 임금이 말하였다.

"오늘은 황제를 위하여 축수하는 날인데 과인을 위하여 천세를 부르는 것이 가한가? 마음으로 실상 미안하니 이제부터는 그만두게 하라."

1423년 세종 5년 9월 6일 중국 사신이 조선에 왔다가 돌아가는 길에 다음과 같이 한마디 하고 간다.

임금이 세자와 백관을 거느리고 모화루에 나가서 사신을 전송하였다. 이때에 중국 사신이 "황제는 만만세, 왕은 천천세, 자손은 천세하소서."고 말하였다.

중국 황제에 대한 하례는 비단 신년 초만 아니라 황제 탄신일, 동짓날, 천추절(중국태자의 생일)날에도 이어졌다. 국가가 국력(국방력)이 없었기에 조선조 500년 동안 사대를 해야 했고, 사대를 믿고 중국 명나라에 의존한 채 국방력을 기르지 않은 결과 임진왜란과 병자호란과 한일 합병을 당해야 했다. 명나라를 섬기다가 시대의 흐름도 읽지 못한 채 청나라를 오랑캐국이라 무시하다가 병자호란을 당하여 삼전도의 굴욕을 감내해야 했다. 국경을 두고 주변국과 대치하던 삼국시대나 고려시대 중기까지는 국방력을 튼튼히 해왔기에 외적으로부터 지배당하는 일은 없었다. 그러나 사대주의를 표방하고 대국이 보호해 줄 것을 믿고 국방력을 소홀히 한 이후부터는 공격만 하면 무너지는 허약한 국가가 되어 엄청난 민족의 수난을 겪어야 했다. 자유경제주의 시대인 지금도 국력이 약해지면 언제 어떻게 강대국의 속국으로 지배당할지 모른다. 국력에는 국방력뿐만 아니라 경제력과 외교력도 포함된다. 경제력과 국방력이 없는 국가는 조선시대의 전철을 벗어날 수가 없을 것이다.

이후의 기록은 왕조가 바뀐 이후 국난을 당했을 때에도 망궐례를 행했던 기록이다. 미력한 국력은 강국의 짓누름에 언제든지 굴복해야 함을 나타내고 있다.

1450년 문종 즉위년 8월 1일 국상 중인데도 하례식에 무희를 동원한 것에 대해 예조에서 건의하여 방침을 바꾸었다.

예조에서 아뢰기를, "국상의 심년상 안에는 정조[13]·동지·성절[14]·천추절[15]에 망궐례[16]를 할 때는 무도(춤추는 것)를 없애소서." 하니, 그대로 따랐다.

1581년 선조 14년 1월 1일 인순왕후의 제삿날과 임진왜란으로 피난 중인데도 하례 행사를 해야 했다. 선조 14년 인순왕후의 제삿날과 선조 26년, 28년 임진왜란 중의 하례 기록은 다음과 같다.

---

13) 1월 1일.

14) 황제(천자)의 탄신일.

15) 황태자의 생일.

16) 정조·동지·성절·천추절에 임금이 중국 황제가 있는 곳을 향하여 절을 하던 예식. 또 지방관으로 나가 있는 관원이 명절·정조·동지나 왕·왕비의 탄신일에 대궐을 향하여 전패(임금을 상징하는 전殿자를 새겨 각 고을의 객사에 세운 나무패)를 차려놓고 절하던 의식.

망궐례를 약식으로 행하였다. 이는 내일이 바로 인순왕후의 기일인데 오늘 무도(舞蹈 : 춤을 추는)의 성례盛禮를 행하는 것은 미안하기 때문이었다. 이 행사에 있어 어떤 사람은 날짜를 물려서 행하는 것이 마땅하다고도 하고 어떤 사람은 상국上國을 위하는 예이므로 뒤로 물려서 행해서는 안 된다고 하였는데, 대신과 정2품 이상에게 명하여 대궐에서 모여 의논하게 하여 망궐례는 이날 행하기로 확정하였고 본 조선국의 하례는 3일로 물려서 행하게 하는 한편 이를 길이 법식으로 삼도록 하였다.

1593년 선조 26년 4월 29일 예조가 아뢰기를,

"2일의 망궐례의 의주(예식 절차)에서 춤을 추는 절차를 빼도록 하소서." 하니, 주상이 분부하기를, "중국을 위해서 하례를 베푸는 것이니 마땅히 춤추는 절차가 있어야 할 듯하다. 진사(까닭을 밝히며 사과를 할 때) 할 때는 마땅히 오배(다섯 번의 절)와 삼고두(머리가 땅에 닿도록 절을 하는 것)의 예禮를 행해야 할 듯하다." 하였다.

1609년 광해 1년 12월 30일 임진왜란이 끝나고 임금이 광해로 바뀌었다. 당시의 좌의정 이항복이 추모제와 하례식이 동일한 날에 있을 경우에 대한 개선 건의를 한다.

좌의정 이항복이 건의하기를,
"삼가 듣건대, 1월 1일에는 영모전에서 친제親祭를 행하고 이어 인정전에서 망궐례를 행한다고 하셨습니다. 친제를 거행하는 것이야 극도로 우려되고 민망하지만 한결같이 억제하고 막기만 하는 데에는 감히 못할 바가 있습니다. 그러나 망궐하는 의식에 이르러서는 의미를 논한다면, 좋은 날에 명나라 임금의 만세를 부르는 것은 정말 주변국의 큰 경사입니다. 그렇지만 삼년상 중에는 간혹 그렇게 하지 않는다 하더라도 진실로 크게 해로움이 없습니다. 옛날에는 노래 부르고 곡하는 일을 같은 날에 하지 않기 때문에 길례吉禮와 흉례凶禮를 아울러 행하는 것은 예가禮家에서 금하는 사항입니다. 먼저 경사에 참석한 뒤에 조문하는 것도 옛사람은 오히려 불가하다고 말하였습니다. 더구나 같은 날 새벽에 상복을 벗고 예복을 입어 곡哭을 하고서 곧이어 경사에 참여한다면 예로 헤아려 보건대 온당하지 않은 듯합니다. 이로 보나 저로 보나 결단코 행하기 어려우니, 예관禮官으로 하여금 예론을 참고하고 반복해서 헤아려

털끝만큼이라도 미진하거나 온당하지 못한 점이 없게 하시기 바랍니다." 하니, 아뢰
는 뜻이 또한 옳으니 따르겠다고 답하였다.

－광해군일기 1년 12월 30일－

1610년 광해 2년 4월 24일 예조가 다시 아뢰기를,

"이원익·이항복·윤승훈·심희수·한응인은 '이러한 예절규정은 새로운 의논을 만들
어서는 안 되니, 전해오는 법대로 해야 합니다. 다만 근래 예관을 보면 구례를 올바
른 격식으로 삼아 하지 않아서 임시하여 잘못하면 구례가 그렇다고 핑계를 대는데,
역시 낱낱이 분명히 근거를 댈 수도 없습니다. 필시 분명히 보고 참으로 아는 자가
있을 것이니, 관할 조정이 널리 들어보고 처리하는 것이 가합니다.'고 하였습니다. 대
신의 의논이 이러하니 주상께서 재결하시는 것이 어떻겠습니까?"
하니, 전교하기를, "우리나라 망궐례는 황제가 친림하는 곳은 아니지만 산호山呼 등
의 절차를 폐지하고 행하지 않은 적이 없다. 그러니 권정례[17]라고 하여 예절을 생략
하는 것은 타당하지 못할 듯하다. 그리고 내가 동궁에 있을 적에 절일(생신일)의 축하
때 권정례로 하는 경우가 있었지만 포고문과 산호의 예에 아울러 참여하였었다. 이
제 이 관례에 의거하여 일정한 법을 만들도록 하라." 하였다.

－광해군일기 2년 4월 24일－

　망궐례에 대한 행사는 광해조 때에 더욱 철저하여 불참한 자에 대하여
심문까지 하게 된다. 1621년 광해 13년 11월 11일 망궐례에 불참한 자
에 대해 주상이 전교하였다.

"망궐례 때에 무반(무인)으로써 들어와 참석한 사람이 매우 적어 보기에 매우 매몰스
러웠다. 분명히 늙어 병든 자나 지방에 있던 자를 제외하고는 아울러 추고하라."

---

17) 예식대로 하지 않고 약식으로 행하는 예. 즉 조하朝賀나 기타 행사에 임금의 임석을 생략하고
　　임시변통으로 의식의 절차를 다 밟지 않고 거행하는 의식. 권정례는 기악妓樂 등을 베풀지 않고
　　행함을 말한다.

1764년 영조 40년 1월 4일 영조 때에 신일청이 상소한 내용에 망궐례
(하례)에 대한 조선의 자세를 읽을 수 있다.

신일청이 상소하여,
"옛날 우리 인조께서는 비록 성을 포위당한 속에서도 황제 탄신일을 맞으면 망궐례
를 행하셨고, 또 1644년 인조 22년 이후로는 매양 탄신일을 당하면 비원에서 눈물
을 흘리시며 만세를 불렀으니, 그 만절필동[18]의 뜻은 널리 퍼지게 해야 하겠습니다."
하였다.

조선 국호의 인가

나라가 소국이었기에 중국 명나라에 사신을 보내어 국호를 인정받아야
했고, 중국에서 사신으로 온 환관들의 거들먹거림도 인내해야 했다. 중
국에 국호를 부여받는 과정을 살펴보자.

계품사[19]인 조임이 중국 남경으로부터 돌아오니, 임금이 백관을 거느리고 서쪽 교
외에 나가서 맞이하였다. 조임이 예부의 자문을 받들어 전달하였다.

"예부에서 고려 권지국사[20]에게 자문을 보내, 1392년 10월 11일에 예부 우시랑 장
지 등의 관원이 서문에서 이른 아침에 온 문서를 가져와서 주문하고 삼가 황제의 칙
지를 받았는데, 칙지에 '고려에서는 그전에 사람을 보내어 와서 본국의 실정과 사유

---

18) 중국의 황하가 여러 번 꺾여 흘러가도 필경에는 동쪽 황해로 흘러든다는 뜻으로 청나라에 멸망한
명나라를 못 잊어 하며 어떠한 우여곡절이 있더라도 명나라에 대한 의리는 저버릴 수 없다는
맹세의 말임.
19) 중국 황제에게 특별히 헤아려서 잘 조처하여 달라고 청원할 일이 있을 때 보내는 사신.
20) 왕호를 인정받지 못한 기간 동안에 임시로 나랏일을 맡아 다스린다는 왕의 칭호. 권은 임시의
뜻이고 지는 맡는다는 뜻.

를 아뢰었는데, 지금 온 문서를 보니 전일의 일에 지나지 않는다. 그러나 우리 중국은 강상(삼강오륜)이 있어 역대의 천자가 서로 전하여 지키고 변경하지 않는다. 고려는 산이 경계를 이루고 바다가 가로막아 하늘이 동이東夷를 만들었으므로, 우리 중국이 통치할 바는 아니다. 너희 예부에서는 회답하는 문서에 「임금의 교화는 자유로이 할 것이며, 과연 하늘의 뜻이 따르고 사람의 마음에 합하여 동이東夷의 백성을 편안하게 하고, 국경의 분쟁을 발생시키지 않는다면, 사절단이 왕래할 것이니 실로 그 나라의 복일 것이다. 문서가 도착하는 날에 나라에서 어떤 칭호로 고칠 것인가를 빨리 달려와서 보고할 것이다.」라고 하라.' 하였소. 이를 공경히 받들어 본부에서는 지금 황제 칙지의 내용을 갖추어 먼저 보내오."

전에 갔던 조임이 또 임금의 유지를 전달하였다. 그 내용은 이러하였다.

"이번에 내가 예부로 하여금 문서를 주어 그대에게 상세히 회보하게 하오. 그전의 한나라·당나라·송나라 때에 관원을 보내어 그대 나라의 지키는 데 이르면, 임명해 간 사람이 술을 좋아하고 여색을 사랑하여 백성을 해쳤으므로, 그대 나라 사람들이 문득 살해하였으니, 일에 무슨 이익이 있었겠는가? 이 때문에 짐朕이 사람을 시켜 가지 못하게 한 것이오. 공민왕이 죽으매 그 아들이 있다고 칭하고 이를 세우기를 청하였으나, 나중에 와서 또 그렇지 않다고 말하였고, 또 공양왕을 왕손의 정파正派라 하여 세우기를 청하였다가 지금 또 제거해 버렸소. 두세 번 사람을 시켜 왔으나 대개는 자기 스스로 왕이 되기를 요구한 것이므로 나는 묻지 않았소. 자기 스스로 왕이 되어 스스로 할 것이오. 백성들을 편안하게 하고 서로 통하여 왕래하게 하오." 는그 날에 백관이 직급별로 서서 하례하였다.

1392년 태조 1년 11월 29일 예문관 학사 한상질을 보내어 중국 남경에 가서 조선朝鮮과 화령和寧으로서 국호를 고치기를 청하였다.

"신 조임이 중국 서울로부터 돌아와서 삼가 예부의 자문을 가지고 왔는데, 그 자문에, '삼가 황제의 칙지를 받들었는데 그 내용에, 이번 고려에서 과연 능히 천도에 순응하고 인심에 합하여, 동이東夷의 백성을 편안하게 하고 변방의 분쟁을 발생시키지 않는다면, 사절단이 왕래하게 될 것이니, 실로 그 나라의 복이다. 문서가 도착하는 날에 나라는 어떤 칭호를 고칠 것인가를 빨리 달려와서 보고할 것이다.' 하였습니다. 삼가 간절히 생각하옵건대, 소국은 왕씨의 후손인 공양왕이 혼미하여 도리에 어긋나서 스스로 멸망하는 데 이르게 되니, 온 나라의 신민들이 신을 추대하여 임시로 국사를 보게 하였으므로 놀라고 두려워서 몸 둘 곳이 없었습니다. 요사이 황제께서 신에게 권지국사를 허가하시고 이내 국호를 묻게 되시니, 신은 나라 사람과 함께 감격하여 기쁨이 더욱 간절합니다. 신이 가만히 생각하옵건대, 나라를 차지하고 국호를 세우는 것은 진실로 소신이 감히 마음대로 할 수가 없는 일입니다. 조선朝鮮과 화령和寧 등의 칭호로써 황제께 아뢰오니, 삼가 황제께서 재가해 주심을 바라옵니다."

-태조실록 1년 11월 29일-

1393년 태조 2년 2월 15일 국호를 조선으로 정하는 중국 예부의 자문이다.

주문사 한상질이 와서 예부의 자문을 전하니, 임금이 황제의 궁궐을 향하여 은혜를 사례하는 예를 행하였다. 그 자문은 이러하였다.

"예부의 우시랑 장지 등이 1392년 윤 12월 초 9일에 삼가 임금의 뜻을 받들었는데, 그 조칙에, '동이東夷의 국호에 다만 조선朝鮮의 칭호가 아름답고, 또 이것이 전래한 지가 오래되었으니, 그 명칭을 근본하여 본받을 것이며, 하늘을 본받아 백성을 다스려서 후계를 영구히 번성하게 하라.' 하였소. 삼가 예부에서 지금 임금의 뜻의 내용을 갖추어 앞서가게 하오."

임금이 감격해 기뻐하여 한상질에게 전지 50결을 내려주고, 전국에 교지를 내렸다.

"왕은 이르노라. 내가 덕이 적은 사람으로서 하늘의 아름다운 명령을 받아 나라를 처음 차지하게 되었다. 지난번에 중추원 사 조임을 보내어 황제에게 주문奏聞하였더니, 회보하기를, '나라는 무슨 칭호로 고쳤는지 빨리 와서 보고하라.' 하기에, 즉시 첨서중추원사 한상질로 하여금 국호를 고칠 것을 청하였다. 1393년 2월 15일에 한상질이 예부의 자문을 가지고 왔는데, 그 자문에, '예부의 우시랑 장지 등이 1392년 윤

12월 초 9일에 삼가 임금의 뜻을 받들었는데, 그 조칙에, 「동이東夷의 국호에 다만 조선朝鮮의 칭호가 아름답고, 또 그것이 전래한 지가 오래되었으니, 그 명칭을 근본하여 본받을 것이며, 하늘을 본받아 백성을 다스려서 후계를 영구히 번성하게 하라.」고 하였소.' 하였다. 지금 내가 선하지 못한 일을 하니 어찌 감히 스스로 경하하겠는가? 실로 이것은 종묘사직과 백성의 한이 없는 복이다. 진실로 중앙과 지방에 널리 알려서 그들과 함께 혁신하게 할 것이니, 지금부터는 고려란 나라 이름은 없애고 조선의 국호를 좇아 쓰게 할 것이다. 이 처음으로 교화敎化를 시행하는 시기에 있어 마땅히 관대한 은전을 보여야 될 것이니, 1393년 2월 15일 이른 새벽 이전의 강도와 절도 이하의 죄는 이미 발각된 것이거나, 발각되지 않은 것이거나, 또는 이미 결정된 것이거나, 결정되지 않은 것이거나 모두 이를 사면해 없애버리게 하되, 감히 사면 전의 일로써 서로 고발하여 말하는 사람은 그 죄로써 죄주게 할 것이다. 아아! 제왕의 계획을 세워 자손에게 전하매, 이미 국호를 고치게 되었으며, 정무를 발포하고 어진 정치를 시행하는 데에 마땅히 백성을 근심하는 정치를 펴야 될 것이다."

–태조실록 2년 2월 15일–

1393년 태조 2년 3월 9일 국호를 승인한 은혜를 사례하는 표문을 올리고, 공민왕 대에 내린 금인 1개를 돌려보내다.

문하시랑 찬성사 최영지를 보내어 중국 서울에 가서 표문表文[21]을 받들어 은혜를 사례하게 하였다.
"황제의 은혜가 한없이 넓고, 황제의 훈계가 간곡하시오니, 온 나라 사람들이 함께 영광으로 여기오며, 자신을 돌아보고 감격함을 알겠습니다. 삼가 생각하옵건대, 다행히 밝은 세상을 만나 먼 곳의 임시 우두머리로 있으면서, 일찍이 털끝만 한 도움도 없었으므로 다만 하늘의 해만 우두커니 바라볼 뿐이었습니다. 지난번에 천한 사신이 돌아오매 특별히 천자의 명령이 내리심을 받았사온데, 나라 이름을 마땅히 고쳐야 할 것을 지시하여 빨리 달려와서 보고하기를 명하였으니, 신臣은 나라 사람들과 더불어 감격함을 견디지 못하겠습니다. 간절히 생각하옵건대, 옛날 기자箕子의 시대에 있어서도 이미 조선朝鮮이란 칭호가 있었으므로, 이에 아뢰어 진술하여 감히 천자께서 들어주시기를 청했는데, 답을 곧 내리시니 특별한 은혜가 더욱 치우쳤습니다. 이

---

21) 황제에게 보내는 외교문서.

미 백성을 다스리라는 말로써 경계하시고, 또 후계를 번성하게 하라는 말로써 권장하시니, 깊이 마음속에 느껴서 분골쇄신이 되더라도 보답하기 어렵겠습니다. 이것이 대개 구중궁궐에서 천하를 다스리면서 만 리 밖의 일을 환하게 보시어, 신이 부지런히 힘써 조심함을 살피시고, 신이 성실하여 딴마음이 없음을 어여삐 여기시어, 이에 소국으로 하여금 새 국호를 얻게 했던 것입니다. 신은 삼가 마땅히 울타리가 되어 더욱 공물의 바침을 조심하고, 자나 깨나 항상 천자에게 건강과 안녕하시라는 축원에 간절하겠습니다."

또 정당문학 이염李恬을 보내어 고려 공민왕 때에 내린 금인金印 1개를 반납하였다.

—태조실록 2년 3월 9일—

1393년 태조 2년 5월 23일 사신으로 온 내관 황영기 등이 조선의 국왕을 위협하는 조서를 가지고 오다.

황제 명으로 파견된 환관 사신 황영기·최연 등이 황제의 조서를 받들고 오니, 임금이 백관을 거느리고 선의문 밖에서 맞이하여 앞을 인도해서 수창궁에 이르러 조서를 듣고 예를 거행하였다.

"1. 지난번에 절강성 동쪽·절강성 서쪽의 백성 중에서 불량한 무리가 그대를 위하여 소식을 보고하기에, 이미 수십 집을 죽였소. 그 고려의 산천 귀신이 어찌 그대가 재앙의 실마리를 만들어 재앙이 백성에까지 미치게 될 줄을 알지 못하겠는가? 이것이 불화를 일으킨 것의 한 가지요.

1. 사람을 보내어 요동에 이르러 베와 비단과 금은의 종류를 가지고 거짓으로 예를 행함으로써 까닭으로 삼았으나, 마음은 우리 국경의 장수를 꾀는 데 있었으니, 이것이 불화를 일으킨 것의 두 가지요.

1. 요사이 몰래 사람을 보내어 여진족을 꾀여 가족 5백여 명을 거느리고 압록강을 몰래 건넜으니, 죄가 이보다 큰 것이 없었소. 이것이 불화를 일으킨 것의 세 가지요.

1. 입으로는 신하라 일컫고 들어와 조공한다 하면서도, 매양 말을 가져올 때마다 말 기르는 사람에게 길들여 보게 하니, 말은 모두 느리고, 또한 모두 타서 피로한 것 들이니, 업신여김의 한 가지요.

1. 국호를 고치는 일절은 사람을 보내어 황제의 명을 청하므로, 그대의 마음대로 하 도록 허용했는데, 조선朝鮮을 계승하여 그대가 후손이 되게 하였소. 사신이 이미 돌아간 후에는 오래도록 소식이 없으며, 도리어 불화를 만드니 업신여김의 두 가 지이다.

아아! 원나라 말기로부터 중국이 난리가 나서, 백성들이 전란을 입게 되었소. 영웅이 여러 곳에 웅거하여 이곳저곳에서 살상한 지가 거의 24년이 되었는데, 짐이 이미 이 를 평정하였소. 그러나 중국이 이미 평정되매, 사방의 오랑캐가 변란을 일으키고 조 공朝貢하지 않는 것은 장수에게 명하여 정벌하게 한 지가 또한 2년이나 되었소. 오랑 캐가 복종하고 해외의 여러 섬나라도 와서 조공하는데, 근래에 나라 안에서 난신적 자가 발생했으므로, 금년 봄에 사로잡아 멸족하여 간악한 무리들이 이미 근절되었 소. 짐은 장차 칼날을 변화시켜 농사 도구를 만들고, 병사들을 어루만져 옛날의 노 고를 잊게 하며, 칼날에 부상한 사람을 후하게 부양하여 제 집에서 평생을 마치게끔 하고, 여러 장수들에게 가벼운 갖옷을 입고 살찐 말을 타도록 하여 사철의 경치를 구경하면서 태평을 누리게 하려고 하는데, 어찌 그대의 고려에서 전란을 일으키는 가? 짐은 또 장차 상제上帝에게 밝게 고하고, 장수에게 명해서 동방을 정벌하여 업 신여기고 변란을 일으킨 두 가지 일을 설욕할 것이오. 만약 군사가 삼한三韓에 이르 지 않더라도 장차 여진의 사람들을 꾀어 전 가족을 떠나오게 할 것이니, 이미 간 여 진족의 모든 사람을 돌려보낸다면 짐의 군사는 국경에 들어가지 않을 것이오."

-태조실록 2년 5월 23일-

임금이 예禮를 마치고 난 후에 내관에게 궁궐에서 잔치를 베풀었으니, 내관 두 사람은 모두 우리나라 사람이다.

1395년 태조 4년 11월 11일 명나라에 국왕의 고명과 조선국의 인장을 내려달라고 청하는 글.

예문 춘추관 태학사 정총을 보내어, 70세 이상의 원로와 대소 신료들이 문서를 가지고 북경에 나아가, 고명(승인서)과 인장을 청하게 하였다. 그 문서는 이러하였다.

"조선국 도평의사사 좌시중 조준 등이 그윽이 생각건대, 소방국은 왕씨가 덕을 잃어서 조준 등은 일국의 신민과 함께 이모李某를 임금으로 추대하였습니다. 홍무 25년 7월 15일에 지밀직사사 조반을 보내어 황제께 아뢰었고, 계속해서 문하평리 조림을 보내어 표문表文을 올려 아뢰게 하였더니, 삼가 황제의 뜻을 받자오니, 권지국사로 윤허하시고, 예부에서 온 자문을 받자오니, 그 사연에, '나라의 이름을 무엇으로 고쳐야 하느냐? 빨리 와서 알리라.' 하옵기로, 이에 의하여 즉시 지밀직사사 한상질을 보내어 황제께 올리는 글을 가지고 북경에 가서 삼가 황제의 뜻을 받자오니, 이르기를, '동이東夷의 칭호는 오직 조선이라 하는 것이 아름답고, 또 그 내력이 오래되니, 그 이름을 근본으로 삼아 본받을 만하니.' 하셨으니, 삼가 이에 따라 하기로 하였습니다. 그 밖에 홍무 26년 3월 초9일 문하평리 이염을 보내어 전조 고려 국왕의 옥새를 송부했고, 또 그해 12월 초8일에 좌군 도독부의 자문을 받자와 삼가 황제의 뜻의 1절을 뵈오니, 그 사연에, '정명正名에 합치되게 지금 조선이라고 이름을 고친즉, 표문에 전대로 권지국사라 함은 무슨 까닭인지 알지 못하겠다.' 하셨으니, 이 분부를 받자와 일국 신민들이 벌벌 떨면서 황송히 여기오며, 모두 국왕이라고 시행하라 하오나, 오늘날 비록 국왕이라 일컬을지라도 명칭이 끊어져 내려주신 고명과 조선국의 인장을 받지 못하여, 일국의 신민들이 밤낮으로 옹망하고 감히 사연을 아뢰오니, 엎드려 바라옵건대, 살피시기를 청하와 번거롭게 아뢰오니, 국왕의 고명과 조선의 인신을 주시어서 시행하게 하옵소서."

-태조실록 4년 11월 11일-

1396년 태조 5년 6월 9일 남녀의 황색복과 말 고들개 드리우는 것을 금하였다. 중국 황제에 대한 예의 표시였다.

사전私田을 혁파하다

1389년 사전私田을 혁파하다. 재산을 과다 보유하려는 인간심리는 본능에 가까운 모양이다. 전제정치 시대인 고려 시대 조선 시대를 막론하고 재산의 과잉소유로 인하여 사회문제가 발생하니 고려말 이성계는 민심을 잡고자 조준을 시켜 사용토지를 혁파하는 토지개혁을 단행하였다.

1389년 공양왕 원년, 이때에 토지 제도가 크게 허물어져서 토지를 확대하는 집안에서는 남의 전지田地를 빼앗아 산과 들을 둘러싸고 있으니, 고통이 날로 심하여 백성들이 서로 원망하였다. 태조가 대사헌 조준과 더불어 의논하여 사전私田을 혁파하여 과다소유를 막고 백성의 생업을 후하게 하니, 조정과 민간에서 크게 기뻐하고 민심이 더욱 따르게 되었다.

정몽주를 처형하다

1392년 정몽주가 조준 등을 처형코자 하니, 태종이 성몽주를 죽이고 일당을 탄핵하다.

정몽주가 대간을 사주하여 번갈아 글을 올려 조준·정도전 등을 목 베기를 청하니, 태조가 아들 이방과와 아우 이화, 사위인 이제李濟와 휘하의 황희석·조규 등을 보내어 대궐에 나아가서 아뢰기를,

"지금 대간은 조준이 전하를 왕으로 세울 때 다른 사람을 세울 의논이 있었는데, 신臣이 이 일을 저지시켰다고 논핵하니, 조준이 의논한 사람이 어느 사람이며, 신이 이를 저지시킨 말을 들은 사람이 누구입니까? 청하옵건대, 조준 등을 불러와서 대간과 더불어 조정에서 변론하게 하소서."

하여, 이 말을 주고받기를 두세 번 하였으나, 공양왕이 듣지 않으니, 여러 소인의 참소와 모함이 더욱 급하므로, 화禍가 알 수 없는 지경에 이르렀다. 우리 전하(이방원)께서 정몽주를 죽이기를 청하니, 태조가 허락하지 아니하였다. 전하가 나가서 상왕(정종)과 이화·이제와 더불어 의논하고는, 또 들어와서 태조에게 아뢰기를,

"지금 정몽주 등이 사람을 보내어 정도전 등을 국문하면서 그 진술을 우리 집안에 관련시키고자 하니, 사정이 이미 급하온데 장차 어찌하겠습니까?"

하니, 태조는 말하기를, "죽고 사는 것은 명命이 있으니, 다만 마땅히 순리대로 받아들일 뿐이다." 하면서, 우리 전하에게 "속히 여막廬幕으로 돌아가서 너의 상주 노릇을 마치게 하라."고 명하였다. 전하가 남아서 병환을 시중들기를 두세 번 청하였으나, 허락하지 아니하였다. 전하가 하는 수 없이 나와서 숭교리의 옛 저택에 이르러 사랑에 앉아 있으면서 근심하고 조심하여 결정하지 못하였다. 조금 후에 문을 두드리는 소리가 나므로 급히 나가서 보니, 광흥창사 정탁이었다. 정탁이 극언하기를,

"백성의 이해가 이 시기에 결정되는데도, 여러 소인들의 반란을 일으킴이 저와 같은데 공公은 어디로 가십니까? 왕후와 장상이 어찌 혈통이 있겠습니까?"

하면서 간절히 말하였다. 전하가 즉시 태조의 사제로 돌아와서 상왕과 이화·이제와 의논하여 이두란으로 하여금 정몽주를 치려고 하니, 이두란은 말하기를,

"우리 공(태조)께서 모르는 일을 내가 어찌 감히 하겠습니까?"

하매, 전하는 말하기를, "아버님께서 내 말을 듣지 아니하지만, 그러나, 정몽주는 죽이지 않을 수 없으니, 내가 마땅히 그 허물을 책임지겠다."

하고는, 휘하 인사 조영규를 불러 말하기를, "이씨李氏가 왕실에 공로가 있는 것은 나라 사람들이 모두 알고 있으나, 지금 소인의 모함을 당했으니, 만약 스스로 변명하지 못하고 손을 묶은 채 살육을 당한다면, 저 소인들은 반드시 이씨에게 나쁜 평판으로써 뒤집어씌울 것이니, 뒤 세상에서 누가 능히 이 사실을 알겠는가? 휘하의 인사들이 많은데, 그중에서 한 사람도 이씨를 위하여 힘을 쓸 사람은 없는가?"

하니, 조영규가 흔쾌히 말하기를, "감히 명령대로 하지 않겠습니까?"

하였다. 조영규·조영무·고여·이부 등으로 하여금 도평의사사에 들어가서 정몽주를 치게 하였는데, 변중량이 그 계획을 몽주에게 누설하니, 몽주가 이를 알고 태조의 사제에 나아와서 병을 위문했으나, 실상은 변고를 엿보고자 함이었다. 태조는 몽주를 대접하기를 전과같이 하였다. 이화가 우리 전하(태종)에게 아뢰기를,

"몽주를 죽이려면 이때가 그 시기입니다." 하였다. 이미 계획을 정하고 나서 이화가 다시 말하기를, "공公이 노하시면 두려운 일인데 어찌하겠습니까?"

하면서 의논이 결정되지 못하니, 전하가 말하기를, "기회는 잃어서는 안 된다. 공이 노하시면 내가 마땅히 대의로써 아뢰어 위로하여 풀도록 하겠다."

하고는, 이에 노상路上에서 치기를 모의하였다. 전하가 다시 영규에게 명하여 상왕의 저택으로 가서 칼을 가지고 와서 바로 몽주의 집 동리 입구에 이르러 몽주를 기다리게 하고, 고여·이부 등 두서너 사람으로 그 뒤를 따라가게 하였다. 몽주가 집에 들어왔다가 머물지 않고 곧 나오니, 전하는 일이 성공되지 못할까 두려워하여 친히 가서 지휘하고자 하였다. 문밖에 나오니 휘하 인사의 말이 안장을 얹은 채 밖에 있는지라. 드디어 이를 타고 달려 상왕의 저택에 이르러 몽주가 지나갔는가, 아니 갔는가를 물으니,

"지니기지 아니하였습니다."

하므로, 전하가 다시 방법과 계책을 지시하고 돌아왔다. 이때 전 판 개성 부사 유원이 죽었는데, 몽주가 지나면서 그 집에 조문하느라고 지체하니, 이 때문에 영규 등이 무기를 준비하고 기다리게 되었다. 몽주가 이르매 영규가 달려가서 쳤으나, 맞지 아니하였다. 몽주가 그를 꾸짖고 말을 채찍질하여 달아나니, 영규가 쫓아가 말머리를 쳐서 말이 넘어졌다. 몽주가 땅에 떨어졌다가 일어나서 급히 달아나니, 고여 등이 쫓아가서 그를 죽였다. 영무가 돌아와서 전하에게 이 사실을 아뢰니, 전하가 들어가서 태조에게 알렸다. 태조는 크게 노하여 병을 참고 일어나서 전하(이방원)에게 이르기를,

"우리 집안은 본디 충효로써 세상에 알려졌는데, 너희들이 마음대로 대신을 죽였으니, 나라 사람들이 내가 이 일을 몰랐다고 여기겠는가? 부모가 자식에게 경서經書를

가르친 것은 그 자식이 충성하고 효도하기를 원한 것인데, 네가 감히 불효한 짓을 이렇게 하니, 내가 사약을 마시고 죽고 싶은 심정이다."

하매, 전하가 대답하기를, "몽주 등이 장차 우리 집을 모함하려고 하는데, 어찌 앉아서 망하기를 기다리는 것이 합하겠습니까? 몽주를 살해한 이것이 곧 효도가 되는 까닭입니다."

하였다. 태조가 성난 기색이 한창 성한데, 강비康妃가 곁에 있으면서 감히 말하지 못하는지라, 전하가 말하기를, "어머니께서는 어찌 변명해 주지 않습니까?"

하니, 강비가 노기怒氣를 띠고 고하기를, "공公은 항상 대장군으로서 자처하였는데, 어찌 놀라고 두려워함이 이 같은 지경에 이릅니까?"

하였다. 전하는, "마땅히 휘하의 인사를 모아서 뜻밖의 변고에 대비해야 하겠다."

하면서, 즉시 장사길 등을 불러 휘하 군사들을 거느리고 빙 둘러싸고 지키게 하였다. 이튿날 태조는 마지못하여 황희석을 불러 말하기를,

"몽주 등이 죄인과 한편이 되어 대간을 몰래 꾀어서 충성스럽고 선량함을 모함하다가, 이미 죄를 입고 처형되었으니, 마땅히 조준·남은 등을 불러와서 대간과 더불어 변명하게 할 것이다. 경卿이 가서 왕에게 이 사실을 아뢰라."

하니, 황희석이 의심을 품고 두려워하여 말이 없이 쳐다보고만 있었다. 이제가 곁에 있다가 성난 목소리로 꾸짖으므로, 황희석이 대궐에 나아가서 상세히 고하니, 공양왕이 말하기를,

"대간은 탄핵을 당한 사람들과 맞서서 변명하게 할 수는 없다. 내가 장차 대간을 밖으로 내어 보낼 것이니, 경卿 등은 다시 말하지 말라."

하였다. 이때 태조는 노기怒氣로 인하여 병이 대단하여, 말을 할 수 없는 지경에 이르렀다. 전하가 말하기를,

"일이 급하다." 하고는, 비밀히 이자분을 보내어 조준·남은 등을 불러 돌아오게 할 의사로서 타이르고, 또 상왕과 이화·이제 등과 더불어 의논하여 상왕을 보내어 공양왕에게 아뢰기를,

"만약 몽주의 무리를 죄를 묻지 않는다면 신臣 등을 죄주기를 청합니다."

하니, 공양왕이 마지못하여 대간을 순군옥에 내려 가두고, 또 말하기를, "마땅히 외방에 귀양보내야 할 것이나, 국문할 필요가 없다."

하더니, 조금 후에 판삼사사 배극렴·문하평리 김주·동순군 제조 김사형 등에게 명하여 대간을 국문하게 하니, 좌상시 김진양이 말하기를,

"몽주·이색·우현보가 이숭인·이종학·조호를 보내어 신臣 등에게 이르기를, '판문하 이성계가 공功을 믿고 제멋대로 권세를 부리다가, 지금 말에서 떨어져 병이 위독하니, 마땅히 먼저 그 보좌역인 조준 등을 제거한 후에 이성계를 도모할 것이다.'라고 했습니다."

하였다. 이에 이숭인·이종학·조호를 순군옥에 가두고, 조금 후에 김진양과 우상시 이확·우간의 이내·좌헌납 이감·우헌납 권홍·사헌 집의 정희와 장령 김묘·서견, 지평 이작·이신과 이숭인·이종학을 먼저 먼 지방에 귀양보냈다. 형률을 다스리는 사람이 말하기를,

"김진양 등의 죄는 참형에 해당합니다."

하니, 태조가 말하기를, "내가 사람 죽이기를 좋아하지 않은 지가 오래되었다. 진양 등은 몽주의 사주를 받았을 뿐이니, 어찌 함부로 형벌을 쓰겠는가?"

"그렇다면 마땅히 호되게 곤장을 쳐야 할 것입니다."
하니, 태조가 말하기를, "이미 이들을 용서했는데 어찌 곤장을 칠 필요가 있겠습니까?"
하였다. 진양 등이 이로 말미암아 형벌을 면하게 되었다.

—태조실록 1권 총서 131번째—

학교 수령 의창 향리 등 22조목에 대한 상소문

1392년 태조 1년 9월 24일 학교·수령·의창·향리 등 22개 조목에 대한 상언을 올렸는데 당시대의 관직생활, 사회풍습, 문화풍습을 읽을 수 있는 내용이다.

도평의사사의 배극렴·조준 등이 22조목을 상소하였다.

"1. 학교는 풍화의 근원이고, 농상은 의식의 근본이니, 학교를 일으켜서 인재를 양성하고, 농상을 권장하여 백성을 잘 살게 할 것이며,

1. 수령은 논밭과 들이 황폐되고 개간되는 것과, 호구가 증가되고 감손되는 것 등의 일로써 평가할 것이며,

1. 신구 수령이 교대할 즈음에 일이 많이 해이해지니, 지금부터는 서로 인수인계서를 주고받은 후에 임지를 떠나게 할 것이며,

1. 왕명을 받든 관리와 군관·민관은 관에서 미곡을 급여하고 말을 주는 것이 두 관아로부터 이하의 관원에까지 모두 정해진 수효가 있으니, 이로써 일정한 법으로 삼게 할 것이며,

1. 각도에서 경서에 밝고 행실을 닦아서 도덕을 겸비하여 사범이 될 만한 사람과, 식견이 시무에 통달하고 재주가 나라를 다스리고 세상을 구하는데 합하여 업적을 세울 만한 사람과, 문장에 익고 서법을 전공하여 한림원의 임무를 담당할 만한 사람과, 형률과 산수에 정통하고 행정에 통달하여 백성들을 다스리는 직책을 맡길 만한 사람과, 계책은 병법에 깊고 용맹은 삼군에 으뜸가서 장수가 될 만한 사람과, 활쏘기와 말타기에 익숙하고 봉술과 돌 던지기에 능하여 군무를 담당할 만한 사람과, 천문·지리·복서·의약 등 혹 한 가지라도 기예를 전공한 사람을 자세하게 방문하고 재촉하여 조정에 보내어서, 발탁 등용하는 데 대비하게 하고, 서인 庶人 가운데 부모에게 효도하고 형제에게 우애하고 농사에 힘쓰는 사람에게는 조세의 반을 감면하여 주어 풍속을 권장할 것이며,

1. 장정은 16세로부터 60세에 이르기까지 역할을 맡게 하는데, 10명 장정 이상이면 대호大戶가 되고 5명 장정 이상이면 중호中戶가 되고, 4명 장정 이하이면 소호小戶가 되게 하여 장정을 계산하여 백성을 등록시키고, 만약 노동이 있으면, 대호는 1명을 내고 중호는 둘을 합하여 1명을 내고 소호는 셋을 합하여 1명을 내어 그 역을 고르게 할 것이며, 만약 거처없는 사람이 있으면, 그 이유를 묻고 더욱 불쌍히 여겨 구휼을 가하여 모여 살게 할 것이며,

1. 의창義倉[22]의 설치는 본래 곤궁한 사람을 진휼하기 위한 것이니, 매양 농사철을 당하여 먼저 곤궁한 백성들에게 양식과 종자를 주는 때, 반드시 척량기구를 사용하고 추수 후에는 다만 본 수량만 바치게 하고, 그 출납하는 수량은 해마다 마지막 달에 호조에 보고하게 하고, 그 수령으로서 척량으로 행하지 아니하거나, 부유한 사람에게도 아울러 주는 자는 죄를 논단하게 할 것이며,

1. 여러 고을의 향리 가운데 과거에 오르거나 공을 세운 사람 외에, 본 조정의 정3품 당상관 이하의 향리와 고려 왕조의 종 2품 이하의 향리는 모두 본역에 돌아가게 할 것이며,

1. 수령은 때때로 민백성들의 논밭을 현장조사하고 가을에 가서 손실을 자세히 갖추어 써서 관찰사에게 보고하여 적당히 헤아려 조세를 감면하게 할 것이며,

1. 각관·역마다 마필馬匹의 상·중·하 3등의 수효를 역관의 벽에 써서 붙여 두고, 업무를 받들고 사신으로 가는 사람이 있으면 관서의 증표를 상고하여 검증한 뒤에 말을 바꾸어 주게 할 것이나, 도관찰사와 도절제사를 제외하고는 모든 업무를 받든 사신으로 가는 사람에게 함부로 말을 주지 못하게 할 것이며,

1. 주·부·군·현에서는 죄수의 정상을 도관찰사에게 진술 보고하여 형률에 의거하여 죄를 결정하고, 사형죄 이상은 도평의사사에 보고하여 임금에게 아뢰어 명령을 받아 결정하게 할 것이며,

---

22) 흉년이나 재해가 발생했을 때 가난한 백성들을 구제하기 위해 곡식을 저장하여 두는 기관.

1. 문선왕(공자)의 석전제와 여러 주의 성황신의 제사는 관찰사와 수령이 제물을 풍성히 하고 깨끗하게 하여 때에 따라 거행하게 할 것이며, 삼공구경(3정승. 6조판서. 좌우참찬. 한성판윤)으로부터 하급관리에 이르기까지 모두 가묘(집안 사당)를 세워서 선대를 제사하게 하고, 서민은 그 거처하는 방에서 제사를 지내게 하고, 그 나머지 부정한 제사는 일절 모두 금단할 것이며.

1. 임금의 명을 받아 가는 관리 외에 관·역을 빌려 유숙하는 사람에게는 관에서 미곡을 주지 못하게 할 것이며, 명을 받은 관리와 수령이 술자리를 하지 못하게 할 것이며, 인하여 때아닌 사냥을 금단하게 할 것이며.

1. 무릇 상주는 부모가 빈소에 있을 때에는 조석으로 울며 제사하고 밖에 나가지 못하게 할 것이며.

1. 각도와 각주에서는 그 여정을 헤아려 숙소를 짓거나 수리하여 나그네에게 편리하게 할 것이며.

1. 광대와 백정은 이곳저곳으로 떠돌아다니면서 농업을 일삼지 않으므로 배고픔과 추위를 면하지 못하여 상시 모여서 도적질하고 소와 말을 도살하게 되니, 그들이 있는 주·군에서는 그 사람들을 호적에 올려 토지에 안착시켜 농사를 짓도록 하고 이를 어기는 사람은 죄주게 할 것이며.

1. 지방의 부유하고 세력이 있는 집에서는 양민을 슬그머니 차지하여 자기의 일꾼으로 삼으니, 청하옵건대, 찾아내어 억지로라도 등록시켜 부역에 이바지하게 할 것이며.

1. 무릇 중이 되려는 사람이 양반의 자제이면 닷새 베[무명의 중간품질] 1백 필을, 서인이면 1백 50필을, 천인이면 2백 필을 바치게 하여, 관할 관청에서 이로써 관에 들어온 베의 숫자를 계산하여 그제야 도첩(승려자격증)을 주어 출가하게 하고, 제 마음대로 출가하는 사람은 엄격히 다스리게 할 것이며.

1. 공사公私의 돈과 재물 가운데 이자는 이문을 정지하게 하도록 이미 일정한 제도가 있는데, 무식한 무리들이 이자에다 이자를 붙이니 매우 도리에 어긋납니다. 지금부터는 연월年月이 비록 많더라도 1전의 본전에 1전의 이자를 더 받지 못하게 할 것이며.

1. 중들이 중앙과 지방의 대소 관리들과 결당하여 혹은 사찰을 건축하기도 하고, 혹은 불경을 인쇄하기도 하며, 심지어 관청에까지 물자를 청구하여 백성들에게 해가 미치는 것이 있으니 지금부터는 일절 모두 금단할 것이며,

1. 바다와 육지에서 싸울 때는 쓰는 무기를 수리하고 점검하여 뜻밖의 변고에 대비하게 할 것이며,

1. 경비군과 수군은 상번과 하번으로 나누어 윤번으로 할 것입니다." 하니 임금이 모두 그대로 따랐다.

-태조실록 1년 9월 24일-

품계별 관복과 복식 제정

1392년 12월 12일 예조에서 품계별 관복의 복식을 상정하였다.

도평의사사에서 아뢰었다.

"다음 해 1일부터 비로소 명나라의 조전에서 제정한 관복을 입게 하고 예조로 하여금 자세히 살펴 정하게 하니, 예조에서 보고하기를, '1품은 홍포·서대요, 2품에서 판각문 이상은 홍포 여지금대요, 3, 4품은 청포·흑각혁대·상홀이요, 5, 6품은 청포·흑각혁대·목홀이요, 7품 이하는 녹포요, 대와 홀은 5, 6품과 같고, 신은 모두 검은 빛깔로 사용하게 할 것입니다.' 하였다."

왕씨를 어머니 성에 따라 노씨로 바꾸게 하다

1392년 태조 1년 12월 13일 조준에게 문하좌시중 관직을 제수하고, 왕우 아들의 성을 외가를 따라 노씨로 바꾸게 하다. 왕우의 딸이 이성계의 아들 이방번과 결혼하여 성까지 바꾸면서 살아남았으나 제1차 왕자의 난을 피할 수는 없었다.

조준을 문하좌시중으로 삼고, 김사형을 문하 우시중 상락백으로 삼고, 식읍食邑[23]은 1천 호, 식실봉食實封[24]은 3백 호로 하고, 권중화를 예문춘추관 대학사로 삼고, 정도전과 최영지를 문하 시랑찬성사로 삼고, 우인열과 유만수를 판개성부사로 삼고, 정희계를 판팔위사로 삼고, 조임을 중추원사로 삼았다. 이보다 먼저 다만 문하부·삼사·중추원 정원의 2품 이상만이 도평의사사의 직책을 겸무하였는데, 이날에 비로소 문하부와 중추원의 상의와 예문춘추관의 대학사·학사와 개성부의 판사·윤까지 모두 도평의사사의 직책을 겸무하게 하였다. 노조盧珇를 상장군으로 삼고, 노관盧琯을 대장군으로 삼았다. 이 사람들은 왕우의 두 아들인데 외가의 성을 따르게 하였다. 노조는 고려 왕조의 정양군이다.

-태조실록 1년 12월 13일-

---

23) 국가에서 왕족이나 공신들에게 내려 주어 조세를 받아 쓰게 하는 마을.

24) 고려 시대에 식읍 수여에서 실제로 지급한 호를 이르는 말. 수조(조세징수)·용역을 마음대로 할 수 있게 하였다.

제1차 왕자의 난과 정도전의 죽음

1397년 태조 6년 6월 14일 정도전 남은 등이 군사 일으킬 계획을 했으나 조준이 반대하여 틈이 생기다.

정도전이 일찍이 오진도와 수수도를 만들어 바치니, 임금이 좋게 여기어 명하여 훈도관을 두어 가르치고, 각 절제사·군관, 서반 각품 궁궐경비관으로 하여금 진도陣圖를 강습하고, 또 잘 아는 사람을 각도에 나누어 보내어 가서 가르치게 하였다. 당시 정도전·남은·심효생 등이 군사를 일으켜 국경에 나가기를 꾀하여 임금께 의논을 드렸는데, 좌정승 조준의 집에 가서 알렸다. 조준이 병으로 앓고 있다가 즉시 가마를 타고 대궐에 나와 극력 불가함을 아뢰었다.

"본국은 옛날부터 사대事大의 예를 잃지 않았고, 또 새로 개국한 나라로서 경솔히 이름 없는 군사를 출동시키는 것은 심히 불가합니다. 이해관계로 말하더라도 중국이 당당하여 도모할 만한 틈이 없으니, 신은 거사하여야 성공하지 못하고 뜻밖에 변이 생길까 염려되옵니다."

임금은 이를 듣고 기뻐하였다. 남은이 분연히 아뢰었다.

"두 정승은 몇 말 몇 되를 출납하는 데는 가하지마는 큰일은 더불어 도모할 수 없다."

이것으로 말미암아 남은 등이 조준과 틈이 생겨 뒤에 남은이 조준을 임금에게 무함하니, 임금이 노하여 질책하였다.

—태조실록 6년 6월 14일—

1398년 태조 7년 7월 11일 조준을 비방한 김부를 목을 베었다. 처음에 김부가 황보전과 더불어 새 감찰 김중성의 집에서 술을 마시고, 조준의 집을 지나면서 말하였다.

"비록 큰 집을 지었지마는 어찌 능히 오래 거처할 수 있겠는가? 후일에 반드시 다른 사람의 소유물이 될 것이다."

황보전이 이 말을 듣고 이양수에게 이야기했더니, 이양수가 김분에게 말하였다. 김분은 조준의 문인이므로 조준에게 알리니, 조준이 임금에게 아뢰었다. 이에 임금이 노하여 말하였다.

"조준은 개국 원훈으로서 나라와 더불어 기쁨과 걱정을 같이할 사람인데, 김부가 조준을 오래 가지 못한다고 했으니, 이것은 조선 사직社稷을 오래가지 못한다고 한 것이다."

이에 명하여 김부를 빨리 극형에 처하게 하였다. 이때부터 요동 공략 문제로 조준·김사형과 남은·정도전 일파 간에 알력이 생겼다. 8월 9일 대사헌 성석용이 진도를 익히지 않은 모든 지휘관의 처벌을 건의하였고, 정도전 등이 요동 공략에 대해 조준을 설득하려다가 끝내 실패하였다. 8월 26일 제1차 왕자의 난이 일어나, 정도전·남은·심효생 등이 숙청되었다.

정도전의 호는 삼봉이며, 본관은 안동 봉화이니, 형부 상서 정운경의 아들이다. 고려 왕조 공민왕 경자년에 성균시에 합격하고, 임인년에 진사에 합격하여 여러 번 옮겨서 통례문 지후에 이르게 되었다. 병오년에 연달아 부모상을 당하여 여막을 짓고 상제를 마치니, 신해년에 불러서 태상 박사로 임명하였다. 공민왕이 친히 종묘에 제향하니, 도전이 도를 상고하여 악기를 제조하였다. 예의 정랑·예문 응교로 옮겨서 성균 사예로 승진되었다. 갑인년에 공민왕이 훙하여, 을묘년에 북원의 사자가 국경에 이르니, 정도전이 말하였다.

"공민왕께서 계책을 결정하여 명나라를 섬겼으니, 지금 원나라 사신을 맞이함은 옳지 못합니다. 더구나 원나라 사신이 우리에게 죄명罪名을 가하여 용서하고자 하니, 그를 맞이할 수 있습니까?"

임금께서 왕위에 오르매, 공훈을 책정하여 1등으로 삼고 문하 시랑찬성사 겸 판상서 사사를 가하였다. 또 계품사로써 경사에 갔다가 돌아와서 판삼사사 겸 판삼군부사로 승진되고, 삼도 도통사가 되어 진도陣圖, 수수도狩圖, 경국전經國典, 경제문감經濟文鑑을 제작하고, 또 악가를 지었으니, 몽금척夢金尺·수보록受寶籙·문덕文德·납씨納氏·정동방靖東方 등의 곡曲이 있었다. 정총 등과 더불어 고려국사를 수찬하였다. 봉화백으로 봉해지고, 관계는 특별히 숭록 대부로 승진되었다. 병자년에 동지공거가 되어 처음으로 초장강경의 법을 시행하였다. 정축년에 동북면을 선무하여 주군의 이름을 정하고 공주성을 수축하였다. 무인년 봄에 돌아오니, 임금이 맞이해 위로하고 후하게 대우하였다. 도전은 타고난 자질이 총명하고 민첩하며, 어릴 때부터 학문을 좋아하여 많은 책을 널리 보아 의논이 해박하였으며, 항상 후생을 교훈하고 이단을 배척하는 일로써 자기의 임무로 삼았다. 일찍이 곤궁하게 거처하면서도 한가하게 처하여 스스로 문무의 재간이 있다고 생각하였다.

임금을 따라 동북면에 이르렀는데, 정도전이 호령이 엄숙하고 군대가 정제된 것을 보고 나아와서 비밀히 말하였다.

"훌륭합니다. 이 군대로 무슨 일인들 성공하지 못하겠습니까?"

이에 임금이 말하였다. "무엇을 이름인가?" 정도전이 대답하였다. "왜구를 동남방에 시 치는 것을 이름입니다."

군영앞에 늙은 소나무 한 그루가 있었는데, 정도전이 소나무 위에 시를 남기겠다 하고서 껍질을 벗기고 썼다. 그 시는 이러하였다.

"아득한 세월 한 주의 소나무
몇만 겹의 청산에서 생장하였네
다른 해에 서로 볼 수 있을런지
인간은 살다 보면 문득 지난 일이네."

개국할 즈음에 왕왕 취중에 가만히 이야기하였다. "한나라 고조가 장자방을 쓴 것이 아니라, 장자방이 곧 한 고조를 쓴 것이다." 무릇 임금을 도울 만한 것은 모의하지 않은 것이 없었으므로, 마침내 큰 공업을 이루어 진실로 상등의 공훈이 되었던 것이다.

그러나 도량이 좁고 시기가 많았으며, 또한 겁이 많아서 반드시 자기보다 나은 사람들을 해쳐서 그 묵은 감정을 보복하고자 하여, 매양 임금에게 사람을 죽여 위엄을 세우기를 권고하였으나, 임금은 모두 듣지 않았다. 그가 찬술한 고려국사는 공민왕 이후에는 가필하고 삭제한 것이 사실대로 하지 않은 것이 많으니, 식견이 있는 사람들이 이를 그르게 여겼다. 처음에 정도전이 이색을 스승으로 섬기고 정몽주와 이숭인과 친구가 되어 친밀한 우정이 실제로 깊었는데, 후에 조준과 교제하고자 하여 세 사람을 참소하고 헐뜯어 원수가 되었다. 또 외조부의 장인인 김전이 일찍이 중이 되어 종 수이의 아내를 몰래 간통하여 딸 하나를 낳으니, 이가 정도전의 외조모이었는데, 우현보의 자손이 김진의 인척인 이유로서 그 내력을 자세히 듣고 있었다. 정도전이 당초에 관직에 임명될 적에, 고신이 지체된 것을 우현보의 자손이 그 내력을 남에게 알려서 그렇게 된 것이라 생각하여 그 원망을 쌓아 두더니, 그가 뜻대로 되매 우현보의 집안을 무함하여 그 죄를 만들어 내고자 하여, 몰래 거정 등을 사주하여 그 세 아들과 이숭인 등 5인을 죽였으며, 이에 남은 등과 더불어 어린 서자의 세력을 믿고 자기의 뜻을 마음대로 행하고자 하여 종친을 해치려고 모의하다가, 자신과 세 아들이 모두 죽음에 이르렀다.

―태조실록 6년 8월 26일―

정종에게 왕위를 전위하다

9월 5일 왕위 전수를 태묘와 중국 경사에 알리다. 세자에게 친히 양위하는 교서를 내리다.

영삼사사 심덕부에게 명하여 태묘에 고하였다.
"내가 착하지 못한 사람으로 조상의 덕을 계승하여 백성을 통치한 지가 지금 7년이나 되었는데, 나이 많으매 병이 발생하고, 여러 가지 사무가 많고 복잡하여 아침저녁으로 정사에 부지런하기가 어려우므로, 빠뜨려진 것이 많을까 염려되나이다. 왕세자 이방과는 자신이 적장자의 처지에 있어 일찍부터 인덕仁德과 효도로서 나타났으며, 또한 개국의 초기를 당하여 나를 보좌한 일이 많았으므로, 이에 왕위에 오르기를 명하여 선대의 제사를 받들게 하고 감히 밝게 고하나이다."

또 판삼사사 설장수와 예조전서 김을상을 북경에 보내어 아뢰게 하였다.

"신臣이 젊을 때부터 군속에 노역하여 풍습병을 앓았는데, 지금 나이가 노쇠하여 일찍 늙게 되매, 여러 가지 사무를 맡기가 어렵습니다. 장남 방과는 타고난 자질이 순수하고 근신하며, 의지와 행동은 단아하고 정대하므로 뒷일을 부탁하여 동쪽 변방에서 있는 힘을 다할 만합니다. 삼가 홍무 31년 9월 초 5일에 세자에게 국사를 임시로 서리하게 하였으니, 삼가 황제의 명령이 내리기를 바랍니다."

임금이 근시 내관으로 하여금 부축해 일으키게 하고 세자를 부르니, 세자가 관복을 갖추어 입고 임금의 앞에 나아와서 땅에 엎드리었다. 임금이 친히 교서를 주니, 세자가 받아 품속에 넣었는데, 그 교서에 이러하였다.

"왕은 말하노라. 내가 덕이 없는 사람으로 조상의 음덕을 계승하고, 천자의 존엄을 받들어 국가를 처음 세워 백성을 통치한 지가 지금 7년이나 되었는데, 군속에 오래 있으므로 인하여 서리와 이슬을 범하여, 지금에 와서는 나이 많고 병이 발생하여 아침저녁으로 정사에 부지런하기가 어렵겠으므로, 여러 가지 사무의 많고 번잡한 것을 빠뜨린 것이 많을까 염려된다. 다만 너 왕세자 방과는 자신이 적장자의 지위에 있어 일찍부터 인덕仁德과 효노를 나타냈으며, 또한 개국의 초기를 당하여 나를 보좌한 일이 많은 것은 온 나라 백성들이 모두 이를 알고 있다. 그런 까닭으로, 홍무31년 9월 초5일에 종묘에 고하고 왕위에 오르기를 명하니, 너는 법전을 따라 행하여 군자를 친근히 하고 소인을 멀리하며, 보고 듣는 것은 자기 한 사람의 편애를 없게 하고, 좋아하고 미워하는 것은 나라 사람들의 공론에 따라 감히 혹 폐기하지도 말며, 감히 혹 태만하지도 말아서, 그 지위를 영구히 편안하게 하여 후사를 번성하게 하라. 아아! 너 아버지는 덕이 적은 사람이므로 비록 본받지 못할 것이지만, 선성先聖의 도道가 간책(대나무책)에 실려 있으니, 새벽에 일어나고 밤늦게 자서 너는 항상 공경할 것이다."

-태조실록 7년 9월 5일-

다음에는 좌정승과 우정승을 부르니, 또한 관복을 갖추어 입고 들어왔다. 임금이 말하였다.

"내가 지금 세자에게 왕위를 전해 주니, 경 등은 힘을 합하여 정치를 도와서 큰 왕업을 퇴폐시키지 말게 하라."

이에 국새를 그들에게 주고, 다음에는 이문화에게 명하여 세자를 모시고 나오게 하였다. 좌정승과 우정승이 국새를 받들고 앞에서 인도하고 이문화가 세자를 모시고 근정전에 이르렀다. 세자가 강사포(조복)과 원유관(관모)을 바꾸어 입고 왕위에 올라 백관들의 하례를 받고 이름을 고쳐 경曔이라 하였다. 면복 차림으로 백관들을 거느리고 부왕父王에게 존호를 올려 상왕上王이라 하고는, 백관들을 거느리고 절하면서 치하하였다.

조준의 첩 국화를 한강에 수장시키다

태조 7년 10월 28일 원망을 품고 조준을 무고한 조준의 첩 국화를 한강에 침장하다.

순군부에서 기생 국화菊花를 한강에 수장하였다. 처음에 국화가 조준의 첩이 되었었는데, 버림을 당하여 원망을 품어 다른 사람에게 말하기를, "조준이 반역할 뜻이 있습니다." 하였다.
이에 조준이 그를 국문하기를 청하니, 명하여 순군부에 국화를 가두어 진술을 받고 마침내 한강에 수장하게 하였다.

—태조실록 7년 10월 28일—

까마귀가 울어 송악으로 천도하다

1399년 정종 1년 2월 26일 까마귀가 울고 재난이 일어나 종척과 공신을 모아 도읍 옮길 것을 의논하여 송경에 환도하기로 정하다.

> 종실 친척과 공신을 모아서 도읍을 옮길 것을 의논하였다. 서운관에서 상소를 하였다. "뭇 까마귀가 모여서 울고, 들 까치가 와서 깃들고, 재난이 여러 번 보였사오니, 마땅히 수양하여 변變을 없애야 하고, 또 피신하셔야 합니다."
>
> —정종실록 1년 2월 26일—

임금이 이에 종친과 좌정승 조준 등 여러 재상들을 모두 불러 서운관에서 올린 글을 보이고, 또 피신해야 될지의 가부를 물으니, 모두 피신하여야 된다고 대답하였다. 임금이 어느 방위로 피신하여야 할지를 물으니, 대답하기를,

> "경기 안이 주현州縣에는 대소 신료와 경비하는 군사가 의탁할 곳이 없고, 송도는 궁궐과 여러 신하의 제택이 모두 완전합니다."

하니, 드디어 송경에 환도하기로 의논을 정하였다. 애초부터 도성 사람들이 모두 구 도읍을 생각하고 있었으므로, 환도한다는 말을 듣고 서로 기뻐하여 손에 손을 잡고 이고 지고 하여 길에 연락부절하니, 성문을 지키어 이를 제지하도록 하였다.

국가 위기상황에 두문불출하여 사헌부의 탄핵을 받다

1400년 정종 2년 2월 4일에는 사헌부와 의금부에서 판문하부사 조준을 탄핵하였다. 조준은 상상(上相 : 영의정)으로서 나라에 급하고 어려운 일이 있는데도 아우 삼사 우복야 조견과 사위 전 중추원 부사 정진과 함께 두문불출하였다. 이에 사헌부와 의금부에서 조준에 대해 함께 의논하고서 탄핵하고자 하였는데, 조준이 천거한 우산기 윤사수가 이를 알고 탄핵사실을 사전에 누설하였다. 사헌부와 의금부에서 윤사수를 탄핵하여 파직하고, 합동하여 조준의 죄를 논하였다.

"신 등은 가만히 생각건대, 나라의 대신이 종사의 안위를 돌아보지 않고 은총을 탐하고 녹을 마구 받아서 한 몸의 계책만 위하는 자는 마땅히 그 죄를 다스려서 신하들을 경계하여야 합니다. 지금 판문하부사 조준이 밖으로는 정직한 것을 보이고, 안으로는 간사하고 음험한 생각을 품어서, 오래 나라의 권세를 잡고 널리 당파를 심어, 손발과 심복들이 안팎에 널려 있으므로, 위복 생살이 그 손아귀 속에 있습니다. 지금 판문하를 제수하니, 지위는 비록 지극하나 실권이 없어서 야속하고 답답하게 생각하여 밤낮으로 다시 정승이 될 것을 생각하고 있습니다. 신 등은 우선 나타난 다섯 가지 일을 가지고 다음과 같이 길게 아룁니다.

국초에 적자를 폐하고 서얼을 세우던 즈음을 당하여, 조준이 바야흐로 좌정승이 되었는데, 힘써 대의를 아뢰어 임금의 뜻을 돌이키고 천륜을 바로잡았다면, 무인의 변란이 어디에서 생겼겠습니까? 생각을 이러한 데에 두지 않고, 임금의 뜻에 아첨하고 뜻을 굽혀 따라 정도전·남은과 더불어 서얼을 세워서 형세가 장차 나라를 뒤집을 뻔하였습니다. 또 제1차 왕자의 난 날을 당하여 지금의 세자께서 대장군 민무질로 하여금 집에 가서 불러오게 하였으나, 배회하며 이럴까 저럴까 망설이며 길흉을 점치면서 변을 방관하였습니다. 민무질 등이 그가 나오지 않을 것을 알고 돌아와 세자에게 고하니, 세자가 친히 가려고 하였습니다. 조준이 부득이 나와서 세자를 길에서 만나 비로소 난에 나아갔습니다. 다행히 전하의 너그럽고 후덕한 은혜를 입어서 정사공신의 반열에 참여하여 홀로 머리를 보전해 오늘에 이르렀으니, 전국의 신민들이 마음 상하지 않는 이가 없습니다. 이것이 그 한 가지입니다.

태상왕께서 살리기를 좋아하시는 덕으로 개국하던 초를 당해, 죄가 있는 자는 혹은 장형에 처하고, 혹은 물리쳐 모두 죽음에는 이르지 않았는데, 조준이 당파를 보내어 임의로 몇 사람을 죽여, 임금을 속이고 법을 어지럽히면서 사사 원망을 갚았으니, 이 것이 그 두 가지입니다.

조준이 지위가 극진하여 신하로서는 부귀가 견줄 데 없으니, 진실로 마땅히 자기 분 수를 지키고 충성을 다하여 왕실을 받들어야 할 것인데, 망령되게 분수 아닌 마음 을 내어 그 길흉을 점쳤습니다. 기생첩 국화菊花가 그 말을 누설하였으므로, 국가에 서 형리刑吏에게 내려 문초하였습니다. 조준의 계책으로서는 마땅히 스스로 놀라고 두려워하여, 위로 전하께 아뢰고 아래로 조정에 고하여 힘써 시비를 분변해서, 나라 사람으로 하여금 소연히 그 진위를 알게 하는 것이 가한데, 도리어 남몰래 모의하여 죽여서 그 입을 멸하였으니, 이것이 그 세 가지입니다.

국가에서 천도할 때에 조준이 개인 집을 짓기를 극히 장려하게 하였으므로, 감찰 김 부가 문을 지나다가 탄식하였는데, 조준이 듣고 크게 노하여 교묘한 말로 허물을 꾸 며 임금의 총명을 가려서 김부를 극형에 처하였으니, 조야가 마음 아파하지 않는 이 가 없습니다. 그 공을 믿고 전횡 방자하여 임금을 속이고 사람을 해친 것은 죄가 죽 여도 용서할 수 없으니, 이것이 그 네 가지입니다.

이번에 방간이 군대를 내어 난을 일으켜 사직을 위태롭게 하기를 꾀하므로, 전하께 서 장수에게 명하여 죄인을 토벌하시니, 재상과 신료가 분주하게 난에 나이기서 왕 실을 호위하지 않는 이가 없었습니다. 조준이 의정의 우두머리가 되어서 처음부터 대궐에 나와 난에 나아갈 마음이 없었습니다. 의정에서 서리를 시켜 가서 고하였는 데도 오히려 못 들은 체하며, 그 아우 조견과 더불어 문을 닫고 변을 방관하고, 사위 정진을 보내어 기병騎兵 두어 명을 거느리고 가서 난을 돕고자 하다가, 관군에게 저 지당하여 되돌아갔습니다. 난이 이미 평정되니, 이튿날 공공연하게 백관 위에 서서 난에 참여하지 아니한 것같이 하였습니다. 그 간사하고 반복하여 임금을 업신여긴 마음이 더욱 분명하게 나타났으니, 이것이 그 다섯 가지입니다.

그 밖에 음란하고 사치하고 무도하여 전택을 널리 점령하고, 남의 노비를 빼앗은 것 은 붓으로 다 기록할 수가 없습니다. 이것이 이른바 '크게 간악한 자는 충성스러운 것 같고, 크게 속이는 자는 믿음직스러운 것 같고, 크게 탐하는 자는 청렴한 것 같다.' 는 것입니다. 만일 그 죄를 논한다면, 왕법에는 반드시 죽여서 용서하지 못할 자입니다. 전하께서 만일 개국으로 공을 삼는다면, 정도전과 남은이 모두 일등 공신으로 처형되었으니, 그 공이 죄를 가리지 못하기 때문입니다. 또 개국의 공은 한때에 혹 있을 수 있는 것이요, 임금을 업신여기는 마음은 만세에 용납할 수 없는 것입니다. 만일 전하께서 이것을 용서하고 처형하지 않는다면, 난신적자가 연달아 일어날까 두렵습니다. 엎드려 바라건대, 대의로 결단하여 관할사로 하여금 직첩을 거두게 하고, 그 죄를 국문하여 율에 따라 처결해서 난적의 싹을 막고, 아울러 조견과 정진을 삭직하고 논죄하여 먼 외방에 귀양보내 후래를 경계하소서." 서리를 보내어 세 집을 둘러싸고 지키게 하여 나오지 못하게 하였다. 임금이 상소를 보고 말하였다.
"논한 죄목이 모두 과인이 아는 것과 틀리니, 다시 말하지 말라."

-정종실록 2년 2월 4일-

2월 4일 사헌부에서 다시 상서하여 조준 등의 죄를 청하니 허락하지 않다.

사헌부에서 다시 상소하여 조준 등의 죄를 청하니, 허락하지 아니하였다. 임금이 이거이에게 이르기를, "조준의 성품으로 반드시 이것을 통한할 것이다." 하였다.

2월 4일 조준·조견·정진 등을 용서하였다. 의정부 사헌부 의금부에서 굳이 간쟁하니, 조준이 글을 올려 사직하였으나, 윤허하지 아니하였다. 임금이 말하기를, "이것은 조준의 죄가 아니다. 어찌 이것으로 충량한 사람을 잘못 해치려고 하는가? 경 등이 만일 굳이 간쟁한다면, 마땅히 충량을 잘못 해치는 죄로 연좌시키겠다." 하였다. 임금이 조준을 용서한 것은 이거이·이무의 논구로 인한 것이었다.

조준의 졸기

1405년[60세] 태종 5년 6월 27일 영의정 부사 평양 부원군 조준의 졸기.

영의정 부사 평양 부원군 조준이 죽었다. 조준의 자는 명중明仲이고, 호는 우재吁齋인데, 평양부 사람이다. 증조는 인규인데, 고려에 공이 있어 벼슬이 문하시중에 이르고, 시호는 정숙貞肅이다. 아버지는 덕유인데, 판도판서이다. 조준은 가계가 존귀하고 현달하였으나, 조금도 귀공자의 습관이 없었고, 어려서부터 큰 뜻이 있어 충효로써 스스로 할 일이라 여겼다. 어머니 오씨가 일찍이 새로 급제한 사람의 행차를 보고 탄식하기를,

"내 아들이 비록 많으나, 한 사람도 급제한 자가 없으니, 장차 어디에 쓸 것인가?"

하니, 조준이 곧 눈물을 흘리며 스스로 맹세하고 분발해 배움에 힘썼다. 신해년에 공민왕이 수덕궁에 있을 적에, 조준이 책을 끼고 궁 앞을 지나가게 되었는데, 왕이 보고 기특하게 여겨 곧 보마배행수步馬陪行首에 임명하고 매우 사랑하였다. 갑인년 과거에 합격하여 병진년에 좌·우위 호군 겸 통례문 부사에 임명되었다가, 뽑혀서 강릉도 안렴사가 되었는데, 관리들이 두려워하고 사모하여 사납고 간사한 무리가 없어졌다. 순행하다가 정선군에 이르러 다음과 같은 시구를 남겼는데, 식자들이 높게 여기었다.

"동쪽 나라 바다를 깨끗이 씻을 날이 있을 것이니, 여기 사는 백성은 눈을 씻고 그때를 기다리게나."

여러 번 옮겨서 형조판서에 이르렀다. 이때에 조정의 정치가 날로 어지럽고, 왜구가 가득하여, 장수들이 두려워서 위축되어 있었는데, 임술년 6월에 병마 도통사 최영이 조준을 들어 써서 경상도 감군을 시키니, 조준이 이르러 도순문사 이거인을 불러 머물러 나아가지 않은 죄를 문책하고, 병마사 유익환을 참하여 장수들에게 조리를 돌렸으므로, 제 장수들이 몹시 두려워하여 명령을 받들었다. 계해년에 밀직제학에 임명되었으며, 무진년 여름에 최영이 군사를 일으켜 요동을 칠 때에, 우리 태상왕이 대의를 들어 회군하여 최영을 잡아 물리치고, 쌓인 폐단을 크게 개혁하여 모든 정치를

일신하려고 하였는데, 조준이 중망이 있다는 말을 일찍이 들으시고, 조준을 불러서 더불어 일을 의논하고는 크게 기뻐하여, 지밀직사사 겸 사헌부 대사헌으로 발탁하시고, 크고 작은 일 없이 모두 물어서 하니, 조준이 감격하여 분발하기를 생각하고 아는 것이 있으면 말하지 아니함이 없었다.

정치의 제도와 기강을 바로잡고, 이利를 일으키고 해害를 없애어, 이 나라 백성으로 하여금 불구덩이 가운데서 나와 즐겁게 사는 마음을 품게 한 것은 조준의 힘이 퍽 많았다. 가짜 왕 신우가 강화로 쫓겨날 적에 태상왕이 왕씨를 세우기를 의논하였는데, 수상 조민수가 본래부터 이인임의 편당으로서 신우의 아들 신창을 세웠다. 이에 조준이 맨 먼저 조민수의 간사함을 논하여 쫓고, 이어서 이인임의 죄를 논하여 그 시호와 공덕 비문을 깎아 없애기를 청하고, 또 사전私田을 폐지하여 민생을 후하게 하기를 청하니, 세도가와 대갓집에서 원망과 비방이 매우 심하였다. 그러나 조준이 고집하고 논쟁하기에 더욱 힘쓰니, 태상왕이 조준과 뜻이 맞아 마침내 여러 논의를 물리치고 시행하였다. 지문하 부사에 오르고, 기사년 겨울에 신창(창왕)이 중국 황실에 찾아뵈니, 예부에서 임금의 뜻을 받들어 도평의사사에 붙여서 타성이 왕이 된 것을 나무랐는데, 신창의 외조부 이임李琳이 수상이 되어 비밀에 붙이고 발표하지 아니하였다. 조준이 본래부터 왕씨의 뒤가 끊긴 것을 분하게 여기고, 마침내 태상왕의 공양왕을 세우자는 계책에 찬성하여 심덕부·정몽주 등 일곱 사람과 더불어 공양왕을 맞아서 세웠다.

문하평리에 옮기고 공훈을 책봉하여 조선군 충의군을 봉하였다. 세상에서 이를 '구공신九功臣'이라 이른다. 경오년 겨울에 찬성사가 되고, 신미년 6월에 중국에 들어가서 성절聖節을 하례하였는데, 길이 북평부를 지나게 되었다. 이때 태종 황제가 연경 사저에 있을 때인데, 태종 황제가 마음을 기울여 조준을 대접하였다. 조준이 물러와서 사람들에게 말하기를,

"왕이 큰 뜻이 있으니 아마 먼 변두리에 있지는 않을 것이다." 하였다.
그때 정몽주가 우의정으로 있었는데, 태상왕의 심복과 오른팔을 없애려고 하여 비밀히 공양왕에게 고하기를,

"창을 폐하고 공양왕을 세우자는 계책할 때에 조준이 다른 뜻이 있었습니다." 하니, 공양왕이 이 말을 믿고 조준에게 앙심을 품었었다. 임신년 3월에 정몽주가, 태상왕 (태조)이 말에서 떨어져 병이 위독할 때를 타서 대간을 시켜 조준과 남은·정도전·윤

소종·남재·오사충·조박 등을 탄핵하여, 붕당을 만들어서 정치를 어지럽게 한다고 지적하여 모두 외방으로 귀양보냈다가, 이내 수원부로 잡아 올려 극형에 처하려고 하였다. 4월에 우리 태종께서 조영규로 하여금 정몽주를 쳐 죽이게 하여, 조준이 죽음을 면하고 찬성사에 복직되었다. 7월 신묘에 조준이 여러 장상들을 거느리고 태상왕을 추대하였다. 태상왕이 즉위하던 날 저녁에 조준을 침실로 불러들여 말하기를,

"한나라 문제가 사저에서 들어와서 밤에 송창宋昌으로 위장군을 삼아 남북군을 다스리게 한 뜻을 경이 아는가?" 하고, 인하여 도통사 은인(은도장)과 화각(뿔피리)·동궁(붉은색 활)을 하사하면서 이르기를, "5도 병마를 모두 경에게 위임하여 통솔하게 한다."

하고, 드디어 문하 우시중 평양백을 제수하고, 1등의 훈작을 봉하여 '동덕 분의 좌명 개국공신'의 호를 주고, 식읍 1천 호, 식실봉 3백 호와 전지·노비 등을 하사하였다. 무안군 이방번은 두 번째 왕비 강씨에게서 출생하였는데, 태상왕이 이를 특별히 사랑하였다. 강씨가 개국에 공이 있다고 칭탁하여 이를 세자로 세우려고, 조준과 배극렴·김사형·정도전·남은 등을 불러 의논하니,

배극렴이 말하기를, "적장자로 세우는 것이 고금을 통한 의義입니다."

하매, 태상왕이 기뻐하지 아니하였다. 조준에게 묻기를, "경의 뜻은 어떠한가?"

하니, 조준이 대답하기를, "세상이 태평하면 적장자를 먼저 하고, 세상이 어지러우면 공功이 있는 이를 먼저 하오니, 원컨대, 다시 세 번 생각하소서." 하였다.

강씨가 이를 엿들어 알고, 그 우는 소리가 밖에까지 들리었다. 태상왕이 종이와 붓을 가져다 조준에게 주며 이방번의 이름을 쓰게 하니, 조준이 땅에 엎드려 쓰지 아니하였다.
이리하여, 태상왕이 마침내 강씨의 어린 아들 이방석을 세자로 삼으니, 조준 등이 감히 다시 말하지 못하였다. 12월에 문하좌시중이 되었다. 조준이 글을 올려 식읍과 식실봉을 사양하니, 특별히 전교하여 윤허하지 아니하고, 은총과 위임이 비할 데 없었다. 갑술년에 또 5도 도통사가 되고 막료를 두었는데, 태상왕이 명하여 도성 사대문의 열쇠를 주관하게 하고, 그것을 조준의 집에 간직해 두고 사대문의 열고 닫음을 맡게 하였다.

정축년에 고황제가 본국의 외교문서 안에 희롱하고 업신여기는 내용의 글자가 들어 있다 하여, 사신을 보내 그 글을 지은 사람 정도전을 잡아서 북경으로 보내게 하였는데, 태상왕이 조준을 불러 비밀히 의논하니, 대답하기를 보내지 아니할 수 없다고 하였다. 정도전이 그때 판삼군부사로 있었는데, 병을 핑계하여 가지 아니하고 음모하기를, 국교를 끊으면 자기가 화를 면할 것이라 하고, 마침내 건의하기를,

"장수와 병졸을 훈련하는 것은 군국의 급무이니 진도 훈도관을 더 두고, 대소大小 전국 관리로서 무관직을 띤 자와 아래로 군졸에 이르기까지 모두 연습하게 하여 고찰을 엄중히 할 것입니다."

하였다. 그리고 남은과 깊이 결탁하여 남은으로 하여금 상소하게 하기를,

"사졸이 이미 훈련되었고 군량이 이미 갖추어졌으니, 동명왕의 옛 강토를 회복할 만합니다."

하니, 태상왕이 자못 그렇지 않다고 하였다. 남은이 여러 번 말하므로, 태상왕이 정도전에게 물으니, 정도전이 지나간 옛일에 바깥 오랑캐가 중원에서 임금이 된 것을 차례로 들어 논하여 남은의 말을 믿을 만하다고 말하고, 또 도참을 인용하여 그 말에 붙여서 맞추었다. 조준은 병으로 휴가 중에 있은 지 한 달이 넘었는데, 정도전과 남은이 명령을 받고 조준의 집에 이르러 이를 알리고, 또 말하기를,

"상감의 뜻이 이미 결정되었다."고 하였다. 조준이 옳지 못하다 하여 말하기를, "이는 특히 그대들의 오산이다. 상감의 뜻은 본래 이와 같지 아니하다. 아랫사람으로서 윗사람을 범하는 것은 불의 중에 가장 큰 것이다. 나라의 존망이 이 한 가지 일에 달려 있는 것이다."

하고, 드디어 억지로 병을 이기고 들어와서 태상왕을 뵙고 아뢰었다.

"전하께서 즉위하신 후로 백성들의 기뻐하고 숭앙함이 도리어 사저에 계실 때에 미치지 못하옵고, 요즈음 개성과 한양의 부역으로 인하여 백성들의 피로함이 지극합니다. 하물며, 지금 황제가 밝고 착하여 당당한 황제의 조정을 틈탈 곳이 없거늘, 극도로 지친 백성으로서 불의의 일을 일으키면 패하지 않을 것을 어찌 의심하오리까?"

마침내 목메어 울며 눈물을 흘리니, 남은이 말하기를, "정승은 다만 쌀가마의 출납만을 알 뿐이라. 어찌 신출한 지략과 좋은 계책을 낼 수 있겠소?"

하였다. 태상왕이 조준의 말을 좇으니, 의논이 마침내 그치었다. 정도전이 또 조준을 대신하여 정승이 되려고 하여, 남은과 함께 매양 태상왕에게 조준의 단점을 말하였으나, 태상왕이 대접하기를 더욱 두터이 하였다. 일찍이 화공畵工에게 명하여 조준의 화상을 그려서 하사한 것이 두 번이고, 정도전으로 하여금 그 화상에 찬讚을 짓게 하였다. 임금이 사저에 있을 때에 일찍이 조준의 집을 지났는데, 조준이 중당에 맞이하여 술자리를 베풀고 매우 삼가며, 인하여 대학연의를 드리며 말하기를, "이것을 읽으면 가히 나라를 만들 것입니다."

하니, 임금이 그 뜻을 알고 받았다. 무인년 가을에 갑자기 변이 일어나서, 임금이 밤에 박포朴苞를 보내어 조준을 부르고, 또 스스로 길에 나와서 맞았다. 조준이 이르러 백관을 거느리고 글을 올려 적장자를 세자로 삼을 것을 청하니, 태상왕이 이를 가하다고 하여, 9월에 상왕이 계승을 받았다. 이에 공功 1등을 기록하고, 인하여 좌정승을 제수하고 정난정사공신의 이름을 더하고, 다시 전지와 노비를 하사하였다. 기묘년 8월에, 상왕의 꿈에 조준이 벼슬과 지위가 분수에 넘친다고 스스로 진술하여 물러가기를 원하였는데, 날이 밝자, 조준이 과연 글을 올려 사직하니, 상왕이 감탄하기를 매우 오랫동안 하다가, 위로하고 타일러서 허락하지 아니하였다. 12월에 다시 사양하니, 판문하부사로 집에 가 있게 하였다.

조준이 수상이 되어 8년 동안 있었는데, 초창기에 정사가 번거롭고 사무가 바쁜데, 우상 김사형은 성품이 온순 근신하며 스스로를 지켜 일을 모두 조준에게 결단하게 하였다. 조준은 성품이 강명 정대하고 과감하여 의심하지 아니하며, 비록 대궐에서 지휘를 내릴지라도 옳지 못함이 있으면, 문득 이를 가지고 있으면서 내리지 아니하여도, 동료들이 숙연하여 감히 한마디 말도 하지 못하였다. 이에 체통이 엄하고 기강이 떨치었다. 그러나 임금의 사랑을 독점하고 권세를 오래 잡고 있었기 때문에, 원망하는 사람이 많았다. 그러므로 조준이 정승을 사면하고 문을 닫고 들어앉아 손님을 사절하며, 시류를 말하지 아니하였다. 처음에 왕비의 동생 민무구와 민무질이 좋은 벼슬을 여러 차례 청하였으나, 조준이 막고 쓰지 아니하였다. 그러므로 경진년 7월에 이들 두 사람이 가만히 대간에게 사주하여 몇 가지 풍문을 가지고 조준을 논하여 국문하기를 청하니, 드디어 순위부 옥에 가두었다. 임금이 동궁에 있으면서 일이 민씨에게서 나온 줄 알고 노하여 말하기를,

"대간은 마땅히 이른 아침부터 저녁 늦게까지 직무에 이바지해야 될 것인데, 세도가에 분주히 다니면서 그들의 뜻에 맞추어 일을 꾸며 충량한 사람을 무고하여 해치니, 이는 실로 고려조 말기의 폐풍이다."

하고, 죄를 묻는 위관 이서李舒에게 이르기를, "재상은 정인군자正人君子이다. 옥사를 꾸며서 사람을 사지死地에 넣을 수는 없다."

하였다. 그리고 곧 상왕에게 아뢰어서 조준을 풀려나오게 하였다. 11월에 임금이 왕위에 오르자 그대로 판문하부사로 임명하고, 갑인년 6월에 다시 좌정승이 되었다. 조준이 다시 정승이 되어 일을 시행하고자 하였으나, 번번이 자기와 뜻이 다른 자에게 방해를 받아 어찌할 수가 없었다. 얼마 아니 되어 다시 파하고 영의정 부사가 되었다. 죽은 나이가 60이다.

임금이 매우 슬퍼하여 통곡하고, 간소한 반찬을 자시었으며, 3일 동안 조회를 정지하였다. 임금과 세자가 친림하여 조문하고, 시호를 '문충文忠'이라 하였다. 그의 죽음을 들은 자는 애석해 하지 않는 자가 없었고, 장사할 때 이르러서는 삼도감三都監 녹사錄事와 각사 이전吏典의 무리들이 모두 노제를 베풀고 곡하였다. 조준이 만년에 비방을 자주 들었으므로, 스스로 물러나 피하려고 힘썼다. 그러나 임금의 사랑과 대우는 조금도 쇠하지 아니하여, 임금이 일찍이 공신들과 함께 잔치를 베풀었는데, 술이 조준에게 이르자, 임금이 수壽를 빌고, 그를 위하여 자리에서 일어섰다. 그가 죽은 뒤에 어진 정승을 평할 적에 풍도風度와 기개를 반드시 조준으로 으뜸을 삼고, 항상 '조 정승'이라 칭하고 이름을 부르지 아니하였으니, 처음부터 끝까지 이를 공경하고 중히 여김이 이와 같았다.

조준은 국량이 너그럽고 넓으며, 풍채가 늠연하였으니, 선을 좋아하고 악을 미워함은 그의 천성에서 나온 것이었다. 사람을 정성으로 대접하고 차별을 두지 아니하며 현명한 인재를 장려 인도하고, 재주있는 하급관리를 올려 뽑되, 오직 미치지 못할까 두려워하며, 조그만 장점이라도 반드시 취하고, 작은 허물은 묻어두었다. 예조를 세 번이나 맡았는데, 적격자라는 이름을 들었다. 이미 귀하게 되어서도 같은 나이의 친구를 만나면, 문에서 영접하여 다정히 대하고, 조용히 손을 잡으며 친절히 대하되, 벼슬하기 전과 다름이 없이 하였다. 역사에 능하고, 시문이 호탕하여, 그 사람됨과 같았다. 문집 몇 권이 있다. 일찍이 검상 조례사로 하여금 국조 헌장조례를 모아서 이를 교정하여 책을 만들게 하고, 이름을 경제육전이라 하여 전국에 간행하였다. 아들이 하나 있으니 조대림이다. 임금의 딸 경정 궁주에게 장가들어 평녕군에 봉하였다.

-태종실록 5년 6월 27일-

종묘에 태조의 배향 공신으로 선정되다

1410년 태종 10년 7월 12일 태조의 배향 공신을 정하였다.

의정에서 의논을 모아 태조의 배향 공신을 조준·남은·조인옥이 마땅하다고 하니, 임금이 말하였다. "의안대군 이화는 태조에게 공이 있는 사람이고, 청해백 이지란은 젊었을 때부터 따랐고 또 공도 있으니, 이 두 사람도 배향하게 하는 것이 어떻겠는가?"

성석린이 아뢰었다. "개국할 때 공이 있고 없는 것은 주상께서 친히 보신 바이니, 신은 실로 알지 못하겠습니다. 어찌 감히 다름이 있겠습니까?"

조영무가 대답하였다. "이화는 왕친이고, 이지란은 처음부터 따른 공신인데, 모두 공이 있습니다. 그러나 개국의 공으로 논한디면 두 사람이 배향이 어떠할까 합니다."

하륜河崙이 대답하였다. "두 사람이 모두 배향에 참여하는 것이 마땅합니다."

임금이 하륜의 의논을 따랐다. 또 김사형을 배향하는 것이 마땅하다고 말하는 자가 있었다. 임금이 하륜에게 물으니, 하륜이 말하였다. "인군이 신하에게 물으면, 신하는 감히 바른 것으로 대답하지 않을 수 없습니다. 김사형은 공이 없으니 배향함이 마땅치 않습니다."

의정부에서도 또한 아뢰기를, "김사형은 가문이 귀하고 현달하며, 심지가 맑고 높기 때문에, 태조께서 중히 여기셨습니다. 그러나 본래 개국의 거사에는 참여하지 않았고, 또 모든 처치를 한결같이 조준만 따르고, 가ㅁ타 부좀타 하는 일이 없었으니, 배향할 수 없습니다."

하여, 마침내 참여하지 못하였다. 의정부에서 아뢰었다.

"남은이 비록 개국한 큰 공이 있으나, 서얼을 끼고 적장자를 해치려고 하였으니, 이
것은 전하의 자손 만대의 원수입니다. 어찌하여 종묘에 배향하여 혈식하게 하려 하
십니까?"
임금이 옳게 여기어 남은의 배향을 정지하였다.

-태종실록 10년 7월 12일-

[승진과정]

〈고려시대〉

1371년[26세]   공민왕 20년 음서 직으로 문관에 천거
1374년[29세]   공민왕 24년 문과 급제. 좌우 위호군 겸 통례문 부사
1374년[28세]~1382년[37세] 지문하 부사, 강릉도 안렴사, 지제교, 전법판서
1383년[38세]   밀직 제학
1388년[43세]   위화도 회군 후 이성계의 신임으로 관직에 복귀. 지밀직사사 겸 대사헌
               조민수 탄핵 및 축출, 전제 개혁 주장
1389년[44세]   우왕과 창왕을 폐위하고 공양왕을 세우다.
1389년[44세]   지문하부사 겸 대사헌
1389년[44세]   사전私田을 혁파하다.
1392년[47세]   정몽주의 탄핵을 받아 조준·정도전 등이 귀양살이를 가다.

〈조선시대〉

1392년[47세]   태조 1년 7월 17일 이성계가 왕위에 등극하다.
1392년[47세]   태조 1년 7월 좌명 개국 1등공신, 문하 우시중, 오도 도통사
1392년[47세]   태조 1년 10월 정도전과 함께 고려사를 수찬하다.
1392년[47세]   태조 1년 12월 평양의 식읍과 도통사의 관직을 사양하다.
1393년[48세]   태조 2년 1월 1일 처음으로 명나라에서 제정한 관복을 입다.
1393년[48세]   태조 2년 1월 각도에 의학 교수와 의원을 두고
               양반 자제들을 교육하여 백성의 실병을 지료도록 형히다.
1394년[49세]   태조 3년 3월 3일 5도 도총제사. 3월 24일 문하 좌정승
1395년[50세]   태조 4년 7월 제복의 등급을 정하다.
1398년[53세]   태조 7년 11월 중국을 향해 동지 망궐례를 하다.
1398년[53세]   12월 6일 경기좌·우도 도통사를 사직. 인수와 군액을 반납
1399년[54세]   정종 1년 12월 천재지변에 좌정승을 사직. 판문하 부사.
1400년[55세]   정종 2년 3월 판문하사, 4월 평양백
1401년[56세]   태종 1년 1월 판문하부군, 평양부원군, 6월 명나라 사신.
1401년[56세]   태종 1년 7월 13일 관제를 개편하다.
1402년[57세]   태종 2년 9월 병으로 사직
1403년[58세]   태종 3년 7월 16일 영의정부사
1404년[59세]   태종 4년 6월 6일 좌정승
1405년[60세]   태종 5년 1월 15일 영의정 부사, 평양부원군
1405년[60세]   태종 5년 6월 27일 영의정부사 조준이 죽다.

정종
시대

3. 심덕부沈德符
고려왕조 문하시중으로 태조의 사돈

생몰년도	1328년(홍숙왕 15)~1401년(태종 1) [74세]
좌정승 재직기간	(1399.1.21.~1400.3.3.) (3개월)
본관	청송
자	득지得之
호	노당蘆堂·허강虛江
시호	안정安定
공훈	개국공신
혼척	여섯째 아들이 태조의 사위로 이성계와 사돈
조부	심연沈淵-고려조 합문지후(조회 등 의식을 맡아보던 7품)
부친	심용沈龍-고려조 전리정랑(이조정랑 정5품), 청화부원군
장남	심인봉沈仁鳳-의흥삼군부 도총제
2남	심의귀沈義龜
3남	심도생沈道生-성주 지사知事
4남	심징沈澄
5남	심온沈溫-세종의 장인, 청천부원군, 영의정
손녀	소헌왕후 심씨(왕비)
손자	심회沈澮-영의정
6남	심종沈淙-태조의 딸 경순공주와 결혼, 청원군, 경상도 절도사
7남	심정沈泟-의흥삼군부 동지총제

회군공신, 개국공신에 이성계 및 이방원과 겹사돈지간

심덕부의 자는 득지이며, 호는 노당蘆堂 혹은 허당虛堂으로 본관은 청송이다. 영해부 청부현 사람으로 증조는 심홍부이고 조부는 심연이며, 아버지 심용은 이조정랑 벼슬을 지냈다.

심덕부는 일곱 명의 아들을 두었는데, 장남이 심인봉, 5남이 심온, 6남이 심종, 7남이 심정이다. 6남 심종이 태조 이성계의 2녀 경선공주에게 장가들어 태조의 부마가 되었는데, 5남 심온은 딸이 세종에게 시집을 가서 세종의 국구가 되었다. 심덕부에게는 태조와도 태종과도 사돈이 되어 겹사돈을 맺은 것이다.

심덕부는 충숙왕 말기에 문음으로 사온직장동정으로 벼슬을 시작하여 공민왕 때 거듭 승진하여 판위위시사로 발령받았다. 우왕 초에 우상시로 임명되었다가 예의판서로 승진하였으며, 이어 밀직부사, 상의회의도감사에 제수되었다. 이후 서해도 원수로 나갔다가 지밀직사사로 승진하고, 추성협찬공신의 칭호를 하사받았다.

진포에서 왜군을 공격하여 승전보를 올리니 우왕이 상을 후하게 주었다. 그 뒤에 찬성사로 임명되었는데, 당시 명나라로 가는 사신단이 공물을 바치는 데 있어 사사로운 잡음이 일자 심덕부로 하여금 평양부로 가서 방물을 검사하도록 했다. 조정에서는 공물 외에 사사로이 금과 은을 가지고 가는 것을 금지하고 있었는데 우견이란 자가 명령을 위반했으므로 심덕부가 이를 발견하고 목을 베고 사방에 효수를 시켰다. 단호한 법 집행으로 경계를 삼고자 하였음이다. 이후 동북면 상원수로 나가서 북청과 함주의 경계 지점인 요외평에서 왜적을 만나 선봉 쉰 명의 목을 베었다.

왜적이 다시 단천으로 침입해오자 심덕부가 나아가 전투를 벌였으나 이번엔 패배했다. 왜군의 배 150척이 함주, 홍원, 북청, 합란북 등의 지역으로 침탈해 와서 많은 백성을 죽이거나 포로로 삼았다. 심덕부가 밀직부사 안주, 청주상만호 황희석 등과 함께 홍원의 대문령 북쪽에서 싸웠는데, 여러 장수들이 모두 패하여 먼저 달아났으나 심덕부만은 혼자 적진으로 돌진하다가 창에 맞아 말에서 떨어졌다. 적이 다시 찌르려 하자, 휘하의 유가랑합이 달려 들어가 활로 쏘아 왜적 세 명을 연달아 죽인 후 적의 말을 빼앗아 심덕부에게 주었고 계속 싸우면서 적진에서 빠져나왔다. 심덕부의 군사가 대패하니 적의 기세가 더욱 드세졌다.

이때 태조 이성계가 공격을 자청하여 함주까지 가서 장수들을 부서별로 편성했다. 군영 안 70보쯤 되는 곳에 소나무 한 그루가 있었는데, 태조가 군사를 부르더니 "내가 몇 번째 가지의 몇 번째 솔방울을 활로 쏠 것이니 너희들은 보라."고 하고 바로 유엽전(화살)을 쏘았다. 그 말대로 일곱 번 쏘아서 일곱 번 맞혀 모두 적중시키니 군영 안의 사람들이 모두들 뛰고 춤추며 환호성을 올렸다.

태조가 상호군 이두란, 판위위시사 조영규 등 1백여 기병을 거느리고 말을 타고 적진 사이로 진군했다. 태조가 군사들의 앞장을 서서 단기로 적의 뒤를 치고 들어가니 가는 곳마다 적들이 쓰러졌으며, 서너 차례 적진을 오가면서 죽인 적군을 헤아릴 수 없을 정도였다. 쏜 화살이 겹으로 된 갑옷을 꿰뚫었고 어떤 경우에는 하나의 화살에 사람과 말이 함께 관통된 경우도 있었다. 심덕부가 패한 전투를 태조가 승전으로 바꿀 수 있었다.

우왕이 위화도를 공격할 때 심덕부는 서경도원수로 종군했으나 태조 이성계를 따라 군사를 되돌렸다. 창왕이 즉위하자 판삼사사가 되었다.

태조가 심덕부, 정몽주, 설장수, 성석린, 조준, 박위, 정도전과, "우왕과 창왕은 본디 왕씨가 아니니 종사를 받들 수 없다. 또한 천자의 하명도 있으니 가짜는 폐하고 진짜를 왕위에 올려야 한다."고 의논한 후 정비(공민왕비)의 교서를 받들어 창왕을 강화로 쫓아내고 정창부원군 왕요를 맞아들여 공양왕으로 앉혔다. 즉위하는 날 저녁에 왕의 사위 강회계의 부친 강시가 입궐해 왕에게 충고하였다.

"여러 장수와 재상들이 전하를 왕위에 올린 것은 자신들에게 다가올 재앙을 면하고자 한 술수일 뿐 왕씨를 위한 계책이 아닙니다. 전하께서는 조심하시어 그들을 가까이하거나 믿지 마시고 스스로를 지킬 방법을 생각하소서." 하니

왕의 또 다른 사위 우성범이 곁에서 모시고 있다가 그 말을 듣고 자기 모친 윤씨에게 말했는데 윤씨의 사촌오빠 윤소종이 듣고는 구공신[25]에게 알렸다. 이에 구공신이 왕에게 말했다.

"전하께서 즉위하자마자 참소하는 말이 바로 들어오니 저희들은 황공하기 그지없습니다. 전하께서 만약 참소하는 말을 믿으시거든 즉시 저희에게 죄를 주십시오. 그러나 만약 저희가 엉터리 성씨를 내치고 다시 왕씨를 왕위에 올려 종사에 공을 세웠다고 여기시거든 참소한 사람에게 죄를 주시어 위아래에 틈이 생기지 않게 해주소서."

왕이 주위 사람들을 돌아볼 뿐 말이 없으니 구공신은 오랫동안 엎드려 있다가 물러갔다. 곧이어 심덕부에게 좌명공신의 칭호를 하사하고 문하시중 겸 영경연사로 임명했으며, 청성군 충의백에 봉하고, 중흥 공신녹권을 하사하였다. 이때 내린 교서는 이러하였다.

---

25) 공양왕을 옹립한 이성계, 판삼사사 심덕부, 찬성사 지용기, 정몽주, 정당문학 설장수, 평리 성석린, 지문하부사 조준, 판자혜부사 박위, 밀직부사 정도전을 말한다.

"덕 있는 자는 벼슬을 주어 우대하고 공 있는 자는 상을 주어 장려하는 것은 예로부터 제정된 규례가 있다. 그대는 뜻 세움이 충근하고 몸가짐이 염결하며 진퇴 거취를 시세에 알맞게 하고 군사 기무에 임기응변하고 선처하므로 그대의 지시라면 모든 사람이 즐겨 복종한다. 그리하여 모든 장수들을 위험과 의구심 속에서 깨우쳐주었고 대부대의 군사를 험난한 환경 가운데서 돌아서 세울 수 있었으며 마침내 억센 간신들로 하여금 그 망녕된 계획을 좌절시켰고 중국과 우호 관계를 회복하게 하였다. 윤승순이 명나라 수도에서 돌아왔는데, 황제께서는 본국이 왕위가 끊어졌다는 이유로 가짜 왕씨를 왕위에 올린 것은 삼한이 대대로 나라를 지켜갈 좋은 계책이 아니라고 꾸짖었다고 보고했다. 그래서 수문하시중 이성계가 경과 함께 의논해 함께 의리를 좇아 자신을 희생하면서 큰 계획을 수립했다. 천명이 있는 곳에 인심도 따르는 법이라 조정신하와 백성들은 놀라지 않았으며 무력을 동원하지 않고도 다른 성씨가 가져온 재앙을 하루도 못되어 제거하였다. 이미 기울어졌던 나라의 기업이 다시 바르게 되었으며, 이미 끊어졌던 왕씨의 제사도 다시 이어졌다.
옛날 진평과 주발이 유씨의 한나라를 편안히 하였으며 적인걸과 장간지가 이씨의 당나라를 회복한 것과 비교해 볼 때, 비록 시대가 다르고 정세도 다르지만 참으로 뜻과 의기는 서로 일치되는 것으로, 다 같이 공적이 사직에 있으며 은택은 백성들에게 미쳤다. 내가 그대 덕분에 왕위에 올랐으니 그대의 큰 공적을 가상하게 여겨서 상경의 지위를 주고 모든 은택을 각별히 베풀며 또한 종묘에 고하고 산하에 맹세하노니, 공신각에 초상을 안치하고 송덕의 글을 비 속에 새길 것이다. 또 3대 조상을 추숭하고 영원히 자손의 죄를 불문에 부치겠노라. 그대에게 토지와 노비를 내려주며 또한 은 1정과 말 한 필을 하사한다. 경은 곧은 마음을 영원히 가짐으로써 나의 덕을 도우라." 하였다.

왕이 장단에 가서 전함을 살펴보려고 하자 대간이 상소하여 중지하라고 간언했다. 왕이 사람을 심덕부에게 보내 어떻게 하는 것이 옳은지 묻자, 임금의 행동거지를 대간이 중지시킬 수는 없다고 대답했다. 왕이 가려고 마음을 정했으나 그래도 대간이 물러서지 않던 차에 성석린이 바로 입궐해, 대간의 말을 물리쳐서는 안 된다고 말하니 왕은 마지못해 그 말을 좇았다. 다시 심덕부에게 교서를 내려 회군한 공을 훈공 명부에 올리고 토지를 하사하였다.

이듬해에 다시 심덕부를 기용하여 청성군 충의백으로 봉하고, 문하시중으로 재임명하였다. 세자를 호종해 명나라 수도에 가게 되자, 간관이 심덕부가 형벌을 받은 지 얼마 되지 않았다는 이유로 보내서는 안 된다는 상소를 올렸으나 허락하지 않고 안사공신의 칭호를 더해 주었다.

사은사로 다녀와 수문하시중 배극렴 등과 함께 관제 개혁의 건의 사항을 올렸다. 여러 도의 관찰사를 없애고 안렴사를 회복할 것, 절제사·경력·도사를 없애고 장무와 녹사를 회복할 것, 새로 설치한 감무와 여러 역승과 여러 도의 유학교수관 및 자섬저화고, 인물추변도감, 동서체운소 수참 및 호구성적, 우마낙인과 주·군의 향사리장 등의 제도를 없앨 것 등이었다. 또한 각사에서 보고할 일이 있으면 모두 의정부로 바로 보고하도록 하고, 6조에 예속시키지 말도록 할 것을 청하였다. 이어 사직하자 판문하부사로 바꿔 임명하였다(국역 고려사, 열전, 심덕부, 한국학 종합 DB).

고려 말기 이런 과정을 거친 심덕부는 조선왕조 개국공신으로 혼척 관계를 맺어 조선왕조와 깊숙한 인연을 맺는다. 다섯째 아들 심온의 딸이 세종에게 시집을 가게 되어 태종과 사돈지간을 맺고, 여섯째 아들 심종이 태조 이성계의 딸 경선 공주와 결혼함으로써 조선왕조와 겹사돈 관계를 맺게 된다. 왕조 초기에 왕실과 맺은 혼척 관계는 이후로도 끊임없이 이어져 청송심씨에서 조선왕조 3명의 왕비가 배출되었고 많은 공주들이 청송심씨 집안으로 시집을 오게 된다.

심덕부는 청송심씨로서 조선 519년 역사에서 8대 명문가로 등록될 수 있는 기틀을 마련하였다. 그의 다섯째 아들 심온이 세종조에 첫 영의정이 되었으며, 심온의 아들 심회가 성종 때 영의정에 올랐고 이후 후손들이 조선왕조에서 전주이씨 다음으로 많은 영의정을 배출하게 된다. 특히 왕실과의 혼맥을 통해 영의정까지 오른 가문으로 널리 알려져 있다. 심덕부는 공식적인 영의정 직책은 제수받지 못했다. 태조 이성계가 왕위에 등극하고 관제를 반포할 때 영부사라는 최고위 직책을 만들었으나, 조선이란 국호를 중국으로부터 승인받기까지는 고려국의 문하시중으로서 왕위를 임시로 대리한다는 뜻을 표하여 문하시중 자리에는 아무도 임명하지 않고 좌시중, 우시중 체제로 이어 나갔다. 따라서 실제적으로 좌시중이 그 직책을 수행한 것이다. 좌시중이 좌정승으로 명칭이 개편되기도 하였지만 이 체제는 태종 초까지 계속되었다.

사전 발각된 이성계 처단계획과 심덕부

전라도원수 김종연의 부친인 밀직부사 김정이 신돈의 암살을 모의하다가 일이 누설되어 신돈에게 죽임을 당하자 김종연은 도망가서 숨어 있다가 신돈이 처형된 후 세상으로 나왔다. 우왕 때 여러 차례 원수가 되어 왜구를 격파하는 공로를 세웠다.

공양왕 때 왕방과 조반이 원나라 수도로부터 돌아오자 윤이·이초의 옥사가 일어났다. 나라에서 처음에는 조반의 말을 듣고 그들을 국문하려고 했으나 의혹 때문에 지체하며 결정을 내리지 못했다. 지용기가 김종연과 친했으므로 "공의 이름이 윤이와 이초의 글 속에 있어서 공이 위태롭게 되었소."라고 몰래 일러주자 김종연이 겁을 내어 밤을 틈타 도주했다. 그러자 전국을 샅샅이 뒤져 마침내 그를 봉주(황해도 봉산군)의 산 속에서 잡아 순군에 수감한 다음 사헌부와 사간원과 형조에서 국문을 벌였으나 자백을 받아내지 못했다. 다음날 밤에 김종연은 변소 구멍을 통해 탈출한 후 아들 김백균·김맹균·김중균 및 노비 여러 명을 데리고 다시 도주했다. 이에 성 안을 대대적으로 수색했으나 사흘 동안 잡지 못하자 경비를 엄중히 하지 못한 책임을 물어 당직 영사를 처형하고 진무 이사영은 순군에 가두었다.

서경천호 윤구택이 천호 양백지와 함께 술을 마시다가 술이 취하자, 재상이 될 마음이 없느냐고 말을 건넸다. 양백지가, "누군들 그럴 마음이 없겠는가? 그렇게 되기 어려울 뿐이지."라고 하자 윤구택이,

> "김종연이 조유와 함께 모의해 이시중(이성계)을 해치려 한다네. 자네가 정예병을 거느리고 우리들과 마음을 합치면 재상이 될 수 있을 걸세. 심시중(심덕부)도 그 모의를 알고 있지."

라고 제의하니 양백지가 거짓으로 응하는 척했다. 윤구택은 모의가 누설될까 두려워한 나머지 남경(서울)으로 가서 이성계에게 사실을 불었다.

> "김종연이 시중 심덕부 및 판삼사사 지용기 등과 함께 수시중 이성계의 살해를 모의하고 있습니다. 판선공시사 조유도 저에게 '심덕부 문하시중이 휘하 진무인 전 밀직부사 조언, 곽선, 전 판서 김조부, 전판사 위충, 장익을 시켜 저와 함께 휘하의 군사를 거느리고 이성계 수문하시중을 살해하려고 한다.'고 말했습니다."

이성계가 그 말을 은밀히 심덕부에게 알렸는데, 조유는 심덕부의 집안 조카이자 또한 휘하의 진무였다. 심덕부가 화가 나서 조유를 하옥했는데 이성계가 공양왕에게,

> "저는 심덕부와 마음을 하나로 하여 나라를 받들었으며 본디 시기하거나 배반할 마음이 없습니다. 조유의 일은 반드시 거짓일 것이니 심덕부 문하시중을 국문하지 마시어 우리 두 신하가 끝까지 좋은 관계로 지낼 수 있게 하소서."

라고 청했다. 공양왕이 조유를 석방하려고 하자, 그 소식을 들은 심덕부가 크게 놀라 울면서 다음과 같이 청했다.

"조유의 진술에 제 이름이 나온 판에, 지금 불문에 붙인다면 제가 그 모의에 가담하지 않았다는 것을 무엇으로 밝히겠습니까? 바라옵건대 조유와 대질시켜 저를 국문하소서."

공양왕이 심덕부를 입궐하라고 불렀으나 심덕부는 돌아보지도 않고 순군까지 걸어나가 스스로 옥에 갇히기를 자청하였다. 공양왕이 도승지 민개를 시켜 다시 부르자 심덕부가 그제야 왕 앞에 나와 사과하였다. 왕이 조유를 석방시키자 사헌부에서 조유와 윤구택의 대질심문을 청하는 상소를 올렸다. 이에 왕이 평리 박위에게 명해 대간과 합동으로 국문하여 죄를 다스리도록 하였다.

조유가 처음에는 자복하지 않기에 박위가 윤구택을 먼저 고문하려고 하자 집의 유정현이, 고발한 자를 먼저 국문하는 것은 옳지 않다고 따졌다. 박위가 얼굴빛이 바뀌며 말을 못하다가 조유를 고문했으며 조유가 자복하자 목을 매달아 죽이고 가산을 몰수했다. 사헌부에서 다시 심덕부를 탄핵하자 결국 조언·곽선·김조부·위충·장익을 옥에 가두고 각각 곤장 백 대씩을 친 후 멀리 유배를 보냈으며 심덕부를 파직하고 지용기 등을 유배 보냈다. 대간에서도 번갈아 글을 올렸다.

"심덕부는 나라의 수상으로 있으면서 조유와 김조부 등 간악한 무리들로 하여금 병권을 장악하게 함으로써 재앙의 싹을 만들었습니다. 또 조유의 죄를 덮으려고 경솔하게 스스로 옥으로 갔다가 사람들의 비웃음을 샀습니다. 또한 판결에 따르지 않은 채 여러 날 동안 군사들을 집결시켜 놓고 해산하지 않았으니 신하로서의 예의를 잃었습니다. 이제 그 부하들이 모두 죄를 자백했는데도 심덕부는 아직도 도성 안에 있으니 사람들이 다들 의혹을 품고 꺼림칙하게 여겨 장차 어떤 재앙이 닥칠지 예측할 수 없습니다. 원하옵건대 전하께서는 그를 먼 곳으로 유배를 보내 나라 사람들의 의심을 끊고 화란의 싹을 막으소서." 하며 매일 대궐 뜰에 엎드려 강력히 주청하자 그제야 심덕부를 토산(황해도 토산)으로 유배하였다.

이 과정에서 심덕부의 죄를 덮어 주고 끌어안고자 했던 이성계의 의중과 이들의 거사계획을 덮어 주고자 했던 공양왕의 의중을 동시에 읽을 수 있는 대목이다.

-국역 고려사, 열전, 김종연 편, 한국학 종합 DB-

청성백 심덕부의 졸기

청성백靑城伯 심덕부가 죽었다. 덕부의 자字는 득지得之이니, 청부현靑鳧縣 사람이며, 전리 정랑 심용의 아들이다. 문음門蔭으로 처음에 좌우위 녹사 참군이 되고, 여러 번 옮기어 소부윤이 되었다. 공민왕 13년 갑진에 나가서 수원 부사가 되었을 때, 안렴사가 부府에 이르매, 심덕부가 알현하러 갔다가, 안렴사가 옷을 갖추지 않은 것을 보고 그대로 물러왔다. 안렴사가 아전을 시켜 꾸짖으니,

"옷이 법도와 같지 않다."고 대답하였다.

안렴사가 어리석고 둔함을 사과하였다. 그 단정하고 성품이 높고 깨끗함이 이와 같았다. 병오년에 어머니 상사를 당하여 매우 애통한 나머지, 몸이 수척해져서 소문이 났었다. 고려 우왕 원년에 예의판서로 강계도 만호萬戶[26]가 되었는데, 재주가 장수의 책임을 감당할 만하여 명성이 더욱 드러나서, 발탁되어 밀직부사 의주 부원수가 되었다. 정사년에 서해도 부원수가 되었고, 무오년에 밀직사로 제수되어, 명나라에 사신으로 가서 응대함이 재치있고 빨랐다. 경신년에 왜적이 우리 남쪽 변방을 도둑질하여, 그 형세가 심히 심하였었다. 심덕부가 누선樓船[27] 40척을 거느리고 가서 이를 쳤는데, 도적들이 다시는 날뛰지 못했다. 을축년에 동북면에 도적의 위급함이 있

---

26) 조선시대 각도의 진鎭에 딸린 종사품 무관직으로 통솔하는 민호民戶의 수에 따라 만호·천호·백호 등으로 불렸으나 점차 지휘관의 품계를 표시하는 것으로 변했다.
27) 배 안에 2층으로 집을 짓는 배로 해전에 주로 사용되었다.

었으므로, 심덕부에게 절월(신표)[28]를 주어 토벌하게 하였다. 병인년에 문하 찬성사로 명나라 서울에 조회하고 돌아왔으므로, 청성 부원군을 봉하였다.

무진년에 태조 이성계를 따라 위화도에 이르렀다가 의병을 일으켜 회군하였고, 공양왕 원년 기사년에 문하좌시중, 경기 좌우도 평양도 도통사가 되었다. 경오년에 유언비어에 중상을 받아 토산현에 귀양 갔다가, 얼마 되지 아니하여 소환되었다. 신미년에 다시 좌시중이 되어, 공양왕의 세자 석奭을 따라 명나라 서울에 조회하였다. 임신년에 판문하부사로 옮겼고, 조선 태조가 즉위한 뒤에 회군한 공을 추가하여 받아 제일공신이 되어, 청성백靑城伯에 봉해졌다. 정종 원년에 다시 좌정승이 되었고, 경진년에 이를 사면하고 청성백으로서 사저로 나갔는데, 이때에 이르러 병으로 죽으니, 나이 74세였다. 부음이 들리매, 조회를 3일 동안 정지하고, 환관을 보내어 제를 올리고, 부의로 쌀·콩 각각 1백 석을 내려 주고, 시호를 "정안定安"이라 주었다. 심덕부가 온화하고 무던하고, 청렴하고, 공손하고 조심성 있고, 충성하고 부지런하여, 착한 일을 많이 하였으므로, 죽으매 나라 사람들이 아깝게 여기었다. 아들이 일곱 있으니, 심인봉·심의귀·심도생·심징·심온·심종·심정인데, 심종은 태조의 둘째 딸 경선 공주에게 장가들었다.

-태종실록 1년 1월 14일-

---

28) 군사책임자(유수, 감사, 병사, 수사)에게 국왕이 내리는 신표信票.

문관이 아니면서 재상이 되었던 인물

광해군 때 조사한 재상 이상의 벼슬자 명부에 나타난 심덕부, 심온, 심회가 모두 청송심씨 심덕부의 직계이니 심씨는 무관직으로 출발하였으면서도 영의정 자리까지 올랐던 인물들이다.

춘추관 영사와 당상이 아뢰기를, "문관文官이 아니면서 재상이 되었던 자를 의정부 삼공안三公案에서 상고해 보니, 태조조에는 심덕부·유만수가 재상이 되었고 태종조에는 심온·강서가 재상이 되었고, 세종조에는 박가흥·노한·이귀령·남지가 재상이 되었으며, 단종조에는 한확이 재상이 되었고, 세조조에는 황수신·심회·홍달손·강순이 재상이 되었고, 예종조에는 윤사반이 재상이 되었고, 성종조에는 한백륜·성봉조·윤사흔이 재상이 되었고, 연산조에는 한치형·신수근이 재상이 되었고, 중종조에는 박원종이 재상이 되었는데, 이들은 모두가 음관이나 혹 무관이었습니다.

이것으로 역대의 실록을 통틀어 상고해 보니, 단지 대광 보국 의정부 우의정이나 좌의정이라고만 하고 겸직은 쓰지 않아서, 그 겸대한 직을 근거하여 상고할 만한 데가 없습니다. 일찍이 보건대 이 사람들 가운데 그들의 묘비명과 행장이 우리나라 사람들의 문집 가운데서 많이 보이고 있으니, 홍문관으로 하여금 상세히 상고하여 이에 의거해서 조처하는 것이 어떻겠습니까?" 하니 윤허한다고 전교하였다.

－광해군 일기 4년 9월 15일－

심덕부에 대한 기록이 전해지는 것이 별로 없다. 왕조실록의 기록도 한 페이지에 불과할 정도로 기록이 없는 편이다. 심덕부가 조선국의 관리로 활동한 시기가 65세부터였다.

[승진과정]

〈고려시대〉

1338년[11세] 문음직으로 좌우위 녹사, 참군. 우왕 때 밀직사
1380년[53세] 지문하부사, 도원수
1385년[58세] 문하찬성사, 동북면 상원수
1388년[61세] 서경도원수, 위화도 회군에 참여
1391년[64세] 이성계, 정몽주와 함께 안사공신에 책록
1391년[64세] 공양왕 옹립 9공신으로 심덕부를 문하시중으로 삼다.

〈조선시대〉

1392년[65세] 태조 1년 조선 개국공신
1393년[66세] 태조 2년 7월 회군 1등공신, 청성백, 청성부원군
1393년[66세] 태조 2년 10월 심덕부의 아들 심종이 부마가 되다.
1397년[70세] 태조 6년 윤 5월 판문하부사
1398년[71세] 태조 7년 9월 영삼사사
1399년[72세] 정종 1년 12월 1일 문하 좌정승
1400년[73세] 정종 2년 3월 3일 나이가 많아 좌정승 사직
1401년[74세] 태종 1년 1월 14일 심덕부가 죽다.

4. 성석린成石璘

함흥차사를 마감시킨 이성계의 오랜 벗

생몰년도	1338년(충숙왕 복위 7)~1423년(세종 5) [86세]
영의정 재직기간	1차(1400.3.15.~1400.9.8.), 2차 (1402.10.4.~1403.4.),
	3차(1405.7.3.~1406.12.7.), 4차 (1406.12.9.~1407.7.4.),
	5차 (1412.8.21~1414.4.17) 6차 (1415.10.28~1416.5.24)
	(5년 1개월)
본관	창녕昌寧
자	자수自修
호	독곡獨谷
시호	문경文景
공훈	좌명공신
문집	독곡집
묘소	경기도 포천시 신북면 고일리
기타	시문에 능하고 해서와 초서를 잘 써 당대 명필로 이름을
	떨쳤다.
	이성계의 오랜 벗, 함흥차사를 마감시킨 깊은 우정
조부	성군미成君美—고려조 판도 총랑
부	성여완成汝完—고려조 정당문학, 창성부원군
동생	성석용成石瑢—보문각 대제학, 개성유휴, 성삼문의 증조부
조카	성달생成達生—성삼문의 조부
종손	성승成勝—성삼문의 아버지
장남	성지도成志道
2남	성발도成發道

이성계의 벗으로 좌명공신

성석린의 벼슬 기록에는 문음직으로 4세에 정8품 사온서 동정에 임명된 것으로 기록하고 있다. 고려 시대의 관직 임용에 대한 고위관직자들의 자녀승계 욕구는 옛날부터 지금까지 이어져 내려오는 끊임없는 민족의 전통인 모양이다. 당시의 제도상 공훈을 세우면 본인의 품계가 가득 찼을 경우 자녀나 손자, 사위에게까지 훈공의 대가를 전위할 수 있었다. 그런데 4살짜리에게까지 벼슬을 준 건 지나친 논공행상으로 보인다. 성석린이 문음직으로 어릴 때부터 벼슬을 시작하긴 하였지만 당시 과거를 통하지 않고는 떳떳하지 못했던 분위기라 20세에 다시 고려 문과에 응시하여 급제해서 관직에 오르며 예문관 대제학에 이르게 된다.

조선 시대에 들어서는 제2차 왕자의 난에 공을 세워 좌명공신에 올랐고, 이어 수충익대공신의 칭호를 받았다. 부친인 성여완도 명예 문하시중 자리를 역임한 정승의 집안으로 조선왕조에 공훈을 세웠으나, 동생 성석용이 성삼문의 증조부로서 동생 집안은 세조 때 멸문지화를 당하는 수모를 겪기도 한다. 고려 시대의 인물고인 국역 고려사에는 고려 공양왕이 성석린을 다음과 같이 평가하고 있다.

> 경은 단정하고 성실한 자질과 강개한 의지를 지녔으며 일찍이 맹자와 공자의 글을 통달하고 멀리 종요鍾繇[29]와 왕희지王羲之[30]의 필법을 계승했다. 공민왕이 큰 은덕으로 경을 임용한 후 장차 크게 쓰려고 하였으나 역적 신돈이 경을 크게 시기하고 꺼리는 바람에 결국 좌천되고 말았다. 그러나 경은 세상에 아첨하여 인정을 받으려

---

29) 중국, 삼국 위나라 때 명필.
30) 중국 동진의 명필. 해서·행서·초서의 3서체를 예술적으로 처음 완성함.

하지 않고 오직 천명을 알고 즐기었다. 일찍이 사헌부의 추천을 받아 관찰사로 나갔는데 내가 왕위에 오르기 전 이미 경의 높은 풍모를 모두 들었다. 우왕이 왕위를 도둑질하여 버티고 있으면서 백성들에게 해독을 끼치고 또 명나라에 죄를 지었는데, 수문하시중 이성계가 대의를 선창하자 경이 도와서 나를 추대하였다. 이 큰 공로가 역사에 빛나리니 경을 표창하지 않으면 무엇으로써 후대를 권면하겠는가? 이에 비석을 세워 공덕을 기록하고 공신각을 세워 초상을 안치하며, 토지를 내려 주고 노비를 딸려 주도록 분부했다. 후손은 충의라는 호를 이어받고 영원토록 죄를 사면받는 은덕을 입을 것이다. 또 백금白金 50냥과 말 한 필을 내려주니 경은 이 각별한 대우를 받고 나의 지극한 마음을 곱씹어보라.

-국역 고려사, 열전, 성석린, 한국학 종합 DB-

조선 시대 인물고인 『국역 국조인물고』에서 성석린을 다음과 같이 평가하고 있다.

공은 천품이 고매하고 기개와 도량이 컸으며, 학문은 천인天人의 원리를 연구하였고, 지식은 고금을 꿰뚫어 보았으며, 경근함으로 몸을 수행하여 시종여일하고 게을리하지 않았다. 어려서 문과 급제하여 사원史院, 사관史館에 있었는데, 당시 익재 이제현이 국사를 맡아 편수하고 있었다. 익재는 공을 한번 보고는 기이하게 여겨 공에게 편수의 업무를 일체 주관히게 하여 크게 인정해 주었다. 이후도 여러 문원(文苑, 예문관)을 거쳐 명성이 자자하니, 사림士林에서 모두 우러러보았다.

고려 말기에 공은 문하 평리로 있으면서 우리 태조를 도와 사전私田의 폐단을 혁파하였으며, 주군州郡의 의창 제도는 실로 공이 맨 처음 양광도에 시행한 것으로 수많은 백성들이 큰 혜택을 입었다.

우리 태조는 사저에 있을 때부터 공을 존중했었는데, 보위에 오르자 총애와 예우가 더욱 융숭하여, 비록 마음이 불쾌한 때일지라도 공을 보면 대번에 노기를 거두고, 공의 말을 잘 받아들였다.

공은 태조 이하 네 왕조를 섬겼는데, 충절을 다 바쳐 국가의 시귀蓍龜[31]가 되었고, 조정의 의표가 되었다. 의정부에 봉직하고 전선(銓選, 이조와 병조)을 맡은 것이 25년이나 되었는데, 사람들은 누구 하나 공을 비난하는 이가 없었다. 성품이 평화롭고

---

31) 국가의 길흉화복을 점치는 도구. 점칠 때 쓰는 시초(가새풀)와 거북껍질.

고요하여 분분하게 변경하는 것을 좋아하지 않았으며, 일을 논할 때에는 남의 의견에 무조건 따르지 않고 자기의 주장을 확고히 가졌다. 임금을 면대하게 되면 언제나 옳은 도리를 극진히 말하여 기어이 도리에 맞도록 힘썼다.

만년에는 정무를 사임하고 집으로 돌아와 세상일에 마음을 쓰지 않으니, 나이가 많았지만 정신은 더욱 맑았다. 항상 임금을 사랑하고 나라를 염려하는 충정이 그치지 않았으며 부귀공명이 처음과 같았다. 공은 집에서 거처할 때에는 항상 나무로 된 안석에 기대앉았다. 1422년 세종 4년 정월부터 건강이 약간 편찮으셨으나 크게 위독하지는 않았다. 다음 해인 세종 5년 정월 12일인 갑오일 밤에 좌우에서 모시는 자들에게 "지금 몇 시나 되었느냐?" 하고 물으셨다. 모시는 자가 "벌써 2경二更이 되었습니다." 하였다. 이에 공은 궤에 기대어 한동안 묵묵히 앉아 계시다가 다시 잠드셨는데 조금 있다가 별세하시니. 향년 86세였다.

-국역 국조인물고, 성석린 편. 세종대왕기념사업회-

함흥차사를 마감시키다

사람은 세상을 살아가면서 심덕心德 하나로 운명을 스스로 결정한다 했다. 이성계와 비록 나이 차이는 세 살이 많았으나 성석린의 인품에 끌려 친구가 된 경우였다.

이성계는 어지러운 고려조정에서 묵묵히 제 할 일을 다 하고 있던 성석린을 매우 믿음직스러워했고, 특히 글씨에 뛰어나 명필로 알려진 성석린의 해서체와 초서를 매우 좋아하였다. 태종 즉위년, 이성계가 왕자의 난에 마음이 상해 옥새를 거머쥔 채 함흥으로 들어가 나오지 않고 모시러 가는 사신마다 함흥차사가 되니 성석린은 노구를 이끌고 이 난제를 풀고자 발 벗고 나서서 태종의 근심을 덜어주었다.

유난히 무더운 여름, 성석린은 한 사람의 시종도 거느리지 않고 흰 수염을 날리며 길을 떠나는데, 등이 몹시 구부러진 그의 뒷모습은 보는 이로 하여금 눈시울을 젖게 하였다. 함흥 거처에서 성석린을 맞은 태조도 성석린만큼은 어쩔 수 없어 마음을 바꾸어 옥새를 지니고 도성으로 돌아 오지 않을 수 없었다.

1401년 태종 1년 4월 17일 창녕 부원군 성석린을 안변에 보내 태상왕의 회사를 권 유케 하다.

창녕 부원군 성석린을 보내어 태상왕의 임시거처에 문안하였다. 이때 성석린이 어미 의 상례가 끝나지 않았는데, 임금이 박석명을 그 집에 보내서 말하기를, "부왕父王께 서 오래도록 동북에 머무르시니, 생각하고 연모하여 마지 못한다. 부왕께서 믿고 중 히 여기는 사람은 경 같은 이가 없으니, 경은 사정에 따라 상복을 벗고, 궁온(술)을 싸 가지고 가서 모시고 돌아오라." 하였다.
성석린이 명령을 받고 길을 떠나니, 임금이 일렀다. "태상왕께서 본래 경을 중하게 여기시니, 경의 말은 반드시 따르실 것이다. 바라건대, 문안드린 끝에 은근한 말로 잘 아뢰어서 돌아오시게 하라."

처음에 태상왕이 동북에 오랫동안 머무를 뜻이 있었는데, 마침 단주에 숯 비가 내린 괴변이 있었고, 또 가뭄과 흉년으로 인하여 백성이 굶주려 죽는 사람이 많으므로 돌 아오려고 하였다. 4월 26일 성석린이 그곳에 이르니, 태상왕이 기뻐하여 말하기를, "일씩이 문인하는 자를 보아도 역시 기쁘지 않았었는데, 이제 경을 보니 반갑고 기 쁘기 그지없다." 하였다. 석린이 곧 궁온을 바쳐 헌수하고, 술이 얼근히 취하여, 조용 히 돌아가시기를 청하는 뜻을 아뢰었더니, 태상왕이 웃으며 말하기를, "경이 돌아가 자고 청한 것이 내가 돌아가려고 작정한 뒤이다. 경이 먼저 가라. 내가 뒤를 따르겠다." 하였다. 성석린이 대답하기를, "주상께서 날마다 돌아오시기를 바랍니다." 하였더니, 태상왕이 선뜻 고쳐 말하기를, "그렇다면 마땅히 경과 함께 돌아가겠다." 하였다.

성석린이 머리를 조아려 사례하고, 곧 사람을 보내어 이 사실을 아뢰었다. 임금이 이 를 듣고 감동하고 기뻐하였다. 이때에 이르러 태상왕의 가마가 장차 도착될 것이므 로, 나가서 마이천에 머물러 축하연을 갖추고 기다렸다. 4월 28일 태상왕이 안변으 로부터 이르니, 임금이 임시막사에 연향을 베풀고, 종친과 대신들이 잔치를 베풀었 다. 조계승 익륜도 또한 참여하여 극진히 즐기고 파하였다. 성석린에게 안마를 내려 주었다. 태상왕이 먼저 서울로 들어오고, 임금이 따라 태상전에 이르러 문안하였다.

—태종실록 1년 4월 17일—

기우제와 제문

　조선 시대에는 유난히 비가 내리지 않아 고심한 기록이 많아 나타나
있다. 가뭄과 홍수, 천둥벼락, 태풍 등은 하늘이 인간사회에 벌을 주는
것이라 여겼던 조선 시대는 이러한 현상이 나타날 때마다 왕이 근신하고,
죄인을 방면하고, 대사면을 실시하고, 금주령을 내리고, 하늘을 향해 빌
고, 산천의 오래된 나무, 큰 강, 높은 산에는 제를 올려야 했다. 국교를
유교로 정했지만 급할 땐 승려를 불러 기도를 했고, 무당과 무녀들을 불
러 모아 제를 올리게 했다. 태종 7년에 왕이 성석린을 시켜 기우제를 올
린 제문 내용을 살펴보자.

　태종이 의정부사 성석린을 보내어 원단에 비를 빌었다. 그 제문祭文에 이르기를, "하
느님의 보고 듣는 것은 항상 사람으로부터 하고, 사람의 길흉도 또한 하늘에 나타나
니, 하늘과 사람 사이에 감응하는 것이 심히 빨라서 속일 수 없습니다. 무릇 가물고
물이 넘치는 재앙 같은 것은 항상 임금과 재상이 도리에 어긋난 행동하고 덕을 가리
키며 상도를 어지럽게 하고 정사를 그르친 데서 말미암나니, 제 한 몸의 죄로써 부
른 것입니다. 그러나 죄 없는 어리석은 백성과 수많은 생령(살아있는 영혼)이 먼저 그
해를 입어 굶주리고 병들어 구제할 수 없게 됩니다.
내가 덕이 없는 몸으로 천지의 보호를 받고 역대왕조께서 쌓으신 덕에 힘입어서, 한
나라에 군림한 지가 이제 여러 해가 되었는데, 한재와 수재가 해마다 없는 때가 없
으니, 이것은 모두 어질지 못한 제가 도덕과 의리를 그르쳐서 부른 것이니 하늘의
경고를 당함이 마땅합니다.

어찌 감히 스스로 나무라고 하늘에 허물을 사죄하지 않겠습니까? 무인년에 태상왕
(태조)이 편치 못하시매, 권간(권력을 가진 간신)이 어린아이를 끼고 종파를 해치기를
도모하여, 재앙이 심히 급박하였습니다. 이에 한두 의로운 선비와 더불어 천명을 보
존하고자 하여 군사를 들어 난을 제거하였는데, 그 어수선한 즈음에 해害가 동기(형
제)에게 미쳐서, 태상왕을 놀라게 시켜 그 마음을 상하게 하였으니, 대개 죽기를 두
려워한 나머지 부득이한 데서 나온 것이요, 다른 마음이 있었던 것은 아니나, 이것이
내 죄의 한 가지입니다.

적자嫡子이고 장자인 때문에 상왕(정종)을 추대하매, 종묘사직이 안정되고 전국이 편안하여졌는데, 간신이 또 회안(이방간)을 협박하여 군사를 믿고 난을 일으켜서 우리 형제를 이간하였습니다. 다행히 의로운 군사에 힘을 입어 곧 평정하였으나, 회안이 이것으로 말미암아 지방에 귀양 가 있어서, 위로는 태상왕(태조)의 사랑을 받지 못하고, 아래로는 종친의 영화로움을 누리지 못하고, 구류되고 마음이 답답하여 죄수와 같으니, 이것은 공론에 있는 것이요, 내가 감히 사사로이 할 바 아니나, 서로 다른 마음에 있어 어찌 순임금의 덕의 부끄러움이 없겠습니까? 내 죄의 두 가지입니다.

상왕(정종)이 아들이 없어, 내가 같은 모친의 동생이고, 또 개국·정사에 공이 있다 하여, 나를 세자로 삼아 장차 대통을 잇게 하려 하였는데, 계승할 때에 미쳐서 늙은 것도 아니요 병든 것도 아닌데 하루아침에 갑자기 왕위를 내놓았으니, 알지 못하거니와, 과연 상왕의 진실한 마음에서 나온 것인지, 무리의 정이 둘러싸고 핍박하는 데 부대껴서 그런 것인지, 내 마음속에 지금까지 그 까닭을 알지 못하여, 또한 감히 스스로 편안하지 못하니, 내 죄의 세 가지입니다.

이거이 부자父子는 나의 훈구요, 또한 나의 인친인데, 말로써 죄를 받아 지방에 귀양 가 있어, 친속이 서로 떨어져서 편안히 살지 못한 것이 이미 여러 해가 되었으니, 맹세를 같이한 뜻은 내가 비록 잊지 않으나, 저 사람의 억울한 것은 어찌 이루 말할 수 있겠습니까? 내 죄의 네 가지입니다.

무릇 이 네 가지 죄는 부자·형제·군신·훈구 사이에 있어서 모두 그 도道를 잃어 잘 처리하지 못한 것입니다. 이것은 진실로 나의 부덕 때문이니, 하늘에 죄를 얻어 재앙과 허물을 부른 것이 참으로 마땅한 것입니다. 어찌 감히 탓하겠습니까? 다만 불쌍한 것은 백성의 굶주림이 거듭 이르고, 나는 새와 물속의 고기, 그리고 풀과 나무가 모두 마르고 야위는 데에 이르는 것입니다. 이것이 진실로 무슨 죄가 있기에 먼저 그 해를 받습니까? 이것을 생각하면 아프고 슬퍼서 근심하는 마음이 불타는 것 같습니다. 오직 하늘은 총명하여 죄와 복이 다르지 않으니, 어찌 차마 이렇게까지 하여 모두 병들고 아프게 합니까?

무릇 사람이 하루아침의 먹을 것과 물건을 얻는 것이 모두 하늘에 관계되어 망령되게 구할 것이 아닌데, 하물며, 작은 몸으로 한 나라에 군림하여 여러 해가 지났으니, 하늘의 명령에 힘입지 않으면 어찌 하루인들 외람하게 지탱할 수 있겠습니까? 하늘이 이미 나에게 죄가 있다 하지 않고 한 나라의 왕위를 주셨으니, 어찌 죄를 풀어주지 않고 내 한 몸의 연고로 하여 한 나라 백성의 생명을 병들게 할 수 있습니까?

오직 원하옵건대, 하느님께서는 총명하게 내려보시어 나의 정성을 생각하고 나의 죄를 용서하여, 나라에 재앙이 되지 않게 하고 백성에게 병이 되지 않게 하소서. 나이를 누리는 길고 짧음과 나라에 임하는 오래고 가까움은 오직 하늘의 명령대로 하고 감히 빌지 않으니, 때때로 단비를 주셔서 넉넉하고 윤택하게 하고, 백곡이 풍년들고 만물이 모두 이루어져서, 홀아비, 과부, 고아, 노인과 비잠서류(새·물고기·짐승·벌레)가 모두 생육生育을 얻어 부富하고 수壽하는 지경에 이르게 하소서. 지극한 소원을 이기지 못합니다." 하였다.

—태종실록 7년 6월 28일—

시무책 20조

영의정 부사 성석린이 상소하여 시무 20조를 아뢰었는데, 명하여 의정부에 내려서 의논하게 하였다. 상소문에 이르기를,

"국가의 일은 형세뿐이니, 그 형세를 보아서 미리 방비하면 근심이 없을 수 있는 것입니다. 비록 지혜가 있는 자라 하더라도 항상 일이 생긴 뒤에는 잘 조처하지 못하는 것입니다. 신臣은 본래 아는 것이 없고 나이 또한 쇠하여 늙었사오나, 감히 어리석은 사람도 한가지 잘하는 게 있다는 생각으로 임금님의 귀를 더럽힙니다. 예전에 기杞나라 사람이 하늘을 걱정한 자가 있었사온데, 늙은 신의 소견이 실로 서로 겉과 속이 되는 바가 있습니다.

엎드려 바라옵건대, 임금님의 베푸는 은혜가 혼미하고 망령됨을 용서하시면 뒤에 반드시 천리마로 드리는 자가 있을 것입니다. 신이 아뢰는 것은 모두 얕은 내용이니 어찌 족히 주상 전에 아뢸 것이 있겠습니까마는, 만에 하나라도 취할 것이 있으시면 엎드려 바라옵건대 밝으신 주상께서 결단하여 행하소서. 무릇 나라를 가지고 집을 가진 자는 방비가 없을 수 없습니다. 한 집에는 가장이 된 자가 몸소 거느려서 힘써

행하면 좋은 결과가 있는 것입니다. 지금 식량을 족하게 하고 군사를 족하게 하는 것이 한 나라의 방비가 되는 것입니다. 바라옵건대, 전하께서는 부지런하고 진념하시어 전국에 영을 내리셔서 일체의 급하지 않은 비용은 다 쓸어버리시고, 힘써 집집마다 넉넉하고 사람마다 족하게 하여, 백성들과 더불어 좋고 나쁜 것을 함께 하소서.

1. 무장한 군사가 튼튼하고 강건하며 행진이 가지런하며, 분수가 밝고 명령이 엄하며, 상벌이 적당하고 양식이 풍족하며, 계략을 좋아하여 첩자를 쓰고, 시일을 오래 끌며 여러 길로 아울러 나가서 승리를 취하는 것은 중국 사람의 장기이고, 말이 튼튼하고 활이 강하며, 양식을 가볍게 싸 가지고 날을 어울러 행하며, 천시天時를 타고 지리地利를 헤아려서 달려서 힘껏 싸워 승리를 취하는 것은 몽골족의 장기이고, 견고한 것을 의지하고 험한 것을 믿어, 병법에 의하지 않고 깊고 험한 곳을 택하여 산성을 쌓아, 늙은이와 어린이를 격리하고 콩과 조를 거두어들이고, 봉화를 들어 서로 응하며 샛길로 가만히 통하여 불시에 출격하여 승리를 취하는 것은 동방(조선) 사람의 장기입니다. 평지의 성城은 없을 수는 없지마는, 자고로 동방 사람이 잘 지키는 자가 적사오니, 오로지 읍성만 믿을 수는 없습니다." 하였다.

의정부에서 의논하기를,

"위의 조목은 고려조의 성할 때에 여러 번 수축을 더하여 왜구란을 피하였으니, 지금 각도 수령에게 포고문을 보내어 매양 농사 틈을 이용하여 미리 방비하여 튼튼하게 수축하는 것이 어떠합니까?" 하였다.

"1. 서북면은 평양이 근본이 되오니 도순문사와 부윤을 반드시 적합한 사람을 얻어야 하고, 병기와 군량을 모두 충족하게 하여야 합니다. 신이 일찍이 이 부府의 부윤을 겸하였사온데, 그 영내의 활과 칼과 창이 하나도 쓸 만한 것이 없었습니다. 신이 그 까닭을 물어보았는데, 다만 전임자가 마음을 쓰지 않은 데에 있었습니다. 신이 급하지 아니한 일은 모두 파하고 오로지 군기에만 힘을 써서 겨우 각색의 약간의 수량을 준비하였으며, 군량도 또한 이렇게 하였습니다. 토착 관리와 천호千戶의 설치는 평시에 실상 폐단이 있지마는, 일이 있어 위급한 때를 당하면, 저들 수령이 겸임한 자가 힘을 쓰지 못할까 두렵습니다." 하였는데,

의정부에서 의논하기를,

"위의 조목은 한결같이 이미 일찍이 시달한 것에 의하여 시행하는 것이 어떠합니까?" 하였다.

"1. 안주·의주·이성·강계 등에도 또한 재주가 많은, 무리를 거느릴 만하고 기미를 알아 진퇴하는 자를 보내어 성곽을 수축하고 군량을 저축하며, 병기를 준비하고 인마人馬를 훈련시켜, 은혜와 위엄이 아울러 행하여 사람이 사랑하고 두려워할 줄을 알게 한 연후에야 부릴 수 있는 것입니다. 만일 임시변통으로 뽑아서 보내어 장수가 사람을 알지 못하고, 사람들이 장수를 알지 못하면, 위급한 때에 임하여 어떻게 서로 구제하겠습니까? 마땅히 속히 보내어 3년으로 성과를 책임지어야 합니다. 어찌 목마른 때에 임하기를 기다리겠습니까?

1. 동북면의 영흥·함흥·정주·청주·단주·경원·경성 등에도 또한 서북면의 예에 의하여 깊은 곳의 요충지에 한 성城을 수축하고, 한 사람의 대장을 보내서 이를 지키고, 허약하게 할 것이 아닙니다. 비록 무사한 때를 당하더라도 또한 파할 것이 아닙니다.

1. 각도의 관찰사는 꼭 벼슬이 높고 재주가 군민의 일을 겸할 수 있는 사람을 가려서 뽑아 보내어, 반드시 3년을 채우게 하소서." 하였다.

의정부에서 의논하기를,

"위의 세 조목은 비록 이미 시달한 일이지마는, 지금 또한 다시 시달하여 시행하는 것이 어떠합니까?" 하였다.

"1. 각도의 대소 수령 또한 모름지기 사람을 가려서 반드시 3년을 채워야 합니다. 대저 수령은 백성을 가까이하므로, 관할 내 인민의 다소와 노약·빈부, 그리고 별거 여부·주택차입 여부·은둔 여부의 일에 이르기까지도 마음을 써서 엿보고 살피면 알지 못할 것이 없을 것입니다.

그의 경내 호구 수의 많고 적은 것을 따질 것 없이, 다만 가장 가까이 사는 자로서 호구를 정하여 혹 10호, 혹은 3, 4호로써 한 조직으로 삼고, 그중에서 일정한 과업이 있고 믿을 만한 자를 택하여 조장으로 삼아, 그 조직 안의 인구를 기록하여 관장하게 하고, 아침저녁으로 출입하여 물과 불로 서로 구제하게 하면, 조직

안의 일들을 저절로 서로 알게 될 것입니다. 만일 이상이 있거든, 조장이 곧 관가에 고하여 옮기지 못하게 하고, 수령이 항상 고찰을 가하여 빠짐이 없는 것을 살핀 연후에, 평일의 조직 안에 있는 인구의 다소에 따라 그 성명과 연세를 쓰고, 양민과 천민을 분변하면, 세금을 고르게 하고 군민軍民이 구분되어, 백성이 놀라지 않고 일이 이루어질 수 있을 것입니다. 만일 사람이 새로 왔거나 죽었거나 출생한 자가 있으면, 조장이 반드시 곧 관가에 고하여 각각 이름 아래에 주注를 달아서 일상의 일로 삼을 것입니다.

이렇게 하면 1년 뒤에는 저절로 풍속이 될 것입니다. 만일 따로 사람을 보내어 수색한다면, 부산스럽게 이리저리 옮겨서 금하여 막을 수 없을 것입니다. 신이 평양에서 이웃이 서로 고하는 법을 행하여 이동하지 못하게 하였사온데, 곧 그 효과를 보았습니다." 하였다.

의정부에서 의논하기를, "위의 조목은 거행하는 것이 어떠합니까?" 하였다.

"1. 제주의 말들은 중국에서도 또한 훌륭하다고 하는데, 실상은 소문에 미치지 못합니다. 마땅히 쓸 만한 것을 골라내어서 육지에 연접한 여러 섬 가운데에 방목하고, 말의 정책을 거행하면, 3년이면 효과가 있을 것입니다.

1. 왜구가 근심이 된 지 오래온데, 지금까지 그치지 않습니다. 지금 왜구를 봉封하여 왕으로 삼았고, 주는 것을 후하게 하니, 만족하고 기氣가 나서 도리를 벗어나 방자함이 반드시 심할 것입니다. 마땅히 연로하고 학행이 있는 자 한 사람을 보내서 인화를 체결하여 그 형세를 관찰해야 합니다. 신은 항상 말하기를, '우리의 근심이 될 것은 반드시 이들 왜구'라고 합니다." 하였다.

의정부에서 의논하기를, "위의 두 조목은 점차 일을 헤아려서 시행하는 것이 어떠합니까?" 하였다.

"1. 국가에서 항상 선박운송의 어려움으로 걱정하는데, 신은 생각하기를, '무릇 경기지방에 전지를 받은 자는 모두 다 거두어들여서 선박운송 하는 쌀의 수량에 충당하고, 다만 직급에 따른 구분전口分田[32]만 경기지방에 주어 소원에 따라 농막

---

32) 자손이 없이 죽은 관원의 아내와 부모 모두 사망한 출가 전의 딸이나 또는 전장에 나가서 자손이 없이 죽은 군인의 아내에게 품등을 따라 주던 전지田地.

이 되게 하고, 나머지는 모두 지방에 주면, 공사公私가 다 편하여, 인마人馬가 지쳐서 죽는 근심이 없을 것이고, 또 쌀을 손실하고 농사에 실패하는 폐단이 없을 것이라'고 여깁니다. 의논하는 자가 반드시 말하기를, '지방의 소요가 이것으로부터 다시 일어날 것이라.'고 할 것입니다. 그러나, 지금의 폐단은 전일과 다릅니다." 하였다.

의정부에서 의논하기를, "위의 조목은 이미 일찍이 헤아려 의논하고서 시행하지 못한 일이오니, 마땅히 다시 의논하여 시행하여야 합니다." 하였다.

"1. 동서 북면과 각도 주현州縣에 모두 둔전을 두어, 그 수령이 오로지 과업권장을 힘쓰게 하여, 그 거둔 것의 많고 적음을 계산하여 평가를 정하고, 소송·토목공사·잡범의 사무는 일체 모두 정지하게 하소서." 하였다.

의정부에서 의논하기를, "위의 조목은 이미 일찍이 결제한 일입니다. 그러나 수령에게 과업권장을 오로지 위임하여 평가의 조건으로 삼는 것은 또한 아울러 이첩하여 시행하는 것이 어떠합니까?" 하였다.

"1. 배船를 타는 일이 가장 괴롭다고 이름이 났습니다. 그러므로 3가구로 하여금 하나를 만드는데, 하나 안에 어찌 모두 같은 사람이겠습니까? 정군正軍이 된 자는 자기가 배를 타지 않고, 모두 보조자를 시켜 능하고 능하지 않은 것도 묻지 않고 대신하게 하니, 적을 만난 즈음에 모두 배 밑바닥에 엎드려서 손도 쓰지 못하고 죽게 됩니다. 신이 어떻게 아는가 하면, 가끔 각도에서 보고한 보고서를 보면 죽은 자는 모두 대신 세운 자들입니다.

바라건대, 각도에 각각 명석한 사람 한 사람을 보내어 병선이 있는 곳을 순찰하게 하여 항상 점고해서, 연습하지 않고 소용이 없는 자를 배에 충당하여 죄 없이 해를 당하게 하지 마옵소서. 만호萬戶와 천호千戶가 된 자가 군인들과 더불어 서로 이익으로 취하여 함께 폐단을 지으니, 왕명이 아니면 어떻게 금하겠습니까? 이같이 두어 해만 한다면 병선이 완고해지고 군사가 강해질 수 있을 것입니다.

1. 각도 주현州縣으로 하여금 모두 군기軍器를 만들게 하소서. 활과 칼은 사람마다 만들기 어렵지마는, 종이 갑옷·투구와 창 같은 것은 누가 만들지 못하겠습니까?

마땅히 수량을 정하여 견고하고 예리하게 만들게 하소서. 신臣이 왕년에 충청도 관찰사가 되었을 때에 왜구가 깊숙이 들어와서 도둑질을 하므로, 신이 주현州縣으로 하여금 수효를 정하여 창을 만들게 하였사온데, 심히 편리하고 도움이 되었습니다.

1. 마땅히 주현州縣으로 하여금 각각 병선兵船을 만들게 하소서. 비록 폐단이 있다고는 하지마는, 위급한 때에 임하여서는 할 수가 없습니다. 지금 한집의 사람도 오히려 배를 만드는데, 비록 작은 폐읍이라 할지라도 어찌 한 부잣집만 못하겠습니까?" 하였다.

의정부에서 의논하기를, "위의 세 조목은 점차 일의 형편을 헤아려 시행하는 것이 어떠합니까?" 하였다.

"1. 군기감은 오로지 병기를 관장하여 조작하는 것이 심히 많으니, 선공감 각사에 소속되어 있는 장인과 여러 곳의 역사가 한가한 장인을 모두 군기감에 붙여서 오로지 조작하게 하소서." 하였다.

의정부에서 의논하기를, "위의 조목은 각사의 부득이한 차비 징수를 제외한 장인을 모두 군기감에 붙이면 거의 편익할 듯합니다." 하였다.

"1. 금은金銀으로 만든 그릇은 궁궐 내와 국가에서 쓰는 것을 제외하고는 선국에 영을 내려 일절 금지하고, 나라 안이 모두 사기와 칠기를 쓰게 하소서.

1. 소와 말을 잡는 것은 나라에 금령이 있으니, 담당을 엄하게 금하여 다스리고, 천민·광대 등이 도살로써 생업으로 삼는 자는 마땅히 소재 처로 하여금 모아들여 구제하게 하되, 전지田地를 주어 경작하게 하여 헤어지지 않게 하소서. 이들 무리인들 어찌 쓸 곳이 없겠습니까?" 하였다.

의정부에서 의논하기를, "위의 두 조목은 한결같이 일찍이 교지를 내린 것에 의하여 거듭 밝혀서 거행하는 것이 어떠합니까?" 하였다.

"1. 궁궐 경비와 각사 위수병으로부터 서리·전리에 이르기까지 인원에 구애하지 말고 사람마다 입대하도록 허락하소서." 하였다.

의정부에서 의논하기를, "위의 조목은 한결같이 전에 정한 인원에 의하여 시행하는 것이 어떠합니까?" 하였다.

"1. 고려조 때에는 각령各領 육십六十 이외에 모두 보충군이 있었으니, 마땅히 각령各領으로 하여금 각각 몇 사람을 천거하게 하소서." 하였다.

의정부에서 의논하기를, "위의 조목은 점차 마땅한 것을 헤아려서 시행하는 것이 어떠합니까?" 하였다.

"1. 일찍이 고려조 때에 싸움을 잘하기로 이름난 사람을 보면, 안우·이방실 같은 이는 모두 숨겨둔 인재·심복·수족과 같은 사람이 있어, 위태한 때에 임하고 승부를 결단할 즈음에 당하여서는 모두 그들의 힘을 입었습니다. 마땅히 장군에게 미리 자제와 친족 및 아는 사람 중에서 재주와 힘이 있는 자 각각 몇 사람씩을 뽑아서 급할 때 쓸 수 있도록 대비하게 하소서." 하였다.

의정부에서 의논하기를, "위의 조목은 마땅한 것을 헤아려서 수를 정하여 시행하는 것이 어떠합니까?" 하였다.

"1. 각도의 잡공雜貢을 1, 2년을 한하여 모두 다 감면하고, 오로지 군량·군기·병선兵船 등의 일로 힘쓰도록 하시고, 연례로 바치는 재목·기름·꿀·두꺼운 종이·화문석 등도 더욱 폐단이 있사오니, 맛있는 술 있는 술과 인조 꽃은 오직 진상품과 대전 잔치 외에는 일절 금지하고, 공사公私의 연회도 마땅히 엄히 금하고, 무릇 서울과 지방의 쓸데없는 비용은 모두 다 줄여, 공사公私가 충족하기를 기다리소서. 쓸데없는 비용의 종목은 환히 셀 수가 있습니다. 물방울과 티끌이 쌓이면 마침내는 구릉과 못을 이루는 것입니다." 하였다.

의정부에서는 의논하기를, "위의 조목 안에 두꺼운 종이·꽃무늬·술·인조 꽃 등의 일 진상품을 제외한 이외에는 일체 모두 줄이고, 서울과 지방의 쓸데없는 비용은 자세히 조사하여 모두 다 감손하고, 공사 연회를 금지하는 것은 이미 일찍이 지시한 것에 의하여 시행하는 것이 어떠합니까?"

하니, 명하기를, "한결같이 의정부에서 의논한 것에 의하여 시행하라." 하였다.

-태종실록 1년 7월 19일-

성석린은 늘그막에 벼슬을 그만두고 지방으로 내려와 한가한 삶을 누리며 한 수의 시를 남겼다. 그 시를 통해 그의 심정을 읽어보자.

南谷先生詩卷 남곡선생시권

許國孤標暎斗南 歸來谷口逕開三 허국고표영두남 귀래곡구경개삼
晩年身世鳥飛倦 少日功名蟻戰酣 만년신세조비권 소일공명의전감
步屧春風觀物化 班荊月夕聽農談 보섭춘풍관물화 반형월석청농담
江湖廊廟心何異 爲愛吾廬睡味甘 강호낭묘심하이 위애오려수미감

나라 위한 높은 뜻 온 천하에 비쳤건만.
산골로 돌아와 은사들처럼 세 갈래 길을 열었구나.
늙바탕의 신세는 날기에 지친 새요.
젊은 날의 공명은 과거를 보느라 부산했었네.
봄바람에 나막신 신고 걸으며 만물의 변화를 살피고.
달 밝은 저녁에는 풀 깔고 앉아 농사 이야기 들어 보네.
시골에서나 조정에서나 마음이야 어찌 다르리.
내 집을 사랑해 낮잠 자는 맛 달콤하리라.

일본국 구주왕은 백제 출신

1399년 정종 1년 7월 10일 백제의 후손으로 일본 좌경대부 육주목인 의홍에게 본관과 토전을 주는 일에 대한 의논하다.

일본 좌경 대부 육주목六州牧 의홍義弘이 구주九州[33)]를 쳐서 이기고 사신을 보내어 방물方物을 바치고, 또 그 공적을 말하였다. 임금이 의홍에게 토전土田을 하사하고자 하다가, 첨서중추원사 권근과 간관의 의논으로 그만두었다.

의홍이 청하기를, "나는 백제의 후손입니다. 일본 나라 사람들이 나의 족보와 나의 성씨를 알지 못하니, 갖추어 써서 주시기를 청합니다." 하고, 또 백제의 논밭을 청하였다. 임금이 도평의사사에 내려 그 가문의 족보를 상고하게 하니, 세대가 오래되어 찾을 수가 없었다. 잠정적으로 백제 시조 온조 고씨의 후손으로 하여 토전土田 3백 결을 주기로 의논하니, 첨서중추원사 권근이 도평의사사에 글을 보내어 말하였다.

"가만히 생각건대, 지금 왕의 뜻을 받들어 일본국 육주목 의홍에게 논밭을 주는 일은, 군을 봉하여 작爵으로 주고 해마다 봉록을 하사하여 그 공을 포상하는 것만큼 적절하지 못합니다. 대개 논밭을 하사함의 불가한 것이 일곱 가지가 있습니다.

우리의 논밭을 저 사람들에게 주는 것이 한 가지 불가한 것이요, 해마다 조세를 실어 보내는 것이 공貢을 바치는 것 같으니, 두 가지 불가한 것이요, 저들이 장차 해마다 사람을 보내어 친히 조세를 거두게 되면, 우리 백성이 해를 받을 것이니, 세 가지 불가한 것이요, 금禁하면 저들이 반드시 노여움을 품을 것이고, 따른다면 우리 백성에게 해가 될 것이니, 네 가지 불가한 것이요, 저 사람들은 진실로 믿기가 어려우니, 뒤에 불순함이 있어서 그 논밭을 회수하면, 그로 인하여 변란을 이룰 것이니, 다섯 가지 불가한 것이요, 저들이 장차 책하기를, '내가 받은 논밭을 자손에게 전하는데,

---

33) 규슈지방으로 후쿠오카·가고시마·구마모토·미야자키 등으로 구성되어 있다.

무슨 까닭으로 빼앗는가?' 하고, 논밭을 되찾는다고 이름하여 와서 우리를 침입하여 노략질하면, 저들은 바르고 우리는 잘못이 되어, 변을 장차 예측할 수 없을 것이니, 여섯 가지 불가한 것이요, 우리 강토의 논밭이 저들의 소유가 되면, 후세에 반드시 자손의 근심이 될 것이니, 일곱 가지 불가한 것입니다.

또 더구나 논밭을 주는 것은 약한 나라가 땅을 베어 강한 나라에게 주어 화해를 구하는 일과 같습니다. 우리의 논밭이 저들에게 공貢을 바치니, 우리가 저들의 국경이 되는 것과 같습니다. 혹 불순한 일이 있으면 회수하기가 진실로 어려울 것입니다. 작명爵命으로 주면, 큰 나라가 작은 나라의 경卿에게 작명을 주는 것과 같으니, 우리의 위력이 저들에게 가하여지는 것입니다. 저들이 만일 우리의 신하가 되어 진실로 불순한 일이 있으면, 대의大義로 책하고 그 작명을 회수하여 봉록을 정지하더라도, 저들이 장차 무슨 말로 우리를 책하겠습니까? 경중輕重의 형세와 이해의 기틀을 환하게 볼 수 있는 일입니다. 엎드려 바라건대, 상량하고 의논해서 아뢰어 시행하소서."

도평의사사에서 그 글로써 아뢰니, 임금이 말하기를, "일이 이미 정하여졌으니 여러 말을 할 것이 없다." 하니, 좌산기 상시 박석명 등이 상소하였다.

"가만히 듣건대, 츄츄春秋에서 중국과 오랑캐의 분변을 삼간 것은, 같은 민족이 아니면 그 마음이 반드시 달라서 중국을 어지럽히는 계세가 씩드기 때문입니다. 후세에 춘추의 의義가 전해지지 못하여, 한나라에서 흉노를 북방 요새에 머무르게 하고, 성을 하사하여 변방 신하로 삼았는데, 그 뒤에 흉노의 추장 유연과 유총은 크게 중국의 근심이 되었고, 당나라에서 서쪽 이민족에게 원병을 구하였는데, 마침내 그 독을 입었고, 송나라의 두 황제 휘종과 흠종이 북쪽으로 순행하였다가 돌아오지 못한 것도 또한 금나라와 화친한 까닭이었습니다. 역대에서, 서쪽 오랑캐에 대하여 바르게 인도하는 도리를 잃어서 도리어 제압을 당한 것을 소상하게 볼 수 있습니다.

일본은 우리나라 동쪽에 있어서 대대로 변경(국경)의 근심이 된 것이 중국의 써쪽 오랑캐와 같습니다. 지금 육주목 의홍이 적을 토벌한 공이 있고, 백제 고씨의 후손이라고 칭한다 하여, 전지 3백 결을 주어 경작지를 삼게 하니, 신 등은 생각건대, 의홍이 적을 토벌한 공이 있으면 돈과 비단으로 상을 주는 것이 가할 것입니다. 산천과 토지는 천자에게 받았으니 사사로이 남에게 줄 수 없는 것입니다. 또 왜인의 사람된 품이 그 마음이 강퍅하고 사나워서, 변덕이 무상하여 예의로 사귀는 것은 없고, 오직 이利만을 생각합니다. 지금 의홍이 이미 육주의 땅을 차지하였으니, 그 인민의 많음과 군병의 날카로움이 부족한 것이 없는데, 백제의 후손임을 밝히고자 하고 백제의 땅을 얻기를 원하니, 그 마음가짐을 알 수 없습니다.

만일 경작지의 연고로 인하여 출입하는 것을 막을 수 없고, 허실을 엿보아 불측한 변을 일으키면, 비록 나중에 후회하더라도 또한 어찌 미칠 수 있겠습니까? 원하건대, 전하께서는 의홍에게 금과 비단과 그가 청구한 대장경판을 상으로 주시고, 논밭을 주지 마시면, 오랑캐를 바르게 인도하고 공로에 대해 상을 주는 도가 적절할 것입니다."

임금이 도평의사사에 내려 의논하게 하니, 문하 시랑찬성사 성석린·참찬문하부사 조영무·정당문학 하륜·참지문하부사 조온이 낭사에서 아뢴 것만 따르고 나머지는 좇지 않았다. 중추원에서도 역시 서로 득실을 말하였다. 도평의사사에서 아뢰니, 임금이 또한 좇지 않고 말하기를,

"의홍이 우리나라에 향하여 정성을 바쳐 적을 쳐부수었는데, 그 청구하는 바는 오직 이 일뿐이다. 하물며 본래 토지를 요구한 것이 아니라, 본가의 계통을 추적하여 밝혀 달라고 요구한 것이다. 이것은 실속 없는 은혜를 베풀어 실속 있는 보답을 얻는 것이니, 무엇이 불가할 것이 있겠는가? 설혹 뒤에 변이 있더라도 시기에 임하여 응변하면 또 무엇이 어렵겠는가!"

하고, 일을 호조戶曹 급전사에 내리고 말하였다.

"일본국 육주목 좌경대부 의홍은 본래 백제 시조 온조왕 고씨의 후손인데, 그 선조가 난을 피하여 일본에 건너가서, 대대로 계승하여 육주목에 이르러 더욱 귀하고 현달하게 되었다. 근년 이래로 대마도 등 삼도의 완악한 백성들이 흉악한 무리를 불러 모아 우리 강토를 침노하여 어지럽히고 인민들을 노략하여, 이웃 나라 사이의 화목을 저해하였다.

지난번에 대상국大相國이 의義로써 병사를 일으켜서 몸소 스스로 싸움을 독려해서 그 무리를 섬멸하였으니, 변경의 인민들이 편안하고 조용하게 되어, 생민에게 해독이 없게 하고 두 나라로 하여금 화해를 닦게 하였다. 내가 그 공을 아름답게 여겨 그 공적을 말하기를, '참으로 잊지 못하여 그 공을 갚고자 생각한다.' 고 하였다. 너희 호조 급전사에서는 그 선조의 논밭이 완산에 있는 것을 상고하여, 예전대로 나누어 지급하여 경작지를 삼도록 해서 특수한 공훈을 포상하라.'

급전사에서 왕의 뜻을 받들어 전라도 관찰사에게 이첩하여 현지조사하게 하고, 그 문서 대장을 만들어서 상속되는 영업전永業田[34]에 충당하게 하였다. 도평의사사에서 의홍의 사신인 중에게 논밭을 준다는 일을 말하니, 중이 대답하기를, "만일 족보를 명시하여 주시면 전지를 주지 않더라도 또한 좋습니다." 하니, 문하부낭사 등이 또 상소하였다.

"일본국 육주목 의홍에게 경작지를 봉해 주어서는 안 된다고 상소를 갖추어 아뢰었으나, 분부를 받지 못하였으므로, 감히 미치고 어리석은 말로 다시 임금님의 귀를 더럽힙니다. 주역에 말하기를, '군자는 일을 하는 데 시초에 도모한다.' 하였습니다. 대저 다른 사람과 사귀는 데에는 반드시 그 시초에 도모하여야 합니다. 처음에 도모하지 않으면, 후회가 뒤따라 이릅니다. 지금 의홍의 적을 토벌한 공으로 특별히 백제의 후손이라 일컫고 논밭을 주면, 후세에 생란의 단서가 여기에서 시작될까 두렵습니다. 엎드려 바라건대, 한결같이 전일의 아뢴 바에 의하여 시초에서 삼가서 만세의 계책을 삼으소서. 만일 신 등이 생각이 어두워 나라를 다스리는 사리와 체모에 어둡다 하고 명을 내리지 않는다면, 비록 나중에 뉘우치더라도 그 후회는 소용이 없을 것입니다."

-정종실록 1년 7월 10일-

교서감 승 김시용이 또한 성씨의 호적과 논밭을 주는 것이 옳지 않다는 뜻으로 상소하였다.

---

34) 구분전은 사후에 국가에서 환수했으나 영업전은 자손에게 상속되었다.

한양 땅에 개천을 준설하다

1411년 태종 11년 윤 12월 1일 수도의 개천을 준설 하는 부역을 전라도의 백성으로 하여금 하도록 명하였다.

개천 준설하는 일을 의논하였다. 임금이, "이 수도에 개천을 준설하는 일을 각도에 이첩하였는가?" 하니, 좌정승 성석린이 대답하였다.

"명년 2월 초 1일에 역사를 시작하는 일로 이미 충청도·강원도에 이첩하였습니다." 임금이 말하였다. "금년은 윤 12월 15일이 입춘이니, 정월의 기후가 반드시 따뜻할 것이다. 2월을 기다리면 농사시기를 빼앗을까 두려우니, 마땅히 정월 보름이 되는 때에 부역하게 하라. 금년에는 경상도·전라도도 조금 풍년이 들었으니, 또한 소집하는 것이 좋겠다."

지의정부사 박신이 대답하기를, "경상도 백성에게는 충주창을 짓는 일을 이미 이첩하였습니다."
임금이 말하였다. "그러면, 노역을 겹쳐서 행할 수가 없으니, 전라상도(북도)의 백성을 부역하게 하는 것이 가하다."

의정부에서 아뢰기를, "충청도·강원도·전라도 군사가 4만 인입니다." 하니, 임금이, "개천을 준설하는 것이 큰일인데, 군인의 수가 적다." 하였다. 정부에서 다시 아뢰었다. "5만 인으로 하고 정월 15일에 역사를 시작하는 것이 어떻겠습니까?"

임금이, "가하다." 하였다. 안동 대도호부사 최용소·충청도 도관찰사 한옹 등이 와서 말하였다.

"갑사(정예병)·선군(수군)과 그 봉족(집안일을 맡은 장정)은 다른 역사에 참여하지 말라는 것이 이미 나타난 법령이 있습니다. 지금 개천을 준설하는 군인을 조발하자면 수를 채우기가 어려우니, 비록 이 가옥이라도 장정이 많이 있으면, 아울러 선발하여 가을을 기다려서 공사하게 하는 것이 옳을까 합니다."

임금이 도승지 김여지에게 명하여 영의정부사 하륜·좌정승 성석린·우정승 조영무에게 의논하고, 인하여 명하였다.

"내가 송도(개성)에 있을 때에 인가가 점점 많아져서 성안에 거의 가득 찼었는데, 마음속으로 생각하기를, '부왕이 개국하고 한양에 도읍을 세웠는데 버리고 여기로 온 것은 참으로 불가하다.'고 하였다. 대신과 모의를 하여 천도하였다. 해마다 장맛비에 시내가 불어나 물이 넘쳐 민가가 침몰당하니, 밤낮으로 근심이 되어 개천 길을 열고자 한 지가 오래이다. 이번 이 일이 백성에게 폐해가 없겠는가? 아직 후년을 기다리거나 혹 자손 대에 이르게 하는 것이 또한 옳지 않겠는가?"

하륜이 말하였다. "기쁨으로 백성을 부리고, 백성을 적당한 시기에 부리는 것은 예전의 도道입니다. 만일 의리에 합한다면, 비록 창 끝과 살촉에 죽더라도 또한 분수가 있는 것입니다. 기쁘게 하는 도리는 창고를 열어서 양식을 주고 밤에는 역사를 쉬게 하여 피로해서 병이 나지 않게 하는 것이 가장 좋습니다."

성석린·조영무도 또한 말하였다. "개천을 준설하는 것은 폐지할 수가 없습니다. 때는 바야흐로 농한기이니, 무엇이 불가한 것이 있겠습니까?" 임금이 그렇게 여기었다.

—태종실록 11년 윤 12월 1일—

궁녀의 숫자에 관해 의논하다

창녕 부원군 성석린·문성 부원군 유양·동판의정부사 이숙번 등이 예궐하여 임금을 위로하였다. 임금이 인하여 더불어 정사를 논하였다.

"나의 잘못은 나라 사람이 모두 아는 것이다. 옛날 병술년에 내가 세자에게 전위하고 한가히 살며 즐겁게 지내고, 성악으로 오락을 삼고자 하여 어린 계집아이를 골라 들이어서 가무를 배우게 하였다. 이제 큰 가뭄을 당하여, 오로지 이러한 사람들이 내전에 살아서 원한이 있을까 두렵다. 내가 5~6인을 밖으로 내보내어 마음대로 살게 하고자 하는데 어떠하겠는가?"

성석린이 대답하기를, "날의 가뭄이 비록 이런 따위의 연고가 아니나, 전하가 가뭄을 걱정하는 성의가 지극합니다. 그들을 놓아 보내는 것은 참으로 아름다운 뜻입니다."

유양이 말하기를, "가뭄이 어찌 이런 일 때문이겠습니까? 신의 생각으로는 불만과 원한을 가진 불령한 무리들을 내치지 않고, 변정 도감을 세워서 농삿달에 사람을 모이게 한 까닭인가 생각합니다. 불령한 자는 이양우 부자입니다."

이숙번이 말하기를, "신이 들으니, 중국의 천자는 궁녀가 3천 명이요, 공작과 후작은 시첩이 적어도 2~30명을 내려가지 않는다고 합니다. 전하의 존귀함으로써 궁첩이 수십 명에 지나지 않으니, 어찌 이것을 많다고 하여 내보낼 수 있겠습니까? 비록 밖으로 내보낸다고 하더라도, 다시 시댁을 가질 계책이 없으니, 그 원한은 더욱 깊어질 것입니다."
대언 등의 대답도 또한 이와 같았으나, 임금이 "내 뜻은 이미 결정되었다." 하고 드디어 궁중의 시녀 10여 명을 내보내고, 또 무수리 여자들의 남편이 있고 없음을 물어서 10일씩 바꾸어 당번하게 하였다.

성석린의 졸기

1423년[86세] 세종 5년 1월 12일 창녕 부원군 성석린의 졸기.

창녕 부원군 성석린이 졸하였다. 성석린의 자字는 자수自修이니, 경상도의 창녕 사람으로서 문정공 성여완의 아들이다. 스스로 독곡수獨谷叟라고 칭호하였다. 공민왕 6년 정유년에 과거에 오르니, 나이 20세였다. 처음에 국자 학유에 제수되어 직사관으로 옮겨졌는데, 이때 익재 이제현이 국사를 편수하였는데, 그를 한 번 보고 기이하게 여겨, 상시 그로 하여금 붓을 잡게 하였다. 예문관으로 옮겨 삼사 도사·전의 주부에 봉직하였다. 공민왕이 그를 중히 여겨, 차자방箚子房³⁵⁾의 비도적閟闍赤³⁶⁾으로 뽑아 임명하였다. 여러 번 전교 부령으로 옮겨지고, 또 지인상서가 되었다. 예의 총랑으로 옮겨졌다가 해주 목사가 되었다. 이때 신돈이, 그가 임금에게 잘 알리어져 대우를 받음을 시기한 까닭으로 이 명령이 있었던 것이다.

혼자 말을 타고 그 고을에 나아가서 있은 지 3개월 만에 성균 사성·삼사 좌윤에 임명되고, 밀직사의 좌부대언에 뽑혔다가 조금 후에 지신사로 옮겨져서 밀직 제학에 임명되었다. 경신년 여름에 왜적이 강화부에 들어와서 서울을 거의 함락시킬 뻔하였는데, 이때 성석린은 원수元帥가 되고, 양백연은 편장編將이 되었다. 여러 장수들은 적의 선봉이 매우 날랜 것을 보고는 물러가서 다리를 건너고자 하였으나, 성석린이 홀로 계책을 결정하여 말하기를,

"만약 이 다리를 지나간다면, 사람들의 마음이 이반될 것이니, 다리를 등지고 한번 싸우는 것이 좋겠다." 라고 하니, 여러 장수들이 그 말에 따라, 사람이 모두 죽을 힘을 내어 싸우니, 적이 과연 이기지 못하고 도망하였다.

그해 가을에 양백연이 참소로 참형을 당하니, 성석린도 또한 함안으로 귀양 가게 되었다가 불려 돌아와서 창원군에 봉해졌고, 조금 후에 정당문학에 임명되었다가 나가

---

35) 고려·조선시대 옥새, 절월 등을 맡아보던 관청.

36) 관청의 서기.

서 양광도 관찰사가 되어, 건의하여 비로소 의창義倉을 세웠는데, 국가에서 그 계책을 옳게 여겨, 모두 여러 도道로 하여금 이를 시행하도록 하였다. 들어와서 문하평리가 되고, 사헌부 대사헌을 겸직하였다. 우리 태조가 의병을 일으키어 거짓 신씨를 폐하고 왕씨를 세우니, 성석린이 그 계책을 협찬하였으므로, 단성 보절 찬화 공신 창성군 충의군이란 칭호를 내리고, 삼사 우사에 전직되었다.

우리 태조가 왕위에 나아가매, 문하시랑 찬성사에 임명되었다. 태조가 사저에 있을 때로부터 성석린을 가장 중히 여기더니, 왕위에 오르매 대우함이 더욱 높아서, 비록 임금의 마음에 기쁘지 않은 일이 있더라도 성석린을 보면, 마음이 풀리어 노여움을 그치고, 말하면 반드시 들어주었다. 계유년에 판개성부사에 임명되었다가 판한성부사로 옮겨지고, 원종 공신의 칭호와 노비 3명, 전지田地 30결結을 내렸다.

정종이 왕위에 오르매, 서북면 도순찰사 도절제사 평양 부윤으로 임명되었다가 문하시랑 찬성사로 임명되고, 수충 익대 공신의 칭호를 내렸으며, 문하 우정승 창녕백으로 승진시켰다가, 조금 후에 좌정승이 되었다. 경진년에 우리 태종이 왕위에 오르며, 추충동덕 익대 좌명공신의 칭호를 내리고 창녕 부원군에 책봉되었다. 계미년에 다시 우정승에 임명되고, 정해년에 좌정승에 임명되었다. 신묘년 가을에 상소를 올려 관직을 해면하기를 원하였으나 윤허되지 않았다. 갑오년에 부원군으로 집에 있었다. 을미년에 다시 영의정이 되었는데, 다시 부원군으로서 관직에서 물러 나와 쉬게 되니, 임금이 궤장을 내렸다.

성석린은 몸가짐이 맑고 수려하며 크고 씩씩하고, 천성이 탁월하였다. 네 임금을 섬기매 평온하고 안일함을 힘쓰고, 어수선하게 고치는 것을 좋아하지 않았다. 요동의 무너진 군사 임파라실이 그 무리를 거느리고 국경에 이르니, 조정의 의논이 모두 그를 받아들이고자 하였으나, 석린이 홀로 불가하다고 고집하여 끝까지 이해利害를 말하였는데, 후에 그 말이 과연 맞았다. 집에 있을 적에 검소하였으며, 해서와 초서를 잘 쓰고 시를 잘 지었다. 만년에 이르러 기밀업무에서 해임되기를 원하여 한가로이 스스로 즐기며, 평상시에 거처할 적엔 항상 한 나무 안석에 앉아 있으면서 이를 양화(조화로움을 기름)라고 하였다. 임인년 여름부터 조그만 병이 있었는데, 이때에 이르러 양화養和에 의지하고 있다가 조용히 돌아가니, 나이 86세이다. 임금이 이 소식을 듣고 심히 슬퍼하여, 3일 동안 조회를 폐하고 문경文景이란 시호를 내렸으니, 도덕이 널리 알려진 것을 문文이라 하고, 의리에 따라 행하여 이루어진 것을 경景이라 한다. 아들은 성지도와 성발도이다.

—세종실록 5년 1월 12일—

1438년 세종 20년 10월 4일 좌의정 맹사성 졸기에 기록된 성석린에 대한 예의.

좌의정 그대로 벼슬을 그만둔 맹사성이 죽었다. 사성의 자는 자명自明이며 신창 사람이었다. 병인년에 을과 첫째로 발탁되어 춘추관 검열에 보직되었고, 여러 번 승진하여 전의 승·기거 사인·우헌납이 되고, 나아가서는 수원 판관이 되고 옮겨서는 면천 군수가 되었다가 부름을 받아 내사 사인이 되었고, 예조 의랑·사헌 시사 중승·간의 우산기 상시가 되었다. 〈중략〉 시호는 문정文貞이니, 충신하고 예로써 사람을 대접하는 것을 문文이라 하고, 청백하게 절조를 지킴을 정貞이라 한다.

맹사성의 사람됨이 종용하고 간편하며, 선비를 예절로 예우하는 것은 천성에서 우러나왔다. 벼슬하는 선비로서 비록 계제가 얕은 자라도 뵈이고저 하면, 반드시 관대를 갖추고 대문 밖에 나와 맞아들여 상좌에 앉히고, 물러갈 때에도 역시 몸을 꾸부리고 손을 모으고서 가는 것을 보되, 손님이 말에 올라앉은 후에라야 돌아서 문으로 들어갔다.

창녕 부원군 성석린이 맹사성에게 선배가 되는데, 그 집이 맹사성의 집 아래에 있으므로 매양 가고 올 때마다 반드시 말에서 내려 지나가기를 성석린이 세상을 마칠 때까지 하였다. 또 음률에 능하여 혹은 손수 악기를 만들기도 하였다. 그러나 타고난 성품이 어실고 부드러워서 무릇 소장의 근원이나 거관 처사에 과감하게 결단하는 데 단점이 있었다. 외아들 귀미歸美는 먼저 죽고, 손자가 둘이 있으니 효증孝曾과 계증季曾이었다.

—세종실록 20년 10월 4일—

[승진과정]

〈고려시대〉

1341년[4세] 충혜왕 2년 문음직 사온승 동정
1355년[18세] 공민왕 4년 사마시 3등 급제
1357년[20세] 공민왕 6년 과거에 급제, 국자감 직학
　　　　　　　　성균관사성, 밀직대언에 뽑혀 지신사
1363년[26세] 전의시 주부
1365년[28세] 군기감 승, 보문각 직제학
1368년[31세] 해주목사
1369년[32세] 성균관 사성, 예문관 직제학
1373년[36세] 진현관 직제학, 전의시 영
1375년[38세] 밀직제학, 정당문학, 양광도 관찰사
1389년[52세] 대제학, 문하찬성사

〈조선시대〉

1392년[55세] 태조 1년 조선 개국 초에 이색 일당으로 몰려 고향에 안치
1393년[56세] 태조 2년 2월 삼사 우복야, 9월 문하시랑 찬성사
1395년[58세] 태조 4년 1월 판 개성부사, 윤6월 판한성부사
1399년[62세] 정종 1년 1월 평양 부윤, 6월 문하시랑 찬성사, 12월 우정승
1400년[63세] 정종 2년 3월 15일 좌정승, 9월 8일 좌정승 사면, 창녕백
1401년[64세] 태종 1년 1월 창녕백을 창녕부원군 개칭
1402년[65세] 태종 2년 10월 영의정부사 겸 판개성유후 사사
1403년[66세] 태종 3년 4월 우정승
1405년[68세] 태종 5년 7월 영의정 부사
1406년[69세] 태종 6년 8월 18일 세자 이제에게 전위 소란
1407년[70세] 태종 7년 1월 19일 시무 20조를 올리다. 7월 좌정승
1408년[71세] 태종 8년 세자의 사부, 9월 좌정승 사직. 10월 다시 좌정승
1412년[75세] 태종 12년 8월 21일 영의정 부사
1414년[77세] 태종 14년 4월 창녕부원군
1415년[78세] 태종 15년 10월 28일 영의정 부사
1418년[81세] 태종 18년 8월 10일 세종 즉위
1421년[84세] 세종 3년 궤장을 하사하다.
1423년[86세] 세종 5년 1월 12일 창녕 부원군 성석린이 죽다.

5. 민제閔霽

태종의 장인으로 왕권강화정책에 희생되다

생몰년도	1339년(충숙왕 8)~1408년(태종 8) [70세]
영의정 재직기간	(1400.9.8.~1400.11.13.) (2개월)
본관	여흥驪興
자	중회仲晦
호	어은漁隱
시호	문도文度
공훈	정사공신, 좌명공신
기타	태종의 왕권강화정책에 희생양이 되다.
증조부	민종유閔宗儒－형조판서, 전법판사, 찬성사
조부	민적閔頔－밀직사
부	민변閔抃－전리판서, 대광보국 여흥군
장남	민무구閔無咎－정사 1등공신, 승추부 참지사
2남	민무질閔無疾－정사 1등공신, 예문관 총제
3남	민무휼閔無恤－돈령부 지사
4남	민무회閔無悔－한성부윤, 공안부윤
2녀	완산군 이천우의 처, 이천우(태종의 사촌형)
3녀	원경왕후元敬王后(태종비)

태종의 장인이자 정사·좌명공신

민제의 자는 중회仲晦이고, 호는 어은漁隱으로 본관은 여흥(여주)이다. 증조부 민종유는 고려조에 형조판서를 지냈고, 조부 민적은 밀직사를 지 냈으며, 아버지는 민변은 전리판서를 지낸 대대로 명문 가문의 출신이다. 민제의 딸이 사가에 있을 적에 이방원에게 시집을 가서 태조 이성계와 사돈을 맺으니 민제는 태종의 국구가 되었다.

1357년 공민왕 7년 문과에 급제하여 국자직학으로 첫 벼슬을 시작하 였고, 이어 춘추관 검열·전리정랑 지제교·성균사예·전교부령을 역임하 였다. 우왕 때 지춘주사, 판소부시사·예의판서를 역임하였고, 창왕 때 개성윤·상의밀직사사를 지냈다. 공양왕 1년에는 예문관제학으로 지내다 가 예조판서에 올랐고 이어 한양부윤을 지냈다.

1392년 태조 이성계가 왕위에 올라 조선이 개국 되자 정당문학이 되었고, 예문춘추관 태학사에 올랐다.

1393년 이방원이 정안군에 봉해지고, 민제의 딸에게 장가를 갔다.

1394년에는 중추원부사 유원지와 함께 명나라에 신년 축하 사신으로 다녀왔다. 이듬해 여흥백에 봉해졌으며, 영예조사에 올랐다.

1400년 2월에 태종이 세자가 되자 민제의 딸 원경왕후元敬王后가 세자 빈으로 책봉되었다. 이에 민제는 3월에 우정승 겸 보문각 태학사 여흥백 으로 특진하고, 4월에 좌명공신으로, 9월에 좌정승에 올랐다. 11월에 태 종이 즉위하고 원경왕후가 정비로 책봉되자, 순충이라는 호가 더 내려지 고 여흥부원군에 봉해졌다.

1402년 태종 2년 민제의 문하생 이지직·전가식 등이 순군옥에 관련되자 그 뒤로는 문하생들을 만나 보지 않았으며, 같은 해 인사 문제로 탄핵을 받았다.

1406년 태종이 세자 이제(양녕대군)에게 왕위를 물려주려고 할 때 하륜·조영무·이숙번 등과 함께 옳지 못함을 주장하였는데 아들 민무구와 민무질이 구설수에 올랐다.

1407년 하륜이 좌정승, 조영무가 우정승이 되자 하륜과 아들 민무구·민무질 등에 대한 탄핵 상소가 잇따랐으나 태종의 비호로 무사하였다. 이어 민무구·민무질 형제가 붕당을 지어 세자를 끼고 집권을 도모한다는 탄핵이 있었으나 민제의 공덕으로 두 아들이 무사하였다.

이듬해 검교 찬성사 조호, 전 총제 김첨·허응 등과 붕당을 지어 난을 도모하고 있다는 탄핵을 받았다. 그러나 성품이 평소 온후하고 청렴해 사치를 즐기지 않았던 관계로 태종으로부터 신임이 두터웠기 때문에 인성과 천명을 온전히 보존하였다.

아들들에 대한 탄핵이 끊이질 않자 민무구 민무질 형제는 결국 유배를 가게 되었고, 왕의 장인이자 왕비의 아버지로서 민제의 체모는 크게 손상되었다. 그해 병으로 눕게 되자 유배지에 가 있는 민무구·민무질 형제들이 사간들의 여러 차례 반대 상소에도 불구하고 문병하였으며, 자리에 누운 지 6일 만에 병사하였다.

태종이 왕자로 지내던 시절 민제의 딸 원경왕후는 두 동생 민무구 민무질을 내세워 태종이 왕이 되는 데 적극적인 협조를 하였다. 정도전과 갈등 관계에 있을 때도 그랬고, 제2차 왕자의 난 때에도 적극적인 도움이 있었다. 그 과정을 살펴보면 정도전은 왕권이 강화되는 것보다는 신권臣權이 강화되는 국가를 꿈꾸었다. 그러기 위해서는 강력한 왕보다는 유순한 왕이 유리했다. 세자책봉 시 이방원을 버리고 이방석을 택했고 걸림돌인 이방원을 제거하지 않으면 안 되었다. 이방원과 그의 형제들을 제거하기 위한 계략을 꾸몄다.

정도전은 태조의 거처를 옮기는 일을 논의하자며 왕명으로 이방원을 비롯한 한씨 소생의 왕자를 궁궐로 불러들였다. 이방원은 처 민씨(원경왕후)의 입궐 반대에도 불구하고 아버지의 명을 거역하여 불효를 저지를 수 없다며 형들과 함께 입궐을 하였다. 그러자 민씨는 배가 아프다는 핑계로 시종을 대궐로 보내 이방원을 집으로 불러들였다. 화를 모면시킨 것이다. 이방원이 집에 돌아오자 민씨는 동생 민무질과 민무구 형제가 준비한 병기와 병졸들을 이방원에게 보여주며 거사를 종용했다.

그해 8월 25일 밤, 이방원은 이숙번 등 측근들과 함께 제1차 왕자의 난을 감행하여 방번, 방석, 정도전, 남은 등을 처결하였다. 애지중지하던 방석과 방번이 처형되자 상심한 태조는 9월 방과(정종)에게 왕위를 물려주고 상왕으로 물러났다.

1400년 정종 2년 1월 28일 이성계의 넷째 아들 회안대군 이방간이 박포와 함께 제2차 왕자의 난을 일으켰다. 박포는 제1차 왕자의 난 때 정도전이 이방원을 제거하려 한다고 밀고하여 공을 세운 인물이었으나 논공행상에서 2등급으로 밀려나자 불평을 하다가 죽주로 귀양을 갔다. 이에 방간에게 접근하여 방원이 형을 보는 눈이 곱지 않다며 부추겨 거사를 일으키게 한다. 방간은 민원공, 오용권, 이성기, 이맹종 등과 함께 사냥을 핑계로 성 외곽에 사병들을 집결시킨 다음 성으로 진군했다. 방간의 계획을 전해 들은 우현보가 그의 아들 우홍부를 시켜 방원에게 전해주었고 방원은 요소요소에 군대를 배치하고 이를 대비하였다. 이지란, 이화, 한규, 김우, 목인해, 서익, 마천목 등이 방원의 편에 섰고 이숙번과 민무구, 민무질 형제가 가세했다. 애초부터 적수가 되지 않는 싸움이었다. 2차 왕자의 난에서도 민무구 민무질 형제는 큰 공을 세웠다.

제2차 왕자의 난이 수습되자 정종에게 정비소생의 왕자가 없다는 사유로 아우 방원을 세자로 책봉하고 방원은 정사 1등 공신, 개국 1등 공신으로 책봉되면서 권력의 중심에 서게 된다.

그럼에도 태종은 왕이 되자 왕권에 걸림돌이 되는 처남들을 인정사정 두지 않고 척결하였다.

민제는 딸로 인해 집안이 융성해지기도 했지만 결국엔 이로 인해 집안이 파산지경에 이르게 된다. 하륜·이무·조호 등과 뜻을 같이하는 사이였으며, 문하생으로 전가식·조서·이공의·옥고 등이 있었다. 젊어서부터 예절을 잘 알아 중추원에 올라서는 항상 예조를 겸했고, 국가의 전례를 모두 자세하게 정하고 예문을 세웠다.

또한, 복색을 정하고, 이단과 음사를 싫어해 강력히 배척했고, 불사를 줄일 것을 청해 춘추장경 외는 모두 없앨 것을 주장하였다. 타고난 자질은 어질고 검소하였다. 경전과 사서에 밝았으며, 특히 역사를 잘했고, 시평도 잘하였다.

태종 부부간 불화로 아들 4명이 토사구팽 당하다

두 번의 왕자의 난을 통해 왕위 계승에 걸림돌을 물리치고 왕위에 등극한 태종은 왕권강화를 위해 심혈을 기울인다. 자신의 등극 과정에 크게 기여했던 처남 민무구, 민무질 형제는 태종비 원경왕후의 아우들이자, 영의정 민제의 아들이다. 아버지가 영의정에 있었고, 누이가 왕비였으니 권세가 하늘을 찔렀다. 어디 그뿐이랴. 민무구 민무질은 정도전을 제거하는데 큰 공을 세운 정사 1등 공신이 아니던가. 또 세자 양녕이 어린 시절 외가에서 자라 외삼촌들과의 관계가 각별하였다.

태종이 왕위에 오른 뒤 왕권확립이라는 대의를 추구하면서 원경왕후

민씨와 수차례 마찰을 빚었다. 원경왕후가 자신과 관계한 궁녀들을 꾸짖자 태종은 대노하여 시녀, 환관 20여 명을 내치고는 1402년 태종 2년 1월 8일 예조에 역대 왕조의 빈첩제도를 고찰해서 올리라고 명하였다.

예조와 영춘추관사 하륜·지춘추사관 권근 등에게 명하여, 중국 하·은·주 시대 이하 역대 임금의 비빈의 수와 고려조 역대의 비빈 시녀의 수를 상고하여 아뢰게 하였다. 이에 예조에서 아뢰기를, "신 등이 삼가 혼례를 고찰하건대, '제후는 한번 장가드는 데 아홉 여자를 얻고, 한 나라에 장가들면 다른 두 나라에서 잉첩을 보내니, 조카나 동생으로 따라가게 하며, 경대부는 1처 2첩이며, 선비는 1처 1첩이니, 후계의 자손을 넓히고 음란함을 막는 까닭이다.' 하였고,
고려조의 제도에는 혼례가 밝지 못하여 적실과 첩실의 제한이 없어, 많을 때는 정원수를 넘어 분수에 넘침에 이르렀고, 적을 때는 정원수에 미달하여 후사가 끊김에 이르렀습니다. 이와같이 선왕의 법을 따르지 아니함으로써 인륜을 어지럽게 함은 작은 연고가 아니옵니다.

우리나라가 모든 일을 베풀 때 반드시 법률을 따라서 하옵는데, 혼인의 예절은 아직도 예전 폐단을 따르니, 처음을 바루는 이치가 아니옵니다. 전하께서는 한결같이 선왕의 제도에 따라 궁중의 법을 갖추시고, 경대부·선비에 이르러서도 또한 선왕의 법에 따라 제도를 정하시어 후손이 끊기지 않게 하시고, 정원수를 넘지 못하게 하여 인륜의 근본을 바루시되, 만약 이를 어기는 자가 있으면, 사헌부로 하여금 감독하게 하소서." 하여 이를 윤허하였다. 이때에는 임금이 즉위한 지 얼마 되지 못하여 정비 靜妃는 천성이 투기가 심해 사랑이 아래로 이르지 못하여, 임금이 가례색을 두어 빈첩을 갖추고자 하였다.

—태종실록 2년 1월 8일—

2월 11일 상왕 정종이 이를 눈치채고 사람을 보내어 태종에게 말하기를, "왕은 어찌하여 다시 장가들려고 하시오? 내 비록 아들이 없어도, 어릴 때의 정으로 인하여 차마 다시 장가들지 못하는데, 하물며 왕은 아들이 많으니 말해 무엇하겠소?" 하였다. 이숙번·박석명 등도 따라서 청하였으므로 바로 가례색을 파할 것을 명하였다.

태종의 여성 편력은 대단히 왕성하여 조선왕조를 통해 가장 많은 후궁과 아들을 두었다. 정비 소생이 4남 4녀이고, 후궁 10명에서 8남 12녀의 자녀를 둔 것이다. 조선 역사상 12명의 왕자를 두고 형제간 다툼이 없는 경우는 태종의 아들 세종이 처음이었다. 태종의 여성 편력으로 부부간의 갈등은 더욱 깊어졌고, 부부갈등은 곧 외척에 대한 경계심으로 이어졌다. 이때 이복 삼촌 이화가 영의정에 올라 민무구·민무질 형제를 탄핵하게 된다. 왕비의 형제인 민무구·민무질에 대한 탄핵은 왕비의 기를 꺾을 절호의 기회였다.

　탄핵에 앞서 태종은 느닷없이 왕위를 세자에게 전위하겠다는 선언을 하게 된다. 전위소동이 곧 민무구·민무질 형제에게로 파편이 튀게 된 것이다. 이때의 과정을 역사기록으로 살펴보면,

　1406년 태종 6년 8월 18일 태종이 돌연 왕위를 세자 이제에게 전위코자 한다고 선언했다.

　임금이 세자 이제에게 전위하고자 하니, 여러 신하가 굳이 간하였다. 처음에 임금이 재신이 지주 보인다고 하여 세자 이제에게 전위하고자 하여, 여흥 부원군 민제·좌정승 하륜·우정승 조영무·안성군 이숙번에게 비밀히 고하니, 하륜 등이 모두 분가하다고 하였으나, 임금이 따르지 아니하였었다. 이날 의안대군 이화·영의정 부사 성석린이 백관과 기로를 이끌고, 대궐 뜰에 반열하여 지신사 황희를 시켜 들어가 아뢰게 하였다.

　"전하께서 춘추가 한창이고, 세자가 나이 아직 성년이 못 되었고, 아직 아무 변고도 없었는데, 갑자기 전위하시고자 하시니, 신 등은 그 이유를 알지 못하겠으므로 황공해 하고 있습니다."

　임금이 말하였다. "내가 아직 늙지 않고, 세자가 어린 것도 내 또한 알고 있다. 그러나, 내 마음이 이미 결정되었으니 고칠 수 없다. 내가 전위하려는 까닭을 두 정승이 이미 알고 있다."

이조판서 남재가 아뢰기를, "나라가 창업한 지 오래되지 못하면, 마치 물이 처음으로 얼어서 견고하지 못한 것과 같으니, 나이 어린 임금이 왕위에 오를 때가 아닙니다."

하고, 하륜이 아뢰기를, "이제 나라가 겨우 안정되었으나, 전 임금이 두 분 계시온데, 전하께서 또 전위하시면 전왕이 세 분 계시는 것입니다. 중국에서 듣게 되면 무어라고 하겠으며, 온 나라의 신하와 백성들도 또한 무어라고 하겠습니까?"

하니, 임금이 말하였다. "이미 전왕前王이 두 분 계시니, 비록 전왕이 셋이 있은들 무엇이 해롭겠는가? 또 주나라의 성왕은 비록 어려서 천하에 군림하였지만 천하가 태평하였다. 내가 사직을 타인에게 선위한다면 여러 신하가 모두 간해도 좋겠지만, 이제 내 아들에게 전하는 것이니, 어찌 불가하겠는가!"

하륜·남재가 다시 아뢰었다. "성왕이 즉위한 것은 형세가 부득이하였던 것이고, 주공이란 성인이 있어서 왕실을 도왔던 것입니다. 그러나, 오히려 유언이 있어서 종사가 거의 망할 뻔하였습니다. 세자와 성왕이 어린 것으로 말하면 같으나, 형세로 말하자면 다르니, 시기를 동일하게 말할 수는 없습니다. 하물며, 주공과 같은 신하가 보익하는 것이 없지 않습니까? 종묘와 사직이 지중하니, 전하께서 능히 유지하고 지켜감을 보전할 수 있겠습니까? 또 민심이 불안하게 되면, 하늘의 뜻에도 맞지 않는 것입니다. 옛날에 인군의 제명이 옳지 않으면 신하가 따르지 않은 적이 있었으니, 신 등은 감히 왕을 받들지 못하겠습니다. 왕위가 지중한데, 어찌 이와 같은 일을 용납할 수 있겠습니까?"

임금이 말하였다. "오늘 꼭 전하려는 것은 아니다. 내 다시 생각할 터이니, 경 등은 물러가는 것이 옳다."

―태종실록 6년 8월 18일―

전위 사실이 알려지자 이튿날부터 성석린이 백관을 거느리고 세자에게 전위하는 것을 극력 반대함을 밝혔고 태종은 옥새를 세자궁에 내려보내고 다시 대궐로 옮겨지는 등 소동을 벌이다가 8월 26일 전위한다는 명을 철회하였다. 그런데 왕위 전위를 발표했을 때 민무구의 행동이 알려지게 되었는데 누구도 나서서 권력을 장악한 이들의 불충한 말을 감히 임금께

고할 수 없었다. 그리고 세월이 1년을 흘렀다. 태종의 이복 삼촌인 이화가 1407년 태종 7년 7월 영의정에 올랐다. 그리고 6일 뒤인 7월 10일 1년 전의 일을 들추어 민무구·민무질 형제를 탄핵한다. 태종의 마음을 읽은 것이다.

지난해에 전하께서 장차 왕위를 전위하려 할 때, 온 나라 백성이 마음 아프게 생각하지 않는 이가 없었으나, 민무구 등은 스스로 다행하게 여겨 기뻐하는 빛을 얼굴에 나타냈으며, 전하께서 여론에 굽어 좇으시어 전위를 취소하신 뒤에 이르러서도, 온 나라 백성들이 기쁘게 여기지 않는 이가 없었으나, 민무구 등은 도리어 슬프게 여겼습니다. 이는 대개 어린아이(양녕)를 끼고 위엄과 복록을 마음대로 하고자 한 것이니, 불충한 자취가 뚜렷이 나타나, 여러 사람이 함께 아는 바입니다. 〈중략〉

전하께서 또 민무구에게 이르시기를, '임금이 반드시 아들 하나만 있어야 좋겠느냐?' 하니, 민무구가 대답하기를, '신이 일찍이 그런 뜻을 고하였습니다.' 하였습니다. 민무구의 뜻은 대개 종파를 제거하고자 한 것이니, 장래의 화가 헤아릴 수 없습니다. 더군다나, 민무질은 지난날 전하께서 즉위한 지 오래되지 않았을 때, 대접하고 위로하는 것이 특별하고 후하였는데도, 정승 이무의 집에 가서 야속이 불만의 뜻이 있는 것같이 말하기를, '전하가 마침내는 나를 보전하지 아니할 것이니, 장차 어떻게 할꼬?' 하므로, 이무가 간절히 예의로 타이른 뒤에야 항복하였습니다. 그때도 처음부터 염려할 만한 일이 없었는데, 민무질이 의심과 두 마음을 품고서 스스로 편안하지 못하였으니, 그 뜻이 무엇이었겠습니까? 듣건대, 민무구 등이 주상께 아뢰기를, '세자 이외에는, 왕자 가운데 영기가 있는 자는 없어도 좋습니다.' 하였다 하니, 역난의 마음을 품은 것이 명백합니다.

또 일찍이 전하의 곁에 있을 때, 감히 취산군 신극례를 부추겨서 왕자의 먹장난 한 종이를 취하여 찢게 하고, 말하기를, '제왕의 아들이 영기 있는 자가 많으면 난을 일으킨다.'라고 하였으니, 종파를 삭제하고자 한 것입니다. 전하께서 그 마음이 불충한 것을 환히 아시면서도, 훈공과 외척의 옛 정리를 생각하여 보전하시려 하여, 굽어 은혜를 베풀고 용서하셨지만, 민무질이 또 구종지의 집에 이르러 말하기를, '전하가 우리를 의심하고 꺼리신다.'라고 하였고, 또 전하더러 참소하는 말을 듣고 믿는다 하여, 불손한 말이 여러 번 입에서 나왔으니, 역난의 죄가 이보다 더 큰 것이 없습니다. 엎드려 바라건대, 전하께서는 대의로 결단하시고 민무구·민무질·신극례 등을 관할사에 내려 그 정상을 국문하게 하여, 난의 근원을 막으시면 심히 다행하겠습니다."

–태종실록 7년 7월 10일–

영의정 이화의 상소 이후 당사자 간의 대질신문이 있었고, 연이은 상소가 빗발쳐 결국 1407년 7월 12일 민무구를 연안으로, 민무질을 장단으로 유배를 보냈다. 이후에도 공신·백관·대간·형조 등의 상소가 줄을 이었으나 태종은 더이상 논하지 말라는 명으로 이를 막았다. 그러고는 민무구·민무질의 동생 민무휼을 대궐로 불렀다. 1407년 태종 7년 9월 18일 태종이 여원군 민무휼을 불러 그의 형 민무구·민무질의 불충을 이야기했다.

편전에 나아가서 정사를 보고 아뢰던 여러 신하가 모두 물러가자, 임금이 병조판서 윤저·참찬 의정부사 유양·호조판서 정구와 육대언(승지)을 머무르게 하고, 여원군 민무휼·여산군 민무회·총제 노한 등을 불러 앞으로 나오게 하였다.

"여흥 부원군은 곧 중궁의 아버지이고, 세자는 그 외손이다. 지난번에 내가 부원군으로 하여금 세자전에 사람을 왕래하지 못하도록 하였는데, 지금 들으니, 부원군 부부가 실망하여 운다고 한다. 세자는 본래 부원군 부부가 안아서 키운 것인데, 지금 왕래하거나 문안하지 못하게 하였으니, 인정으로 말하면 우는 것이 마땅하다. 그러나 지금 두 아들이 죄를 지어 외방에 귀양 가 있으니, 부모의 마음으로 반드시 스스로 편안치 못할 것이다. 내가 세자에게 왕래하거나 문안하지 못하게 한 것은 이 때문이다."

임금이 민무휼·민무회를 돌아보며 말하였다.

"너희 두 형이 죄를 지어 외방에 귀양 가 있는데, 그 마음에는 생각하기를, '내가 무슨 불충한 마음이 있는가?'고 할 것이고, 너희들도 또한 말하기를, '우리 형이 무슨 불충한 죄가 있는가?'고 할 것이고, 너희 부모의 마음에도 또한 그러할 것이다.

지금 내가 그 까닭을 자세히 말할 것이니, 너희들은 마땅히 가서 부모에게 고하도록 하라. 대저 불충不忠이라는 것은 한 가지가 아니다. 예전 사람이 말하기를, '임금의 지친至親에게는 장차가 없다.'고 하였으니, 장차가 있으면 이것은 불충인 것이다. 이 상의 조짐이 있어도 또한 불충이 되는 것을 면치 못하는 것이다.

만일 내가 정안군으로 있었을 때에 너희 형들이 나에게 쌀쌀하고 야박하게 굴었다면, 이것은 불목不睦이 되는 것이고 불충은 아니 되는 것이지만, 지금 내가 일국의 임금이 되었는데, 저희가 쌀쌀하고 야박한 감정을 품는다면, 이것은 참으로 불충인 것이다.

옛날에 이거이가 불충한 말을 하였는데, 그 아들 이저도 아비의 죄 때문에 또한 외방으로 내쫓게 되었다. 그때에 의논하는 자들이 말하기를 '이거이의 말을 이저가 듣지 못하였을 리가 없습니다.'라고 하였는데, 지금 너희 두 형들의 죄가 또한 부원군에게 연루되는 것이 아니겠느냐?

1405년 태종 5년 겨울에 창덕궁이 이루어졌을 때, 내가 작은 술자리를 베풀어 감독관을 위로하고, 우리 아이 양녕이 글씨를 쓴 종이 한 장을 내어 돌려 보였더니, 민무구가 신극례에게 주고서, 또 눈짓하여 신극례에게 술 취한 것을 빙자하여 발광하게 하였었다. 이것이 불충이 아니고 무엇이냐?

내가 항상 아버지께 환심을 사지 못하는 것을 한하여, 항상 덕수궁(태조기 있는 곳)에 진퇴 하고 싶었으나, 좌우 시종이 많아서 내 마음을 이룰 수 없으므로, 세자에게 전위하고 물러가 한가한 사람이 되고자 하였다. 매양 혼자서 진퇴하면서, 혹은 시인방寺人房에도 들어가고, 혹은 사약방司鑰房에도 들어가서, 들어가 뵙든지 못 뵙든지 간에 항상 곁에 있으면 환심을 사리라고 여겼다. 또 어느 날 밤에 한데에 침상을 놓고 계집종 두 사람을 시켜 앞뒤에서 모기를 쫓게 하고 잠이 들었는데, 잠결에 들으니 어디서 곡성이 심히 슬프게 났었다. 내가 이것을 매우 괴이하게 여겨, 임금의 자리를 사양하고 스스로 반성하고자 하였었다.

하루는 민무구와 이숙번이 와서 알현하기에, 내가 왕위를 사양하려는 연고를 말하니, 이숙번은 대답하기를, '주상이 이러한 뜻을 내신 것도 역시 하늘이 시킨 것입니다.'라고 하고, 민무구는 성을 내면서 말하기를, '이게 무슨 말씀이십니까? 이게 무슨 말씀이십니까? 주상이 만일 왕위를 전위하신다면 신도 또한 군무軍務를 사임하기를 청합니다.'고 하였다.

내가 말하기를, '네 말이 지나치다. 어린 임금이 즉위하면, 너희들이 군권을 맡아서, 나를 따라 어린 임금을 돕는 것이 옳지, 어찌하여 군권을 사양하고자 하는가! 다만 나와 너희들은 우리 아이의 미치지 못하는 점을 서로 보살펴 주어, 나라의 명운이 이어지기를 기약할 뿐이다.'고 하였다. 선위하려 하였을 때 훈친과 백관이 모두, '불가하다.'라고 하였으나, 내가 단연코 듣지 않았다.

하루는 민무구가 나에게 말하기를, '정승들이 모두 신에게 말하기를, 「주상의 뜻이 이미 정하여졌으므로, 신 등이 감히 고집할 수 없으니, 미리 선위할 여러 일을 준비하여 주상의 명령을 따르고자 한다.」고 하였습니다.' 하였다. 내가 듣고 심히 기뻐하였는데, 조금 뒤에 정승들이 다시 백관을 거느리고 대궐 뜰에서 간쟁하였다.

내가 민무구에게 이르기를, '내가 경의 전날의 말을 이미 여러 대언代言에게 말하였는데, 지금 정승들이 어찌하여 다시 이렇게 하는가?'고 하니, 대답하기를, '신이 들은 것은 정승 중의 한 사람이 남몰래 한 말입니다. 전하가 어찌하여 신의 말을 대언代言에게 누설하셨습니까?' 하기에, 대답하기를, '네가 정승들이라고 말하기에 나는 반드시 여러 사람의 의논이라고 생각하였었다.'고 하였다.

또 어느 날 밤에 산 올빼미가 침전 위에서 울기에, 그 이튿날 내가 다른 침실에서 잤는데, 또 그 위에서 울기를 3, 4일이나 계속하였다. 내가 진실로 괴이하게 여겼었다. 또 들으니, 왕비가 섬기는 귀신의 무당이 그 귀신의 말을 전하기를, '내가 이미 전위하면 안 된다는 뜻을 서너 차례나 일렀는데, 왕이 알지 못하는구나!' 하였다 한다. 내가 듣고 웃으며 말하기를, '누가 와서 일렀던 말인가? 무당의 말은 믿을 만한 게 못 된다.'고 하였다. 그러나 되풀이하여 이를 생각해 보니, 아마 이것이 산 올빼미의 뜻인가 보다 하고, 이에 선위하는 일을 실행하지 않았다.

여러 신하들은 청한 것을 허락받았다고 기뻐하면서 모두 치하하고 물러갔는데, 민무구는 들어와 알현할 때 성낸 빛이 있었으니, 내가 그 뜻을 알지 못하였다. 내가 어찌 인군 되기를 좋아하였겠는가! 내가 세자에게 전위하고자 한 것은, 대개 몸이 구속받지 않고 혹은 덕수궁에도 가고, 혹은 인덕궁(정종이 있는 곳)에도 가고, 혹은 들판에

도 유람하고, 혹은 매 놓는 것도 구경하여, 내 뜻에 맞게 살고자 한 것이다.

이것이 즐겁지 않겠는가! 옷이 아무리 많더라도 다 입을 수 없고, 밥이 아무리 많더라도 한번 배부르면 그만이요, 말이 아무리 많더라도 다 타지는 못한다. 내가 어찌 임금의 자리를 즐겁게 여기겠는가!

또 하루는 민무구가 곁에 있기에, 그 뜻을 보고자 하여 말하기를, '네가 지난번에 군권을 사임하고자 하였는데, 지금 사임할 테냐? 내 사위 조대림도 군권을 해임시키겠다.'고 하니, 민무구가 매우 성을 내어 좋지 않은 기색으로 말하기를, '신을 만일 해임하면 전하의 사위도 해임하여야 합니다.'라고 하였다. 그 마음이 불경하고 말이 천박하기가 이와 같았다.

또 하루는 내가 민무구에게 이르기를 '나의 자식 효령과 충녕은 모두 나이가 어려서 혼인할 때는 아니지만, 옛적에 당나라 태종이 왕자들을 궁중에 두고 의복과 거마를 태자와 다름이 없게 하니, 위징이 옳지 않다고 하였었다. 이제 이미 세자를 봉하여 별궁에 두었는데, 왕자들을 모두 눈앞에 두면, 혹 지나치게 사랑하는 잘못을 면하지 못할까 두려우니, 장가를 들여서 딴 집에 살게 하고자 한다.' 하니, 민무구가 대답하기를, '아무리 미리 방비하고자 하더라도 중간에서 난을 선동하는 신하를 금지하는 것만 같지 못합니다.' 하였다. 내가 이 말을 듣고서 움찔하였다. 인생은 오래 살기가 어려운데, 형이 국왕이 되어서 그 아우들로 하여금 마음대로 출입도 못하게 한다면, 국왕의 아우가 되는 것도 또한 어렵지 않겠는가!

또 옛날 내가 민무구에게 이르기를, '내가 장의동 본궁을 헐어서 조순의 옛 집터에다 고쳐 지어서 한 자식을 살게 하고, 가까운 이웃 정희계의 집을 사서 한 자식을 살게 하여, 형제들이 서로 따르고 우애하고 공경하게 하는 뜻을 돈독하게 하려 한다.'고 하니, 민무구가 대답하기를, '그렇지만 반드시 그사이에 이끌어 돕는 자가 없어야만 가합니다.'라고 하였다. 민무구의 이 말은 대개 여러 아들이 난을 꾸밀 것을 염려하여 제거하고자 한 것이니, 세자에 대해서는 충성을 다하는 것 같으나, 내게 대해서는 불충함이 이미 이와 같았다. 어찌 그 아비에게는 박하게 하고, 그 아들에게는 후하게 할 수가 있겠는가!"

임금이 또 민무휼에게 일렀다.

"내가 들으니, 너희들이 일찍이 말하기를, '주상이 이미 우리를 싫어하니 우리들은 여기에 있을 수 없다. 마땅히 각각 집안 식구들을 데리고 나가서 고향으로 돌아가야 한다.'고 하였다 하니, 너희들이 나가서 무엇을 하고자 하는 것이냐?"

민무휼이 대답하기를, "신은 알지 못하는 말입니다." 하니, 임금이 말하기를, "너는 죄가 없느냐? 옛날 우한루 위에서 한 말을 네가 반드시 네 형에게 말하였을 것이다."

하고, 임금이 또 노한에게 일렀다.

"옛날 내가 태평관에서 사신에게 연회를 베풀 때 민무구가 보이지 않아, 네게 '여강군은 어디 갔느냐?'고 물었었다. 그 뒤에 네 처가 부원군에게 말하기를, '지난번에 주상께서 태평관에 행차하여 여강군이 간 곳을 남편에게 물으시니, 남편이 곧 사람을 시켜 여강군을 불렀는데, 여강군이 말하기를 「주상께서 나를 싫어하여, 내가 만일 그 앞에 서면, 주상께 반드시 얼굴을 돌리시니, 내가 어찌 감히 나가서 뵐 수 있겠는가!」고 하였다 합니다.' 하였다. 내가 이 말을 들은 것은 부원군의 집안사람에게서였다. 이는 필시 네 처가 네 말을 듣고, 그 부모에게 말한 것이다. 내가 언제 일찍이 민무구를 싫어하여 얼굴을 돌렸느냐?"

노한이 대답하기를, "신은 알지 못하는 일입니다." 하였다. 임금이 또 지신사 황희에게 이르기를, "진산 부원군이 왔느냐?" 하니, 황희가 대답하기를, "왔습니다." 하였다. 임금이 황희를 시켜 하륜에게 전지하기를,

"지난번에 경이 여흥 부원군의 집에 가서, 세자를 중국에 혼인시키는 일에 대해 이해관계를 서로 의논하고, 인하여 말하기를, '동성同姓·이성異姓 중에 누가 감히 난을 꾸미겠는가!'고 하였다니, 이 말을 누가 먼저 발설하였는가?"

하니, 하륜이 말하기를, "세월이 이미 오래되어서, 그와 나 둘 중에 누가 먼저 발설한 것인지 신은 잊었습니다. 또 그때 옆에서 들은 자가 없고, 다만 두 사람만이 서로 말하였을 뿐이니, 신이 어떻게 스스로 밝히겠습니까?"

하니, 임금이 말하기를, "그렇다. 내가 그런 줄을 안다. 다만 중궁은 나의 조강의 배필이니, 은혜와 의리가 작지 않다. 굳이 이 말이 부원군에게서 나온 것이 아니라 하고, 부원군도 또한 변명하고자 하기 때문이다."

하였다. 임금이 또 말하기를, "지금 내가 이처럼 말이 많으니, 민무구 형제가 반드시 나더러 참소를 들었다고 할 것이다. 내가 비록 어질지 못하나, 내 소원이 참소를 분변하여 듣지 않으려는 것이다. 옛날에 민무구가 어느 사람을 나에게 참소하였는데, 내가 그 말을 듣고 믿지 않았다. 이미 네가 사람을 참소하는 것을 믿지 않았는데, 다른 사람이 너를 참소하는 것을 믿겠느냐!"

하고, 임금이 또 말하기를, "이들 중에서 민무질의 죄는 가볍다. 오직 단산 부원군 이무와 구종지에게 말하기를, '전하가 나를 싫어하니 마침내는 보전하지 못하리라.'라고 한 이런 몇 마디 말뿐이다." 하였다.

-태종실록 7년 9월 18일-

태종이 민무휼을 불러 장인인 민제에게 전하라며 그동안 두 형제가 저질렀던 일들에 대한 자초지종의 설명이 있자 조정은 다시 두 형제를 극형에 처하라는 상소가 끊이질 않았다.

설명과정에 병조·호조판서와 육대언을 동석시켰고, 이들 중 민무질의 죄는 가벼운 것이라 말했으니 그것을 듣고도 대간들이 가만히 있을 수는 없는 노릇인 것이다. 태종의 정치는 항상 이런 방식이었다. 상소가 빗발치자 11월엔 두 형제의 직첩을 거두어들였고, 11월 21일에 장인 민제는 아들들을 죽일 수가 없기에 먼 지방으로 내칠 것을 스스로 청하였다. 이에 태종은 민무구는 여흥에 안치하고, 민무질은 대구에 안치하도록 명하였는데, 여흥 부원군 민제의 청에 따른 것이라 말한다. 이때 태종은 대언 윤사수에게 일렀다.

"여강군(민무구)·여성군(민무질)을 외방에 둔 것은 양친을 위한 것이요, 저들을 위한 것이 아니다. 저들이 양친이 나이 많고 또 병들었으므로, 내가 민무구를 가까운 땅에 두어서, 만일 그 양친이 병이 있으면 하루 안에 불러서 시약할 수 있게 한 것이다. 전일 대간의 상소장은 모두 두 사람을 법대로 처치할 것을 청하였는데, 그 뜻이 어찌 나더러 민무구 등을 죽이라는 것이겠는가! 그것은 바로 먼 지방에 두고자 한 것이다. 내가 대답하기를, '바쁠 것 없다.'라고 하였다."

여흥 부원군 민제의 속은 얼마나 숯가마가 되었을까. 태종의 불같은 성격에 왕비와 갈등은 깊어져 있고, 아들들은 유배를 보낸 상황이니 병이 나지 않으려야 않을 수 없는 상황이었다. 이듬해인 1408년 9월 민제의 병환이 깊어 위독해지자 왕비 원경왕후가 민제를 병문안하였고, 위독함을 알고 민무구와 민무질을 급히 불러올리자 대간에서는 불가 상소를 하였다.

사간원과 사헌부에서 합동하여 상소하기를, "생각하옵건대, 민무구·민무질 등의 죄는 용서할 수 없사온데, 지금 전하께서 그 아비의 병을 칭탁하여 서울로 소환하시므로, 신 등이 죽음을 무릅쓰고 아뢰고 대궐에 나아가 두 번이나 청하였사온데, 허가를 입지 못하였으니, 원하는 마음이 간절함을 이기지 못하여 문득 경박한 장님의 말씀을 드리오니 재가하소서.

신 등은 생각하옵건대, 지난날에 민무구·민무질 등이 혼척의 연고로 하여 뿌리를 퍼뜨리고 당파를 만들어 가만히 불궤를 도모하다가, 다행히 하늘의 돌봄을 입어 전하께서 그 마음을 밝게 아셔서, 음모가 모두 드러나 끝내 그 간계를 이루지 못하였사온데, 전하께서 사사로운 애정에 못 이겨 지방으로 돌려보내시고, 지금 그 아비 민제가 하루아침에 병들어 누우매, 특별히 환관을 보내어 저들 형제들이 역마를 타고 서울로 들어오게 하였으니, 일국의 백성이 마음을 상하지 않는 이가 없습니다. 전하께서 아직도 일시의 임시적 사랑을 잊지 못하시고 또 신 등에게 명하시기를, '민무구·민무질 등이 그 아비를 만나 본 뒤에는 곧 돌려보내겠다.' 하셨습니다.

대저 인군을 넘보는 역적은 죄가 반드시 베어야만 마땅한 것이니, 임금이 신하로 여길 수 없고, 아비가 자식으로 여길 수 없습니다. 아비가 비록 병이 들었다 하더라도 어찌 서로 만나 볼 이치가 있겠습니까? 엎드려 바라옵건대, 전하께서는 은혜를 끊고 의를 들어 왕법을 보이셔서, 위로 조상의 마음에 보답하고 아래로 백성의 바라는 바를 위로하소서." 하였으나, 모두 궁중에 머물러 두고 내리지 아니하였다.

−태종실록 8년 9월 3일−

대간이 물러갔다가 다음과 같이 다시 상소하였다.

"신 등의 직임이 간언에 있으므로 감히 침묵하지 못하고, 민무구·민무질의 불충한 죄를 가지고 합동 간언하기를 두세 번 하였으나, 신 등이 외람하고 미세하여 하늘을 돌리는 정성을 펴지 못하고 사직하고 물러갔사온데, 전하께서 조금 뒤에 신 등을 명하여 다시 직무에 나오게 하셨습니다.

신 등이 생각하옵기를, 마침 국가의 대사를 당하였고 또 민무구 등이 아비를 만나본 뒤에는 곧 돌려보낸다는 명령이 계셨으므로, 신 등이 명령을 받고 물러갔습니다. 지금 민무구 등이 서울에 들어온 지 여러 날이 되었으므로, 신 등이 마음이 아파 다시 청하였으나 채택 판결을 입지 못하였고, 또 갖추어 아리어 다시 아뢰었으나 전하께서 환관을 시켜 다시 신청하지 못하도록 하여 언로를 막으셨으니, 신 등은 더욱 전하를 위하여 애석하게 여깁니다.

대저 민무구·민무질의 불궤의 음모는 전하께서 친히 보셔서 아시는 바인데 도리어 편안한 곳에 안치하고, 또 그 아비의 병을 칭탁하여 특별히 역마를 타고 돌아오게 하셨습니다. 민무구 등의 불충한 죄는 민제 또한 주살해야 마땅한데, 지금 비록 병이 들어 누웠다 하더라도 어찌 감히 만나 볼 마음이 있겠습니까?

전하의 일신은 천지·조상이 부탁하신 바이므로, 불충에 대해서는 더욱 염려하셔야 하겠는데, 어찌하여 민무구·무질에게만 기꺼이 왕법을 무너뜨리십니까? 자손 만세의 계책이 아닙니다. 또 민무구 등은 그 악한 것을 고치지 않고 서로 도우는 벗들과 결탁하니 그 조짐이 의심스럽고, 하물며 무질은 이웃 고을 양가의 딸과 결혼하였으니 그 방자한 것이 더욱 심합니다. 어찌 내버려 두고 징계하지 않을 수 있습니까? 엎드려 바라옵건대, 전하께서는 한결같이 전의 상소장에 의하여 밝고 바르게 시행하소서."

—태종실록 8년 9월 10일—

9월 15일 여흥 부원군 민제는 세상을 떠났고 9월 21일 민무구 형제는 유배지로 돌아가게 하였다. 10월 16일에는 민무구를 옹진진에 민무질을 삼척진으로 원거리 이배를 시킨다. 그러고는 11월 21일 민무구·민무질 형제에게 쌀을 내려 보살피는 태도를 취한다. 1409년 태종 9년 1월 14일 민무구 형제의 식솔들을 서울에서 추방하는 결정을 내려 빨리 떠나도록 독촉하지 말라고 사헌부에 명하였고, 2월 26일에는 민무구·민무질에게 경작할 토지를 주도록 강원도·풍해도 도관찰사에게 명했다. 1409년 9월 4일 태종은 몇몇 관료들을 불러 놓고 민무구가 세자 이외의 왕자들을 제거하려 했던 일을 탄식하면서 여러 은밀한 얘기를 한다.

편전에서 업무를 처리하고 이천우·김한로·이응·황희·조용·김과 등을 불러 이르기를,

"옛적에 진 경공이 조동과 조괄을 죽였는데, 꿈에 큰 여귀가 문을 부수고 들어오므로, 경공이 작은 방으로 피하니, 여귀가 쫓아오며 말하기를, '내 손자를 죽인 것은 불의한 일이다. 이미 상제上帝에게 고하였다.'고 하였다 한다.

태조께서 내게 견책하는 것이 어찌 그른가? 내가 스스로 생각하기를, 이미 어버이에게 환심을 사지 못하였고, 내가 두어 자식이 있는데 민무구 등이 또 이를 해하려고 하므로, 지난 병술년에 자리를 사퇴하여 피하려고 하였었다. 그러나, 신하들의 저지를 받아서 이를 행하지 못하였는데, 민무구의 노기가 안색에 나타났었다."

하고, 또 김과에게 이르기를, "경진년에 효령·충녕이 나이 겨우 네 살·다섯 살이었는데, 네가 이들을 가리켜 말하기를, '이 작은 왕자가 또한 장長을 다투는 마음이 있다.'고 하였고, 또 병술년에 이르러서도 이 두 자식을 가지고 말을 하였었는데, 언사가 심히 불쾌하였다. 만일 내가 이 말을 누설하였다면, 네가 어찌 편안하겠는가? 네가 만일 숨긴다면, 내가 마땅히 선포하여 말하겠다."

하니, 김과가 대답하기를, "진실로 그런 말을 하였습니다." 하였다. 임금이 말하기를, "네가 만일 그런 말이 있었다고 한다면, 내가 마땅히 누설하지 않겠다. 내 어찌 식언하겠느냐? 세자가 대학연의를 배울 때 권수가 많아서 고루 보기가 쉽지 않기에, 내가 너를 시켜 가장 거울이 되고 경계가 될 만한 것을 뽑아 분류 편찬하게 하여, 세자에게 항상 마음과 눈에 두게 하려고 하였는데, 네가 인척과 외척에 대한 것을 가르치는 편을 빼내었다. 대저 인척과 외척의 겸손 공근한 복과 교만 방일한 화禍는 정히 세자가 마땅히 강습해야 할 것인데, 네가 이것을 빼었으니, 이것은 온전히 외척을 두려워한 것이다. 옛사람이 저술한 글을 읽는 것도 또한 두려우냐?"

하여, 말이 심히 간절하고 슬프니, 여러 신하들이 모두 울었다. 임금이 또한 눈물을 흘리며 말하기를, "인군의 자식은 오직 맏아들만 남기고 그 나머지는 모두 죽여야 하느냐?"

하고, 김한로를 가리키며 말하기를, "세자가 만일 여러 아들을 낳으면 경의 마음은 어떻겠는가?" 하였다. 이천우 등이 함께 김과를 관할사에 붙여 다스릴 것을 청하니, 임금이 말하기를, "부디 이 말을 드러내지 말라." 하였다. 대언 김여지가 아뢰기를,

"시경詩經에 이르기를, '종자宗子는 성성과 같다.' 하였으니, 자손이 번성한 것이 종사의 복입니다."

하니, 임금이 말하기를,

"백이나 되는 아들이란 것은 시경詩經에 말한 것이다." 하였다.

뒤에 김과를 불러 힐난하기를, "네가 근일에 어느 사람에게 말하기를, '내가 생사를 걸고 바로잡고자 한다.' 하였다니, 그런 말이 있었는가? 내가 적서의 분변을 밝히지 못하니, 네가 간절히 간하여 죽고자 하는 것인가? 무엇을 가리켜 한 말인가?"

하니, 김과가 대답하기를, "신이 본래 어리석어 과한 말을 하였으니, 죽어도 남는 죄가 있습니다. 죽음도 달갑게 받겠습니다." 하였다.

임금이 말하기를, "어제 네가 말하기를, '집에서 대죄하겠다.' 하기에, 내가 듣고 불쌍히 여겼는데, 네가 면대하지 않고 문득 다른 사람에게 고하였으니, 네가 늙었으면서 심술이 어찌 이렇게 바르지 못하냐? 네가, 세자가 읽을 대학연의를 편찬할 때에 세자를 정하고 적서의 분수를 분변하지 않을 수 없는 것을 아울러 실었는데, 이편에 환공·양공·한나라 성제·오나라 손권·당태종 등 다섯 임금의 일을 기록하였으니, 모두 부자 형제 간에 선처한 자가 아니다.

세자가 일찍이 배운 것이 없는데, 먼저 이편을 배우게 되면 장차 생각하기를, '부자 형제도 또한 두렵다.' 할 것이니, 불효하고 화목하지 않은 마음을 열어주는 것이 아닌가? 네가 전일에 말한 것이 심지어 여기에도 나타났다. 내가 사사로운 뜻으로 네 죄를 밝게 바루지 않으면, 내가 그르다." 하고,

김여지에게 이르기를, "지금 민씨의 당이 나더러 참소를 듣는다고 한다. 그러나, 인군의 자식은 오직 장자만 남기고 나머지는 모두 다 죽여야 옳으냐?" 하였다.

-태종실록 9년 9월 4일-

이 이야기를 들은 관료들은 다시 민무구·민무질을 극형에 처하라는 탄핵이 빗발을 치게 된다. 결국 태종은 10월 14일 민무구·민무질을 제주에 안치케 하였고, 12월 17일 사헌부에서 민무구 등 7인을 극형에 처하도록 청하였으나 윤허치 않았다. 1410년 태종 10년 1월 22일 태종은 대간의 관원들에게 민무구 등에 대한 심경을 말한다.

대간이 대궐에 나아와 신청하니, 임금이 말하기를, "경 등의 말이 옳으나, 내가 차마 못하기 때문이다." 하고, 인하여 대언에게 명하여 술을 주게 하였다. 이튿날 편전에 업무를 처리하여 우사간 김지·헌납 송희경·집의 이명덕·지평 오선경을 불러 이르기를, "민무구 등의 죄는 이미 교서에 나타났으니, 대개 바른 것으로 원망을 갚은 것이다. 민무구 등이 이미 나를 저버렸으니, 내가 어찌 사사 은혜를 돌보겠는가? 다만 노모가 있기 때문이다. 김지 등이 물러가니, 대언에게 명하여 술을 주게 하였다.

-태종실록 10년 1월 22일-

태종 10년 1월 26일 대간·의정부·삼공신이 민무구 등의 처벌을 요청하였으나 끝내 보류하였다. 3월 9일에는 영의정 부사 하륜 등이 민무구 등의 죄를 청하였고, 결국 3월 17일 제주에 있는 민무구·민무질에게 자결하게 하였다.

태종이 처가 식구이자 중전 민씨의 친동생인 민무구 형제를 분명치 않은 죄명으로 귀양 보내어 자결하게 하자 중전 민씨는 고통 끝에 병상에 눕게 되었다. 중전이 생각할 때 동생들은 태종을 위해 목숨을 걸고 헌신해 왔고, 특히 정도전을 칠 때와 이방간의 난 때에 적극적인 공을 세웠으니 단순한 처남이 아닌, 훈신이었던 것이었다.

중전이 앓아눕자 친정에서 남은 두 동생 민무휼과 민무회가 문병 차 대궐에 들어갔다. 이때 두 형제가 양녕대군에게 하소연했다. 양녕은 외숙의 부탁을 딱 잘라 거절했고 오히려 외가를 비난했다.

1415년 태종 15년 4월 원경왕후의 남아있던 동생 민무휼과 민무회가 또 다시 태종의 그물에 걸려들었다. 당시 민무회는 다른 사람의 노비소송에 관여한 죄로 하옥되어 있었다. 그 일로 조정이 시끄러웠는데 때마침 태종의 눈총을 받고 있던 세자 양녕이 엉겁결에 '두 외숙이 자신에게 외가를 잘 부탁한다.'라는 말을 했다고 토로했다는 것이다. 가뜩이나 왕후에 대해 감정이 좋지 않던 태종은 대간의 고발이 들어오자마자 민무휼과 민무희의 직첩을 거두고 유배형에 처했다.

1415년 7월 18일 이숙번·박은·박신·이원 등이 민무휼·민무회 등의 죄를 청하였고, 8월 21일 의정부 찬성 유정현 등이 민무휼·민무회 등의 죄를 청하여, 태종은 유정현과 비밀히 의논하였다.

의정부 찬성 유정현 등이 민무휼·민무회의 죄를 청하여 아뢰기를, "신 등이 베기를 청하는 것이 아니라 다만 말한 사연을 알지 못하니, 원컨대, 죄명을 밝게 바로잡아서 대부인으로 하여금 또한 민무휼 등의 죄가 무슨 일인지를 알게 하소서." 하였다.

임금이 말하였다. "공무로 논하면 여기에 대하여 말할 수 있고, 인정으로 논하면 여기에 대하여 말할 수 없다. 그러나 내가 장차 말하겠다. 나도 또한 이 사람들이 죄가 없다고 하는 것이 아니다. 또 세자로 하여금 대변하지 않게 하고 또한 승정원에 말하지 않은 것은, 가만히 그 사람을 불러서 그 말을 물어보아서 다시 살피고서 그만두려고 한 것이다.

옛날에 민무구·민무질의 일은 국가의 대의를 위해 목숨을 바치는 절개에 관계되므로 부득이하여 죄를 주었다. 이것도 큰 절개에 관계되지 않는 것은 아니지마는, 송씨(왕의 장모)가 말하기를, '내 생전이 며칠이나 되겠느냐?'하니, 나도 또한 사람이다. 어찌 부부·자모의 인정이 없겠느냐? 이 때문에 어렵다." 유정현이 대답하기를, "주상의 뜻은 비록 그러하지마는 공론은 폐할 수 없습니다." 하니,

임금이 대간들을 물리치고 유정현·유관·박은·이원·정역 등과 더불어 비밀히 의논하였다.

-태종실록 15년 8월 21일-

1415년 11월 14일 민무휼·민무회 등의 죄를 청하는 대간의 상소문을 시작으로 다시 두 형제를 처벌하라는 상소문이 줄을 잇는다. 12월 23일 민무휼을 원주에 유배하고, 민무회를 청주에 유배하였다. 1416년 1월 13일 민무휼·민무회 등의 죄를 청하는 의정부의 상소문이 접수되었다.

의정부에서 백관을 거느리고 대궐 뜰로 나아가 상소하여 민무휼과 민무회의 죄를 청하였는데, 상소는 이러하였다. "신 등은 그윽이 생각하건대, 불충한 죄는 왕법에 있어서 처형에 해당하는 것으로 천지에 용납할 수 없는 바입니다. 지난번에 역신 민무구와 민무질이 이미 그 주륙을 당하였으니, 그 아우인 민무휼과 민무회는 마땅히 거울로 삼아야 할 것인데도 일찍이 패역한 마음을 품고서 왕자를 손상할 것을 꾀하였고, 또 거짓된 말을 꾸며대어 성상의 덕德에 누를 끼치고자 하였으며, 그 형들이 죄도 없는데 죽었다고 하여 몰래 원망하는 마음을 품었습니다.

그 불충한 죄가 뚜렷하게 나타났으니, 법대로 처치함이 마땅한데, 전하께서 가벼운 법전을 따라서 외방에 물러가 살게 하였으므로 한 나라 신민들이 실망하지 않은 자가 없습니다. 엎드려 바라옵건대, 대의로써 결단하여 법전을 밝게 바로잡아서 뒷 일을 경계하소서. 또 그 민무구 등 4인의 처자도 또한 모두 율문에 의하여 시행하여서 신민들의 소망에 부응하소서."

임금이 하륜에게 전지하기를, "민무휼과 민무회를 내 어찌 사랑하여 보호하겠는가? 다만 어미 송씨가 연로하고, 중궁이 몹시 애석하게 여기기 때문이다."

하니, 하륜이 대답하기를, "이 사람들이 만약 도망쳐서 강을 건넌다면 불가하며, 비록 본국에 있다고 하더라도 찾아서 체포하는 폐단이 있을 것입니다. 옛사람이 이르기를, '마땅히 끊어야 할 것은 즉시 끊어 버리라.'고 하였습니다." 하므로 임금이, "정

승의 말이 옳다." 하고, 바로 의금부 도사 이맹진을 원주로, 송인산을 청주로 보내고, 그 고을의 수령에게 전지하였다. "굳게 지켜 도망하지 못하게 하고, 만약 자진하고자 하거든 금하지 말라."

-태종실록 16년 1월 13일-

1416년 태종 16년 1월 13일 민무휼·민무회가 모두 자결하였다. 임금이 "민무휼과 민무회 등의 불충한 죄를 의정부·공신·육조·대간·문무 각사에서 여러 차례 신청하였으나, 왕비의 지친이기 때문에 차마 법대로 처치하지 못하고 외방으로 유배했는데, 스스로 그 죄를 알고 서로 잇달아 목매어 죽었으니, 내버려 두고 논하지 말라. 민무구·민무질·민무휼·민무회 등의 처자도 아울러 모두 먼 곳에 유배하라." 하고,

형조에 명하여, 민무휼의 선처의 자식들은 그 외조부 이직에게 맡기고, 민무회의 선처의 자식들은 그들을 키운 외조부 김익달의 처에게 맡기고, 민무구 등의 유약한 자식은 족친에게 맡겨 보내어, 길거리에서 굶주리고 추위에 떨지 말게 하라고 하였다.

1417년 태종 17년 4월 14일 민무구·민무질·민무휼·민무회 등의 딸들을 지방에 유배하게 하였다.

세종 즉위년 10월 23일 세종이 즉위하여 민무구 등 형제의 처자를 지방에서 자유롭게 살게 하였고, 12월 10일 민무구 형제의 아들 딸들을 서울 밖에서 살게 하였다. 세종은 효자였다. 외삼촌들의 행위가 멸문지화에 이를 만큼 역모를 꾀한 죄가 아닌 줄 알았지만 아버지 태종이 다스린 죄명이라 마음대로 바꾸지를 않았다.

결국 태종과 원경왕후와의 부부간의 갈등은 친정을 풍비박산되게 만

들었고, 이는 남편 태종의 무정함을 간파하지 못한 원경왕후의 잘못도 없지 않다고 볼 수 있다. 원경왕후 친정의 남자들의 죽음을 정리해보면

민무구는 정도전의 음모 사실을 태종에게 밀고하여 공을 세웠으나 태종의 선위 발표에 기뻐하고 취소 소식에 슬퍼하였다 하여 1410년 이화 등의 탄핵을 받아 연안에 유배된 뒤 동생 민무질과 함께 사약을 받아 죽었다.

민무질은 형과 함께 불충한 죄목으로 1410년 이화 등의 탄핵을 받아 장단에 유배된 뒤 형 민무구와 함께 사약을 받아 죽었다.

민무휼은 형 민무구, 민무질이 억울하게 죽었다고 주장했다가 1415년 불충한 말을 하였다고 탄핵되어 해풍에 유배되었다. 1416년 다시 불려와 국문을 받던 중 형 민무구, 민무질은 죄없이 죽었다고 항변하고는 원주로 쫓겨나 4일 만에 목을 매고 자결하였다.

민무희는 1415년, 불충한 말을 하였다고 탄핵되어 청주에 유배되었다. 1416년 형 민무휼과 함께 다시 불려와 국문을 받고 형 민무구와 민무질은 죄없이 죽었다고 항변하고는 청주로 쫓겨나 4일 만에 자결하였다.

아버지 민제는 아들 민무구, 민무질이 탄핵받아 유배당하자, 병으로 몸져 눕게 되어 1408년 병사하였다. 며느리와 딸들은 귀양 가고 어린 자녀들은 친척집에서 얹혀사는 처지가 되었다.

충격으로 병석에 누운 어머니 송씨까지 세상을 떠나자 여흥 민씨는 완전히 패가망신하였다. 태종은 이때에 자신을 원망하고 비난하는 원경왕후 민씨까지 폐출하려 하였다. 하지만 세자와 왕자들의 생모인지라 중신들이 격렬하게 반대했으므로 뜻을 접을 수밖에 없었다.

국역 국조인물고에서는 민제를 다음과 같이 평가하고 있다.

공은 천품이 온화하고 인자하며 청렴하고 간소하였다. 경사(經史 경전과 사기)에 마음을 두고 가산家産을 일삼지 않으며 화려하고 사치한 것을 좋아하지 않으며 이단을 물리치고 음사(淫祠, 귀신에게 제사를 지내는 것)를 미워하였으며, 화공畵工을 시켜 종이 막대기를 들고 개를 부려 중과 무당을 쫓는 형상과 약으로 사람과 짐승을 구제하는 형상을 벽에 그리게 하여 보았다. 우리 태조가 사전私田을 폐지할 때에 과전科田의 제도를 맡았고, 개국하게 되어서는 경제육전經濟六典을 수찬하였으며, 무릇 국가의 크고 작은 예도禮度는 다 공이 상정한 것이며 신도新都·구도舊都의 건축과 문묘의 제도도 공이 다 감독하였다.

그 존귀와 영달이 이미 극진하고 나서도 부귀한 형상이 없고 날마다 바둑으로 스스로 즐기고 시詩를 평론하기를 잘하여 조용히 세속을 벗어난 취미가 있었다. 늘 아들 민무구·민무질 등에게 말하기를, "너희들은 교만이 가득 찼는데 고치지 않으면 반드시 패할 것이다." 하였으니, 공이 아들을 아는 것이 밝았다 하겠다.

-국역 국조인물고, 민제 편, 세종대왕기념사업회-

민제의 졸기

1408년[70세] 태종 8년 9월 15일 여흥 부원군 민제의 졸기.

여흥 부원군 민제가 죽었다. 민제의 자字는 중회仲晦이며, 호는 어은漁隱이니, 여흥군 민변의 아들이다. 나이 19세에 과거에 합격하여 한림에 뽑혀 들어가, 여러 벼슬을 거쳐서 상의밀직에 이르렀다. 1392년에 우리 태조가 개국하자 정당문학에 승진하였고, 무인년에 여흥백에 봉해졌고 영예조사가 되었다. 젊어서부터 예를 잘 안다고 알려져 무릇 국가의 전례典禮를 모두 확정하였다. 기묘년에 지공거가 되었다. 경진년에 태종께서 세자가 되매, 승진하여 문하 우정승에 제수되고, 조금 뒤에 좌정승으로 옮기었다. 태종께서 즉위하자 국구로서 다시 여흥백을 봉하였다. 신사년에 '순충 동덕 보조 찬화 공신'의 호를 주고 부원군으로 고쳐 봉하였다. 이때에 이르러 병이 심해졌으므로, 임금이 가 보니 의관 정제하고 말하는 바가 조금 평시와 같았는데, 엿새 만에 죽었다. 향년이 70이었다. 임금이 슬퍼하여 조회를 정지하고 친림하였으며, 시호를 문도文度라 하였다.

-태종실록 8년 9월 15일-

[승진과정]

〈고려시대〉

1357년[19세] 공민왕 6년 19세에 과거 급제, 국자직학(종9품)
1362년[23세] 공민왕 11년 예문관
1366년[27세] 공민왕 15년 전리좌랑(정6품)
1371년[32세] 예부직랑
1373년[34세] 성균사예(정4품)
1375년[36세] 성균사성(종3품)
1382년[44세] 판전교시사(정3품)
1387년[49세] 춘천수령
1388년[50세] 예문관제학, 전공판서(정2품)
1389년[51세] 공양왕 1년 예의판서(정2품)
1392년[54세] 공양왕 4년 한양윤

〈조선시대〉

1392년[54세] 태조 1년 1월 정당문학 예문춘추관 태학사(정2품)
1393년[55세] 태조 2년 9월 정안군이 민제의 딸에게 장가 가다.
1394년[56세] 태조 3년 3월 정당문학(종2품)
1394년[56세] 태조 3년 10월 삼사 우복야(정2품)
1399년[61세] 정종 1년 1월 여흥백
1399년[61세] 정종 1년 12월 판삼사사(종1품)
1400년[62세] 정종 2년 3월 우정승(정1품), 4월 판의정부사,
              9월 8일 좌정승(정1품), 11월 13일 여흥백
1401년[63세] 태종 1년 1월 여흥부원군(정1품)
1402년[64세] 태종 2년 11월 수성도통사
1407년[69세] 태종 7년 11월 민제의 청에 따라 민무구는 여흥에,
              민무질은 대구에 안치하다.
1408년[70세] 태종 8년 9월 15일 여흥 부원군 민제가 죽다.
1408년[70세] 태종 8년 9월 정비가 민제의 집에 가서 상복을 입다.
1410년[사후] 3월 민무구·민무질이 자결하다.
1416년[사후] 1월 민무휼·민무희가 자결하다.
1419년[사후] 세종 1년 5월 환관을 보내어 여흥 부원군 민제의 묘에 치제하다.
1421년[사후] 세종 3년 1월 송씨가 민무질·민무구의 유해를 거두어 오게 하다.

태종시대

6. 이거이李居易
2대에 부마를 배출한 왕실의 인척

생몰년도	1348년(충목왕 4)~1412년(태종 12) [65세]
영의정 재직기간	1차 (1400.11.13.~1401.윤3.1.)
	2차(1402.4.18.~1402.10.4.) (총 9개월)
본관	청주淸州
자	낙천樂天
호	청허자淸虛子
시호	문도공文度公
공훈	원종공신, 정사공신, 좌명공신
출신	충청도 진천 출신
묘소	충청도 진천군 진천읍 상계리 멱수마을
기타	태조와 사돈, 태종과 사돈
	역모에 몰려 고향 진천에서 유배를 살다가 죽다.
	사병혁파를 반대하다가 숙청되다.
증조부	이창우李昌祐-판도총랑
조부	이계감李季瑊-낭성군, 정헌공
부	이정李挺-형부상서, 문간공
장남	이애李薆-상당부원군, 태조의 사위
	(이백경李伯卿, 이저李佇, 이애李薆)로 수차례 개명
며느리	경신공주-태조의 장녀
2남	이백관
3남	이백신
4남	이백강李伯剛-청평부원군, 태종의 사위
며느리	정순공주-태종의 장녀
5남	이백현李伯儇

3대공신에 태조와 태종의 겹사돈

이거이의 자는 낙천樂天이고, 호는 청허자淸虛子로 본관은 청주이다. 고려 충목왕 4년 진천에서 태어났다. 증조부 이창우는 판도 총랑을 지냈고, 조부 이계감은 정1품 태사로 낭성군을 지냈으며, 아버지 이정李挺은 형부 상서를 지낸 명문가 집안으로 네 형제 중 막내로 태어나 윤택하게 자랐다.

이거이는 조선 건국시 이성계를 도와 원종공신이 되었고, 제1차 왕자의 난에 협조하여 정사공신이 되었고, 제2차 왕자의 난을 도와 좌명공신이 되어 3대공신이었다.

고려 말엽에 과거에 올라 이성계와 뜻을 같이하여, 권력의 핵심에서 새 왕조의 기초를 다지는데 상당한 역할을 하였다. 이거이의 출세 가도는 1398년 8월 제1차 왕자의 난에 참여하여 정사 1등공신에 올라 태종이 실권을 잡은 이후부터였다. 태조의 딸 경신 공주가 장남 이백경李伯卿(후에 이저로 바뀜)과 혼인을 함으로써 태조와 사돈이 된 데다, 넷째아들 이백강李伯剛이 태종의 딸 정순 공주와 혼인하니, 조선조 기틀을 다진 강력한 제왕들과 겹사돈을 맺음에 따라 무소불위의 권력을 누릴 수 있었다. 현대의 혼인법으로는 상상할 수 없는 혼맥이었지만 당시로는 일상적인 일이었다. 이런 혼맥에 3대 공신의 직위는 조선왕조 건국 초기 영의정이라는 최고의 직위에까지 오를 수 있었던 것은 당연한 현실이었다.

1399년 정종 1년 문하시랑 찬성사에 제수되었다가, 이듬해 좌정승에 올랐다. 정종 2년 4월에 사병 혁파를 단행했는데 이거이 부자와 병권을 잃은 자들은 모두 매우 야속해 하여, 밤낮으로 같이 모여서 격분하고 원망함이 많았다.

1400년 정종 2년 4월 6일에 판문화부 의정부사가 되었다. 4월 18일에는 판상서사사로 겸임시켜 문하시랑으로 판문하에 승진하였는데, 오히려 정승이 되지 못한 것을 불만스럽게 여기어, 다른 사람에게 말하기를, "내가 나이 아직 늙지 않았다. 비록 판문하에 승진하였으나, 솥을 이고 깊은 연못에 들어가는 것 같다." 하였다. 그의 형 이거인이 듣고 탄식하여 사람들에게 두루 말하기를. "이거이가 제 재주와 덕을 헤아리지 않고, 다만 공신인 것과 그 아들이 임금에게 사랑받는 것으로써 정승에 마음이 있기 때문에, 그의 말이 이와 같다." 하였다.

1400년 정종 2년 5월 8일 대간에서 사병혁파에 불평한 이거이와 이저의 처벌을 청하는 상소를 올리니 이거이를 계림부윤으로 이저를 완산부윤으로 발령을 내렸다.

이거이와 이저가 사은 인사를 하고 지방으로 내려가니, 임금이 각각 여름옷과 안구마 1필씩을 하사하였다. 이거이가 사사로이 사람들에게 말하였다.
"이까짓 말이 무엇하는 물건이냐? 처음에는 등급을 뛰어 판문하를 시키고, 지금은 또 외방으로 내쫓으니, 1만 필을 준들 무얼 기뻐할 것이 있겠는가!"
이저가 태상왕에게 하직을 고하니, 태상왕이 말하기를, "이런 연고가 있었다면 왜 내게 일찍 고하지 않았느냐?" 하였다. 이저가 대답하기를, "신도 또한 그 연고를 알지 못하였습니다. 하루 아침에 내보내니, 나와서 고할 수가 없었습니다." 하니, 태상왕이 말하였다. "반드시 너희들이 스스로 그렇게 만든 것이리라." 하였다.

－정종실록 2년 5월 8일－

이후에도 대간에서 이거이를 처벌하라는 상소가 끊임없이 올라오자 정종은 이거이 부자를 서울근교 전원에서 지내라는 명을 내렸다가 9월에 이거이를 불러들여 판문하부사에 제수하였고, 11월에는 문하 좌정승에 기용하여 정무를 맡기게 된다. 태종이 등극하자 이거이는 좌명공신 1등에 봉해졌다.

1402년 태종 2년 4월 이거이를 영의정 부사로 삼고 좌도 도통사까지 겸직시키니 그 위세는 하늘을 찔렀다.

그러나 권력은 항시 흐르는 물과 같아 넘치면 새로운 길을 뚫고 빠져나가는 법, 어느 한 곳에 계속하여 머물러 있지 않는다. 권력을 쥔 사람은 권력을 다수에게 분산하여 다수를 위해 활용해야만 넘치지 않고 오래도록 사용할 수 있지만 독점하며 가둬 두려고 하는 한 권력은 항상 새로운 곳을 향해 뚫고 나가기 마련이다. 그러기에 권력을 쥔 사람에게는 반드시 지도자로서의 덕목과 인간다운 품성을 갖추어야 한다. 이것은 조선 최고의 훈신이자 척신인 이거이에게도 해당된 말이었다. 사람은 어디까지나 겸양의 덕과 지혜가 있어야 좋은 마무리를 할 수 있는 것이 만고의 진리가 아니겠는가. 1403년 태종 3년 4월 서원부원군으로 다시 제수되었고 7월엔 영사평 부사가 되었다.

1404년 이거이가 3대 공신 출신에 양대 혼맥을 가졌고 사병 혁파에 반대했던 사실 등을 고려하고 있던 태종은 의안대군 이화, 완산군 이천우 등에게 비밀 교지를 내려, 이거이가 1년 전 조영무 앞에서 역모에 해당하는 발언을 했다는 사실을, 종친·공신·3정승·대간들이 보는 앞에서 대질하게 했고, 이것을 들은 대간들이 탄핵 상소를 올려 이거이를 고향 진천으로 유배 보냈다. 태종의 전형적인 축출 수순이었다.

10월에는 이거이·이저·이백강을 폐하여 서인으로 삼고 외방에 안치하였으며, 이어 이거이의 자손을 금고하고, 친인척들도 아울러 죄로 다스렸다.

1410년 태종 10년 7월에는 태조의 사위 이저에게는 죄를 용서하여 다시 좌명공신에 책록하였다. 태종 12년 7월에 진주(진천)에 안치한 이거이에게 쌀 20석을 하사하며 은전을 베푸는 듯하였으나 사면령은 기어이 내리지 않았다. 그해 8월 25일 65세의 나이로 이거이가 죽었다. 사후 세종조에도 이거이를 두고 논란이 심했으나 세종은 아버지가 내린 결정에는 사면의 은전을 내리는 일은 없었고 성종 때에는 원종공신의 호칭마저 삭제시켜 버렸다. 세종과 성종조의 기록을 살펴보면 다음과 같다.

세종 4년 1월 22일   태상왕(태종)이 맹사성에게 이거이의 일을 거론하지 말도록 하다.
세종 4년 1월 25일   우사간 심도원 등이 이거이와 그의 아들들을 처벌할 것을 상소하다.
세종 28년 9월 10일 유록 대부 이백강이 죽은 아버지의 관직을 추사해 달라고 글을 올리다.
성종 16년 7월 19일 우승지 안침이 이세보의 증조 이거이의 원종공신 칭호의 삭제를 청하니 따르다.

권력과 첩

제1차 왕자의 난으로 이방석·이방번이 처형되던 날 저녁에 이거이는 이방번의 기생첩 중천금重千金을 취하고, 이거이의 아들 이백경(이저李佇)은 이방석의 첩 기생 효도를 취하고, 조박趙璞은 이방석의 첩 기생 효양을 취하여 모두 집에 두었었다.

조박이 대사헌이 되었는데, 서유·조휴·안순·민공생 등과 더불어 말하기를, "상당후 이저가 이방석의 기생첩 효도를 취하였는데, 이것은 그 아비 이거이가 일찍이 관계한 여자이다. 부자간에 한 여자를 간음하여 천륜을 더럽히고 어지럽혔으니, 이것은 논핵하지 않을 수 없다." 하였다.

미처 발설하기 전에 서유徐愈가 자기 집 다락 위에서 다른 사람과 더불어 논핵하고 자 하는 뜻을 말하였는데, 그 사위가 다락 아래에 있다가 이를 듣고 다른 사람에게 누설하였다. 또 안순安純이 의정부에서 논핵을 당하자, 인척인 좌부승지 이숙번에게 말하였고, 이숙번은 정안공 이방원에게 고하였다. 민공생도 또한 그 사실을 매부인 회안공 이방간에게 누설하였다. 이것으로 말미암아 이거이와 이저李佇 부자도 알게 되었다.

이저가 임금에게 울며 호소하기를, "사헌부에서 신을 무고하여 해치려 하니, 신은 죄 를 기다리고 있겠습니다." 하니, 이저는 곧 이백경李伯卿이다. 임금이 노하여 서유·조 휴·안순 등을 순군옥에 가두었다. 민공생은 말을 누설하였기 때문에 홀로 면하였다. 좌산기 상시 박석명·형조전서 강사덕 등에게 명하여 서유와 조휴를 심문하게 하고, 고문하기를 급박하게 하니, 이에 말하기를, "처음에 발의한 자는 조박입니다." 하였다.

이저가 듣고 더욱 노하여 조박을 공격하고자 하여, 또 임금에게 하소연하기를, "나를 해치려고 꾀한 자는 조박입니다. 정사공신의 맹서한 피가 입에서 마르지도 않았는 데, 도리어 해치고자 합니다." 하니, 임금이 부득이 이숙번을 보내어 조박에게 전지 하였다.

"공론으로 논하면, 전일의 개국공신과 오늘의 정사공신은 피를 마시어 함께 맹세하 였고, 사사로운 정으로 논하면, 경은 정안공의 동서이고 회안공의 사위의 아비이니, 이저李佇에게도 은혜로운 정이 없지 아니하다. 지금 은혜와 의리를 배반하고 식언하 는 것이 가한 일인가? 법에 의해서 죄를 결단하면 법대로 하여야 되겠지만, 그러나 동맹한 뜻이 본래 그렇지 아니하였다. 경의 희망에 따라서 지방으로 내보내려고 하 는데, 경은 장차 어디로 가려는가?"

조박이 대답하기를, "이천으로 돌아가기를 원합니다. 노모가 있습니다." 하니, 드디어 조박을 이천에, 조휴를 해주에 귀양보내고, 서유는 면직하고, 민공생은 복직시키고, 안순은 일찍이 논핵을 당하여 면직되었기 때문에 내버려 두었다.

—정종실록 1년 5월 16일—

예쁜 여자를 두고는 부모 간의 윤리도 없고, 권력 앞에는 강상의 윤리도 문제가 되지 않았던 모양이다. 임금과 백관들의 잘못된 정무를 간언하는 대사헌으로써 이를 문제 삼으려다 오히려 귀양을 가게 되었으니 '유권 무죄, 무권 유죄'인 셈이다. 그것도 그렇지만 이방석이 17세에 죽었는데 그때 첩실을 두 명이나 두고 있었다는 것도 놀라운 일이다. 조선조 초기에는 권력 쟁탈과 역모, 반정으로 인한 승자들의 전리품 차지 중 패자들의 부녀자를 전리품으로 여겨 서로 차지하려는 웃지 못할 일들이 종종 나타나곤 한다. 조박은 이후 귀양에서 풀려나 호조판서로 생을 마감했다.

사병 혁파에 반대하다가 태종의 심기를 건드리다

정종임금은 재위 중 왕권을 강화하기 위하여 호족세력들이 거느린 무력을 혁파하기 위하여 사병 혁파를 정책적으로 시행하였는데, 막강한 사병을 가진 이거이가 이에 강력히 반발하고 나섰다. 정종이 사병을 혁파를 강행하니, 병권을 잃은 자들의 불만이 노출되었다.

사병私兵을 혁파하였다. 사헌부 겸 대사헌 권근과 문하부 좌산기 김약채 등이 합하여 상소하였다.
"병권兵權은 국가의 큰 권세이니, 마땅히 관할함이 있어야 하고, 흩어서 주장할 수 없는 것입니다. 흩어서 주장하고 관할함이 없으면, 이것은 검을 거꾸로 쥐고 남에게 칼자루를 주는 것과 같이 제어하기 어려운 것입니다. 군사를 맡은 자가 많으면, 각각 당파를 심어서 그 마음이 달라지고, 그 형세가 나누어져서, 서로 시기하고 의심하여 화란을 이루게 됩니다. 동기간에 서로 해치고 공신이 보전하지 못하는 것이 항상 여기에서 비롯되니, 이것이 고금의 공통된 근심입니다.

공자가 말하기를, '예전에는 집에 병기를 감추지 않았다.' 하였으니, 사병이 없었다는 것을 말한 것이요, 예기禮記에 말하기를, '병력을 사가私家에 감추는 것은 예禮가 아니다. 이것이 임금을 협박하는 것이라 이른다.' 하였으니, 신하가 사병이 있으면, 반드시 우악스럽고 사나워 분수에 넘쳐 임금을 위협하는 데 이르는 것입니다. 〈중략〉

이것으로 본다면, 사병을 두는 것은 한갓 난亂만 일으키고 그 이익은 보지 못하는 것이니, 대간의 말이 이미 들어맞았습니다. 그러나 사가私家의 군사를 지금도 역시 파하지 않으니, 장래의 화를 참으로 생각하지 않을 수 없습니다. 〈중략〉

원하건대, 이제부터 서울에 머물러 있는 각도의 여러 절제사를 모조리 혁파하고, 서울과 외방의 군마를 모두 삼군부에 붙이어 관군의 군사로 삼아서, 체통을 세우고 국권을 무겁게 하고, 인심을 편안케 할 것입니다. 궁궐의 경비를 제외하고는, 사가의 숙직은 일절 모두 금단하고, 조회하는 길에도 사적 호위병이 병기를 가지고 호위하는 일이 없게 하여, 예전의 집에 병기를 감추지 않는다는 뜻에 응하고, 후일에 서로 의심하여 난을 꾸미는 폐단을 막으면, 국가에 심히 다행하겠습니다."

상소가 올라가니, 임금이 세자와 더불어 의논하고, 곧 시행하게 하였다. 이날 여러 절제사가 거느리던 군마를 해산하여 모두 그 집으로 돌아가게 하였다. 이저李佇가 평주에서 사냥하다가 아직 돌아오지 않으니, 삼군부에서 이저에게 사람을 보내어 빨리 돌아오게 하였다. 이거이 부자와 병권을 잃은 자들은 모두 원망하여, 밤낮으로 같이 모여서 격분하고 원망함이 많았다.

-정종실록 2년 4월 6일-

대간에서 상소하여 이거이와 이저·이천우를 외방에 유배하기를 청하니, 윤허하지 않았다. 상소는 이러하였다.

"지난번에 신 등이 합동하여 사병을 혁파하기를 청한 것은, 종친과 훈신을 위하여 부귀를 보전하게 하고 길이 존영을 누리게 하려 함이었는데, 곧 윤허를 받았으니, 전국이 기뻐합니다. 그러나, 판문하부사 이거이·상당후 이저李佇 등이 전하의 보전하는 뜻을 생각지 못하고, 병권을 놓기가 아까워서 속으로 분노와 원망을 품어, 그 사병의 장부를 가지고 시일을 끌면서 삼군부에 바치지 않았습니다. 조영무 등은 서로 모여서 원망하고 비방하였습니다.

그때 신 등이 그가 종실의 인척이므로 고집하지 않고 다만 조영무 등의 죄만 청하였습니다. 마땅히 부끄러워하고 뉘우치어 스스로 새로워져서 편안하고 영화스러운 것을 보전하기를 생각하여야 할 터인데, 오히려 개전하지 않고 분함을 품고서, 서로 더불어 말하기를, '한두 놈이 한 덩어리 고기와 같다.' 하여, 그 분함을 풀려고 하였습니다. 신하로서 곧 군사를 내놓지 않고, 개인적 감정으로 사람을 고기에 비유하여 감히 난을 꾸미려 하였습니다.

더군다나, 이거이는 지난날에 평원군 조박趙璞을 모해하여 사실이 이미 드러났으며, 심지어 그의 형을 순군부에 가두고 그 일을 힐문하였으니, 진술한 것이 모두 사실이었습니다. 처음에는 그 조카사위를 해치려 하였고, 뒤에는 그 친형을 귀양보내었으니, 인륜에 있어서 어떠합니까? 인척인 까닭으로 내버려 두고 묻지 않았으나, 이 사람의 마음을 보증하기 어려운 것은 전하께서 밝게 아시는 것입니다.

이는 갑자기 귀하게 되어 그 세력을 믿고 교만 방자한 기운이 커져서 여기에 이른 것입니다. 그 세력을 믿는 마음이 군사를 내놓은 감정을 오랫동안 품게 해서, 만일 하루아침에 교만하고 사나운 성질을 이기지 못해 그 욕심을 부리게 되면, 화란의 발생이 그 극을 헤아릴 수 없을 것입니다. 법에 따라 죄를 논하면 마땅히 국문하여야 하겠으나, 공훈 인척으로서 형률을 감해주는 8가지 조건에 있으니, 원하건대, 이거이 · 이저李佇와, 같은 마음으로 결당한 이천우 등을 지방에 안치하여, 교만하고 사나운 마음이 없어지게 할 것이며, 뉘우치고 깨닫는 마음이 생긴 연후에 조정에 돌아오게 하여 그 토지를 회복하게 하면, 화란의 발단이 생기지 않고, 길이 부귀를 보전하게 되므로, 전하께서는 보전하는 덕이 있고 저들도 일신상 평안한 복을 누릴 것입니다."

-정종실록 2년 5월 8일-

상소가 올라가니 임금이 종친과 공신이라 하여 모두 죄를 묻지 말게 하였다.

이날 대간에서 다시 합동한 상소를 올리었다. "신 등이 이거이 · 이저 · 이천우 등을 지방에 안치하자는 일로 상소를 갖추어 아뢰었사온데, 종친과 공신인 까닭으로 감히 법으로 다루어 고집하지 못하고, 우선 지방에 처하게 하여 교만한 기운을 막아 없애서 마음을 고치고 생각을 바꾸어 선善에 돌아오게 한 연후에, 소환하고 작위를 회복시켜 부귀를 누리게 하자는 것이니, 이것이 실로 그들을 위하여 교만 방자하고 불법한 싹을 막고, 길이 존영을 편안히 누릴 수 있는 계책이 되는 것입니다. 전하가 차마 물리쳐 보내지 못하고 다시 의논하지 말게 하였습니다. 그러나 이것은 다만 한때의 은혜이요, 신 등이 아뢰는 것은 실로 종친과 공신을 위하여 무궁한 계책을 도모하는 것이니, 엎드려 바라건대, 전하는 윤허하여 시행하소서."

임금이 윤허하지 아니하고, 말하기를, "풍문 공사(소문에 의해 탄핵하는 것)를 금하는 것이 이미 정한 법이 있는데, 대간에서 어찌 이렇게까지 하는가?" 하였다.

이날 또 상소하였다.
"신 등은 생각건대, 풍문 공사라는 것은 여자들이 거처하는 곳의 애매한 일과 풍속을 더럽히는 따위의 일을 가리켜 말하는 것입니다. 전 상소장에 아뢴 것은 실로 국가 화란의 기틀에 관한 것인데, 눈과 귀를 가진 관원이 이 일을 듣고도 풍문이라 하여 감히 논하여 주장하지 못하고, 반드시 그 일이 발단되는 것을 기다린 연후에 의논한다면, 신 등은 실로 난亂을 막는 데에 미칠 수 없을까 두려워합니다. 하물며, 지금 신 등이 감히 이것으로 죄로 삼아서 다스리자는 것이 아닙니다. 교만 흉포한 것이 이와 같으니, 만일 막아서 제지하지 않으면, 후환을 헤아리기 어렵다는 것입니다. 만일 외방에 처하게 하여 교만 흉포한 마음을 없애서 안전한 곳에 나가게 하면, 오늘 물리쳐 보내는 일이 실로 후일의 안전한 근본이 될 것입니다. 엎드려 비리건대, 전하께서는 대의로 결단하여 윤허해 시행하소서."

대간이 다시 합동한 상소에 말하였다.

"신 등이 가만히 듣건대, 임금이 공훈과 인척을 대접하는 도는 마땅히 은혜와 의리를 겸해 온전히 하여야 하고, 총애를 편벽하게 하여서는 아니 됩니다. 은혜와 의리가 겸하면 길이 그 복을 받고, 총애가 치우치면 마침내는 그 화를 받으니, 이것은 고금의 필연한 이치입니다.

옛날에 정나라 장공의 아우 숙단이 불의하여 교만 방종하였는데, 장공이 일찍 제어하지 않고 놓아두어 도를 잃게 하여, 난에 이른 연후에 쳤는데, 춘추春秋에서 장공이 그 죄악을 양성하였다고 비방하였습니다. 제나라 희공이 그 아우 중년을 사랑하여 공자의 도道로 대접하지 않고, 은혜를 그 아들에게까지 미쳐 오히려 정실소생과 대등하게 하니, 총애를 믿고 국권을 잡아서 마침내 화란을 이루었습니다. 그러므로, 춘추에서 또한 사사로운 총애가 있는 것이 의로운 우애가 아닌 것을 희롱하였습니다.

대저 아우도 편벽되게 총애할 수가 없는데, 하물며 종친과 공신이겠습니까? 이것으로 본다면, 공신은 마땅히 그 도리로 대접하고, 교만 방종하여 그 악한 것을 쌓지 않게 한 연후에 잘한 것이 됩니다. 만일 총애에 빠져서 놓아두어 도道를 잃게 하여 그화를 양성하면, 그 사랑한 것이 도리어 해치는 것이 됩니다. 지금 미리 방지하지 않고 후환을 남기게 한다면, 이것이 어찌 종묘사직의 복이며, 국가의 아름다운 것이겠습니까? 신 등은 실로 만세의 뒤에 사랑에 빠져서 결단하지 못하여 그 죄악을 양성하였다는 희롱 거리가 장차 어진 임금의 세상에 누가 될까 두렵습니다. 전하를 위하여 애석하게 생각합니다.

또 이거이의 무리가 세력을 믿고 교만 방자하여 더욱 거리낌이 없어서, 벼슬과 부귀의 화가 장차 뒤에 생겨도 경계할 줄을 알지 못할까 두렵습니다. 신 등은 실로 또한 저들을 위하여 애석하게 여깁니다. 신 등의 오늘 간언으로 인하여, 지방에 물러가 있게 하여 징계 되는 바가 있어, 마음을 닦고 행실을 고쳐 조정에 돌아오면, 반드시 공훈 인척의 연고로 능히 보전의 복을 누려 종신토록 부귀하고, 한가로이 놀아서 근심이 없을 것입니다.

신 등이 오늘 말하는 것은 실상은 이거이 등의 병을 고치는 약과 몸을 편안히 하는 방도가 되는 것입니다. 이거이 등이 진실로 능히 몸을 돌이키고 생각한다면, 또한 반드시 신 등의 말을 도움 되는 경계로 여길 것이요, 분하고 한할 것이 아닙니다. 엎드려 바라건대, 전하께서는 특별히 밝은 결단을 내려 힘써 대의大義를 따르고 사사로운 총애에 빠지지 말아서, 영원한 계책을 도모하소서."

－정종실록 2년 5월 8일－

임금이 부득이하여 이거이를 청주淸州에, 이저를 한양 사저에 내치도록 명하고, 이천우는 이미 파직하였으므로 다시 묻지 말게 하였다. 조금 뒤에 후회하여 대간의 관원을 불러 전지하기를, "비록 이미 경 등의 상소를 가可하다고 하였으나, 반복하여 생각하니, 실로 차마 하기가 어렵다. 아직 두고 논하지 말라." 하였다.

대사헌 권근 이하가 같은 말로 대답하기를, "신 등의 말은 다만 종묘사직을 위한 것이요, 사사로움을 위한 것이 아닙니다. 감히 명을 받들지 못하겠습니다." 하였다.

임금이 이에 이거이와 이저를 불러 친히 묻기를, "지난번에 경卿의 부자父子가 말한 것이 과연 대간이 탄핵한 것과 같은가?" 하니, 두 사람이 눈물을 흘리면서 하늘을 가리키며 각각 무죄함을 말하였다.

이저가 또 말하기를, "대저 대간이 올린 상소장과 죄인의 신문하는 말이 일치된 연후에야 누구나 그 죄를 시인하는 것입니다. 지금 대간이 신의 부자에게 병사 장부와 병기를 즉시 수납하지 않았다고 신문하고, 심지어 올린 상소장에는 불충한 말이 있었다고 하니, 어찌 이런 도리가 있겠습니까? 불충한 말은 신 등이 하지 않았습니다. 신이 만일 능히 변명하지 못하면, 비록 죽더라도 사양하지 않겠습니다. 신이 인척을 욕되게 하고 있으나, 털끝만큼도 저버린 것이 없습니다. 대간과 더불어 변명하기를 청합니다." 하였다.

임금이 불쌍히 여겨 또 대간에게 전지하기를, "두 사람의 죄를 정확히 알기가 어렵고, 또 공훈 인척이니 내버려 두고 논핵하지 마는 것이 어떠한가?" 하였다.

권근 등이 대답하기를, "신 등이 공신·부마의 죄를 청하는데 어찌 감히 의심나는 일로 하겠습니까? 깊이 알고 숙의하여 부득이 발설한 것입니다. 신 등은 감히 교지를 받들지 못하겠습니다." 하고, 인하여 정나라 장공이 숙단叔段의 죄악을 양성한 말을 끌어다가 이거이 부자의 불충한 죄를 극력 말하였다.

임금이 노하여 대간에게 각기 사저로 돌아가 일을 보지 말라고 명령하고, 또 이거이 부자도 사저로 돌아가라고 명령하고, 그 출입을 금지하였다.

조금 뒤에 대사헌 권근 등을 불러 직무에 나오게 하고, 임금이 전일에 노한 것을 후회하여 권근 등을 불러 말하기를, "이저는 가까운 친척이고 또 공훈이 있으므로 가볍게 물리치지 못하였는데, 마땅히 경 등의 말을 따르겠다." 하였다.

대간이 합동하여 상소하였다.
"신 등이 이달 10일에 입궐하여 명령을 들을 때에, 이저가 비밀히 심복 세 사람을 보내어 봉서국奉書局[37]에 숨어 들어와서 일의 변동을 엿보게 하여, 어두워서 창을 넘어 도망하여 나가다가 궐문을 지키는 자에게 붙잡혔습니다. 그가 사람을 보내어 엿본 마음씨가 음흉하고 간사하여 헤아릴 수가 없습니다. 이저 등이 사병을 혁파한 뒤부터 스스로 불평을 품고 원망해 하여, 감히 난을 꾸미고자 하였습니다.

법에 의거하여 말하면 마땅히 논하여 주장하여야만 하겠으나, 다만 종친 공신인 까닭으로 하여, 신 등이 다만 지방에 안치하기를 청하여 윤허를 얻었던 것입니다. 일이 시행되기도 전에 전하가 신 등을 불러서 이저 등의 혼란스런 말의 출처를 물었습니다. 그 죄상이 이미 드러나서 과연 신 등의 아뢴 것과 같았으니, 마땅히 외방에 내쫓아 그 악을 징계하여야 할 것입니다.

전하가 차마 물리쳐 보내지 못하고 그대로 두고 논하지 않으니, 이저 등에게 있어서는 진실로 부끄러워하고 뉘우쳐서 스스로 새로워져야 할 것인데, 이것은 생각하지 않고 도리어 음흉하고 간사한 마음을 품어서, 가만히 심복을 시켜 어둠을 틈타서 대궐에 들어와 일의 변하는 것을 엿보았으니, 그 교만하고 사납고 스스로 방자하여, 나라의 법을 두려워하지 않는 것이 이와 같으니, 장래의 우환이 심히 두렵습니다.

엎드려 바라건대, 전하는 우환을 막는 도리를 깊이 생각하여 이거이·이저·이천우 등을 외방에 안치해서, 분해하고 원망하는 기운을 없애고 화란의 싹을 막으소서. 그리고, 그들이 보낸 심복은 특별히 그 이유를 신문하게 하여, 밝게 그 죄를 바루소서." 임금이 윤허하지 아니하였다.

－정종실록 2년 5월 8일－

---

37) 왕의 지필묵을 마련하여 올리던 관서.

6월 1일 대간에서 이거이와 이저의 반인(수행원)들의 마필 수를 한정하도록 청하였다. 대사헌 권근과 좌산기 박은 등이 상소문을 올렸다.

"법규와 명령이 미덥지 못하고 나아가고 퇴출함이 밝지 못하면, 이것이 국가의 폐정입니다. 전자에 신 등이 상소하여 사병을 혁파하기를 청하고, 또 종친에게 일을 맡기지 말기를 청하여, 공신과 종친이 길이 부귀를 보전하게 하였는데, 전하께서 윤허하시고 정하여 법으로 삼았으니, 비록 만세에 이르더라도 마땅히 삼가 지키고 없애지 말아야 할 것입니다. 계림 부사 이거이와 완산 부사 이저 등이 총애를 믿고 교만을 부리고 병권을 놓는 것을 한하여, 여러 사람이 모여서 비방하고 의논하여 감히 부도不道한 말을 발하였으니, 이런 마음이 있기 때문에 이런 말을 한 것입니다.

오래 쌓이고 내보내지 못하면, 반드시 악에 동하는 것이니, 화란이 생길 것을 염려하지 않을 수 없습니다. 그러므로, 신 등이 또 외방에 안치하기를 청하여 뉘우치고 깨달아 스스로 새로워져서 보전을 얻게 하였는데, 전하가 밝게 결단하시어 또한 아뢴 것을 윤허하였습니다.

이거이 등이 진실로 신하의 도리를 안다면, 마땅히 벌벌 떨고 두려워하여, 죄를 청하여 스스로 외방으로 물러가서 임금의 명령을 기다리는 것이 옳은데, 감히 거만하게도 임금을 업신여겨 편한 대로 따르라는 데도 즉시 출발하지 않고, 자기 죄를 가리고 숨겨 대간과 변명을 하고자 하였습니다. 전하가 너그럽고 어지시어 차마 가볍게 끊지 못하고, 이에 신 등을 뜰에 불러서 그 이유를 힐문하시었습니다.

죄상이 밝게 나타나서 중한 견책을 당하기에 이르러, 전하가 법을 굽히고 은혜를 베풀어 변방 감영의 중임을 제수하셨습니다. 저들이 교만하고 흉포한 것이 전과 다름없어서 사양하고 피할 줄을 알지 못하고, 사병과 사냥개와 매를 많이 거느리고 행하여, 지나는 주군州郡의 역참에서 지급하는 비용이 심히 많았으니, 하물며, 그들이 머무르는 계림·완산이 장차 어떻게 견디겠습니까?

이거이가 또 기생 중천금이란 자를 임의로 데리고 행하여 관현의 악기들을 가지거나 싣지 않은 것이 없었습니다. 그 교만 방자하고 부끄러움이 없고 법을 두려워하지 않는 것이 이렇게 극도에 이르렀으니, 어찌 법을 받들고 직책을 닦아 임금을 높이고 백성을 덮어 줄 마음이 있겠습니까? 관청에 도착한 뒤에도 여색을 즐기는 것과 사냥하는 것과 군관·노비의 비용과 사냥개와 매·말의 먹이 등, 무릇 백성의 해가 되는 것을 어찌 다 말하겠습니까?

지금에 이르러 제어하지 않아, 폐해가 쌓이고 죄악이 나타남에 이르면, 알지 못하거니와 전하가 장차 어떻게 조처하시겠습니까? 전자에 전하가 이미 종친에게 이를 맡기지 않는 법을 정하시고, 며칠이 못 되는 사이에 외임을 제수하시니, 법과 명령이 미덥지 못한 것이 이보다 심할 수가 없습니다. 이거이·이저 등이 처음에 성상의 명령을 어기고 군사를 내놓으려 하지 않다가, 또 미친 말을 토로하여 탄핵을 당하였습니다. 외방에 안치하도록 청하여 전하가 이미 윤허하신 뒤에도, 감히 변명하고자 하다가 그 일이 더욱 드러나서 다시 변명하지 못하였으니, 기망한 죄를 또한 피하기 어렵습니다.

또 대간을 힐문할 때를 당하여, 가만히 수행원을 궐내에 들여보내어 밤이 되도록 나가지 않고 동정을 엿보게 하였으니, 그 마음을 헤아리기 어렵습니다. 이와 같은 죄과를 모두 내버려 두어 묻지 않고, 도리어 수령에 제수하였으니, 등용하고 퇴출함이 밝지 않은 것이 이보다 심한 것이 없습니다.

엎드려 바라건대, 전하는 위로 국가를 위하여 법령의 밝고 미더움을 보이고, 아래로 이거이 등을 위하여 그 부귀를 안전하게 보전할 것을 생각하여, 외임의 직책을 거두어들이고 사적 전원에 안치해서, 허물을 징계하게 하고 스스로 새로워져서 길이 법을 범하는 근심이 없게 하면, 저들은 한가롭게 놀 수 있어 스스로 편안하여 나라와 더불어 즐거움을 함께할 것이요, 전하가 종친을 보전하는 도리도 또한 길이 다하여져서 결함이 없을 것입니다."

―정종실록 2년 6월 1일―

임금이 명령하여 다른 일은 그만두게 하고, 반인(수행원)과 말의 수는 한결같이 종전에 있었던 부윤의 예에 의하고, 사냥개와 매는 모두 금하도록 하였다. 또 대간이 상소하였다.

"이거이가 판문하부사에서 퇴출당하여 계림 부사로 가는데, 기생 중천금을 데리고 부임하였으니, 법에 부당한 일입니다. 청하건대, 이거이·이저 등은 직임을 파면하여 개인 전원에 안치하고, 중천금은 도로 그 부역에 정하소서."

임금이 윤허하지 아니하니 또 대간이 상소하였다.

"신 등이 여러 차례 상소문을 올려 이거이와 이저의 외임의 직무를 해면하기를 청하였습니다. 대개 법이 이미 정하여진 것은 변할 수가 없고, 죄가 이미 나타난 것은 일을 맡길 수가 없다고 합니다. 두 가지가 모두 법을 무너뜨리고 기강을 어지럽히는 일이므로, 나라 정세가 쇠하여 없어지는 것이 곧 이 때문입니다. 신 등이 직무가 말로써 논책 하는 데 있으니, 감히 아뢰지 않을 수 없습니다. 전하가 이에 훈친인 연고로 갑자기 그 직임을 해면시키지 못하시니, 신 등이 다시 옛 사실을 상고하여 우러러 임금님의 귀를 더럽힙니다.

옛날 순임금이 그 아우 상象을 유비에 봉하고, 관리를 시켜 다스려서 상象은 하는 일이 없게 하였는데, 논하는 자가 말하기를, '유비에 봉한 것은 부귀하게 한 것이요, 관리를 시켜 다스려야 하는 일이 없게 한 것은, 이것은 일을 맡기지 아니하여 보전하게 한 것이다.' 하였습니다. 그러므로, 순임금이 상象을 조처한 것은 인仁을 지극히 한 것이고, 의義를 곡진히 한 것이니, 만세에 마땅히 본받을 일입니다.

정나라 장공이 그 아우 숙단을 큰 고을에 봉하여 놓아두어 도를 잃게 하여서 난에 이른 연후에 쳤으니, 의논하는 자가 장공이 일찍 조처하지 않고 숙단의 죄악을 양성한 것을 기롱하였으니, 만세에 마땅히 경계하여야 할 일입니다.

전하가 진실로 이저가 친척인 때문에 차마 사사 전원에 안치하지 못하신다면, 마땅히 대순으로 법을 삼고 장공으로 경계를 삼아, 그대로 완산부사를 시켜 그 봉록을 먹게 하고, 부府의 일을 맡기지 말고 판관에게 위임하여 오로지 부의 일을 다스리게 하면, 대순이 상을 조처한 도에 합할 것입니다.

또 상고하건대, 송나라 조정의 재상 여혜경이 태위로서 견책을 당하여 건녕 절도에 제수되었는데, 본 주에 안치하고 공무에 서명하지 못하게 하였습니다. 대개 대신이 견책을 당하면 폐출할 수가 없고, 또 일을 맡기는 것이 마땅치 않기 때문에, 이러한 명령이 있었던 것입니다. 비록 일시의 편의에서 나온 것이나, 또한 후세의 법이 될 만합니다.

전하가 이거이에 대하여 또한 훈신인 때문에 차마 사사 전원에 안치하지 못하신다면, 마땅히 송조 여혜경의 고사를 본받아서, 그대로 이거이를 계림 부사로 삼아서 그 부府에 안치하고, 일을 다스리지 못하게 하여 판관이 부의 일을 전적으로 다스리게 한다면, 전하가 훈친을 우대하여 차마 폐출하지 못하고 작위를 주는 은혜를 잊지 않을 것이요, 또한 국가에서 훈친을 보전하고자 하여 일을 맡기지 않는다는 이미 정해진 법을 잃지 않을 것입니다.

또 법을 범한 자가 총애로 요행히 법을 면할 수 없고, 권문 귀족을 낀 자가 세력을 가지고 스스로 방자하지 못한다면, 당시의 폐해가 백성들에게 미치지 않고, 후일의 우환이 영원히 그 몸에서 없어질 것입니다. 한 가지 일을 하여서 여러 가지 아름다운 일을 아울러 보게 될 것입니다. 엎드려 바라건대, 전하께서는 윤허하소서."

-정종실록 2년 6월 1일-

임금의 명령에서 아뢴 바에 의하여 사적 전원에 안치하도록 하였다. 대신들이 끈질기게 처벌하기를 요구하자 정종 2년 7월에 이거이·이무·조영무·조온을 서울 밖 이들이 편한 곳에 거처하도록 하였다.

이거이·이무·조영무·조온을 서울 밖에 편한 곳에 거처하도록 하였다.
대간에서 합동하여 상소하였다. "이거이가 아직도 개전하지 않고 원망하고 교만하니, 편한 곳에 거처하게 할 수 없습니다." 하니 임금이 자원(스스로 원하는 곳)에 따라 안치하게 하였다.

-정종실록 2년 7월 2일-

1400년 9월 정종은 다시 이거이를 불러들여 판문하부사에 제수하였고, 11월에는 문하 좌정승에 기용하여 정무를 맡기게 된다. 상왕 태조의 사돈을 어떻게 할 수가 있었겠는가. 정종이 왕위를 선양하여 태종이 등극하자 이거이는 좌명공신 1등에 봉해져, 권력의 향유는 끝없이 높아져 갔다. 그러자 이번엔 우정승 하륜이 이거이를 퇴출하기 위해 스스로 사직하기를 청하니 태종도 어쩔 수 없이 이거이를 계림 부윤으로 좌천시켜 지방으로 내보냈다.

우정승 하륜이 사직하기를 청하니 허락하였다. 하륜이 아뢰기를, "신이 재주롭지 못한 사람으로서 외람되게 정승의 지위에 있어 변괴(천재지변)를 가져왔습니다. 예전 사람도 정승이 되어 변괴를 만나서 사직한 자가 또한 있었습니다." 하였다.

처음에 좌정승 이거이가 일찍이 아성(서열 2위 벼슬)이 되었었는데, 큰아들 이저李佇가 부마가 되었고, 또 제1차 왕자의 난에 참여하였으므로, 병권을 맡아 총애가 날로 새로웠고, 작은아들 이백강이 또 부마가 되었으므로 총애를 믿고 부도한 일을 자행하였다. 임금이 세자로 봉하여진 때를 당하여 상왕이 여러 절제사의 관할인 군관을 고쳐서 모두 삼군부에 소속시켜 감무하게 하였다. 이리하여, 여러 절제사가 명령을 듣고 병권(사병)을 즉시 삼군부에 바쳤는데, 오직 이거이와 이저만이 병권을 그대로 잡고서 즉시 반납치 아니하였다. 이에 판의흥 삼군부사 이무李茂 등이 임금께 아뢰기를,

"이거이 부자가 병권을 내놓기를 아깝게 여기오니, 뜻을 헤아릴 수 없고, 또 신 등을 지목하여 말하기를, '한 덩어리 고기'라 하니, 일찍이 염려하지 않을 수 없습니다."

하였다. 임금도 역시 이를 미워하여 마침내 이거이를 내보내어 계림 부윤으로 삼고, 이저李佇로 완산 부윤으로 삼고, 이무李茂로 영흥 부윤으로 삼았다.
처음 태종이 즉위한 뒤에 이거이로서 좌정승으로 삼았으니, 대개 그 마음을 기쁘게 하려는 것이요, 오래 맡기고자 한 것은 아니었다. 이거이가 이를 알지 못하고 조금도 사면할 뜻이 없으므로, 하륜이 가만히 임금께 고하고 천재지변을 칭탁하여 사직한 것이었다.

-태종실록 1년 3월 28일-

이로 인해 어쩔 수 없이 이거이도 사직서를 제출하니 태종은 이거이의 사직을 허락하고 계림부윤으로 내려보냈다. 그러나 태종의 이거이에 대한 신임은 두터워 1년 후에 영의정으로 승진시켜 불러들인다.

이거이는 영의정 부사로 삼고, 조온은 의정부 찬성사로 삼았다. 유신으로서 문행文行이 있는 사람을 뽑아 원자의 관료로 삼게 하였으니, 이공의와 이양명으로 좌우 시학을 삼고, 김훈과 홍여방으로 좌우 동시학을 삼았다. 조서는 조영무의 아들이고, 이공의는 이무의 아들이었다.

-태종실록 2년 4월 18일-

이후 이거이를 영사평 부사, 좌도 도통사, 서원 부원군 등 중앙의 요직을 맡겼는데, 여전히 왕실의 배경을 믿고 뉘우칠 줄 모르는 행실로 일관하였다. 이에 대간들이 다시 들고 일어나 거세게 탄핵하니 태종도 어쩔 수 없어 이거이를 고향 진천에 유배시켜 은거하게 하였다.

역모설에 엮이어 폐서인이 되어버린 권력

이거이는 개국공신·정사공신·좌명공신으로 조선 개국서부터 정종즉위·태종즉위까지 공훈을 세운 훈신 중의 훈신이자, 태조의 딸을 며느리로 맞아들여 사돈 관계를 맺었고, 태종의 딸을 며느리로 맞아들임으로써 두 왕조에 걸쳐 겹사돈을 맺은 아주 굵고 질긴 끈을 가진 원로대신이다. 그런데 그런 막강한 힘을 믿어서였는지 정종의 사병 혁파를 강하게 반대하고 나섰다. 왕권을 강화하려는 정종의 뜻에도 태종의 뜻에도 왕명을 거역하는 행위였다. 아무리 훈신에 인척을 맺은 관계라 할지라도 태종의 눈에는 용서할 수 없는 행동으로 비쳤음이 틀림없다. 태종이 이거이를 물리치는 과정이 민무구 형제를 내치는 과정과 너무나 유사한 방식을 적용하고 있다. 그 과정을 살펴보자.

태종이 의안대군 이화·완산군 이천우 등을 불러 비밀리 지령하였다. "신사년에 조영무가 나에게 고하기를, '신臣이 이거이의 집에 가니, 이거이가 신에게 이르기를, 「우리들의 부귀한 것이 이미 지극하나, 끝까지 보존하기는 예로부터 어려우니, 마땅히 일찍이 도모해야 한다. 상왕上王은 사건을 만들기를 좋아하지 않는다. 태종은 아들이 많지만, 어찌 다 우리들을 베풀겠는가? 마땅히 이를 베어 없애고 상왕을 섬기는 것이 가하다.」 하였습니다.' 하였다. 내가 이를 듣고, 조영무에게 경계하여 누설하지 말도록 한 지 이제 이미 4년이다. 이거이도 이미 늙었고, 조영무도 또한 곧 늙을 것이다. 만약 한 사람이라도 죽는다면, 이 말은 변별하기가 어렵다."

임금이 이거이를 궐내에 비밀히 불러 조영무와 대질하여 변명하게 하고, 담당이 알지 못하게 하였다. 종친 이화와 공신 상락 부원군 김사형 등 35인이 입궐하여, 이거이의 말을 변별하여 밝히도록 하고, 또 담당이 이를 알게 하기를 청하니, 임금이 종친·공신·삼부三府[38)]·대간에게 명하여 대궐의 뜰에 모여 증거하여 듣도록 하였다. 이거이가 조영무와 대질하여 변명하게 하고, 박석명을 시켜 이거이에게 묻기를,

"조영무와 더불어 이러한 말을 하였는가?" 하니, 이거이가 말하기를, "두 아들이 임금의 사위가 되었고, 신臣이 정승이 되었는데, 무엇이 부족한 바가 있어 이러한 말을 하였겠습니까?" 하였다.

다음에 조영무에게 물으니, 조영무가 대답하기를, "신사년에 신臣이 이거이의 집에 갔더니, 이거이가 말하기를, '우리들의 부귀함이 이와 같으니, 마땅히 보존할 계책을 마련해야 한다. 주상의 여러 아들로 말하면, 「어린아이들」인데, 임금이 되면 반드시 우리를 싫어하여 제거할 것이니, 상왕을 섬기는 것만 같지 못하다. 어린아이들이 있게 되면, 반드시 우리에게 불편할 것이다.'라고 하였습니다." 하였다.

이거이가 조영무에게 이르기를, "어찌하여 나를 해치려고 하는가?" 하니, 조영무가 말하기를,

"그대가 있고 없는 것이 나에게 무슨 손해되고 이익되는 것이 있겠는가? 또 함께 같은 때에 공신이 되어 집안을 일으킨 사람이다. 다만 군신의 분수가 붕우의 사귐보다 무거우므로, 그대의 말을 주상에게 고한 것이다." 하였다.

하륜이 말하기를, "이미 알았으니, 마땅히 속히 아뢰어야겠다." 하였다. 종친과 공신이 이거이를 법대로 처치할 것을 청하고, 대사헌 유양·사간 조휴 등이 상소하였다.

"경전에 말하기를, '임금의 친척에게는 장차將次가 없으니 장차가 있다면 반드시 베는 것이다.' 하였습니다. 가만히 보건대, 이거이와 그 아들 이저는 성질이 본디 광망하고 또 배운 것도 없는데, 성은을 특별히 받아, 왕실에 인척이 되어 지위가 최고에 이르렀고, 일가친척이 아울러 높은 벼슬에 포진하였습니다. 진실로 마땅히 조심하고 근신하여, 임금에게 충성을 다하고 나라와 더불어 기뻐해야 할 것인데, 생각이 여기에는 미치지 아니하고 도리어 두 마음을 품었습니다.

---

38) 의정부·사평부·승추부.

지난번에 큰 재앙의 변을 당하여, 이에 영승추부사 조영무와 더불어 감히 반역한 말을 발하였으니, 이것이 어찌 일조일석에 나온 마음이겠습니까? 원하건대, 전하는 대의로 결단하여, 이거이와 이저 등을 담당에 내려 그 까닭을 국문하여, 그 죄를 밝게 바로잡아 만세토록 난신의 경계를 삼도록 하소서."

임금이 다만 이거이에게 명하여 그 고향에 돌아가도록 하니, 대간이 다시 대궐의 뜰에 서서 청하였다. "이거이는 마땅히 법으로 다스려야 합니다. 만세의 법은 비록 임금이라 하더라도 폐할 수가 없습니다."

임금이 말하기를, "경 등이 반드시 나를 불통不通하다고 할 것이다. 그러나, 내가 공신을 보전하고자 하여, 이미 하늘과 땅에 맹세하였다. 이거이 부자는 일찍이 큰 공이 있었으므로, 죄를 가加할 수는 없다." 하니,
유양柳亮이 말하기를, "한때의 공으로 만세의 법을 폐할 수는 없습니다. 어찌 이거이 한 사람을 아끼고 자손 만세의 계책을 위하지는 않습니까? 반드시 한나라 고조처럼 사사로운 정을 없앤 뒤라야 왕업이 장구할 것을 가히 기약할 수 있습니다. 이거이는 임금을 업신여기는 마음이 가슴 속에 쌓여서 말 가운데 나타난 것이며, 또 그 아들 이저도 또한 광망한 자이니, 아울러 법대로 처치할 것을 청합니다." 하니,

임금이 말하기를, "내가 보전하고자 하여 마음이 이미 정해졌다. 경 등이 비록 죄를 가加하고자 하더라도 마침내 들어주지는 않을 것이다. 경 등이 억지로 말한다면 내가 마땅히 문을 닫겠다. 또 이저는 처음에 알지 못하였고, 그 사람 됨이 어리석지 아니하니, 이거이가 유배되면 스스로 마땅히 아비를 따라서 고향에 돌아갈 것이다." 하였다. 〈중략〉

하륜이 말하기를, "이거이 부자의 죄는 커서 마땅히 법으로 다스려야 합니다. 그러나 주상이 공신을 보전하고자 하신다면, 부자를 한꺼번에 함께 유배시키는 것이 좋겠습니다." 하니,

임금이 말하기를, "부자를 한꺼번에 아울러 유배시키면, 장차 스스로 생각하기를, '이때 바로 죽일 것이다.' 할 것이다. 이저의 유배는 비록 뒤에 하더라도 좋을 것이다." 하였다.

공신 등은 모두 명령을 듣고 물러 나와 섰는데, 박석명이 유양에게 사사로 말하기를, "주상이 아침 일찍 나와서 정사를 들었으므로 인하여 심히 피로합니다. 다음날을 기다려 끝내도록 하는 것이 마땅합니다." 하였다. 그때 밤이 이미 깊으니, 유양이 큰 소리로 말하였다.

"대궐 뜰에 가득한 공신이 난적을 토죄 하기를 청하지 아니하고, 다만 함께 유배시키기를 청하니, 신하의 도리가 어디에 있다는 말인가!" 유양 등이 무릇 일곱 차례나 반복하였으나, 청할 수가 없어서 물러났다.

-태종실록 4년 10월 18일-

이거이·이저·이백강 등을 폐하여 서인으로 삼고 외방에 유배하였다. 아울러 이거이·이저의 자손을 금고하고, 친인척들도 아울러 죄로 다스렸다.

의정부에서 상소하였다.
"이거이 부자가 주상을 향하여 두 마음을 가졌으므로, 의정부와 삼성(중서성·문하성·상서성)이 대궐에 나아가 죄를 청하였는데, 주상이 자비하여 그 고향으로 돌아가게 하였습니다. 이거이 부자가 원훈 대신으로 종실에 인연하여 주상의 은혜를 지나치게 입었으나, 두 마음을 가졌으니, 죄는 참으로 큽니다. 원하건대, 삼성의 청한 바에 의거하여 그 죄를 밝게 바루도록 하소서." 하니

임금이 명하여 이거이·이저를 폐하여 서인庶人으로 삼고, 또 이거이의 아들 청평군 이백강 등 4인도 폐하여 서인으로 삼아 지방에 안치하였다. 또 명하여 이거이·이저의 자손을 가두게 하고, 이백강·이백관·이백신·이현은 모두 폐하여 서인으로 삼아 외방에 안치하게 하고, 친인척인 최원준·허권·박영·홍제·민설·최안준·이곤륜은 자원부처(본인이 원하는 곳에 거주)하게 하고, 경지慶智는 파직시키고, 신중선·김수천은 논하지 말게 하였다.
이백관은 동래에, 이백신은 정주에, 이현은 진천에 귀양보내고, 나머지는 모두 본인이 원하는 곳에 유배하게 하였다.

-태종실록 4년 10월 24일-

이후에도 이거이에 대한 탄핵은 계속되었으나 태종은 이들 부자의 목숨만은 굳건히 지켜주었다. 태종 4년부터 이어진 이거이에 대한 탄핵 상소는 태종 9년까지 계속되었고 이거이는 결국 고향에서 지내다가 생을 마감하였다. 계속된 상소와 조치는 다음과 같다.

태종 4년 10월 18일 종친·공신 등이 여러 차례 이거이 부자의 죄를 청하다.
태종 4년 10월 20일 대간·형조에서 이거이의 당파로 남재를 탄핵하고 그의 집을 감시하다.
태종 4년 10월 21일 백관을 거느리고 이거이 죄를 탄핵하려다가 뜻을 이루지 못하다.
태종 4년 10월 24일 이거이·이저·이백강 등을 폐하여 서인으로 삼고 외방에 안치하다.
　　　　　　　이거이·이저의 자손을 금고하고, 친인척들도 아울러 치죄하다.
태종 4년 10월 28일 지사간원사 오승 등이 서인이 된 이백강과 공주와의 이혼을 청하다.
태종 5년 3월 7일 사간원에서 이거이 부자를 변방에 안치하도록 청했으나 윤허하지 않다.
태종 5년 4월 23일 이거이의 아들들에게 진천에 있는 부친을 만나보게 하고 자원부처 시키다.
태종 5년 6월 26일 이거이 부자를 진휼하기 위해 쌀·콩 50석을 하사하다.
태종 5년 10월 2일 이백강의 직첩을 돌려주도록 명하였다.
태종 6년 5월 18일 이거이 일가에게 외방 종편하자, 사헌부에서 반대하다.
태종 6년 8월 12일 사헌부에서 이저의 죄를 청했으나 윤허하지 않다.
태종 9년 2월 14일 충청 관찰사에게 이거이에게 꾸어준 의창의 곡식을 받지 말도록 하다.
태종 9년 6월 9일 장령 이숙봉 등이 이거이를 죄 주는 일을 윤허하도록 청하다.
태종 10년 2월 15일 이저에게 진천에 있는 부친 이거이를 만나보도록 허락하다.
태종 10년 7월 6일 이저를 용서하여 다시 좌명공신에 책록하고 소환하다.
태종 10년 8월 7일 의정부·삼공신 등이 이저의 죄를 청했으나 윤허치 않다.
태종 11년 11월 12일 상당군 이저에게 공신에 대한 교서를 주다.
태종 12년 7월 13일 진천에 안치한 이거이에게 쌀 20석을 하사하다.

이렇게 공신의 위력과 왕실 혼척의 힘을 마음껏 누린 이거이는 역모란 누명을 쓰고 관직에서 물러나 고향인 진천에서 지내다가 65세 나이로 숨졌다. 조영무가 말한 '상왕을 섬기는 것만 같지 못하다'라는 말이 사실이었다면 역모 중 대역죄로 어찌 살아남을 수 있었을까. 아니면 거짓을 고한 조영무를 처벌해야 함이 마땅하지 않았을까. 왕위 전위소식에 기뻐했다는 죄목만으로 불충이란 죄를 씌워 왕후의 친동생 민무구 형제를 네

명이나 죽였던 태종이 아니던가.

이에 비하면 죽을 때까지 목숨을 보전한 이거이는 그래도 훈신에 공주의 시아버지로 대우받았다. 사병 혁파에 반대함으로써 왕권에 대응한 죄로 부귀영화를 끝까지 누리지 못하고 고향 땅에서 유배를 살았다.

이거이의 아들이자 태조의 사위였던 이저李佇는 제1차 왕자의 난에 공을 세워 정사 1등 공신에 들었고 태종즉위 때 이거이와 같이 좌명공신 1등에 들어 의정부 좌찬성까지 올라 권력을 과시하다가 결국 이곳저곳으로 유배당한 끝에 아버지 고향 진천에서 안치되어 울분을 삭이다가 52세 나이로 죽고 말았다. 겸양의 덕이 모자라 스스로 명을 재촉한 셈이다.

태종의 맏사위로 이거이의 넷째 아들이었던 이백강은 대장군을 거쳐 보국숭록대부 청평 부원군에 책봉되었으나 이거이가 유배 갈 때 함께 귀양을 살았다. 이후 유배에서 풀려나 문종 1년 70세 나이로 병을 얻어 숨졌다. 이백강은 부마로서는 청렴하고 근면한 면이 있었다고 역사는 기록하고 있다.

공주와 강제이혼시키자는 상소문

1404년 10월 28일 오승 등이 서인이 된 이백강과 공주와의 이혼을 청하였다. 지사간원사 오승·사헌 집의 유두명 등이 입궐하여 전일의 상소를 윤허할 것을 청하니, 임금이 지신사 박석명을 시켜 명하였다.

"이거이의 부자는 이미 대죄를 가하였으니, 다시 청하지 말라. 그 족당도 모두 그 직책을 거두고 먼 곳에 귀양보냈다. 이백신은 그 어미를 진천에 안치한 뒤에 유배지로 가도록 명하였다. 이백강의 이혼하는 일은, 인정상 어려운 것이니 그 처도 아울러 보내겠다." 하니

대간이 합사하여 상소하였다.

"신 등이 전일에 삼가 이거이 부자 등의 두 마음을 품은 죄를 청하였더니, 전하는 다만 자손을 가두고 진천에 안치하였습니다. 신 등은 그윽이 생각건대, 이거이의 부자가 조정의 정치에 참여한 지 또한 여러 해이므로, 은혜를 생각하여 한 편이 되어 붙좇는 자가 적지 않을 것입니다. 또 진천은 이거이 부자가 생장한 땅이므로, 친척과 붕당이 많을 것입니다. 이제 부자가 함께 그 고향에 거처하게 하였다가, 만약 무뢰한 무리가 있어 불궤한 음모를 부추기면, 전하가 금일의 다시 살리는 은혜를 온전히 하고자 하더라도, 할 수 있을는지 알지 못하겠습니다.

원하건대, 전하는 일찍이 이를 도모하여 이거이·이저를 각기 변경에 안치하고, 가산을 적몰하여 불궤한 것을 다스리도록 하소서. 만약 이백강이 이미 서인庶人이 되었다면, 공주公主와 짝할 수는 없습니다. 원하건대, 전하는 신 등이 전일에 아뢴 바를 살펴, 이혼하도록 허락하여, 귀하고 천한 것을 정하면 심히 다행하겠습니다."
임금이 윤허하지 아니하고, 이저를 함주에, 이백신을 통주에 옮겨 안치하도록 명하였으니, 정주와 함주가 서로 가까웠기 때문이다.

-태종실록 4년 10월 28일-

1410년 태종 10년 8월 19일 여러 신하에게 이저에 관계된 일에 대하여 말하다.

이튿날 업무를 아뢰는 여러 신하에게 일렀다.

"이거이가 민씨에게 미움을 받았기 때문에 그 말을 발한 것이지, 내게 불충한 마음을 품은 것은 아니다. 그러나 말한 것이 종묘사직에 관계되기 때문에 그를 폐하여 서인庶人을 만든 것이다. 그러나 이저李佇는 일찍이 털끝만큼도 내게 다른 마음을 품은 바가 없었다. 비록 다른 마음을 품었다 하더라도, 자기에게 다른 마음을 품었다 하여 이를 벤다면 아름다운 일이 아니다. 비록 백 명의 대간이 말하더라도 어찌 끝내 폐할 수 있겠는가? 내가 즉위한 이래로 간관이 등급이 낮아진 자도 있고, 혹은 형을 받은 자도 있는데, 만일 하나하나 그 실정을 찾는다면 모두 스스로 취한 것이다.

무릇 간언이 대신의 의논을 두려워하고, 혹은 여론의 들끓음으로 인하여, 그 사람이 죄가 없는 것을 분명히 알면서 오히려 고치도록 말하는 것은 대개 고려조의 폐단을 인습한 것이다. 내가 이를 금한 지가 이미 오래되었으나, 아직도 그 폐단이 남아 있다.

어제 어변갑이 상소하여 이저를 논하였는데, 원소袁紹·동탁董卓을 인용하기까지 하였다. 내가 원소·동탁의 일을 물으니, 알지 못한다고 대답하였다. 만일 알고서 말하지 않았다면 이것은 임금을 속인 것이고, 만일 알지 못하고 말하였다면 제가 지은 상소가 아니라, 남이 꾀고 부추긴 것이다. 내가 그 글을 의정부와 순금사에 내려 신문하려 하였으나, 신들에게 비난을 당할까 염려하여 마침내 행하지 않았다."

-태종실록 10년 8월 19일-

서인이 된 이거이의 졸기 세 줄과 아들 이애의 졸기

1412년[65세] 태종 12년 8월 25일 이거이의 졸기.

이거이가 졸卒하였다. 이거이가 진천에서 죽으니, 부의로 미두米豆 30석과 종이 1백 권을 내려 주고, 또 관곽까지 내려 주었다. 또 충청도 도관찰사로 하여금 치제하게 하였다.

-태종실록 12년 8월 25일-

서인으로 강등되어 죽은 이거이의 졸기는 같은 공신이고 영의정이었던 조준, 성석린에 비하여 너무 빈약하다. 왕실 부마로 지내다가 죽은 아들 이애의 졸기도 아버지 이거이보다는 예우를 받았다.

1414년 태종 14년 10월 6일 상당군 이애의 졸기.

상당군 이애李薆가 졸하였다. 이애는 옛이름이 이백경李伯卿이 있었는데, 경卿자가 정종의 이름과 소리가 서로 비슷하였기 때문에 이저李佇로 고쳤으나, 저佇자가 또 세자의 이름과 소리가 서로 비슷하였기 때문에 이애로 고쳤다.

청주 사람으로서 이거이의 아들인데, 태조의 맏딸 경신 공주에게 장가들었다. 기개가 호탕하고 뛰어나 정사 좌명공신이 되어 권세가 빛났다. 갑신년에 아비의 죄 때문에 함주咸州에 귀양 갔다가, 을유년에 이천으로 이배 되었고, 또 임강臨江으로 옮겼다. 경인년에 소환되었으나, 아비의 상을 당하여 진천에 있다가 병으로 졸卒하였는데 나이가 52세였다.

임금이 부음을 듣고 몹시 슬퍼하여, "지난 적에 이거이의 연고로 간언이 없지 않았다. 그러나 그 마음에 다른 뜻이 없는 것을 다 알았으므로 상복을 끝마치기를 기다려 소환하려고 생각하였는데, 어찌하여 갑자기 이 지경에 이르렀는가?" 하고, 조회를 철하기를 3일 동안 하고, 부의로 쌀·콩 각각 50석과 종이 1백 50권을 주고, 시호를 경숙景肅이라 주고 대언代言을 보내어 제사를 지냈다.

-태종실록 14년 10월 6일-

사면요청과 태종이 내린 결정을 바꾸지 않은 세종

1446년 세종 28년 9월 10일 이백강이 죽은 아버지의 관직을 사후 사면해 달라고 글을 올리다.

유록 대부 이백강이 글을 올리기를,
"신의 아버지 이거이는 시대의 운수가 꽉 막힌 상황을 만났으며, 또한 자기 스스로 재주가 없음을 알고 시골구석에 물러가 거처하면서 한평생을 마칠 것 같더니, 다행히 큰 운수를 만나 특별히 태조께서 선발하심을 입어 강계江界 등처의 관군 만호萬戶에 임명되었으며, 또 간관諫官의 장관에 임명되었습니다. 전직하여 한성부 윤에 이르렀다가 조금 후에 강북 절제사의 임무를 맡게 되었습니다.

신의 아버지는 자기를 알아 후하게 대우한 은혜에 깊이 감격하여 그의 보좌하는 힘을 다하였으니, 태조께서 그 공적을 칭찬하여 1395년에 특별히 원종공신의 칭호를 내리시고, 또 공주를 신의 형인 이애李薆에게 혼인시켰으며, 1398년에 이르러서는 정종께서 또 정사공신의 칭호를 내리시고, 우리 태종의 즉위하신 초년에 이르러서 의정부의 장관이 되게 하셨으며, 또 좌명공신의 칭호를 내리셨습니다.

그 교서에, '우리 태상왕께서 인재를 얻는 데 밝으시어 무리 중에서 발탁하여 중앙과 지방의 임무에 임명하니, 그 있는 데에 따라 직책을 수행하지 않은 것이 없었다. 태상왕께서 더욱 존중하여 원종공신으로 기록하고 공주公主를 혼인시켜 장남에게 배우자로 만들어 주니, 왕실과 인척이 되어 총애가 날로 융성해졌다.
무인년을 당하여 간사한 신하가 이익을 엿보아 어린 이방석을 감히 끼고서 우리의 적장자를 도모하는데, 경卿의 부자가 힘을 합하여 난을 평정하여 종묘사직을 다시 편안하게 하였으니, 사직의 안위를 맡길 만한 중신이라 할 수 있겠다. 나도 또한 존중하여 또 장녀로써 경의 사남四男에게 혼인시켰으니, 경은 왕실에 있어 의리로는 군신이 되고 친척으로는 사돈이 되어, 즐거움과 근심을 같이하고 편안함과 위태함에 의지하게 되니 실로 다른 사람의 비교가 아니다.

지난번에 권신 박포가 그 간사한 계책을 부려서 형제를 이간시켜 군사를 일으켜 대궐로 향하니 화가 예측이 불가한 지경에 있었는데, 경이 처음과 끝을 환하게 내다보고 의리를 분발하여 계책을 결정하고 화란을 평정하였으니, 인륜이 장차 변하려고 하였다가 재차 순서가 정해지고, 종묘사직이 거의 위태할 뻔하였다가 다시 편안하게 되어 오늘날이 있게 된 것은 모두 경의 힘이다.'라고 하여, 포상하심이 이와 같았으며, 또 신의 형인 이저가 다시 동맹 맹서에 참여하였으니 역대왕께서 후한 대우의 융성하심이 지극하였습니다.

아버지가 수상이 되고 두 아들이 부마가 되었으니 한집안의 영화는 고금에 뛰어났습니다. 성은의 크심은 천지와 같으니, 비록 분골쇄신이 되더라도 만분의 일이나마 보답하기 어렵겠습니다. 신의 아버지가 비록 어리석더라도 감히 두 마음을 두어 천지의 큰 은혜를 저버리고서 멸망의 재화에 나아가겠습니까. 절대로 다른 생각이 없었음은 환하게 알 수 있는 것입니다. 하늘의 해가 굽어보는데 신이 감히 속이겠습니까. 다만 가득 차면 손해를 초래하는 것은 천도天道의 떳떳한 일입니다.

그런 까닭으로 갑신년에 한산 부원군 조영무가 신의 아버지를 언어의 실수로써 무함했는데, 신의 아버지가 조영무와 서로 이야기하는 즈음에 곁에 다른 사람이 없었으므로 증거 댈 수가 없어서 마침내 변명하지 못하였습니다.
그때의 조정 신하들이 중한 견책을 가하기를 청한 것은 다만 신의 집안이 은총에 지극히 성하고, 또 신의 아버지와 신의 형은 성품이 본디부터 어리석어서 한둘의 중신에게 붙좇지 않은 까닭으로 그렇게 된 것입니다.

그래도 우리 태종께서 해와 달처럼 밝으셔서 신의 아버지의 마음을 환하게 살피시어, 조정 신하들의 청을 따르지 않으시고 다만 진천으로 물리치기만 하게 하여 생명을 보전하게 하시니, 천지처럼 크고 넓어 두 번 살려주신 은혜가 지극하였습니다. 신의 아버지가 진천에 있은 지 9년 동안에 여러 번 내리신 쌀을 받았사오며, 그 밖의 내려 주신 물품의 많은 것이 도리어 조정에 있던 훈구세력의 위에 있게 되었습니다.

그 후에 죄인의 직첩은 모두 불살라 없앴으나, 신의 아버지의 직첩은 특별히 명령하여 불사르지 말게 하였습니다. 신의 아버지가 빈소에 있을 적에 전하께서 사저에 계시면서 어가를 남쪽으로 행차하셨는데, 이에 효령대군과 더불어 친히 문상 오셔서 장례 도구를 내리셨으니, 신의 아버지는 살아 있을 때와 죽었을 때 은혜를 입었음이 이미 극도에 다하여 결초보은하더라도 보답하기가 어렵겠습니다. 비록 죽은 사람에게 앎이 있게 할지라도 신의 아버지는 더 남은 희망은 없겠습니다.

다만 신이 생각해 보건대, 우리 조정의 제도에 2품 이상의 관원에게는 3대까지 추증하는데, 신과 신의 형은 관위가 높은 품계에 이르렀으며, 신의 형 이백관과 이백신 및 신의 아우 이백현도 모두 등용함을 입어 또한 3품까지 이르렀는데도, 신의 아버지는 관작이 없으니 신은 그윽이 민망히 여깁니다.

신은 19세로부터 오늘날에 이르기까지 무릇 의복·음식과 수레와 말·용기는 항상 사은을 입어서 임금의 은택이 온 몸에 뱄으니, 비록 부모가 어린아이를 사랑하는 것도 이에 비할 수 없겠습니다. 상시 스스로 근심하고 조심하여 분수에 지나는 것을 두려워하였는데, 지금 또 감히 저의 정성을 진술하게 되니 마음이 실로 황송하옵니다. 그러나 신이 또 생각해 보니, 신의 아버지와 조부께서는 모두 연세가 65세가 되어 세상을 떠났사오며, 신의 형제들도 또한 모두 일찍 죽었습니다. 신의 나이도 지금 66세이며, 또 질병이 몸에 떠나지 아니하여 사망할 날이 며칠 남지 않아 몸이 죽은 후에는 위에 아뢸 길이 없겠습니다.

그런 까닭으로 감히 평소의 마음속에 있는 것으로써 임금의 총명을 모독하오니, 삼가 바라옵건대, 태종께서 직첩을 불사르지 말라고 하시던 명령을 생각하시고 신의 형의 조그만 공로를 생각하시어, 국가에서 작위를 봉하고 추증하는 예例에 따라 신의 아버지의 관직을 사후 하사하여 보잘것없는 신臣이 어버이를 나타나게 하려는 진정을 이루어 주신다면, 어찌 다만 신臣만이 마음속에 감격할 뿐이겠습니까. 신의 아버지와 신의 형의 황천에 계시는 혼령도 또한 저승에서 감격해 올 것입니다. 삼가 생각하옵건대, 전하께서 굽어살피시어 불쌍히 여기소서." 하였으나, 회보하지 않았다.

−세종실록 28년 9월 10일−

1451년 문종 1년 10월 17일 청평위 이백강의 졸기.

청평위 이백강이 졸하였다. 이백강은 청주 사람으로서, 고려 평장사 이공승의 후손이요, 이거이의 아들이다. 나이 17세에 음보로 별장이 되고, 1399년에 감찰에 임명되었다. 당시 우리 태종이 사저에 있으면서 골라서 사위로 삼았다. 이어서 병조·형조의 좌랑에 전보되었다. 1400년 이방간의 난에 이백강이 태종을 모시고 보좌한 공이 매우 많았으므로, 난을 평정하고 공을 의논할 때 이백강의 이름도 또한 끼었다. 태종이 말하기를,

"이백강은 나의 사위이니, 그를 제수하라."

하여 이듬해에 우장군을 제수하고, 얼마 안 되어 대장군으로 옮겼다. 태종이 즉위하여 청평군에 봉하니, 품계가 숭정대부이었다. 1416년에 숭록대부의 계급을 더하고 1418년에 대광 보국 청평 부원군에 오르고, 1444년에 다시 유록 대부로 고쳤다. 1450년에 또 유록 대부 청평위로 고치고, 예에 의하여 궤장을 내렸다. 졸卒하니, 나이가 71세였다. 2일 동안 조회를 폐하고, 관官에서 장사를 지냈다.
이백강은 청렴하고 결백하며 온화하고 근면하였다. 항상 사는 곳에 따로 한 방을 치우고 부모의 초상을 안치하고, 삭망에는 반드시 전奠을 드렸다. 일찍이 두 번이나 중국에 갔었는데, 행차에 가지고 가는 것이 없었다. 수행원 가운데 황제가 하사한 지폐를 가지고 약재를 사기를 청하는 자가 있었으나, 이백강은 말하기를,

"황제께서 내려 주신 것이니, 가지고 돌아가 우리 집의 가보로 삼겠다."

하였으니, 대체로 조그마한 이익 때문에 자신에 누가 되게 하려 하지 아니함이었다. 남이 주는 것도 받지 않고, 사사로이 남에게 구하는 것도 없었다. 작은 정자를 짓고 주위에 화초를 심어 소요하면서 스스로 즐거워하는 것을 하루의 일로 삼았으므로, 부마 중에서 청렴하고 근면하다고 일컬었다. 시호를 정절靖節이라 하니, 너그럽고 즐거워하면서 아름답게 끝마친 것을 정靖이라 하고, 청렴하기를 좋아하고 스스로 극기하는 것을 절節이라 한다. 아들은 없고 딸이 하나 있는데, 이계린에게 출가하였다.

—문종실록 1년 10월 17일—

후손의 죄로 원종공신마저 삭탈 당하다

1485년 성종 16년 7월 이세보의 증조부 이거이의 원종공신[39] 칭호의
삭제를 청하니 따르다.

우승지 안침이 아뢰기를, "이세보의 증조부 이거이가 원종공신이라는 것을 삭적削籍
하기를 청합니다." 하니, 그대로 따랐다.
이거이는 태종 때 죄를 입어 좌명공신(제2차 왕자의 난 공신)에서 삭제되었으나 원종
공신은 누락되어 삭제되지 아니하였었는데, 이때에 이르러 이세보의 범죄로 인하여
추고해서 삭제한 것이다.

-성종실록 16년 7월 19일-

---

39) 정공신 이외에 작은 공이 있는 사람에게 주는 공신의 칭호.

[승진과정]

고려 말 문과급제, 참찬문하부사

1393년[46세] 태조 2년 9월 우산기상시

1397년[50세] 태조 6년 6월 노략질한 왜선을 잡지 못해 국문당하다.

1398년[51세] 태조 7년 9월 참지문하부사, 참찬문하부사

　　　　　　 10월 정사 1등공신, 11월 명나라 책봉 사신

1399년[52세] 정종 1년 5월 참찬문화부사, 12월 문하시랑 찬성사

1400년[53세] 정종 2년 2월 중군 절제사, 5월 영 계림부윤

　　　　　　 9월 판문화부사, 11월 좌정승

1401년[54세] 태종 1년 1월 좌명공신, 윤 3월 좌정승 사직, 서원부원군

1402년[55세] 태종 2년 4월 영의정 부사, 11월 영사평 부사, 좌도 도통사

1403년[56세] 태종 3년 4월 서원 부원군, 7월 영사평 부사

1404년[57세] 태종 4년 10월 반역죄로 탄핵받아 고향 진천으로 보내다.

1412년[65세] 태종 12년 8월 25일 이거이가 죽다.

7. 김사형金士衡
맑은 심지와 모나지 않은 인품

생몰년도	1341년(충혜왕 복위 2)∼1407년(태종 7) [67세]
영의정 재직기간	(1401.윤3.1.∼1401.7.13.) (4개월)
본관	안동安東
자	평보平甫
호	낙포洛圃
시호	익원翼元
공훈	개국공신, 정사공신
묘소	경기도 양평군 양서면 옥왕리
기타	훌륭한 가문, 맑은 심지, 모나지 않은 인품
조부	김영후金永煦−상락후上洛后
부	김천金蔵−부밀직사사
장남	김육金陸
2남	김승金陞−밀직부사
손자	김종준金宗浚−김구의 20대 선조

개국공신 정사공신에 모나지 않은 인품

개국공신에 정사공신인 김사형은 개국공신 중에서 배극렴 다음으로 지위가 높았던 고려시대의 원로 신하로, 가문이 귀하고 높았으며 마음이 고결하여 이성계가 아꼈다. 또한 고려 때의 충신으로 명장군이자 문무를 함께 갖췄던 재상 김방경의 현손으로 여말선초의 명문 세가 출신이다. 조부 김영후는 상락후를 지냈고, 아버지 김천은 부밀직사사를 역임하였다. 김사형은 공민왕 때 문과에 급제해 조준과 함께 대간을 지냈다. 이때 맺은 교분으로 그의 정치 노선은 단 한 번도 조준의 뜻과 달리하지 않았다. 그것은 조준의 노선이 옳다는 굳은 믿음 때문이었다.

1377년 우왕 3년에 집의가 되어 조준·안익·김주·최승겸 등과 함께 대간에 자리 잡으니 적절한 인사라는 평이 자자했다. 거듭 승진해 개성 윤이 되고 단성 보리 공신의 호를 하사받았다.

국가에서 사전私田 개혁을 의논하던 초기에 안렴사를 도관찰사로 고쳤는데, 김사형은 교주·강릉도 도관찰사가 되어 공명정대한 정사를 베풀어 칭송이 자자하였다. 고려 공양왕이 경연에 나가 서경書經 무일편無逸篇의 강론을 듣는 기회에 김사형은 이렇게 말했다.

> 환락에 탐닉하는 자는 수명이 짧고 부지런히 노력하는 자가 목숨이 긴 것은 이치가 본디 그러하기 때문입니다. 천자의 한 몸에 천하의 안위가 달려있고 제후의 한 몸에 한 나라의 안위가 달려 있는 까닭에, 남의 위에 있는 사람은 삼가는 것을 마음의 근본으로 삼고 게으른 것을 경계 거리로 삼아야 합니다. 대개 임금이 부지런히 노력하면 백성이 그로 말미암아 편안해지므로 조상들이 몰래 돕고 하늘도 보호하는 것입니다. 환락에 탐닉하면 백성들이 편안하지 못하기 때문에 조상들이 몰래 노하며 하늘도 돕지 않습니다. 이것이 바로 국가들이 누린 역사가 짧거나 긴 이유입니다.
>
> —국역 고려사, 열전, 김사형, 한국학 DB—

조선 초기 정승을 열거할 때 조준, 하륜은 알아도 김사형을 아는 이는 드물다. 태조 정권 내내 최고 실권자가 좌정승 조준이었다면 우정승으로 있었던 인물이 김사형이다.

김사형은 지문하 부사 겸 사헌부 대사헌으로 있으면서 왕이 도읍을 한양으로 옮기려 하자 동료들과 함께 상소했다.

그릇되고 어긋나는 점을 규탄하는 것은 저희의 직분입니다. 지금 천재지변이 자주 나타나 하늘의 견책을 알리고 있는데 이는 정치와 교화가 올바르지 않고 공정한 도의가 혹 없어져 아랫사람과 윗사람의 마음이 통하지 않고 백성들이 생업에 안착하지 못하기 때문입니다. 전하께서는 더욱 두려워하고 반성하셔서 성실과 신의로 아랫사람들을 거느리시고, 마음을 비워 간언을 받아들여야 합니다. 또 충직한 사람을 등용하고 아첨하는 자를 멀리하시며, 백성들을 아끼고 은혜를 베푸시어 천재지변을 그치게 하소서. 지금 전하께서는 서운관에서 올린 건의 때문에 한양으로 도읍을 옮기려고 하십니다.

그러나 저희가 엎드려 살펴보건대, 양광도楊廣道 모든 고을의 백성들은 토목 공사 때문에 가을 농사를 놓쳤으며 한양의 인가는 모조리 점탈 당해 늙은이와 아이들은 굶주리고 추위에 떨며 산과 들에 임시로 거처하면서 이리저리 떠돌다가 그대로 숙고 있습니다. 또한, 시위하는 관리들과 각 도의 군관들은 각각 호위병들을 데리고 타향살이에 고초를 겪으며 아침저녁 끼니를 걱정하는 형편이니 장차 기한의 고통에 직면할 것이 분명합니다. 그런데도 전하께서는 참위설을 맹신하면서 피폐해진 백성들을 구호하지 않으시니 하늘이 내리는 견책에 어떻게 대처하시렵니까? 옛날의 성군은 미천한 백성들을 화목하게 하는 것을 나라의 운명이 영원하도록 하늘에 기원하는 근본으로 삼았으니 바라옵건대 도읍을 옮기는 일을 중지해 나라의 근본을 굳게 하소서.

-국역 고려사, 열전, 김사형, 한국학 DB-

왕은 이 건의를 받아들이지 않았다. 1407년 태종 7년 7월 30일 그가 세상을 떠났을 때 실록은 그의 인품을 이렇게 평하고 있다.

> 깊고 침착하여 지혜가 있었고, 조용하고 중후하여 말이 적었으며, 속으로 남에게 숨기는 것이 없고, 밖으로 남에게 모나는 것이 없었다. 재산을 경영하지 않고 풍류와 여색을 좋아하지 않아서 처음 벼슬할 때부터 운명할 때까지 한 번도 탄핵을 당하지 않았으니 시작도 잘하고 마지막을 좋게 마친 것이 이와 비교할 만한 이가 드물다.
>
> -태종실록 1407년 7월 30일-

그는 무엇보다 관리가 지녀야 할 능력이 출중했다. 1410년 태종 10년 7월 12일 태조를 종묘에 모시면서 배향공신을 토의하는데 김사형은 배향공신에 오르지 못한다. 김사형의 배향 여부에 대해 태종이 하륜에게 물으니 이렇게 답했다.

> "임금이 신하에게 물으면 신하는 감히 바르게 대답하지 않을 수 없습니다. 김사형은 공이 없으니 배향함이 마땅치 않습니다."

의정부에서도 아뢰었다.

> "김사형은 가문이 귀하고 현달하며 심지가 맑고 고결하기 때문에 태조께서 중히 여기셨습니다. 그러나 본래 개국의 모의에는 참여하지 않았고 또 모든 처치를 한결같이 조준만 따르고 가타부타하는 일이 없었으니 배향할 수 없습니다."
>
> -태종실록 10년 7월 12일-

마침내 김사형은 배향공신에는 오르지 못했지만 불천지위[40]를 허락받아 부조 묘[41]가 설립되었다. 원래 황해도 평산 엽동에 김사형 부조 묘와

---

40) 국가에 큰 공훈이 있어 영원히 사당에 모시기를 허락한 신위神位.

41) 국가를 위한 공로가 큰 사람에 대하여 왕의 불천지위不遷之位를 허락받아 설립한 사당을 말한다.

「김사형 영정」이 봉안되어 있었다. 1870년 고종 7년 김사형 부조 묘는 전라남도 영암으로 옮겨 세워졌다.

몇 번의 이건 끝에 고창읍 도산리에 있었으나 2006년 8월 22일 공음면 칠암리에 있는 도암서원으로 옮겼다. 여기엔 안동김씨 김질金質을 주벽(으뜸가는 위패)으로 모시는 유서 깊은 도암서원이 있고, 같은 안동김씨기 때문에 후손들이 이곳으로 옮긴 것이다. 서원 경내에 따로 담장을 쌓고 구획을 획정하여 김사형 부조 묘가 건립되어 있어 김사형의 후손들은 오늘날까지 제사를 지내고 있다.

대마도를 정벌하다

1396년 태조 5년 12월 3일 일기도와 대마도를 정벌하러 떠나는 우정승 김사형에게 내린 교서는 다음과 같다.

문하 우정승 김사형으로 오도 병마 도통처치사를 삼고, 예문춘추관 태학사 남재로 도병마사를 삼고, 중추원 부사 신극공으로 병마사를 삼고, 전 도관찰사 이무로 도체찰사를 삼아, 5도의 병선을 모아서 일기도와 대마도를 치게 하였다. 길을 떠날 때, 임금이 남대문 밖까지 나가서 이를 전송하고, 김사형에게 부월과 교서를 주고 안장 갖춘 말·모자·갑옷·궁시·약상자를 내려 주었으며, 남재·이무·신극공에게는 각각 모관·갑옷·궁시를 내려 주었다. 교서는 이러하였다.

"예로부터 임금 된 자는 항상 전국을 어루만져 편안하게 하는 데에 힘써왔다. 불행히도 쥐나 개 같은 좀도둑이 생겼을 때는 오로지 도백에게 책임을 지워서 몰아 쫓고 잡게 하였으며, 그 세력이 성해져서 도백이 능히 제어하지 못할 때야 대신에게 명령하여 출정하게 하는 것이니, 주나라 소호가 월 족을 정벌한 것과 윤길보가 흉노를 친 것과 같은 것이 이것이다.

내가 즉위한 이래로 무릇 용병의 도리를 한결같이 옛일을 따라서 일찍이 경솔한 거조가 없었던 것은 이들 백성들이 동요될까 염려하였던 것인데, 이제 하찮은 섬 오랑캐가 감히 날뛰어 우리 변방을 침노한 지가 3, 4차에 이르러서, 이미 장수들을 보내어 나가서 방비하게 하고 있으나, 크게 군사를 일으켜서 수륙으로 함께 공격하여 일거에 섬멸하지 않고는 변경이 편안할 때가 없을 것이다.

경은 벼슬의 명문 집안이며 조정에서는 재상의 큰 재목이라. 기품이 삼엄하고 입지가 크고 굳세어 정사를 처리할 때는 다 이치에 맞고, 인재를 천거하면 모두 그 소임에 합당하여, 밝기는 허와 실을 잘 알고, 슬기로움은 외적의 난을 제어할 것이다. 이에 제도 병마 도통처치사를 삼고 절월(통수권)을 주어 동료를 시켜 돕게 하고, 널리 막료를 두어서 그 위엄을 중하게 하니, 여러 장수들이 엎드려서 명령을 들을 것이요, 적은 소문만 듣고도 간담이 떨어질 터이니, 경은 앉아서 계책을 세워서 장수와 군사들을 지휘하여 두 번 출병할 일이 없게 하여, 만전을 도모하여 내 생각에 맞게 하라. 혹시나 장수나 군사가 군율을 어기거나, 수령들의 태만한 일이 있거든 법대로 징계할 것이며, 크거나 작은 일을 물론 하고 즉시 처결하라." 하니, 도평의사사에서 한강까지 전송하였다.

1397년 태조 6년 1월 28일 투항해온 왜적이 울주 지사 이은을 납치해간 일 때문에 삼남 절제사들의 죄를 청하다.

의정부와 각사 및 기로에게 명하여 최운해·이귀철·김빈길·김영렬 등의 죄를 의논하게 하였다. 당초에 항복을 청해 온 왜적이 경상도 울주포에 와서, 왜적의 괴수인 나가온이 그의 아들 도시로와 보좌관 곤시라를 볼모로 삼아 계림 부윤 유양에게 보낸 것을, 유양이 질병으로 나가 보지 않았더니, 왜적이 스스로 의혹한 나머지 울주 수령 이은을 납치하여 도망갔었다. 이때 최운해는 경상도 도절제사였고, 이귀철은 충청도 도절제사였으며, 김빈길은 전라도 도절제사, 김영렬은 경기우도 절제사였는데, 최운해가 영을 어긴 탓으로 도망하는 것을 놓쳐버렸고, 이귀철·김빈길·김영렬 등도 모두 그 기한에 미치지 못하여, 5도 도통사 김사형이 이들을 경산부에 잡아 가두고서 이 사실을 긴급 보고하며 그 죄를 청한 것이었다.

태조 6년 1월 30일 5도 도통사 김사형이 대마도를 정벌하고 돌아오니 홍인문 밖까지 거둥하여 맞이하였다. 2월 8일 의안백 화와 좌정승 조준 등에게 명하여 우정승 김사형 등에게 잔치를 베풀게 하였다.

의안백 이화·좌정승 조준·봉화백 정도전에게 명하여 우정승 김사형에게 잔치를 베 풀게 하니, 사은사 권중화 이하 여러 사신과 구육(庚六 : 귀화한 일본인)도 이에 참여 하였다. 김사형에게 서대(犀帶 : 허리띠)를 하사하였다.

김사형의 졸기

1407년[67세] 태종 7년 7월 30일 상락 부원군 김사형의 졸기.

상락 부원군 김사형이 졸卒하였다. 김사형의 자는 평보平甫인데, 안동부 사람이다. 대 대로 귀하고 현달하여, 고조 김방경은 첨의중찬 상락공으로서, 문무겸전의 재주가 있어 당시의 어진 재상이었고, 조부 김영후는 첨의정승 상락후였다.

김사형은 젊어서 화려한 요직을 두루 거쳤으나, 이르는 데마다 직책을 잘 수행하였 다. 무진년 가을에 태상왕이 국사를 담당하여 정사를 일신하고 대신을 나누어 보내 각 지방을 다스리게 하였을 때, 김사형은 교주 강릉도 도관찰 출척사가 되어 관할을 잘 다스렸다. 경오년에 지밀직사사로서 대사헌을 겸하였고, 조금 뒤에 지문하부사로 승진하였다. 대사헌에 있은 지 일 년이 넘었는데 조정이 숙연하여졌었다. 여러 번 전 직하여 삼사좌사가 되었다가, 임신년 7월에 여러 장수·재상들과 더불어 태상왕을 추 대하여, 문하 시랑찬성사 겸 판상서사사, 겸 병조 전서, 응양위 상장군에 승진하고, 일등공신에 녹훈되어 분의 좌명 개국공신의 칭호를 받았다. 12월에 문하 우시중에 제수되고 상락백에 봉작되어, 식읍 1천 호에 식실봉 3백 호戶를 받았다. 정축년에 겸 판사헌부사를 제수받았다.

무인년의 변란에 김사형이 조준과 함께 대궐에 나가 백관을 거느리고 적자를 세워 세자로 삼을 것을 청하였다. 정종이 이미 내락을 받으니, 녹공이 또 1등이 되어 공신의 호를 더하기를, '동덕 정난 정사'라 하였다. 건문 황제의 등극 때에 중국에 들어가 하례하였다. 기묘년 12월에 스스로 분수에 넘친다고 진언하여 여러 번 직임을 그만두기를 비니, 상왕이 오랜만에 허락하였다. 김사형이 조준과 더불어 8년 동안 함께 정승 노릇을 하였는데, 조준은 강직하고 과감하여 거리낌 없이 국정을 결단하고, 김사형은 관대하고 강요한 것으로 이를 보충하여 앉아서 의정부를 진압하니, 의논이 하나로 따랐다. 주상이 즉위하자, 신사년 3월에 다시 좌정승이 되었다가, 임오년 10월에 사임하고, 영사평부사가 된 지 달포가 지나서 부원군이 되어 사저로 은퇴하였다.

김사형은 깊고 침착하여 지혜가 있었고, 조용하고 중후하여 말이 적었으며, 속으로 남에게 숨기는 것이 없고, 밖으로 남에게 모나는 것이 없었다. 재산을 경영하지 않고 말소리와 얼굴색을 좋아하지 않아서, 처음 벼슬할 때부터 운명할 때까지 한 번도 탄핵을 당하지 않았으니, 시작도 잘하고 마지막을 좋게 마친 것이 이와 비교할 만한 이가 드물다. 졸卒한 나이가 67세이다. 조회를 3일을 정지하고, 좌부대언 윤수를 보내어 빈소에 제사하고, 시호를 익원공翼元公이라 하였다. 두 아들은 김승과 김육이다.

-태종실록 7년 7월 30일-

1407년 태종 7년 9월 13일 태종이 김사형의 빈소에 친림하여, 막사에 나아가 상주인 손자 김종준에게 명하여 예를 하고 돌아왔다.

1408년 태종 8년 4월 1일 장인 김사형의 병을 낫게 하려고 처남의 시체를 태운 신효창을 용서하다.

사헌부에서 전 총제 신효창의 죄를 청하였으나 용서하였다. 신효창은 김사형의 사위이다. 김사형의 아들 김육과 그 아내 곽씨가 모두 먼저 죽었는데, 김사형의 병이 위독하니 무당들이 모두 말하기를, '김육의 부부가 탓이 되었다.'라고 하였다. 신효창이 그 말에 혹하여 마침내 김육의 무덤을 파서 그 시체를 불태워 버렸다. 사헌부에서 신효창을 탄핵하여 죄주기를 청하니, 임금이 원종공신이라 하여 특별히 용서하였다. 신효창이 그 아들 신자수에게 글읽기를 가르치다가 공부를 게을리하는 것에 노하여, 아들을 묶어 놓고 노예를 시켜 형벌을 가해 거의 죽게 하였고, 혹은 토굴 가운데에 두고 준엄한 형벌을 가해 원수같이 하여 임금의 귀에까지 들리고, 사람들의 입에 파다하였으니, 그 참혹하고 인자하지 않은 것이 이와 같았다 한다.

-태종실록 8년 4월 1일-

김사형이 남긴 시

善竹橋(선죽교)

曾聞周國伯夷清   증이주국백이청
餓死首陽不死兵   아사수양불사병
善竹橋邊當日事   선국교변당일사
無人扶去鄭先生   무인부거정선생

일찍 주나라 백이·숙제의 결백함을 들었는데
그들은 수양산에서 주려 죽은 것이지 병정에 죽은 것이 아니다
선죽교 다릿가에 그날 당한 일은
정선생을 도와주는 사람이 없었던가

再過楊季平村舍 (양계 평촌사를 두 번째 지내면서)

碧溪西畔亂山東　벽계서반난산동
楊子高亭活畫中　양자고정활화중
淸福豈容人久假　청복개용인구가
勝遊眞似夢還空　승유진사몽환공
樂生莫作千年調　낙생막작천년조
養拙甘爲一野翁　양졸감위일야옹
不久收身同結社　불구수신동결사
半分溪月與山風　반분계월여산풍

서쪽에는 푸른 시냇물이 흐르고 동쪽에는 여러 산들이 어지럽게 서있네

양자의 높은 정자 그림 속에 살아 있으니

이 맑은 복을 어찌 남에게만 오래 주고 있으랴

멋진 놀이는 참으로 허무하게 돌아온 꿈만 같도다

인생이 천년을 고루 살기를 즐기지 마라

수양하여 한날 야옹이 됨이 좋으련만

멀지 않아 몸을 거두고 함께 모일 것이니

시냇가에 저 달과 산바람을 반만 나누어 주오

[승진과정]

음서로 앵계관직鶯溪館直을 지낸 후 공민왕 때 문과 급제
1390년[50세] 공양왕 2년 밀직사 겸 대사헌, 지문하부사
1392년[52세] 태조 1년 삼사좌사·동판도평의사사, 개국공신 1등.
　　　　　　　　7월 좌명공신문하시랑 찬성사 판팔위사
1392년[52세] 태조 1년 12월 문하 우시중 상락백
1394년[54세] 태조 3년 8월 문하 우정승으로 명칭 개정.
1396년[56세] 태조 5년 12월 3일 대마도 정벌 오도병마도통 처치사
1397년[57세] 태조 6년 1월 귀환, 12월 겸 판 사헌부사
1398년[58세] 태조 7년 8월 26일 제1차 왕자의 난, 9월 우정승 상낙백.
　　　　　　　　10월 정사공신 1등
1398년[58세] 태조 7년 10월 충성맹약문, 12월 명나라 황제 등극 하례사.
1399년[59세] 정종 1년 6월 귀국보고
1399년[59세] 정종 1년 12월 상락백, 11월 판문하부사.
1401년[61세] 태종 1년 윤 3월 좌정승, 7월 좌정승
　　　　　　　　(영사평부사 및 영의정 부사 직책 신설)
1401년[61세] 태종 1년 8월 22일 원자의 학당 터를 성균관에 보게 하다.
1401년[61세] 태종 1년 12월 김사형을 소요산에 보내 태상왕을 문안하다.
1402년[62세] 태종 2년 7월 9일 김사형과 이무가 비 온 것을 하례하다.
1402년[62세] 태종 2년 10월 영사평부사, 11월 상락부원군.
1407년[67세] 태종 7년 7월 30일 김사형이 죽다.

8. 이서李舒

3년간 능지기를 하고도 영의정에 오른 인물

생몰년도	1332년(충숙왕 복위 1)~1410년(태종 10) [79세]
영의정 재직기간	1차(1401.7.13.~1402.4.18.)
	2차(1406.12.8.~1406.12.8.)
	3차(1409.8.10.~1409.10.11.) (총 11개월)
본관	홍주(충남 홍성)
자	양백陽伯, 맹양孟陽
호	당옹戇翁, 송강松岡
시호	문간文簡
공훈	개국공신 3등급
기타	3년간 정릉 지킴이를 하고도 영의정에 오른 인성 바른 인물
6대조부	이연수-문하시중
부	이기종-연경궁제학延慶宮提學
아들	이신유李愼猷

개국 3등공신

이서의 자는 양백陽伯 또는 맹양孟陽이고, 호는 당옹戇翁으로 본관은 홍주이다. 고려 고종 때 시중을 지낸 이연수의 6세손이며, 아버지는 연경궁 제학 이기종이다.

개국공신 3등급으로 영의정 자리에 오른 인물이다. 공신 등급을 높이 평가하던 시기에 3등급으로 영의정에 오를 만큼 인물평이 좋았다.

조선 개국 이래 다섯 번째 영의정 자리에 오른 인물은 지극한 효행과 높은 인격으로 태종에 의해 발탁된 이서李舒였다. 심성이 진실하여 공명심과 명예욕으로 대중 앞에 드러나고자 애쓰는 소인배들과는 근본부터 달랐다. 세 차례의 수장에 오를 만큼 인품이 있었던 인물인데도 기록이 별로 남아 있지 않다.

1357년 공민왕 6년 문과에 급제하여 여러 벼슬을 거쳐 군부 좌랑에 이르렀으나, 세상이 어지럽고 정치가 문란한 것을 보고 관직을 버리고 고향으로 돌아가 은둔생활을 하였다. 1376년 우왕 2년 우헌납에 임명되었으나 노부모의 봉양을 이유로 거절하고, 부모상을 당하자 6년간 여묘살이를 하였다.

1388년 내부소윤內府少尹에 임명되었으나 상례가 끝나지 않은 것을 이유로 거절하였다. 조정에서는 그의 효행을 높이 기리기 위하여 고향에 정려문을 세워주었다. 그해 겨울, 이성계가 실권을 장악하자, 은둔 인사로서 그를 등용시켜 종4품 내서사인內書舍人에 제수하였다.

1392년 태조 1년 이성계 추대에 참여하여 음력 8월에 개국공신 3등에 책록되어 안평군安平君에 봉하여지고 정3품 형조전서에 임명되었다.

1394년 태조 3년 10월 사헌부 대사헌을 지낼 때 바른말을 하여 성격이 강직한 이서를 파직하였다.

대사헌 이서를 파직하여 안평군安平君으로 봉하고, 전 화령윤 박경으로 대체하였다. 이서는 의기와 지조가 있어 언제든지 바른말을 하였다. 부름을 받고 궁중에 들어가 임금과 면대하여 아첨하는 일이 없었다. 파직하려고 할 때, 정도전이 애써서 구해내려고 했으나 되지 않았다.

-태조실록 3년 10월 10일-

1396년 태조 7년 8월 13일 태조의 후비 신덕왕후가 죽자 3년간 정릉의 묘지기를 하였다. 능을 지키는 대관을 두는 법도가 이때부터 비롯되었다.

공신인 문하 좌정승 조준과 우정승 김사형 등이 상소하였다.

"삼가 생각하옵건대, 주상 전하께서는 천명과 인심을 순응하여 집을 나라로 만드셨으니, 이것은 전하의 지극하신 덕과 깊으신 인仁이 천명과 인심이 돌아옴을 얻게 된 것이오며, 역시 현비 전하(신덕왕후)께서는 품성이 정숙하시고 조행이 근신하시어 평시에도 항상 경계하는 마음을 두시고, 위태할 때에는 대책을 결정하는 데에 참여하여 내조의 공이 역사에 빛나서 이루 다 말할 수 없습니다. 상천(하늘)이 돌보지 아니하여 문득 승하하시니, 신 등이 슬퍼함이 보통보다 만 배나 더합니다.

그윽이 생각하옵건대, 신 등은 모두 용렬한 재질로 성대한 세상을 만나서 개국공신의 반열에 외람되이 참여하오니, 의義로는 임금과 신하의 사이오나, 은혜는 실로 부모와 같습니다. 비록 몸을 가루로 만들어 보답하려 해도 할 수가 없사오니, 청하옵건대, 공신 1인으로 3년 동안 능을 지키게 하고, 이로부터 영구히 전례가 되게 하여, 대대의 자손들이 준수하여 어기지 않으면, 비록 호천망극(어버이의 은혜가 하늘과 같아 다함이 없다는 말)한 덕은 갚지 못하나마 신 등의 구구한 정성은 바칠 수 있겠사오니, 엎드려 바라옵건대, 채택하여 시행하여 주시면 매우 다행이겠습니다." 임금이 그대로 따라 공신 안평군 이서로 능을 지키게 하였다.

-태조실록 5년 8월 16일-

1398년 태조 7년 8월 13일 왕후의 능을 지킨 이서와 강인부의 집을 정표하고 상을 내리다.

이서를 참찬문하 부사로 삼고, 강인부를 상의 중추원사로 삼고서, 그 거처를 정표旌表하여 충신의 여閭라 하고 안장 갖춘 말과 의복·갓·금대를 내려 주었다. 처음에 이서와 강인부가 왕후의 능을 지키고 3년 동안 상복을 입었었다.

-태조실록 7년 8월 13일-

1398년 태조 7년 제1차 왕자의 난으로 애지중지하던 자식을 잃은 태조는 상심하여 왕위를 정종에게 전위하고 일선에서 물러났다.

1400년 정종 2년 5월 17일 세자(태종)가 빈객 이서와 더불어 주역과 역사를 강론하다가 국방문제를 언급하다.

세자가 빈객(스승)과 더불어 주역과 사학을 강론하였는데, 좌빈객 이서가 세자에게 말하였다.
"예전 사람이 붕망朋亡이라고 말하였으니, 대저 붕망이라는 것은 인정을 끊는 것입니다. 남의 윗사람이 된 자가 법을 세우고 제도를 정하였으니, 법을 범하면 비록 종친이라도 용서하지 말아야 합니다."

세자가 말하기를, "인정은 끊기가 대단히 어렵다." 하였다. 이서가 또 말하였다.

"2년 이래로 왜구가 조금 잠잠하고 국경이 아직 편안하나, 불우의 변을 알 수가 없습니다. 난을 방비하는 방도는 산성이 제일이니, 마땅히 농사짓는 여가에 수축하여 불우의 변에 대비하여야 합니다."

세자가 말하였다. "그전에는 백성들이 토목의 역사에 어렵고 고생스럽지만, 지금까지 2, 3년 동안 휴식하였다. 오래 쉬었으니, 백성을 쓴들 무엇이 해롭겠는가? 또 사람들이 말하기를, '일본국이 난을 일으키려 한다.' 하니, 그 징조가 심히 두렵다."

군관 김과가 말하였다. "산성과 병사가 비록 불우의 변을 방비하지마는, 농사가 급한 것입니다. 맹자가 말하기를, '천시가 지리만 같지 못하고, 지리가 인화만 같지 못하다.' 하였습니다."

세자가 빈객 정탁과 더불어 한나라·당나라 임금들이 학문을 한 효과와 일을 행한 자취를 논하다가, 당나라 태종이 수나라를 대신한 일에 이르러서, 오랫동안 탄식하면서 말하였다. "참으로 영걸한 임금이로다!"

-정종실록 2년 5월 17일-

태종이 세자로 지내던 짧은 기간에 세자빈객(스승)으로 모셨던 이서의 인품과 학식에 이끌렸고, 이후 3등공신밖에 되지 않은 이서를 영의정으로 등용한 것으로 여겨진다.

1400년 태종이 즉위하자 문하시랑 찬성사에 오른 데 이어 다시 우정승에 올라 부원군에 봉해졌다. 이해 고명사로 명나라에 다녀온 뒤, 7월에 영의정 부사가 되었다.

1402년 태종 2년 3월에 나이가 많다는 이유를 들어 영의정 부사에서 사직하고 안평부원군으로 지냈다. 11월 태상왕이 함흥에 가 있었는데, 태종이 안평 부원군 이서를 승려 익륜과 설오와 함께 함흥에 보내어 태상왕을 뵙고 오도록 하였다. 이서와 두 사람의 승려는 모두 태상왕께서 평소에 공경하고 믿는 자들이기 때문에, 이들을 보고서 기뻐하라고 한 것이었다. 11월 24일 태상왕의 행재소[42]에 가던 이서와 설오가 철령에서 길이 막혀 돌아왔다. 11월 28일 임금이 안평 부원군 이서와 승려 설오에게 술을 가지고 태상왕의 행재소에 가서 문안하게 하였다.

태종 2년 12월 2일 태상왕의 수레가 평양부에 머무르다.

---

42) 왕이 멀리 거동하여 임시로 머물러 있는 곳.

태상왕의 수레가 평양부에 머물렀다. 태상왕이 말하기를, "내가 동북면에 있을 때에 국왕이 사람을 보내지 않았고, 맹주에 있을 때도 역시 사람을 보내지 않았으니, 감정이 없지 않은 것이다." 하였다.

태조를 시중드는 사람이 말하기를, "주상께서 전 정승 이서와 대선사 익륜·설오를 시켜 문안하게 하였사온데, 길이 막혀서 도달하지 못하고 돌아갔습니다." 하니, 태상왕이 말하였다. "모두 내가 믿고 중하게 여기는 사람이기 때문에 보낸 것이다." 하였다.

-태종실록 2년 12월 2일-

태종 2년 12월 28일 태상왕이 서울로 돌아오니 임금이 태상전에 문안 인사하고 술잔을 올렸다. 의안대군 이화·청원군 심종·안평 부원군 이서와 다섯 대관이 연회에 참여하여 극진히 즐기고 파하였다.

태종 3년 5월 4일 인소전에 제사하고 태상전에 나아가 술잔을 올렸다. 안평 부원군 이서 등이 연회에 참여하였다.

태종 3년 9월 5일 임금이 태상전에 조회하고 술잔을 올렸다. 이서와 이저 등이 연회에 참여하였는데, 매우 즐거워서 시를 짓고 읊으며 밤에 파하였다. 이렇듯 이서는 태조가 참석하는 연회에는 빠짐없이 참석할 만큼 태종의 신뢰가 깊었다.

1404년 태종 4년 5월 9일 사간원에서 원자를 보양하는 법을 상소하고 원자의 사부로 이서를 추천하였다.

사간원에서 상소하여 원자를 보양하는 법을 아뢰었다. 상소는 이러하였다.
"생각건대 원자는 나라의 근본이니, 성인이 되고 아니 되는 것은 평소 교양의 착하고 착하지 못한 데에 있습니다. 지금 원자께서 타고난 자질이 뛰어나고 품성이 총명하므로 전하께서 국학에 들어가도록 명하시어, 성인이 정치를 하는 도리를 배우게 하였으니, 국본(세자)을 위하여 염려하신 바가 지극하다 하겠습니다. 그러하오나 원자의 춘추가 적고 마음가짐이 튼튼하지 못하니 이것이 곧 착하지 못한 기미로 나가기 쉬운 때입니다. 진실로 삼가지 않을 수 없습니다.

옛적에 태자가 출생하면 예로써 거행하여, 담당관이 재계하고 예복을 갖추고 태자를 업고 대문 밖에서 뵙고, 또 사부의 직책을 세워 가르치고 길러서, 보고 듣는 바가 바른 말·바른 일이 아님이 없기 때문에, 왕위에 오른 뒤에 몸에 쌓인 것이 인·의·예·지의 덕이 아닌 것이 없고, 정사에 나타나는 것이 인·의·예·지의 쓰임이 아닌 것이 없으니, 국가가 어찌하여 다스려지지 않으며, 천하가 어찌하여 태평하지 않겠습니까?

주역에 말하기를, '어린아이를 바르게 기르는 것이 성인이 되는 공부라.' 하였고, 예기에 말하기를, '오랫동안 바른 사람과 함께 있으면 바르게 되지 않을 수 없다.' 하였으니, 이것을 두고 한 말일 것입니다. 신 등은 생각건대, 스승이 적합한 사람이면 교양하는 것이 바르게 되고, 친구가 착한 사람이 아니면 경계하여 바로 잡을 바가 없사오니, 지금 원자에게 원량(왕세자)을 바라면서 스승과 벗을 선택하여 보양하지 않으면 되겠습니까? 하물며 환관의 무리들은 오직 뜻을 맞추고 순종하여 기쁘게만 하니, 어찌 항상 원자의 좌우에 있게 할 수 있습니까?

신 등은 생각건대, 안평 부원군 이서와 참찬의정부사 권근 같은 이는 모두 사범이 될 만한 사람이니, 전하께서는 명하여 동궁의 스승을 삼고, 또 덕행과 도예가 있는 선비를 선택하여 유선(벼슬명)과 시학(벼슬명)의 직책에 있게 하고, 환관 가운데 옆에서 아첨하는 사람을 없애어 전후를 바르게 하소서."
임금이 보고 말하였다. "옳도다. 그러나 환관은 청소하는 책임이 있으니 없앨 수 없다."

-태종실록 4년 5월 9일-

1404년 태종 4년 6월 천변재이로 하륜, 성석린의 사직을 수락하고 조준 이서 등을 다시 임명하여 우정승이 되었다.

1404년 태종 4년 9월 21일 하륜·이거이·성석린·조준·이무·이서 등과 정사를 논의하며 중국 사람이 금강산을 보고 싶어서 하는 이유를 묻다.

하륜·이거이·성석린·조준·이무·이서를 불러 정사를 의논하였다. 임금이 말하기를, "중국의 사신이 오면, 꼭 금강산을 보고 싶어서 하는 데, 그것은 무슨 까닭인가? 속언에 말하기를, '중국인에게는 「고려 나라에 태어나 친히 금강산을 보는 것이 원이라.」 하는 말이 있다.'라고 하는데, 그러한가?"

하니, 하륜이 나와서 말하기를, "금강산이 동국東國에 있다는 말이 대장경에 실려 있으므로, 그렇게 말하는 것입니다."

하니, 임금이 말하기를, "옳도다." 하였다.

임금이 말하기를, "옛날 당나라 태종이 손에 작은 매를 받쳐 들었다가, 위징이 이르는 것을 보고, 이에 그 매를 소매 속에 감추었는데, 위징이 이를 알고 일부러 스스로 오래 머무니, 매가 이에 죽었었다. 어찌 위징을 두려워함이 이처럼 심하였던고?"

하니, 조준이 나와서 말하기를, "이것은 위징이 어진 것이 아니라, 바로 태종이 어진 것입니다." 하니,
임금이 말하기를, "옳도다." 하였다.

−태종실록 4년 9월 21일−

이듬해 75세의 고령으로 치사(나이가 많아 벼슬을 사양하고 물러나는 것)했다가 태종 6년 12월에 다시 영의정에 올랐고, 태종 9년에 세 번째 영의정에 올랐다가 기로소에 들어간 뒤 만년을 향리에서 보내다가 죽었다.

이서는 천성이 공손하고 교만하지 않았고, 부모에게 효도하고 성심으로 임금을 섬겼다. 충청도 홍성군 장곡면 지정리에 이서의 묘소가 있고, 효행으로 이름이 높았던 이서의 아들과 함께 세워진 부자정려父子旌閭와 이서의 부조묘가 있다. 전북 남원시 덕과면 만도리에는 이서를 주벽으로 하는 호암서원이 설립되어 있다(이서, 한국민족문화대백과사전, 한국학 중앙연구원).

천재지변에 대한 책임으로 사직서를 제출하다

1404년 태종 4년 6월 천재지변의 책임을 지고 하륜·성석린 등이 사직을 청하니 태종이 사직을 수락하고, 조준·이서 등을 새로 임명하였다. 천재지변을 책임지고 사직서를 제출하는 일은 종종 있는 일이었으나 사직서가 수리된 것은 처음 있는 일이었다. 형식과 체면치레를 싫어하는 태종의 강직한 성품이 보이는 일면이다.

> 하륜·성석린·이저·이직을 파하고, 조준으로 좌정승을 삼고, 이서로 우정승을, 오사충으로 판사평부사를, 남재로 의정부 찬성사로 삼았다.

> 하륜·성석린 등이 대궐에 나와 사직하기를 청하니, 임금이 말하기를, "경들이 무슨 까닭으로 사면하기를 청하는지 모르겠다." 하였다.
> 하륜이 대답하기를, "천변·지괴가 여러 번 나타났습니다. 신들이 재주 없는 사람으로서 재상에 있으니, 어진 사람을 위하여 길을 피하려고 청하는 것입니다." 하였다.
> 임금이 말하기를, "경들이 자리를 피하면 나는 장차 어찌 하겠는가? 또 조정 신하 중에 누가 경들을 대신할 만한 사람인가?" 하니
> 하륜이 대답하기를, "원수元帥와 팔다리는 일체이니, 대신이 자리를 피하면, 어찌 조금이라도 천심에 사죄되지 않겠습니까? 또 신들의 자리를 대신할 사람은 신들이 감히 의논할 바가 아니오니, 주상께서 스스로 선택하소서." 하였다. 임금이 그대로 따랐다.

> —태종실록 4년 6월 6일—

해가 흘러 5년이 지난 태종 9년 7월 27일 태종이 천재지변으로 공무를 의정부에서 처결하도록 지시하였다. 불가하다는 대신들의 이의를 묵살하였다.

의정부에 명하여 서무를 재결하라고 하였다. 의정부 사인 신개를 불러 말하기를, "금년에 천문이 변을 보여 풍우와 뇌진·서리와 우박·산의 붕괴·해일 등으로 인해 죽은 자가 심히 많으니, 모두 부덕한 소치이다. 내가 공구수성恐懼修省[43]하고자 하니, 무릇 크고 작은 공무를 내게 아뢰지 말고 의정부에서 처결하라. 만일 큰일을 스스로 결단하지 못하겠거든 세자에게 들어서 행하라." 하였다.

이에 하륜과 성석린·이서·이무·조영무 등이 대궐에 나아와 청하기를, "자고로 인군이 재변을 만나면, 반찬을 감하고 음악을 정지하며, 조회를 피하고 잘못된 정사를 닦아서 제거하였고, 아무것도 영위함이 없이 모든 업무를 듣지 아니하여 천변에 답한 이는 없었습니다. 만일 재변이 모두 부덕의 소치라 하여 정사를 듣지 않는다고 한다면, 신하 된 자 어느 누가 자기 덕德이 하늘에 합한다 하여 여러 사무를 분별하여 처리하고 결재하려 하겠습니까? 하물며, 신하가 임금에게 명령을 품하지 않는다면 이것은 반역의 심한 것이니, 신 등이 어찌 처결할 이치가 있겠습니까?" 하였다. 임금이 병으로 핑계하니, 성석린 등이 굳이 청하였으나 얻지 못하였다.

-태종실록 9년 7월 27일-

태종 4년에 천재지변으로 정승들이 사직서를 제출했던 일을 연상케 하는 결정이었다. 그때의 상황과 달리 이번엔 임금이 천재지변의 책임을 지고 업무를 처리하지 않겠다는 의사표시를 하고 물러나 앉은 것이다. 7월 28일 백관이 모여 임금에게 정사를 보도록 청했으나 윤허치 않았다.

하륜·성석린·이서 등이 백관을 거느리고 모두 대궐 뜰에 나아와 정사 듣기를 청하니, 임금이 말하기를, "계획이 한 번 정하여졌는데 지금 갑자기 고치겠는가?" 하였다. 하륜 등이 의정부와 중추부 이상을 거느리고 문을 밀치고 곧장 들어가서 면대하여 아뢰려 하니, 임금이 명하여 내문內門을 잠그게 하였다. 하륜 등이 궁궐 안뜰에 벌여 앉아 있으매, 임금이 말하기를, "경 등이 나가는 것을 기다려서 내가 아침을 들겠다." 하였다. 하륜 등이 물러나와 궁궐 바깥뜰에 서 있으니, 임금이 또 명하여 중문中門을 잠그게 하였다. 여러 신하들이 어찌할 줄을 몰라 혹은 앉고 혹은 서 있었다. 성석린이 말하기를,

---

43) 하늘을 두려워하며 삼가, 몸과 마음을 닦고 반성한다는 뜻.

"신의 나이 70여 세이니, 오늘이 바로 죽을 날이다." 하고, 드디어 종일토록 먹지 않고 해가 저물어서 물러나왔다. 사헌 장령 유의와 사간원 우정언 송치 등이 대궐에 나와 상소하였으나, 임금이 모두 살피지 아니하였다.

-태종실록 9년 7월 28일-

며칠간 이어진 태종의 업무거부는 백관 원로 공신들이 모두 나와 청하니 2~3일 후에 참작하겠다는 의사표시만 하였다. 이 이후부터 재상들의 천재지변에 대한 형식적인 사직서 제출은 없었다. 7월 29일 백관이 정사를 보도록 청하니 의정부에 작은 일들을 처결토록 명하였다

백관과 공신이 모두 궐정에 나오니, 원로·재상(정2품)과 개국공신 안익 등 10여 인도 또한 참여하였다. 임금이 다시 명하여 궁문을 닫게 하고, 비록 명령을 전하는 환관이라 하더라도 들어오는 것을 허락하지 않았다. 해가 저무니, 임금이 말하기를, "내가 정사를 듣지 않는 것은 천재天災를 만났기 때문이다. 백관이 연일 뜰에 있으니, 대신 원로가 그사이에 어찌 병든 사람이 없겠는가? 천재가 이미 저와 같은데, 인사 또한 어찌 이러한 데에 이르는가? 자질구레한 일은 의정부에서 시행하라. 2, 3일 뒤에 내가 마땅히 참작하여 생각하겠다." 하였다.

성석린이 아뢰기를, "명령이 이미 이와 같으시니 과연 신 등의 소망에 합합니다. 그러나 다시 큰일을 듣고 판단하시겠다는 명령만 있으시면, 신 등이 다시 무슨 말을 하겠습니까?"

하니, 임금이 말하기를, "과인이 마음잡기 어려운 것을 경들이 어찌 다 알겠는가? 뒤에 마땅히 면대하여 명령하겠으니, 물러가서 우선 대수롭지 않은 일을 행하라." 하였다. 성석린 등이 사례를 행하고자 하니, 임금이 허락하지 않았다.

-태종실록 9년 7월 29일-

1410년 태종 10년 6월 25일 홍수와 가뭄으로 좌정승 성석린이 사직코자 했으나 윤허치 않다.

좌정승 성석린이 사직하였다. 사양하여 말하기를, "음양이 화하지 못하고, 수재·한재가 서로 겹치는 것은 모두 늙어서 섭리를 하지 못하고, 어진 이를 방해하고 나라를 병들게 하는 까닭으로 말미암은 것입니다."

하였다. 임금이 말하기를, "수재와 한재의 재앙은 실로 나의 부덕한 소치이다. 옛날에 하륜이 수상이 되어 법령을 개정하였었는데, 그 당시 수재와 한재의 재앙이 있어 사람들이 가리켜 비방하였었다. 그 뒤에 조준·김사형·이서로 하여금 계속하여 정승을 삼았는데, 수재와 한재의 재앙이 없는 해가 없었으니, 이것이 그 증거이다. 내가 부덕하여 천심에 답하지 못해서 수재와 한재가 여러 번 이른 것이다. 그러나 나는 진퇴가 어려워서 오랫동안 이 자리에 처하여, 근심하고 부지런하고 두렵게 생각하여 바로잡아 구원하는 덕을 힘입어 끝을 도모하기를 생각한다. 경의 몸이 비록 늙었으나, 나의 지극한 뜻을 체득하여 물러가 쉬지 말라." 하였다.

-태종실록 10년 6월 25일-

사서절요를 찬술하여 바치며 사냥의 법도를 논하다

1398년[67세] 태조 7년 12월 17일 조준, 조박, 하륜 등이 사서절요를 찬술하여 바치며 올린 전문. 사냥의 법도에 대하여 논하다.

좌정승 조준·겸 대사헌 조박·정당문학 하륜·중추원 학사 이첨·좌간의 대부 조용·봉상 소경 정이오 등이 사서절요四書切要를 찬술하여 바쳤다. 바친 전문은 이러하였다.

"군주의 정치는 심학心學에 매여 있으니, 마땅히 마음이 정밀하고 전일하여 중용의 도를 꼭 잡아 쥐고서, 함양하고 확충하여 수신·제가·치국·평천하의 근본을 삼아야 될 것이니, 성현의 글을 두루 뽑아 보건대, 논어 맹자·중용·대학에서 대개 이를 다 말하였습니다.

삼가 생각하옵건대, 전하께서는 하늘이 주신 성학聖學으로 계속하여 밝히고 공경하셨는데, 당초에 왕위에 오르실 때부터 사서四書를 관람하여 공자·증자·자사·맹자의 학문을 밝히고자 하였으나, 다만 제왕의 정치를 보살피는 여가에 두루 관람하고 다 궁구하기가 용이하지 않은 까닭으로, 신 등에게 명하여 그 중요한 요점을 축약한 말을 찬술하여 바치게 하셨습니다.

신 등이 그윽이 생각하옵건대, 성현의 말씀은 지극한 도道와 정밀한 뜻이 있지 아니한 것이 없지마는, 그러나 그 의논을 세움이 혹 사건에 따라 나오고, 혹은 묻는 사람의 공부의 높고 낮음으로 인하여 얕고 깊음과 상세하고 소략한 같지 않음이 있게 되니, 그 군주의 학문에 있어서 진실로 마땅히 먼저 하고 뒤에 해야 할 바가 있어야 될 것입니다.

삼가 그것이 학술에 간절하고 치도에 관계되는 것을 주워 모아 깨끗이 옮겨 써서 책을 만들어 바치오니, 삼가 바라옵건대 경연하는 사이에 때때로 관람하여 심학을 바르게 하고, 간략한 데로부터 해박한 데로 들어가서 사서四書의 큰 뜻을 다 알아내어, 옛것을 익혀서 새것을 알고, 학문이 날마다 나아가고 달마다 진보된다면, 장차 시작과 끝이 흡족하고 덕업이 높아져서, 성현의 도道가 다시 밝아지고 태평의 정치가 이루게 됨을 볼 수 있을 것입니다."

임금이 이를 옳게 여겨 들었다. 이날에 임금이 경연에 앉아서 강론으로 인하여 황녕荒寧[44])의 뜻을 유관에게 물으니, 유관이 대답하였다.

"옛날 사람이 말하기를, '여색女色에 미치고 사냥에 미치게 된다.' 하였으니, 미치게 된다는 것은 군주의 마땅히 경계해야 될 바입니다."

임금이 말하였다. "그렇다면 사냥하는 일은 반드시 할 수 없단 말인가?"

유관이 대답하였다. "봄에 사냥하고, 여름에 사냥하고, 가을에 사냥하고, 겨울에 사냥하는 것은 옛날의 제도이오나, 다만 종묘의 제물을 바치기 위함 때문이며, 사냥을 좋아한 것은 아닙니다. 뒷세상의 군주들은 그 정욕을 방자히 하여, 그 사냥을 마음대로 하면서 각처로 돌아다니며 놀기를 절도가 없게 되니, 매우 옳지 못한 일입니다."

임금이 말하였다. "그렇다."

---

44) 해야 할 일을 폐하고 안일함을 탐냄. 일을 게을리하고 편히 지냄.

또 이서李舒가 나아가 말하였다. "군주는 물건을 가지고 노는 일에 즐겨해서는 안 되니, 만약 물건을 가지고 노는 일에 치우치게 된다면 소중한 자기의 본심을 잃게 될 것입니다. 경연을 열어 유신儒臣을 나아오게 하여 성현의 도道를 강론해 밝히는 것은 바로 이제二帝·삼왕三王의 정치를 따르고자 하는 것인데, 옛사람의 글귀를 따서 풍월을 읊조리는 것은 소중한 자기의 본심을 잃게 되는 것으로, 군주의 정치하는 방법이 아닙니다." 임금이 이 말을 옳게 여겼다.

이서의 졸기

1410년[79세] 태종 10년 9월 9일 안평 부원군 이서의 졸기.

안평 부원군 이서李舒가 졸하였다. 이서는 홍주 사람인데, 자는 양백陽伯이요, 자호 自號는 당옹戇翁이며, 고려 시중 이연수의 6세손이다. 과거에 올라 벼슬을 거쳐 군부좌랑에 이르렀는데, 고려 말년에 조정의 정치가 날로 문란하매, 이서는 물러가 시골에 거주하였다. 병진년에 우헌납을 제수하니, 부모가 늙었다고 하여 부름에 나오지 않았고, 부모를 여의매 6년을 시묘侍墓하였다.

무진년에 내부 소윤을 제수하니, 상喪을 마치지 못하였다고 하여 사양하였다. 국가에서 그 효행을 높이 여기어 정려문을 세웠다. 그해 겨울에 우리 태조께서 개국을 하자, 원로한 이를 천거하고 숨어있는 인재를 물어서 불러내서 사인을 삼으니, 이서가 또한 글을 올려 사양하였으나, 윤허하지 않았다.

1392년에 태조께서 즉위하매, 형조전서로 승진하여 익대 개국공신의 호를 주고, 안평군에 봉하였다. 갑술년에 사헌부 대사헌을 제수받고, 어명을 받아 정릉貞陵을 3년 동안 지켰다. 무인년에 참찬문하부사를 제수하고, 신사년에 시랑 찬성사로 옮겼다가, 조금 뒤에 우정승을 제수하여 부원군으로 작위를 받고, 동덕 공신의 호를 추가하였다. 6월에 고명誥命[45]을 사례하는 일로 표문表文을 받들고 북경에 갔다왔고, 7월에 영의정부사를 제수받아 임오년에 본관本官으로 사직하니, 나이 71세였다. 그해 겨울에

---

45) 왕위를 승인하는 문서. 임명장.

화엄 도승통 설오雪悟와 더불어 태조를 안주에서 맞아 행궁行宮에 이르러 알현하니,
태조께서 기뻐하여 조용히 담소하였다.

갑신년에 다시 우정승을 제수받아 을유년에 재차 사직하였고, 기축년에 또 우정승
을 제수하였는데, 스스로 몸이 쇠약하다고 아뢰어 간절히 파면하기를 구하니, 달포
가 지나서 영의정을 제수하고, 얼마 아니 되어 군君으로 봉하여 사저로 물러났다. 죽
으니 나이 79세였다. 아침조회를 닫기를 3일 동안 하였으며, 임금이 대언代言을 보내
어 제를 올리고, 시호를 문간文簡이라 하였다.

이서는 정직하고 방정하고 엄하며, 청백淸白하고 검소儉素하여 스스로 분수를 지켰
으며, 평생 동안 단정히 앉아 나날을 보냈다. 일찍이 보고로 인하여 임금의 자리에
황릉요(누런 비단요)를 깐 것을 보고, 이서가 말하기를,

"신이 요빛을 보니 전하께서 까실 것이 아닙니다."

하니, 임금이 부끄러워서 사례하였다. 비록 늦게 귀하고 현달하였으나 겸양하고 공
손하여 자기를 낮추고, 일찍이 세력과 지위로써 남에게 교만하지 않았으며, 이단異
端에 혹하지 않아서 죽을 때에 집안 사람들에게 경계하여 상제喪制를 한결같이 주자
朱子의 가례家禮를 따르고, 불교에 의탁하지 말게 하였다. 슬하에 서자庶子가 두 사람
이 있으니, 이신지·이신유이다.

-태종실록 10년 9월 9일-

[승진과정]

〈고려시대〉

1357년[26세] 문과에 급제, 군부좌랑

1376년[45세] 우왕 2년 우헌납, 부모상으로 6년간 여묘살이, 정치 문란에은둔생활

1388년[57세] 내부소윤에 임명, 상례기간을 핑계로 거절

〈조선시대〉

1392년[61세] 태조 1년 이성계 추대에 참여, 개국공신 3등에 책록,
1월 형조전서

1393년[63세] 태조 2년 10월 안평군

1394년[64세] 태조 3년 9월 사헌부 대사헌,
10월 성격이강직한 대사헌 이서를 파직시키다.

1398년[67세] 태조 7년 8월 13일 3년간 능지기를 하다.

1399년[68세] 정종 1년 1월 지경연사, 5월 상의문하부사

1400년[69세] 정종 2년 1월 삼사 좌복야, 8월 참찬문하부사

1401년[70세] 태종 1년 1월 찬성사, 윤3 우정승, 7월 13일 영의정 부사

1402년[71세] 태종 2년 4월 사직, 7월 안평부원군

1406년[75세] 태종 6년 12월 영의정 부사, 사직.

1409년[78세] 태종 9년 7월 우정승, 8월 10일 영의정 부사,
10월 11일 사직, 안평부원군

1410년[79세] 태종 10년 9월 9일 안평 부원군 이서가 죽다.

9. 이화李和
서얼 출신 최초의 영의정

생몰년도	1348년(충목왕 4)~1408년(태종 8) [61세]
영의정 재직기간	(1407.7.4.~1408.1.3.) (6개월)
본관	전주
호	이요정二樂亭
시호	양소襄昭
공훈	회군공신, 개국공신, 정사공신, 좌명공신
배향	태조묘 배향공신, 경기도 남양주시 평내동 이화李和 사당
기타	환조 이자춘의 아들, 태조 이성계의 이복 동생
	서얼 출신으로 최초의 영의정에 오른 인물
부	환조 이자춘
모	정빈 김씨(이자춘의 비첩)
이복 형	태조 이성계
장남	이지숭李之崇—판돈녕부사
2남	이숙李淑—의정부 찬성사, 완천군
3남	이징李澄—지돈녕부사
4남	이담李湛—지돈녕부사
5남	이교李皎—판돈녕부사
6남	이회李淮—첨지돈녕부사
7남	이점李漸—전주부윤, 과거 합격

4대공신에 이성계의 이복동생

이화의 호는 이요정二樂亭, 본관은 전주이다. 이성계의 이복동생으로 이자춘과 비첩 김씨 사이에 태어났다.

1370년 공민왕 19년 고려의 무관으로 천거되었다. 1385년 5월 교주삭방강릉도 조전원수가 되고 1388년 우왕 14년 4월 요동 정벌 시 조전원수의 한 사람에 임명되어 요동정벌에 나섰다. 이성계를 따라 위화도에서 회군하여 회군공신에 봉해지고, 7월에 숭인문사가 되었다.

1392년 공양왕 4년 3월 명나라를 방문하고 돌아오는 세자를 맞이하러 황주로 간 이성계가 사냥하다가 부상을 입고 병석에 누워있자 수문하시중 정몽주 등이 공양왕에게 상소하여 이성계 일파인 정도전, 조준 등을 죽이려 하였다.

이방원으로부터 이 소식을 들은 이성계는 병으로 일어날 수 없자 이화와 이제 등을 보내어 "사헌부에서 조준 등을 탄핵하니 사헌부와 간관을 대질하여달라"고 요청하였으나 공양왕은 거절히였다.

이성계가 개경으로 돌아오자 정몽주가 문병을 핑계로 이성계를 찾아오니 이성계는 평소처럼 맞이하였다. 이화가 이방원에게 "정몽주를 죽일 때는 이때다."라고 말하였다. 이방원이 정몽주를 처결하는 데 가담하였다. 그 뒤 조선을 개국하는데 협력한 공으로 조선 개국 후 개국공신 1등으로 의안백에 봉해졌다가 뒤에 의안군으로 개봉되었다.

1398년 태조 7년 제1차 왕자의 난에 이방원을 도운 공으로 정사공신 1등에 책봉되었고, 1400년 정종 2년 제2차 왕자의 난에 이방원의 휘하에 출정, 회안대군 이방간, 의령군 이맹종 부자를 제압하고 승리하자 좌명공신 2등에 녹훈되었다.

그는 전후 4차에 걸쳐 공신에 책봉되고, 도합 570결의 공신전을 받아 조선 초기 공신 중에서 가장 많은 토지를 소유하였다.

조선 왕족 출신으로 최초의 영의정이 된 인물이다. 위화도 회군공신, 개국공신, 제1차 왕자의 난에 공을 세운 정사공신, 제2차 왕자의 난에 공을 세운 좌명공신까지 4대 공신에 모두 포함될 정도로 정세판단을 잘 했다. 서얼 출신에 이성계의 이복동생이라 쉽게 접근할 수 없는 신분이었지만 충심으로 형을 대하며 심복처럼 행동하였고, 정종과 태종에게는 이복 삼촌이었지만 본인의 신분과 처지를 벗어난 행동을 하지 않으며 충복처럼 처신하였다. 이런 이화李和에 대해 조선왕조 총서에는 다음과 같이 기록하고 있다.

> 태조가 서모의 자식인 이화 등과 우애가 돈독하여 서모의 노비문서를 불사르다. 환조桓祖가 세상을 떠나시니, 태조가 이화의 어머니 김씨를 맞이하여 서울의 사저로 와서 그를 섬기기를 매우 공손히 하고, 매양 나아가 뵈올 적엔 항상 섬돌 아래에 꿇어앉았다. 공민왕이 태조를 존경하는 까닭에, 김씨의 아들 이화李和를 사랑하여 우대해서 항상 궁중에 모시게 하고, 자주 연회 자리를 만들어 이화에게 음식물을 내려 어머니에게 드리게 하고, 또 교방(음악을 담당하는 기관)의 음악을 내려 주어 우대하고 총애함을 보였다. 태조도 임금의 내려 주심을 영광스럽게 여겨 상금을 많이 주고, 또 이화와 서형庶兄 이원계와 더불어 항상 같이 거처하며, 우애가 더욱 지극하여 그 어머니의 노비안을 모두 불살라 없애 버렸다.
>
> —태조실록 1권, 총서 51번째—

태조와 이화의 관계를 옆에서 지켜본 태종도 이화에 대한 배려는 극진하였다. 조선은 왕족의 관직 활동이 원칙적으로 금지되어 있는 사회였으나, 이화는 의정부 찬성사를 거쳐 1407년 7월 영의정 부사에 임명되었다.

태종이 아버지 이성계의 직계가 아닌 왕족은 왕위 계승권 밖으로 밀어내는 대신, 일반 문·무관처럼 벼슬길에 나갈 수 있는 길을 열어주었기 때문이다. 당시 사회는 정실소생과 척실소생간의 위계 차이도 컸고, 신분적 갈등으로 인해 친할 수 없는 사이인데도 이화는 목숨을 걸고 형 이성계를 도왔고, 이성계가 왕이 된 이후에도 세자를 이방석으로 정하자 태조의 결정을 존중하면서도 이방원을 도와 1차 왕자의 난에 1등 공신이었음에도 이성계의 미움을 사지 않았다.

2차 왕자의 난에서 두 조카 방간과 방원을 두고 망설임 없이 방원을 택함으로써 그가 택한 길이 곧 바른길이었다. 뿐만 아니라 세자 양녕의 외척 세력이 막강할 때에 누구도 나서서 직언하지 못하는 민무구·민무질의 탄핵에 앞장섬으로써 태종의 의중을 정확히 파악하고 있었다.

이처럼 이화는 자신의 처지를 정확히 알고 정실소생의 형과 조카들에 대한 섬김을 충신보다 더 깊은 연으로 모신 결과 명예스러운 영의정 자리에까지 올랐다. 역성혁명으로 국가를 일으켜 세운 조선왕조 초기에는 무엇보다도 또 다른 반란세력의 등장이 가장 큰 변수였다. 이 때문에 태조 이성계에서부터 정종, 태종, 세조는 그들을 왕위에 오르게 한 데 도움을 준 공신들을 데리고 충성 서약 맹세를 하게 한다.

이화는 순후하면서 씩씩하고 용감하여 태조를 사저에서부터 모시어 좌우를 떠나지 않았으며 매번 정벌에 따라다녀 여러 번 전공을 세웠다.

조카 앞에 올린 삽혈동맹 충성맹세

임금이 마암馬巖의 단壇 아래에 가서 좌명공신과 더불어 삽혈동맹歃血同盟[46]을 하였는데, 그 서약한 글은 이러하였다.

"유 세차 신사 2월 삭朔 경인 12일 신축에 조선 국왕 이방원은 삼가 훈신勳臣 의안 대군 이화·상당군 이저·완산군 천우·문하 좌정승 이거이·우정승 하륜·판삼군 부사 이무 등을 거느리고 황천 상제·종묘·사직·산천 백신의 영靈에 감히 밝게 고합니다. 엎드려 생각건대, 주나라 제도에는 맹재盟載의 법이 있고, 한나라가 일어나매 대려帶礪의 맹세가 있었으니, 신명神明 앞에 충신을 굳게 하자는 것입니다.

우리 태조께서 신무神武하신 덕으로 운수에 응하여 나라를 열어서 무강한 업을 창건하였는데, 불행하게도 권력을 쥔 간신이 임금의 특별한 사랑을 탐하여 어린아이를 끼고서 우리 형제를 해하려 하여, 변變이 예측하기 어려운 지경에 있었습니다. 하늘이 마음을 달래고 종친과 훈신의 협력에 힘입어서 능히 난을 평정하고, 적자이고 장자이므로 인하여 우리 정종을 껴서 명을 받아 대통을 잇게 하니, 천륜이 펴지고 종묘사직이 안정되었습니다.

뜻밖에 또 교활한 자가 간흉한 계획을 품고 반역을 꾸미어, 우리 골육骨肉을 도모하고자 군사를 일으켜 대궐로 향해서, 화禍가 호흡지간呼吸之間에 있었는데, 또 종친과 훈신이 충성과 힘을 다함으로 인하여 이내 곧 쳐서 평정하였습니다.

정종께서 세자가 정하여지지 아니하여 인심이 흔들리기 쉬운 것을 염려하시어, 어질지 못한 내가 한 어머니 아들이고, 또 개국 정사 때에 조그마한 공이 있다 하시어, 명하여 세자로 삼아서 나라를 감독하고 군대를 위무하는 권한을 위임하셨으므로, 밤낮으로 경계하고 두려워하여도 오히려 감당하지 못할까 두려워하였더니, 갑자기 정종께서 왕위를 전하여 주시매, 사양하고 명령을 지키지 못하다가 이에 왕위에 올랐습니다.

생각건대, 어질지 못한 내가 오늘에 이른 것은 실로 종친과 훈신의 충성과 절의한 신하들이 힘을 합하여 난을 평정하고, 정성스럽게 받들어 추대하여 하늘의 명을

---

46) 맹세할 때에 희생犧牲(제물)을 잡아 서로 그 피를 들이마셔 입술을 벌겋게 하고, 서약을 꼭 지킨다는 정성스러운 마음을 신神에 맹세하는 일. 일설에는 피를 입술에 바른다고 함.

받던 힘에 힘입은 바이니, 그 큰 공을 아름답게 여기어 영원토록 잊기 어렵습니다. 이에 유사有司에 명하여 포상을 거행하고 길한 날을 가려서 신명神明께 제사하고 맹서를 맺습니다.

이미 맹세한 뒤에는 길이 한마음으로 지성으로 서로 도와 환난을 구제하고, 과실을 바로잡아, 시종 한 뜻으로써 함께 왕업을 보존하여 자손 만대에 오늘을 잊지 말지니, 진실로 혹시라도 이익을 꾀하여 해害를 피하고, 사私로써 공公을 배반하고, 맹서를 범하고 속이고 변하고, 몰래 헐뜯고 해치기를 꾀한다면 신명神明께서 반드시 죽이어 재앙이 자손 만대에 미칠 것이며, 범한 것이 사직社稷에 관계되는 자는 마땅히 법으로 논할 것이니, 내가 감히 어기는 것이 아니라, 그들 스스로 만든 것입니다. 각각 맹세한 말을 공경하여 영원히 이 정성을 지킬지니라." 임금이 드디어 성균관에 이르러 문묘(공자 등 성현을 모신 사당)에 인사하였다.

－태종실록 1년 2월 12일－

요동 정벌을 주장한 정도전

1398년 태조 7년 8월 9일 대사헌 성석용이 진도를 익히지 않은 모든 지휘관의 처벌을 건의하다. 정도전 등이 요동 공략에 대해 조준을 설득하려다가 실패하다.

대사헌 성석용 등이 상소하였다.

"전하께서 무신武臣들에게 진도陣圖를 강습하도록 명령한 지가 몇 해가 되었는데도, 절제사 이하의 대소 장수들이 스스로 강습하지 아니하고 그 직책을 게을리하오니, 그 양부(의정부와 중추부)의 파직된 전직은 직첩을 품계에 따라 거둬들이되 1등급을 낮출 것이며, 5품 이하의 관원은 태형笞刑을 집행하여 뒷사람을 거울 삼게 하소서."

임금이 말하였다.

"절제사 남은·이지란·장사길 등은 개국공신이고, 이천우는 지금 내갑사 제조가 되었으며, 의안백 이화·회안군 이방간·익안군 이방의·무안군 이방번·영안군 양우·영안군 이방과·순녕군 지·흥안군 이제·정안군 이방원은 왕실의 지친이고, 유만수와 정신의 등은 원종공신이므로 모두 죄를 논의할 수 없으니, 그 당해 휘하 사람은 모두 각기 태형 50대씩을 치고, 이무는 관직을 파면시킬 것이며, 외방 여러 진의 절제사로서 진도를 익히지 않는 사람은 모두 곤장을 치게 하라."

처음에 정도전과 남은이 임금을 날마다 뵈옵고 요동을 공격하기를 권고한 까닭으로 진도를 익히게 한 것이 이같이 급하게 하였다. 이보다 먼저 좌정승 조준이 휴가를 청하여 집에 돌아가 있으니, 정도전과 남은이 조준의 집에 나아가서 말하였다.

"요동을 공격하는 일은 지금 이미 결정되었으니 공은 다시 말하지 마십시오."

조준이 말하였다. "내가 개국 원훈의 반열에 있는데 어찌 전하를 저버림이 있겠습니까? 전하께서 왕위에 오른 후로 국도를 옮겨 궁궐을 창건한 이유로써 백성이 토목의 공사에 시달려 인애仁愛의 은혜를 받지 못하였으므로 원망이 극도에 이르고, 군량이 넉넉지 못하니, 어찌 그 원망하는 백성을 거느리고 가서 능히 일을 성취시킬 수 있겠습니까?"

또, 정도전에게 일렀다. "만일에 내가 각하와 더불어 여러 도道의 백성을 거느리고 요동을 정벌한다면, 그들이 우리를 흘겨본 지가 오래되었는데 어찌 즐거이 명령에 따르겠습니까? 나는 자신이 망하고 나라가 패망되는 일이 요동에 도착되기 전에 이르게 될까 염려됩니다. 임금의 병세가 한창 성하여 일을 시작할 수 없으니, 원컨대 여러분들은 내 말로써 임금에게 복명하기를 바라며, 임금의 병환이 나으면 내가 마땅히 친히 아뢰겠습니다." 그 후에 조준이 힘써 간하니, 임금이 그대로 따랐다.

—태조실록 7년 8월 9일—

제2차 왕자의 난

　일명 방간의 난 또는 박포의 난이라고도 한다. 제1차 왕자의 난을 일으킨 이방원은 왕위를 차지하는데 큰 고비를 모두 넘겼다고 생각하였다. 태조는 왕권을 두고 형제간 골육상쟁을 일으킨 연후라 왕위를 둘째 아들인 방과에게 물려주고 상왕으로 물러났다. 조선이 개국한 초기라 왕위 계승에 순서도 정해져 있지 않았고, 막내인 이방석이를 세자에 책봉했던 터라 차기 왕은 임금에게 지명권이 있는 관례로 정종이 왕위에 오른 것이다. 불행 중 다행인 것은 정종의 정비소생에서 아들이 없다는 점이었다. 왕권욕이 많았던 동생들은 이것을 알았기에 형이 왕위를 계승 받는 것을 찬성했는지도 모른다. 이방원은 당연히 차기 왕권은 본인에게 주어질 것이라 확신하고 있었고, 넷째 형 이방간 역시 왕권에 대한 야욕을 가지고 있었다. 이런 형세 속에서 지중추부사 박포에 대한 밀고가 있었다. 박포는 제1차 왕자의 난 때 공을 많이 세웠다고 생각했다. 그런데 논공행상 과정에서 일등공신에 오르지 못하고 2등 공신에 책봉되자 불평을 하다가 죽주(충북 영동)로 귀양을 갔다가 돌아왔다. 이에 억울한 마음을 풀고 훈공을 차지하고자 이방간을 부추겨 군사를 일으키게 한 것이다. 태종의 왕위 계승을 앞당겨준 2차 왕자의 난에 대한 조선왕조실록은 다음과 같이 기록하고 있다.

　임금이 하륜에게 명하여 대간과 형조가 합동하여 박포를 국문하게 하니, 박포가 말하였다.

"지난해 동짓날 방간의 집에 가서 장기를 두었는데, 그날 마침 비가 왔으므로, 고하기를, '계절에 따른 반포령이 온화하지 못하니 마땅히 조심하여야 한다.'고 하였습니다. 금년 정월 23일 해 질 녘에 천기가 서북쪽으로 붉었으므로, 이튿날 또 방간의 집에 가서 고하기를, '하늘에 요사스런 기운이 있으니, 삼가서 처신함이 마땅하다.'라고 하였더니, 방간이 말하기를, '어떻게 처신할꼬?' 하기에, 박포가 대답하기를, '군사를 맡지 말고 출입을 삼가며, 의관을 정제하고 행동거지를 무겁게 하기를 고려 때 제왕의 예와 같이하는 것이 상책이다.'라고 하였습니다. 이방간이 그다음을 묻기에, 박포가 대답하기를, '도망하여 남방 오랑캐로 들어가기를 주나라 제1, 2 왕자인 태백과 중옹 같이 하는 것이 그다음이다.'라고 하였습니다. 또 그다음을 묻기에, 박포가 대답하기를, '정안공은 군사가 강하고 무리가 뒤따르며, 또 이저의 아우 이백강을 사위로 삼았는데, 공의 군사는 약하여 위태하기가 아침이슬과 같으니, 먼저 쳐서 제거하는 것만 같지 못하다.'라고 하였습니다."

날조하여 선동한 이유를 물으니, 박포가 말하였다.
"내가 비록 정안공을 따라서 함께 정사의 공을 이루었으나, 얼마 아니 되어 나를 외방으로 내쫓았으니, 지금 비록 써 주더라도 어찌 보증할 수가 있겠습니까? 만일 이방간에게 공을 세우면, 더불어 길이 부귀를 누릴 수 있기 때문입니다." 하였다.

—정종실록 2년 2월 1일—

왕자의 난이 일어난 당일의 기록은 다음과 같다.

1400년 1월 28일 회안공 이방간을 토산에 추방하였다. 방의·방간과 정안공은 모두 임금의 동복 아우였다. 임금이 정실소생 후사가 없으니, 동복 아우가 마땅히 후사가 될 터인데, 셋째 익안공은 성품이 순후하고 근신하여 다른 생각이 없었고, 넷째 방간은 자기가 차례로서 마땅히 후사가 되어야 한다고 생각하였으나, 배우지 못하여 광망하고 어리석었으며, 정안공은 뛰어나고 슬기롭고 숙성하며 경서와 이치에 통달하여, 개국과 정사가 모두 그의 공이었다. 그러므로, 나라 사람들이 모두 마음으로 복종하였다. 방간이 깊이 꺼리어서 처조카 판교서감사 이내李來에게 말하기를, "정안공이 나를 시기하고 있으니, 내가 어찌 평범한 사람처럼 남의 손에 개죽음하겠는가!" 하니, 이내가 깜짝 놀라 말하였다.

"공公이 소인의 참소를 듣고 골육을 해치고자 하니, 어찌 차마 들을 수가 있겠습니까? 하물며, 정안공은 왕실에 큰 훈공이 있습니다. 개국과 정사가 누구의 힘입니까? 공의 부귀도 또한 그 때문입니다. 공이 반드시 그렇게 하시면, 반드시 악명의 이름을 얻을 것이고, 일도 또한 이루어지지 않을 것입니다."

방간이 불끈 성을 내어 좋아하지 않으면서, "나를 도울 사람이면 말이 이와 같지 않을 것이다." 하였다. 환관 강인부는 방간의 처의 양부인데, 꿇어앉아서 손을 비비며 말하기를,

"공은 왜 이런 말을 하십니까? 다시는 하지 마십시오." 하였다. 이내는 우현보의 문하생이었으므로, 우현보의 집에 가서 그 말을 자세히 하고, 방간이 이달 그믐날에 거사하려 한다 하고, 또 말하기를,

"정안공도 또한 공의 문하생이니, 빨리 비밀히 일러야 합니다." 하였다.

우현보가 그 아들 우홍부를 시켜 정안공에게 고하였다. 이날 밤에 정안공이 하륜·이무 등과 더불어 대응할 계책을 비밀히 의논하였다. 앞서 방간이 다른 음모를 꾸며 가지고 정안공을 그의 집으로 청하였는데, 정안공이 가려고 하다가 갑자기 병이 나서 가지 못하였다. 다른 날 방간이 정안공과 더불어 대궐에 나가 임금을 뵙고 말을 나란히 하여 돌아오는데, 방간이 한 번도 같이 말하지 아니하였다. 그때 삼군부에서 여러 공公과 후候로 하여금 사냥을 하게 하여 둑제纛祭[47]에 쓰게 하였다. 정안공이 다음날 사냥을 나가려고 하여, 먼저 조영무를 시켜 몰이꾼을 거느리고 새벽에 들에 나가게 하였다. 방간의 아들 의령군 이맹종이 정안공의 저택에 와서 사냥하는 곳을 묻고, 인하여 말하기를,

"우리 아버지도 오늘 또한 사냥을 나갑니다."

하므로, 정안공이 사람을 방간의 집에 보내어 그 사냥하는 곳을 정탐하였는데, 방간의 군사는 모두 갑옷을 입고 분주히 모여들었다. 정안공이 이에 변이 있는 것을 알았다. 이때 의안공 이화·완산군 이천우 등 10인이 모두 정안공의 집에 모이었다. 정안공이 군사로 스스로 호위하고 나가지 않으려 하니, 이화와 이천우가 곧 침실로 들어가 군사를 내어 대응할 것을 극력 청하였다. 정안공이 눈물을 흘리며 굳이 거절하기를,

"골육을 서로 해치는 것은 불의가 심한 것이다. 내가 무슨 얼굴로 응전하겠는가?"

---

47) 둑제는 군신을 상징하는 깃발에 지내는 제사의식으로 고대부터 전쟁의 승리를 기원하기 위해 둑에 제사를 지낸 데서 유래됐다. 뚝섬纛島은 둑제纛祭를 지내던 곳이라 하여 붙여진 이름이다.

하였다. 이화와 이천우 등이 울며 청하여 마지않았으나 또한 따르지 아니하고, 곧 사람을 방간에게 보내어 대의로 이르고, 감정을 풀고 서로 만나기를 청하였다.

방간이 노하여 말하기를, "내 뜻이 이미 정하여졌으니, 어찌 다시 돌이킬 수 있겠는가?" 하였다.

이화가 정안공에게 사뢰기를, "방간의 흉험한 것이 이미 극진하여 사세가 여기에 이르렀으니, 어찌 작은 절조를 지키고 종묘사직의 대계를 돌보지 않을 수 있겠습니까?" 하였으나, 정안공이 오히려 굳이 거절하고 나오지 않았다.

이화가 정안공을 힘껏 끌어 외청으로 나왔다. 정안공이 부득이 종 소근을 불러 갑옷을 내어 여러 장수에게 나누어 주게 하고, 안으로 들어가니, 부인이 곧 갑옷을 꺼내 입히고 겉옷을 더하고, 대의에 따라 권하여 군사를 움직이게 하였다. 정안공이 이에 나오니, 이화·이천우 등이 껴안아서 말에 오르게 하였다. 정안공이 예조전서 신극례를 시켜 임금에게 아뢰기를, "대궐문을 단단히 지켜 비상에 대비하도록 명하심이 마땅합니다." 하니, 임금이 믿지 않았다.

조금 뒤에 방간이 그 휘하 상장군 오용권을 시켜 아뢰기를, "정안공이 나를 해치고자 하므로, 내가 부득이 군사를 일으켜 공격합니다. 청하건대, 주상은 놀라지 마십시오." 하니, 임금이 크게 노하여, 도승지 이문화를 시켜 방간에게 가서 타이르기를, "네가 헛소문을 혹하여 듣고 동기를 해치고자 꾀하니, 미치고 패악하기가 심하다. 네가 군사를 버리고 홀몸으로 대궐에 나오면, 내가 장차 보전하겠다." 하였다.

이문화가 이르기 전에 방간이 이미 사돈 민원공·기사 이성기 등의 부추김을 받아, 이맹종과 휘하 수백 인을 거느리고 갑옷을 입고 무기를 잡고 태상전을 지나다가, 사람을 시켜 아뢰기를, "정안이 장차 신을 해치려 하니, 신이 속절없이 죽을 수는 없습니다. 그러므로, 군사를 발하여 대응합니다." 하였다.

태상왕이 크게 노하여 말하기를, "네가 정안과 아비가 다르냐? 어미가 다르냐? 저소 같은 위인이 어찌 이에 이르렀는가?" 하였다.

방간이 군사를 움직여 내성 동대문으로 향하였다. 이문화가 선죽교 가에서 만나서,

"임금의 명이 있다." 하니, 방간이 말에서 내렸다. 이문화가 교지를 전하니, 방간이 듣지 아니하고, 드디어 말에 올라서 군사들을 가조가可祚街에 포진하였다. 정안공이 노

한을 시켜 익안공에게 고하기를, "형은 병들었으니, 청하건대, 군사를 엄하게 하여 스스로 호위하고 움직이지 마십시오." 하고, 또 이응을 시켜 내성內城 동대문을 닫았다. 승지 이숙번이 정안공을 따라 사냥을 나가려고 하여, 가다가 백금반가에 이르렀는데, 민무구가 사람을 보내 말하기를,

"빨리 병기를 갖추고 오라!" 하였다. 이숙번이 이에 달려서 정안공의 저택에 갔으나, 그가 이르기 전에 정안공이 이미 군사를 정돈하여 나와, 시반교를 지나 말을 멈추고, 여러 군사가 달려와 말 앞에 모여서 거리를 막고 움직이지 않았다. 이숙번이 군사들에게 각각 본진에 돌아가게 하여 대오가 정해지니, 정안공에게 고하기를, "제가 먼저 적에게 나가겠습니다. 맹세코, 패하여 달아나지는 않을 것입니다. 공은 빨리 오십시오." 하고, 무사 두어 사람을 거느리고 먼저 달려갔다.

정안공이 말하기를, "우리 군사가 한곳에 모여 있다가 저쪽에서 만일 쏘면, 한 화살도 헛되게 나가는 것이 없을 것이다. 일찍이 석전石戰을 보니, 갑자기 한두 사람이 작은 옆 골목에서 소리를 지르며 뛰쳐나오니까, 적들이 모두 놀라서 무너졌었다. 지금 작은 골목의 복병이 심히 두려운 것이다."

하고, 이지란에게 명하여 군사를 나누어 가지고 활동闊洞으로 들어가 남산을 타고 움직여 태묘太廟 동구에 이르게 하고, 이화로 하여금 군사를 거느리고 남산에 오르게 하고, 또 파자반·주을정·묘각 등 여러 골목에 모두 군사를 보내어 방비하였다.

이숙번이 선죽교 노상에 이르니, 한규·김우 등의 탄 말이 화살에 맞아 퇴각하여 달아났다. 이숙번이 한규에게 이르기를, "네 말이 죽게 되었으니, 곧 바꿔 타라." 하고, 김우에게 이르기를, "네 말은 상하지 않았으니, 빨리 되돌아가서 싸우라." 하고, 이숙번이 달려서 양군兩軍 사이로 들어가니, 서귀룡이 또한 먼저 들어가서 이숙번을 부르면서 말하기를,

"한 곳에 서서 쏩시다." 하니, 이숙번이 대답하기를, "이럴 때는 이름을 부르는 게 아니다. 나는 개천 가운데 서서 쏘겠다." 하였다.

정안공이 한규에게 말을 주어 도로 나가 싸우게 하였다. 임금이 또 대장군 이지실을 보내어 방간에게 일러 중지하게 하려 하였으나, 화살이 비 오듯이 쏟아져서 들어가

지 못하고 돌아왔다. 방간이 선죽교로부터 가조가에 이르러 군사를 멈추고, 양군이 교전하였는데, 방간의 보병 40여 인은 마정동 안에 서고, 기병 20여 인은 전목 동구에서 나왔다.

정안공의 휘하 목인해가 얼굴에 화살을 맞고, 김법생이 화살에 맞아 즉사하였다. 이에 방간의 군사가 다투어 이숙번을 쏘았다. 이숙번이 10여 살을 쏘았으나 모두 맞지 않았다. 양군이 서로 대치하였다. 임금은 방간이 명령을 거역하였다는 말을 듣고 더욱 노하고, 또 해를 당할까 두려워하여 탄식하여 말하기를,

"방간이 비록 광패하나, 그 본심이 아니다. 반드시 협잡꾼에게 매수된 것이다. 골육이 이렇게 될 줄은 생각지 못하였다."

하니, 참찬문하부사 하륜이 아뢰기를, "교서를 내려 달래면 풀 수 있을 것입니다." 하니, 곧 하륜에게 명하여 교서를 짓게 하였다.

"내가 부덕한 몸으로 백성의 위에 자리하여, 종실·훈구·대소 신하의 마음을 같이하고 힘을 다함에 힘입어서 태평에 이를까 하였더니, 뜻밖에 동복 아우 회안공 방간이 무뢰한 무리의 참소하고 이간하는 말에 유혹되어, 골육을 해치기를 꾀하니, 내가 심히 애통하게 여긴다. 다만 양쪽을 온전하게 하여 종사를 편안하게 하려 하니, 방간이 곧 군사를 놓아 해산하고 사저로 돌아가면, 목숨을 보전할 수 있을 것이다. 내가 식언하지 않기를 하늘의 해를 두고 맹세한다. 그 한 줄의 군사라도 교지를 내린 뒤에 곧 해산하지 않는 자들은 내가 용서하지 아니하고 아울러 군법으로 처단하겠다."

좌승지 정구에게 명하여 교서를 가지고 군부대 앞에 가게 하였는데, 이르기 전에 상당후 이저가 소속인 경상도 시위군을 거느리고 검동원을 거쳐 묘련점을 통과하였다. 정안공이 검동앞 길에 군사를 머무르고 자주 사람을 시켜 전방을 경계하기를,

"만일 우리 형을 보거든 화살을 쏘지 말라. 어기는 자는 베겠다."

하였다. 이화 등은 남산에 오르고, 이저는 묘련점 응달에 이르러 함께 호각을 불었다. 숙번이 기마병 한 사람을 쏘아 맞혔는데, 시위 소리에 응하여 꺼꾸러지니, 곧 방간의 측신 이성기였다. 이맹종은 본래 활을 잘 쏘았는데, 이날은 활을 당기어도 잘 벌어지지 않아서 능히 쏘지 못하였다. 대군이 호각을 부니, 방간의 군사가 모두 무너져 달아났다. 서익·마천목·이유 등이 선봉이 되어 쫓으니, 방간의 군사 세 사람이

창을 잡고 한 데 서 있었다. 마천목이 두 사람을 쳐 죽이고 또 한 사람을 죽이려 하니, 정안공이 보고 말하기를,

"저들은 죄가 없으니 죽이지 말라." 하였다. 서익이 창을 잡고 방간을 쫓으니, 방간이 형세가 궁하여 북쪽으로 달아났다. 정안공이 몸종 소근을 불러 말하기를,

"무지한 사람이 혹 형을 해칠까 두렵다. 네가 달려가서 빨리 소리쳐 해치지 말게 하라." 하였다. 소근이 고신부·이광득·권희달 등과 더불어 말을 달려 쫓으니, 방간이 혼자서 달려 묘련 북동으로 들어갔다. 소근 등이 미처 보지 못하고 곧장 달려 성균관을 지났다. 탄현문으로부터 오는 자를 만나서 물으니, 모두

"보지 못하였다."라고 말하였다. 소근이 도로 달려 보국 서쪽 고개에 올라가서 바라보니, 방간이 묘련 북동에서 마전 갈림길로 나와서 보국동으로 들어가는데, 안장을 띤 작은 백마가 뒤따라 갔다. 소근 등이 뒤쫓으니, 방간이 보국 북점을 지나 성균관 서동으로 들어서서 예전 적경원 터에 도착하여, 말에서 내려 갑옷을 벗고 활과 화살을 버리고 누웠다. 권희달 등이 쫓아 이르는 것을 보고 말하기를,

"너희들이 나를 죽이려고 오는구나." 하니, 권희달 등이 말하기를, "그게 무슨 말씀입니까? 공은 두려워하지 마시오." 하였다. 이에 방간이 갑옷을 고신부에게 주고, 활은 권희달에게 주고, 환도를 이광득에게 주고, 소근에게 말하기를, "내가 더 가진 물건이 없기 때문에, 네게는 줄 것이 없구나. 내가 살아만 나면 뒤에 반드시 후하게 갚겠다." 하였다.
권희달 등이 방간을 부축하여 작은 백마에 태우고, 옹위하여 성균관 문 바깥 동봉東峯에 이르러 말에서 내렸다. 방간이 울며 권희달 등에게 이르기를,

"내가 남의 말을 들어서 이 지경이 되었다." 하였다. 정구가 이르러 교서를 펴서 읽고 방간의 품속에 넣어주니, 방간이 절하고 말하였다.

"주상의 지극한 은혜에 감사합니다. 신은 처음부터 불궤한 마음이 없었습니다. 다만 정안을 원망한 것뿐입니다. 지금 교서가 이와 같으니, 주상께서 어찌 나를 속이겠습니까? 원하건대, 여생을 빕니다."

이때 목인해가 탔던 정안공 집의 말이 화살을 맞고 도망해 와서 스스로 제집 마구 간으로 들어갔다. 부인은 반드시 싸움에 패한 것으로 생각하고, 스스로 싸움터에 가서 공과 함께 죽으려 하여 걸어서 가니, 시녀 김씨 등 다섯 사람이 만류하였으나 그만두게 할 수 없었다. 김씨는 곧 경녕군(태종의 서자 중 장자)의 어머니이다. 종 한기 등이 길을 가로막아서 그만두게 하였다. 처음에 난이 바야흐로 일어날 즈음에 이화와 이천우가 정안공을 붙들어서 말에 오르게 하니, 부인이 무녀 추비방·유방 등을 불러 승부를 물었다. 모두 말하기를, "반드시 이길 것이니 근심할 것 없습니다."

하였다. 이웃에 정사파라는 자가 사는데, 그 이름은 가야지이다. 역시 그가 왔기에 부인이 이르기를, "어젯밤 새벽녘 꿈에, 내가 신교의 옛집에 있다가 보니, 태양이 공중에 있었는데, 아기 막둥이(충녕)가 해 바퀴 가운데에 앉아 있었으니, 이것이 무슨 징조인가?"

하니, 정사파가 판단하기를, "공이 마땅히 왕이 되어서 항상 이 아기를 안아 줄 징조입니다." 하였다. 부인이 말하기를, "그게 무슨 말인가? 그러한 일을 어찌 바랄 수 있겠는가?"

하니, 정사파는 마침내 제집으로 돌아갔었다. 이때 이르러 정사파가 이겼다는 소문을 듣고 와서 고하니, 부인이 그제야 돌아왔다. 정안공이 군사를 거두어 마전 갈림길의 냇가 언덕 위에 말을 멈추고, 소리를 놓아 크게 우니, 대소 군사가 모두 울었다. 정안공이 이숙번을 불러 말하기를,

"형의 성품이 본래 우직하므로, 내가 생각건대, 반드시 남의 말에 혹하여 이런 일을 저질렀으리라 여겼더니, 과연 그렇다. 네가 가서 형을 보고 난의 이유를 물어보라."

하였다. 이숙번이 달려가서 방간에게 물으니, 방간이 대답하지 아니하였다. 이숙번이 다시 묻기를, "공이 이미 권희달에게 말을 하고서 왜 말을 하지 않습니까? 공이 만일 말하지 않으면 국가에서 반드시 물을 것인데, 끝내 숨길 수 있겠습니까?" 하니, 방간이 부득이 대답하였다.

"지난해 동지에 박포가 내 집에 와서 말하기를, '오늘의 큰비에 대해 공은 그 응험을 아는가? 예전 사람이 이르기를, 「겨울비가 도道를 손상하면 군대가 저자에서 교전한

다.」 하였다.' 하기에, 내가 대답하기를, '이 같을 때 어찌 군사가 교전하는 일이 있겠는가?' 하니, 박포가 말하기를, '정안공이 공을 보는 눈초리가 이상하니, 반드시 장차 변이 날 것이다. 공은 마땅히 선수를 써야 할 것이다.' 하였다. 내가 그 말을 듣고 생각하기를, '공연히 타인의 손에 죽을 수는 없다.' 하여, 이에 먼저 군사를 발한 것이다." 하였다.

이숙번이 돌아와서 고하니, 정안공이 드디어 사저로 돌아갔다. 임금이 우승지 이숙을 보내어 가서 방간에게 이르기를,

"네가 대낮에 서울에서 군사를 움직였으니, 죄를 용서할 수 없다. 그러나 골육지정으로 차마 사형을 가하지 못하니, 너의 소원에 따라서 외방에 안치하겠다."

하였다. 방간이 토산 촌장으로 돌아가기를 청하니, 임금이 대호군 김중보·순군 천호 한규에게 명하여 방간 부자를 압령해서 토산에 안치하게 하였다. 박포는 본래 정안공의 조전 절제사였는데, 그날 병을 칭탁하여 나오지 않고 중립을 지키며 변을 관망하고 있었으나, 명하여 순군옥에 내리고, 또 방간의 도진무 최용소와 조전 절제사 이옥·장담·박만 등 10여 인을 가두었다. 그때에 익안공은 오랜 병으로 인하여 문을 닫고 나오지 않았었는데, 변을 듣고 통곡하며 눈물을 흘리면서 말하기를, "위에는 밝은 임금이 있고, 아래에는 훌륭한 아우가 있는데, 방간이 어찌하여 이런 짓을 하였는가?" 하고, 곧 절제사의 도장과 군적을 삼군부에 도로 바쳤다. 이 앞서 서운관에서 아뢰기를,

"어제 어두울 때 붉은 요사스러운 기운이 서북쪽에 보였으니, 종실 가운데서 마땅히 용맹스러운 장수가 나올 것입니다." 하였으므로, 사대부들이 모두 정안공을 지목하였는데, 8일 만에 난이 일어났다.

－정종실록 2년 1월 28일－

난이 평정된 뒤 이방원의 심복 하륜은 이방원을 세자로 책봉하자고 주청하였고 정종은 이를 받아들여 1400년 2월 이방원을 세자로 책봉하고 곧이어 왕위를 태종에게 전위하였다.

간통한 변계량의 누이에 대한 처결

변계량의 누이가 간통하다가 발각되자 의안공 이화에게 누명을 씌워 벗어나려 하다.

전 남편의 종들과 간통한 박원길의 아내 변씨가 여러 사악한 일을 저질러 주살 당하다. 변씨가 죽은 남편 박충언의 종 포대包大와 사안沙顔과 간통을 하였는데, 이때 이르러 박원길에게 재혼하였다가 박원길이 그 실상을 알게 되니, 변씨가 두려워하여 그 아우 변계량에게 말하기를,

"내 남편이 성질이 사나워서 더불어 살아가기가 어렵다." 하였다. 변계량이 대답하지 않으니, 변씨가 드디어 변계량을 미워하여 포대와 더불어 모의하고, 정안공의 집 수행원 김귀천과 결탁하여 양자養子로 삼아 노비 4구를 주고, 포대를 시켜 김귀천을 통하여 정안공에게 고하였다.

"내가 박원길에게로 시집가기 전인데, 금년 정월에 이양몽이 그의 형 이양중을 위하여 내게 중매하며 말하기를, '내가 일찍이 재주꾼 수백 명을 거느리고 있고, 우리 주군 의안공 이화가 또한 휘하에 군사 수천 명이 있으니, 하루에 난을 일으키면 어찌 대장군이 되지 않을지 아느냐?' 하였습니다. 박원길에게 시집가서 박원길에게 얘기하였더니, 박원길이 말하기를, '나도 역시 어느 날 의안공을 뵈니, 공이 말하기를, 「나의 기운이 어떠하냐? 내가 대위大位를 얻더라도 또한 무엇이 어렵겠느냐?」 하였다.' 하였습니다. 지금 박원길과 변계량이 이양몽·이양중 등과 더불어 몰래 난을 일으킬 것을 꾀합니다. 일이 장차 터질 것이니, 왜 일찍 도모하지 않습니까?"

정안공이 임금에게 보고하니, 이에 여러 공신과 여러 절제사가 함께 대궐에 모여, 대장군 심귀령을 시켜 박원길을 잡아 국문하였다.

박원길이 말하기를, "그런 일이 없습니다." 하였다. 변씨는 도망하였으나, 청원후가 잡아서 포대와 함께 가두고, 박원길·이양몽과 같이 심문하였다. 변씨가 말하기를, "이양몽은 의안공 휘하의 우두머리입니다. 내 남편과 함께 의안공을 세우기를 도모하여

장차 거사하려고 하였습니다." 하였다.

의안공 부자가 듣고 두려워하여 떨며 통곡하였다. 박원길과 사안은 모두 곤장을 맞아 병사하였다.

이양몽 등을 국문하니, 모두 혐의가 없었다. 포대가 말하기를, "우리 형제가 주인마님을 간통하였는데, 박원길이 그 일을 알게 되었으므로, 거짓말을 꾸며 사지死地에 빠뜨리고자 한 것이요, 실상은 이런 일이 없습니다." 하였다. 이에 이양몽 등은 모두 석방하고, 변씨와 포대는 목을 베었다.

-정종실록 1년 8월 19일-

국가가 관리한 이혼문제

조선 초기였지만 재혼에 관한 엄격한 기준이 설정되지 않았던 것 같다. 재혼에 대해서는 문제를 일으키지 않을 경우 그냥 넘어갔지만, 이혼문제와 여러 번 재혼의 경우 상황에 따라 국가가 관여한 기록을 쉽게 찾아볼 수 있다.

1405년 태종 5년 8월 23일 사헌부에서 여러 번 재혼한 마천목의 처 김씨를 처벌토록 청하다.

"회령군 마천목의 처 김씨가 일찍이 은천군 조기에게로 시집가서 택주宅主로 봉하였는데, 조기가 죽으매, 수년이 못되어 재차 검교 중추원 부사 홍인신에게 시집갔으므로, 관할사가 죄주기를 청하여, 이혼시키고 밖으로 퇴출하였는데, 김씨가 그 행실을 고치지 않고, 겨우 종편從便하게 되자 또 마천목에게로 시집갔으니, 그 추한 행실이 심합니다. 지금 다스려 바루지 않으면, 장차 풍기가 점점 무너져서 제지하지 못하게 될 것이니, 먼 변방에 추방하여 풍속을 오염치 못하게 하소서." 하였으나, 상소를 궐내에 머물러 두고 내려보내지 않았다.

-태종실록 5년 8월 23일-

1405년 태종 5년 1월 9일 사헌부에서 강거신의 처 목씨가 재혼한 죄를 청하니, 이혼을 명하였다.

"강거신이 베임을 당하였사온데, 그 아내 목씨가 3년 안에 상호군 김만수에게 재가하였사오니, 그의 오라비 호군 목인해가 중매한 것입니다. 목씨와 김만수·목인해 등은 예절을 돌보지 않고 인륜을 파괴하고 어지럽혔사오니, 청컨대, 모두 죄를 논하소서." 임금이 다만 목씨를 이혼시켜 그의 고향으로 돌아가게 하고, 김만수와 목인해는 논하지 말게 하였다.

-태종실록 5년 1월 9일-

1406년 태종 6년 12월 19일 천인의 딸을 후처로 맞아들인 정복주를 삭직시켜 서민으로 삼다.

정복주를 폐하여 서민으로 만들었다. 사헌부에서 상언하기를, "이달 초 6일에 전 첨절제사 정복주는 구처를 버리고 화산군 장사길의 기생첩 복덕의 딸에게 장가들어 혼례 하여 계실로 삼았습니다. 정복주는 전국에 역임하여 벼슬이 3품에 이르렀으니, 혼인의 예를 알지 못하지 않을 터인데, 제멋대로 행하여 선비의 기풍에 누를 끼쳤습니다. 바라건대 직첩을 거두고 율에 따라 논죄해서 풍속을 바루소서."

하니, 임금이 말하기를, "정복주는 나와 동년이니, 지금 이미 늙었다. 그런데, 조강지처를 버리고 천인을 얻어 스스로 배필을 삼았으니, 또한 가증하지 않은가? 만일 폐하여 서민으로 삼으면, 복덕福德의 신분과 맞을 것이고, 그녀의 사위도 될 만할 것이다." 하고, 곧 명하여 삭직하고 백성으로 만들었다.

-태종실록 6년 12월 19일-

태종 6년 6월 9일 대사헌 허응이 개가문제 등에 관한 시무책을 올리다.

부부는 인륜의 근본이기 때문에 부인은 삼종의 의리는 있어도 개가하는 도리는 없습니다. 지금 사대부의 정처正妻 가운데 남편이 죽은 자나 남편에게 버림을 받은 자가 혹은 부모가 그 뜻을 빼앗기도 하고, 혹은 몸단장을 하고 스스로 시집가기도 하여 두세 번씩 남편을 얻는 데 이르니, 절개를 잃고도 부끄러워하지 않아 풍속에 누가 됩니다. 원하건대, 대소 양반의 정처正妻로서 세번 남편을 얻은 자는 고려의 법에 의하여 자녀안恣女案[48]에 기록하여서 부도婦道를 바르게 하도록 하소서. 하니 그대로 따랐다.

-태종실록 6년 6월 9일-

이화의 졸기

1408년[61세] 태종 8년 10월 6일 의안대군 이화의 졸기.

의안대군 이화가 죽었다. 조회를 3일 동안 정지하고, 쌀·콩 각각 백석과 종이 2백 권을 부의하였다. 시호를 양소공襄昭公이라 주었다. 이화는 순박하고 씩씩하고 용감하여 젊어서부터 태조를 사저에 모시어 좌우를 떠나지 않았으며, 매양 정벌에 따라다녀 여러 번 전공戰功을 나타내서 마침내 개국공신이 되고, 또 정사·좌명공신의 대열에 참여하였다. 죽으매 나이 61세였다. 일곱 아들이 있으니 이지숭·이숙·이징·이담·이교·이회·이점이다.

-태종실록 8년 10월 6일-

---

48) 지녀恣女라 함은 행실이 음란하고 방탕한 여인을 일컫는 말로 자녀안은 그런 부녀들을 기록하여 두었던 문안.

천첩의 자손에게는 공신전을 세습하지 못하게 하다

이화가 살아있는 동안엔 서얼문제에 대하여 규제하자는 목소리를 내지 못하다가 이화가 죽은 후에는 법률이 엄격해지기 시작하였다.

1409년 태종 9년 10월 천첩의 자손이 공신전을 상속하지 못하게 하는 법을 제정하다.

호조에서 공신전의 상속법을 아뢰었다.
"공신전功臣田은 패牌를 주어 모두 자손으로 하여금 전해 받게 하는데, 지금 죽은 대군 이화와 평원군 조박趙璞이 외람되게 문서를 만들어 기생 첩에게 전해 주었으니, 왕법에 어긋남이 있습니다. 빌건대, 전법田法에 의하여 자손 이외에 기생첩이나 천한 첩에게 임의로 주지 못하게 하고, 자손 가운데 만일 공노비 사노비가 있으면 또한 모두 서로 전하는 것을 허락하지 마소서." 하니, 그대로 따랐다.

-태종실록 9년 10월 19일-

[승진과정]

1370년[23세] 고려 무관으로 천거
1392년[45세] 태조 1년 7월 개국공신 상의문하부사, 의안백
1393년[46세] 태조 2년 3월 삼도절제사, 3월 18일 왜구 방비
             5월 21일 이화 등 여러 절제사를 보내 왜적을 격퇴하다.
1397년[50세] 태조 6년 6월 영삼사사, 9월 판문하부사 겸 삼군부사
1398년[51세] 태조 7년 8월 26일 제1차 왕자의 난, 9월 정사공신 1등.
             12월 영삼사사
1400년[53세] 정종 2년 1월 28일 제2차 왕자의 난. 4월 영삼사사
1401년[54세] 태종 1년 1월 25일 의안대군, 2월 25일 좌명공신
1402년[55세] 태종 2년 10월 13일 태평관 사신 접대, 12월 좌군 도총제
1403년[56세] 태종 3년 4월 명나라 사은사 접대
1405년[58세] 태종 5년 2월 5일 의안대군 이화 등을 불러 격구하고 술자리를 베풀다.
             4월 8일 의안대군 이화 등이 술자리를 베풀다.
1406년[59세] 태종 6년 2월 17일 의안대군 이화 등을 불러 편전에서 술을 마시다.
             4월 9일 의안대군 이화가 광연루에서 연회를 베풀다.
1407년[60세] 태종 7년 7월 4일 영의정 부사
1408년[61세] 태종 8년 1월 3일 영의정 사직, 2월 14일 태상왕이 세자궁 으로 피병하다.
             세자궁을 이화 집으로 옮기다.
1408년[61세] 태종 8년 10월 6일 의안대군 이화가 죽다.
1408년[사후] 태종 8년 12월 4일 의안대군의 빈소에 친림하여 제사를 내려주었다.

10. 하륜河崙
지략이 뛰어났던 태종의 책사

생몰년도	1347년(충목왕 3)~1416년(태종 16) [70세]
영의정 재직기간	1차(1408.2.11.~1409.8.10.)
	2차(1409.10.11.~1412.8.21.)
	3차(1414.4.17.~1415.5.17.) (총 4년 5개월)
본관	진주晉州
자는	대림大臨, 중림仲臨
호	호정浩亭
공훈	정사공신 1등, 좌명공신 1등
배향	태종 묘정에 배향
묘소	진주시 미천면의 오방리 산 166
신도비	진주성 내 영남포정사
저서	호정집浩亭集, 삼국사략, 가사인 도인송도지곡, 수명명
기타	지략이 뛰어났던 태종의 장자방, 강원도 양양에 위치한 명승지
	하조대는 하륜과 조준이 말년을 보냈다 하여 붙여진 이름이다.
조부	하시원河恃源—식목녹사
부	하윤린河允潾—순흥부사
모	강승유姜承裕의 딸—검교 예빈경
처	성주 이씨—예의판서 이인미의 딸
장남	하구河久—좌군도총제
2남	하영河永—대호군
3남	하장河長—사정司正
4남	하연河延
처백부	이인임李仁任

정사공신 좌명공신에 태종의 장자방

하륜은 고려 말 조선 초기의 문신으로 자는 대림大臨이고, 호는 호정浩
亭으로 본관은 진양이다. 고려 현종 때의 문신이며 무장이자 고려와 거
란전쟁에서 활약했던 하공진의 11세손으로 조부는 식목녹사를 지낸 하
시원이고, 아버지는 순흥부사를 지낸 하윤린이다.

하륜이 이색의 문하에서 수학한 연고로 공민왕 말년부터는 정몽주·정
도전·권근 등과 가깝게 지내게 되었다. 1360년 공민왕 9년에 국자감시
에 합격하고 1365년에 문과에 급제하자 과거시험관 이인복이 하륜을 보
고 크게 여겨 아우 이인미의 딸을 아내로 삼게 하였다. 이인복과 이인미
는 당대의 실력자 이인임의 아우였다. 졸지에 이인임의 조카사위가 된 하
륜은 여러 관직을 거치며 승승장구했지만, 신돈의 문객인 양전부사의 비
행을 탄핵하다가 파직되었다.
　그 뒤 판도좌랑·교주찰방·지평·전리정랑·전의부령·전법총랑·교주도
안렴사·대사성 등의 관직을 두루 거치고, 1380년 우왕 6년 모친상을 당
하여 관직에서 물러났다. 3년 상을 마친 뒤 우부대언·우대언·전리판서·
밀직제학을 거쳐, 1385년에 명나라 사신을 영접하는 일을 맡았다.

1388년 우왕 14년 첨서밀직사사로 지낼 때 최영의 요동 공격을 비판하며
반대하다가 양주로 유배되었다. 그해 이성계의 위화도 회군으로 최영이
제거되자 복직하여 관작을 회복했다.

이인임의 죽음으로 하륜도 인척으로 몰려 유배를 갔다가 1391년에 풀
려났으나, 스승 이색과 동문인 정몽주, 이숭인, 권근, 길재 등과 함께 정

치적 입장을 같이함으로써 초기에는 조선왕조 건국에 반대했다. 조선이 건국되고 태조 2년 9월 고려의 신하들을 포용하려는 태조의 결정에 따라 경기좌도 관찰출척사에 임명되면서 하륜은 다시 등용되었다.

태조의 재위 기간 하륜은 두 번의 주목을 받게 된다. 한번은 태조가 도읍을 계룡산으로 정하고 천도할 계획을 세우자 풍수 학설을 근거로 이를 반대하여 중단을 시켰다. 또 한 번은 명나라가 조선에서 보내온 표전문表箋文을 문제 삼으며 이 글을 작성한 정도전을 소환하라고 하자 하륜은 명나라의 요구에 따라야 한다고 주장했으나 정도전은 가지 않았고, 결국 하륜이 명나라 사신으로 파견돼 문제를 해결하고 돌아왔다. 두 번의 두각을 발휘한 하륜이었지만 정도전의 미움을 받아 계림부윤으로 좌천되었는데, 투항한 왜군을 도망치게 했다 하여 수원부에 유배되었다가 얼마 뒤 충청도 도순찰사가 되었다.

그해 5월 명나라 태조가 죽자 진위 겸 진향사로 중국에 가서 정종의 왕위 계승을 승인받아 귀국하였고, 이후 참찬문하부사·판의흥 삼군부사 겸 판상서사사·문하 우정승을 거쳐 진산백으로 봉해졌다.

태종이 즉위하자 좌명공신 1등에 책봉되었으나 병으로 사직하였고 영삼사사로 복직하여 지공거(고시관)가 되어 관제를 개혁하였다. 이어 영사평부사 겸 판호조사에 제수되어 저화(지폐)를 유통하게 하였다.

1402년 태종 2년에 의정부 좌정승 겸 판이조사로서 명나라 성제 즉위 등극사가 되어 즉위를 축하하고 조선의 고명 인장을 받아서 돌아왔다.

1405년에는 좌정승으로 세자사가 되고, 다음 해에는 재직자 시험 독권관이 되어 변계량 등 10인을 뽑았다. 그 뒤 영의정 부사·좌정승·좌의정을 지내고 1416년에 70세로 벼슬에서 물러나, 진산부원군이 되었다.

하륜은 재직 중 태종의 오른팔로서 인사청탁을 많이 받아 통진 고양포의 간척지 200여 섬 지기를 농장으로 착복하여, 대간의 탄핵을 받았으나 공신이라 하여 묵인되었다. 벼슬에서 물러난 뒤에도 노구를 이끌고 함경도의 능침을 돌아보던 중, 정평 관아에서 죽었다. 인품이 중후하였고, 침착했으며, 대범하였다.

저서로 문집 『호정집』 몇 권이 있다. 사후에 태종의 묘정에 봉안되었는데 후대에 그를 한나라의 장자방, 송나라의 치규라 일컫기도 하였다.

정도전이 쓴 외교문서 희롱문구를 하륜이 해결하다

1396년 태조 5년 2월 9일 명나라에 신년 하례 인사차 외교문서 표·전문을 지어서 사신과 함께 보냈는데 표·전문[49]의 내용에 중국을 희롱하고 모멸하는 글이 있다 하여 힐책하는 명나라 예부의 외교문서를 받았다.

하정사 김을진과 고인백 등이 명나라 예부의 외교문서를 가지고 왔다. 그 외교문서는 이러하였다.

---

49) 표전은 표문과 전문을 약칭한 말로, 표문은 황제에게 올리는 글을 말하며, 전문은 왕실에 길흉사가 있을 때 위로 차원에서 올리는 글로 여기서는 중국의 황제에게 올리는 글을 표문, 황후 또는 황태자에게 올리는 글을 전문이라 함.

"본부관이 삼가 황제의 분부를 받드니, '전자에 조선 국왕이 여러 번 문제를 일으켰다고 해서, 명산과 대천 등 산천 귀신에게 고하고 상제께 전달하게 했더니, 이번에도 본국에서 보낸 새해의 표·전문 속에 경박하게 희롱하고 모멸하는 문귀가 있어 또 한번 죄를 범했으니, 이것으로 병력을 거느리고 불의한 것을 다스릴 것이나, 만약에 언사가 업신여기고 얕잡아 본다고 해서 군사를 일으켜 죄를 묻는다면 옳지 못하니 무엇 때문일까?

예전에 주나라에서 견융을 치려 하니 간하는 자가 있어서 말하기를, 「옳지 못합니다. 선왕이 정하신 법제에 주변국에서 동병을 하지 않는 이유가 다섯 가지 있습니다.」고 하였다. 이번에 즉시 군사를 일으키지 않음도 이 때문이니, 이성계로 하여금 그 까닭을 알게 하고, 글 지은 자가 도착하면 사신은 돌려보낼 것이다. 삼가 이것으로써 본부에서 황제의 분부를 받들어 외교문서로 옮깁니다." 하였다.

-태조실록 5년 2월 9일-

2월 15일 곽해륭을 보내어 표·전문을 지은 김약항을 북경으로 압송하게 하고, 예부에 외교문서를 보내었다.

"홍무 29년 2월 초 9일에 소국의 하정사 고인백 등이 북경에서 돌아왔는데, 예부의 자문[50]을 받자오매, 소인이 놀랍고 황공해서 몸 둘 바가 없습니다. 그윽이 살피건대, 소국은 해외의 한구석에 있어 말과 언어가 중국과 같지 않아, 반드시 통역에 의해서만 겨우 문자의 뜻을 익히옵는데, 배운 바가 거칠고 얕아서 문자의 사용이 비루하고 표·전문의 체제를 다 알지 못하여 글의 표현이 경박하게 되었사오니, 어찌 감히 고의로 우롱하거나 모멸해서 문제를 일으키겠습니까?

하늘의 해가 내려 비추옵고 참으로 속임이 아니옵니다. 다행히 인자하신 폐하께서 즉시 죄를 묻지 않고 용서하는 은혜를 베풀어 주시니 하늘처럼 망극하며 감사하오나, 또한 부끄러워 몸이 가루가 되어도 갚기 어렵습니다. 이제 알아보니, 홍무 29년의 정초 표문은 성균대사성 정탁이 작성하고, 동궁에게 올린 전문은 판전교시사 김약항이 작성했으나, 정탁은 현재 풍질병으로 기동을 할 수 없어서 일으켜 보내기가 어려우므로 분부에 의해서 통역사 곽해륭을 보내며, 전문을 작성한 김약항을 북경에 보내오니, 폐하의 결재를 기다리겠나이다."

-태조실록 5년 2월 15일-

---

50) 명나라와 주고받는 공식 외교문서.

4월 8일 표문 가져온 관원의 가족들을 중국에 보내라는 명나라의 외교문서. 하정사 유구의 일행 박광춘이 북경에서 예부의 외교문서를 가지고 돌아왔는데, 그 외교문서에 이러하였다.

"본부상서 문극신 등 관리가 삼가 황제의 뜻을 받드오니, '조선 국왕은 의심을 잘 내고 거듭 문제를 일으키는데다. 또한 전자에 정초의 축하하는 표·전문 안에 옳지 못한 문자가 많이 있었기 때문에 표문을 가져온 관원을 북경에 억류하였으니, 너희 예부는 문서를 이성계에게 주어 각 관원의 아내와 시녀 몇을 데리고 북경에 와서 우리의 마을 여러 아문 속에 거처하게 하라. 이성계는 성의가 없이 반복으로 내왕하여 우리의 소식을 탐지하려 하니 부당하다. 만약에 가족들을 데리고 오지 않는다면 여기에 온 각 관원은 모두 금치(운남성)에 보내라.'고 하였습니다."

—태조실록 5년 4월 8일—

6월 1일 중국에서 구류당하고 있는 유구를 진천군으로 봉하고, 정총을 서원군으로 봉하고, 정신의를 오천군으로 봉하고, 김약항을 광산군으로 봉하였다. 6월 11일 중국 사신 우우 등이 조선 사신단으로 와서 표문을 지은 정도전 등을 보내라는 예부의 문서를 제시하였다.

중국 사신 상보사 승 우우牛牛와 환관 왕예·송패라·양 첩목아 등이 왔다. 임금이 백관을 거느리고 반송정까지 나가서 맞았다. 사신들이 경복궁 근정전에 이르러 예부의 자문을 전했는데, 그 내용은 이러하였다.

"본부 상서 문극신 등 관이 삼가 황제의 뜻을 받자오니, '전자에 조선국에서 바친 신년인사의 표문과 전문 속에 경박하고 모멸하는 귀절이 있어 왕에게 글을 지은 사람을 보내게 하였더니, 단지 전문箋文을 지은 자만 보내 오고, 그 표문表文을 지은 정도전·정탁은 여태껏 보내오지 않아서, 지금 다시 상보사승 우우와 내사 양 첩목아·송패라·왕예 등 일동과 원래 보냈던 통역사 양첨식의 시종 김장으로 본국에 가서 표문을 지은 정도전 등과 원래에 데리고 오라던 본국 사신 유구柳珣 등의 가솔을 데리고 와서 한곳에 모여 살게 하라.' 하시기에, 이제 이 뜻을 받들어 황제의 뜻을 갖추어서 외교문서로 전한다."

이에 조선에서는 정도전은 이에 관여하지 않았으니 보낼 수 없고 표문 表文과 전문箋文을 지은 예문춘추관 학사 권근과 우승지 정탁과 그것을 아뢰고 교정한 사람 경흥부사 노인도를 남경으로 보내고, 한성 윤 하륜으로 계품사(청원사신)로 삼아서 황제께 자조치종을 아뢰게 하였다. 사신 송패라가 먼저 남경으로 돌아갔다. 임금이 백관을 인솔하고, 반송정에 나가 전별하였으며, 사신 우우는 유후사까지 가서 전별하고 돌아왔다.

태조 5년 7월 19일 표문과 전문 지은 권근·정탁 등을 남경으로 보내며 시말을 아뢴 글.

"홍무 29년 6월 11일에 황제께서 보내신 사신 상보사 승 우우牛牛 등이 이르매, 예부의 외교문서에, '황제 폐하의 분부를 받자왔는데, 그에 이르기를, 지난번 정월 초하루에 올린 표문表文과 전문箋文 속에 경박하게 희롱하고 모멸한 것이 있으므로, 글을 지은 사람을 보내오라 했더니, 전문을 지은 자만 보내 왔고 표문을 지은 정도전과 정탁은 지금까지 보내지 않았기 때문에, 다시 우우 등을 본국으로 보내어 표문을 지은 사람을 보내기를 재촉하고, 중국에 와 있는 사신 유구 등의 집안 식솔들을 보내어 함께 살도록 하기를 재촉한다.' 하였습니다.
근일에 받은 이전의 예부 외교문서에, '폐하의 분부를 받은 내용에, 이번에 올린 정월 초하루의 표문表文과 전문箋文 안에 경박하게 희롱하고 모멸한 것이 있었으나, 만일 언사가 모멸하고 거만스럽다고 군사를 일으켜 죄를 묻는 것은 아직 불가하고, 글을 지은 사람이 와야 사신이 돌아가리라 한다.'고 하였습니다.

이에 알아본즉 홍무 29년 정월 초하루에 하례한 표문은 성균 대사성 정탁이 지었고, 전문은 판전교 시사 김약항이 지은 것이오나, 그때 정탁은 병이 있었으므로 전문을 지은 김약항만 홍무 29년 2월 15일에 보내어 북경에 갔사오며, 다시 온 사유를 받들어 표문을 지은 인원을 분부대로 보내옵는데, 도평의사사의 보고서에 따라 정도전의 서면보고에 의하면, 나이는 55세이고 판삼사사의 직책에 있사온데, 현재 복창과 각기병 증상이 있다 합니다.
정도전은 대사성 정탁이 지은 새해 축하 표문 초고를 고치거나 교정한 일이 없사온데, 거기에 관련되었다 하므로, 자세하게 살펴봐 주시기를 빌므로, 그 당시의 예문관 직관에게 허실을 물어서 시행하기로 하여, 예문관 직관 노인도盧仁度에게 물었던 바,

그 답변서에 의하면 나이 30세에 무병하고, 예문관 직관의 직책을 맡았는데, 홍무 28년 윤 9월 14일에 대사성 정탁이 지은 신년하례 표문의 초고를 판삼사사 정도전에게 보내 교정을 청하였더니, 정도전이 종묘의 이전하는 제향 등의 일로 표문을 고치거나 교정하지 못하였고, 표문의 초고를 지문하부사 정종과 예문관 제학 권근에게 교정했다 하였는데, 진술이 사실이므로 이것을 삼가 기록하여 아뢴다고 하였나이다.

이에 따라 생각건대, 신이 경전과 역사에 밝지 못하옵고, 글을 지은 자가 모두 해외의 사람이므로 글자 음이 다르고, 학문이 정미하고 해박하지 못해서 표문과 전문의 체제를 알지 못하여, 문자가 어긋나고 틀리게 된 것이오, 어찌 감히 고의로 희롱하고 모멸했겠습니까? 삼가 분부하신 대로 표문을 지은 정탁과 교정한 권근과, 교정을 임금께 아뢴 노인도는 판사역원사 이을수를 시켜서 북경으로 압송해 가서 폐하의 결재를 청하는 외에, 정도전은 정탁이 지은 표문에 일찍이 지우거나 고치지 않았으므로 일에 관계없으며, 또 본인은 복창과 각기병으로 보낼 수 없습니다.
유구 등 각항 사신의 기솔들을 보내라는 것은 생각하기를, 소국이 대국을 섬긴 이래로 감히 조금도 게을리하지 않았사온데, 신년 축하 사신 유구 등이 석방되지 못하였고, 또 집안 식구들을 들여보내라 하는 것을 보고는 온 나라 백성들이 놀라고 두려워하지 않는 자가 없사오며, 각 고을의 집안 식구들도 역시 고국을 떠나게 되어 슬프게 부르짖음이 간절하고 지극하오니, 진실로 불쌍합니다.
지금 글을 지은 사람 정탁·김약항 등은 이미 분부하신 대로 북경에 보내어 밝으신 처분을 기다리오니, 엎드려 바라옵건대, 폐하께서 너그러이 용서하시어 나라 사람들의 소망을 위안해 주소서."

자초지종을 아뢴 후 11월 4일 계품사 하륜과 표문을 지은 정탁이 중국 예부로부터 받아 가지고 온 외교문서는 다음과 같다.

"본 예부 좌시랑 장병 등 관원이 삼가 황제의 명을 받자온즉, '지난번의 조선국 표문 속에 표문을 지은 자가 고의로 희롱하고 모멸하는 문자를 썼으므로, 특히 사신 유구 등 6명을 북경에 머물러 두고 그 표문을 지은 정도전을 찾아내어 북경으로 보내라 했더니, 지금 사신이 돌아왔는데, 조선 국왕이 「정도전은 병이 깊어 조리를 하지 못하고 올 수 없다.」 하고,

단지 표문을 함께 지은 정탁 등 3명만이 북경에 왔기에, 그 연유를 신문하였는데, 각 관원이 뛰어난 수재가 표문을 지은 것이 확실하다 하고, 앞서 보낸 글도 그들이 의논해 만든 것이라 하는데, 지난번에 보내온 유구 등은 모두 수재가 아니므로, 이번 사신이 오지도 않아서 벌써 본국으로 돌려보냈고, 이번에 온 수재는 지난번에 온 수재와 함께 곧 돌려보내려 한다.

대개 이들은 깊이 고금을 통하고 널리 옛 사료를 알아서, 표문과 전문 속에다 참작해 의논하여 희롱하고 모멸한 문자를 넣었으니, 만약에 조선 국왕으로 말하면, 모두 두 사람의 유생儒生이 한 것이라 하지 않겠는가? 짐은 옛사람으로 두 사람의 유생을 비교할 때에 모두 우리 중국의 한 명의 천한 사람만도 못한 것이다.

옛날 초나라가 정나라를 칠 때에 군사가 적어서 패하여, 악공 종의를 정나라가 포로로 잡아 진나라에 바치니, 진공이 군부에서 보고 「남관南冠을 쓴 사람이 누구냐?」고 물으니, 담당자가, 「정나라 사람이 바친 초나라 포로라.」 하니, 진공이 불러서 물으매, 종의는 본래 악공으로 천인이되, 그 응답하는 말이 모두 중용의 이치로서 치우치거나 구차한 말이 없어서, 비록 악공으로 있으나 그 뜻은 군자였다.

공公이 범문자范文子에게 말하니, 범문자가 종의가 군자인 줄 알고 「어찌 돌려보내지 않습니까? 진나라와 초나라가 전쟁을 하여 여러 해 동안 그치지 않아서, 생명을 상해한 것이 천지의 화기를 상하게 한 일이 컸으나, 이 사람이 돌아간 뒤엔 진나라와 초나라와의 군사를 파하는 것이 될 수 있을 것입니다.」 하여, 진공이 그 말대로 후대해서 돌려보낸 지 얼마 되지 아니하여, 초나라에서 사람을 보내서 종의가 돌아온 것을 진나라의 덕이라고 하여, 이 까닭에 군사가 풀리고 전쟁이 그쳐져서 수십 년 동안 전쟁하는 괴로움이 없었으니, 이것은 한 사람의 천인賤人이 군자의 덕을 품고 있어 능히 난리를 풀어서 백성을 편안하게 한 것이다.

조선의 두 사람의 선비는 초나라의 한 악공만도 못하므로, 이제 북경에 억류시켜서 왕을 모시지 못하게 해야 할 것이다. 옛사람의 말에, 「도道로써 임금을 도와주고, 군사로써 천하에 강한 체하지 말라.」 했으니, 이 두 사람의 선비는 왕을 위해서 힘을 생각하지 않고 감히 작은 필적으로써 반항하는 행동을 하여, 희롱하고 경멸하는 문자로 틈이 생기게 하여 백성들에게 재앙이 미치게 하였다. 예부는 조선 국왕에게 글월을 보내되, 이들 선비를 중국에 머물러 둘 필요도 없으니 낮은 벼슬이나 주게 하라.' 하였습니다."

-태조실록 5년 11월 4일-

비록 좋은 방안으로 문제가 해결된 것은 아니었지만 이것으로 정도전을 북경에 보내라는 명나라의 요구는 일단락되었다. 그러나 당시 실권을 잡고 있던 정도전은 하륜이 중국의 요구에 따라 자신을 중국에 보내야 한다는 발언으로 인하여 하륜을 꼬투리 잡아 유배를 보내고 말았다.

경복궁 천도에 얽힌 명당설과 쇠잔설 1

1392년 7월 17일 태조 이성계가 조선을 건국하고 왕위에 오르자 도평의사사에 명을 내려 한양으로 도읍을 옮길 것을 천명하였다. 8월 15일 삼사 우복야 이염을 한양부에 보내 옛 성곽과 궁궐을 수리하게 하고, 이듬해 태조 2년 2월 1일에는 신 도읍 후보지를 계룡산으로 정하고 둘러보기 위해 행차하는 도중 천도에 대한 의견을 말하였다.

이른 새벽에 임금이 거동하려고 수레를 준비하도록 명하니, 지중추원사 정요가 도평의사사의 보고서를 가지고 서울에 와서, 왕비가 병환이 나서 편치 못하고, 평주와 봉주 등지에 또 난민이 있다고 아뢰므로, 임금이 언짢은 빛으로 말하기를,

"난민은 변방 장수의 보고가 있던가? 어떤 사람이 와서 알리던가?" 하니, 정요는 대답할 말이 없었다.
임금이 말하기를, "도읍을 옮기는 일은 명문 세력가들이 함께 싫어하는 바이므로, 구실로 삼아 이를 중지시키려는 것이다. 재상은 송경(개성)에 오랫동안 살아서 다른 곳으로 옮기기를 즐기지 않으니, 도읍을 옮기는 일이 어찌 그들의 본뜻이겠는가?" 하니, 좌우에서 모두 대답할 말이 없었다.

남은이 아뢰기를, "신 등이 외람히 공신에 참여하여 높은 지위에 은혜를 입었사오니, 비록 새 도읍에 옮기더라도 무엇이 부족한 점이 있겠사오며, 송경의 토지와 집은 어찌 아까울 것이 있겠습니까? 지금 이 행차는 이미 계룡산에 가까이 왔사오니, 원하

옵건대. 성상께서는 가서 도읍을 건설할 땅을 보시옵소서. 신 등은 남아서 난민을 치겠습니다." 하였다.

임금이 말하기를, "도읍을 옮기는 일은 경들도 역시 하고 싶지 않을 것이다. 예로부터 왕조가 바뀌고 천명을 받는 군주는 반드시 도읍을 옮기게 마련인데, 지금 내가 계룡산을 급히 보고자 하는 것은 나 자신 때에 친히 새 도읍을 정하고자 하기 때문이다. 뒤를 이을 적자가 비록 선대의 뜻을 계승하여 도읍을 옮기려고 하더라도, 대신이 옳지 않다고 저지시킨다면, 어찌 이 일을 하겠는가?" 하고, 명하여 어가를 돌리게 하였다.

남은 등이 이민도로 하여금 점을 치게 하니, "왕비의 병환도 나을 것이요, 난민도 또한 염려할 것이 없습니다." 하므로, 모여서 의논하고 가기를 청하였다. 임금이 말하기를, "그렇다면 정요를 처벌한 뒤에 가자." 하니, 남은이 아뢰기를, "어찌 정요를 처벌할 필요가 있겠습니까?" 하였다. 임금이 마침내 길을 떠나 청포원의 들에 이르러 유숙하였다.

-태조실록 2년 2월 1일-

2월 9일 태조는 신도 예정지의 산수와 형세를 돌아보고, 조운, 도로, 성곽터 등을 조사케 하고 11일에는 높은 언덕에 올라 지세를 살펴본 후 왕사 자초에게 신도의 터에 대해 물었다. 13일 계룡산을 떠나면서 김주 등에게 신도의 건설을 감독케 하고 3월 24일에는 계룡산의 신도를 중심으로 81개의 주·현·부곡 등을 획정하였다.

1393년 태조 2년 정도전의 권유로 조선건국에 참여한 하륜은, 이색의 문하생으로 정도전과 함께 정통 유학을 공부한 사람이었으나, 풍수지리설과 관상학 등의 잡설에도 일가견을 가지고 있었다. 12월 11일 하륜의 상소에 의해 계룡산의 신도 건설을 중지시키고 천도할 곳을 다시 물색하게 하였다.

대장군 심효생을 보내어 계룡산에 가서 새 도읍의 역사를 그만두게 하였다. 경기 좌·우도 도관찰사 하륜이 상소하였다.

"도읍은 마땅히 나라의 중앙에 있어야 될 것이온데, 계룡산은 지대가 남쪽에 치우쳐서 동면·서면·북면과는 서로 멀리 떨어져 있습니다. 또 신이 일찍이 신의 아버지를 장사하면서 풍수 관계의 여러 서적을 대강 열람했사온데, 지금 듣건대 계룡산의 땅은, 산은 건방(乾方: 서북방)에서 오고 물은 손방(巽方: 동남방)에서 흘러간다 하오니, 이것은 송나라 호순신이 이른바, '물이 장생을 파하여 쇠퇴하고 패망함이 곧 닥치는 땅'이므로, 도읍을 건설하는 데는 적당하지 못합니다."

임금이 명하여 글을 바치게 하고 판문하부사 권중화·판삼사사 정도전·판중추원사 남재 등으로 하여금 하륜과 더불어 참고하게 하고, 또 고려 왕조의 여러 산릉의 길흉을 다시 조사하여 아뢰게 하였다. 이에 봉상시의 제산릉 형지안의 산수가 오고 간 것으로써 상고해 보니 길흉이 모두 맞았으므로, 이에 심효생에게 명하여 새 도읍의 역사를 그만두게 하니, 중앙과 지방에서 크게 기뻐하였다. 호순신의 글이 이로부터 비로소 발행하여 반포하게 되었다. 임금이 명하여 고려 왕조의 서운관에 저장된 비록문서秘錄文書를 모두 하륜에게 주어서 고찰 열람하게 하고는 천도할 땅을 다시 보아서 아뢰게 하였다.

-태조실록 2년 12월 11일-

1394년 태조 3년 2월 14일 하륜 등 11인에게 역대 현인들의 비결을 상고하여 요점을 뽑아 바치라고 명하였다.

영삼사사 권중화·검교 문하 시중 이무방·판삼사사 정도전·문하 시랑찬성사 성석린·대학사 민제·참찬문하부사 남은·첨서중추원사 정총·검교 대학사 권근·중추원 학사 이직·대사헌 이근 등 10인에게 명하여, 좌도 도관찰사 하륜과 함께 동국 역대 여러 현인들의 비록秘錄을 두루 상고하여 요점을 추려서 바치게 하였다.

-태조실록 3년 2월 14일-

1394년 태조 3년 2월 조준에게 풍수비결책을 가지고 천도할 무악 남쪽 땅을 살펴보게 하니 2월 23일 권중화와 조준이 무악 천도를 반대하고, 하륜만이 찬성하였다.

"무악毋岳 남쪽은 땅이 좁아서 도읍을 옮길 수 없습니다." 좌도 도관찰사 하륜만이 홀로 아뢰기를, "무악의 명당이 비록 협착한 듯하지마는, 송도의 강안전과 평양의 장락궁으로써 이를 관찰한다면 조금 넓은 편이 될 것입니다. 또한 고려 왕조의 비록과 중국에서 통행通行하는 지리의 법에도 모두 부합합니다." 하니, 임금이 말하였다. "내가 친히 보고 정하고자 한다."

-태조실록 3년 2월 23일-

7월 2일 서운관 관원이 새 도읍 후보지로 불일사와 선고개를 아뢰었는데, 도평의사사에서 선고개를 살펴보고 천도지로 마땅치 않다 하여 남은이 서운관 관원을 꾸짖었다.

도평의사사에서 선고개에 가 천도할 땅을 보니, 그곳이 좋지 못했다. 이에 우복야 남은은 이양달을 꾸짖었다. "너희들이 지리의 술법을 안다는 것으로써 여러 번 맞지 않은 곳을 도읍할 만하다고 하여 임금님을 번거롭게 하니, 마땅히 호되게 징계하여 뒷날을 경계해야겠다."

-태조실록 3년 7월 2일-

8월 8일 태조가 무악을 둘러보고 유숙하며 논의하게 하니 천도할 장소에 대한 조정 관료들의 분분한 의론이 있었다.

임금이 무악에 이르러서 도읍을 정할 땅을 물색하는데, 판서운관사 윤신달과 서운부정 유한우 등이 임금 앞에 나와서 말하였다. "지리의 법으로 보면 여기는 도읍이 될 수 없습니다."

이에 임금이 말하였다. "너희들이 함부로 옳거니 그르거니 하는데, 여기가 만일 좋지 못한 점이 있으면 문서에 있는 것을 가지고 말해 보아라."

윤신달 등이 물러가서 서로 의논하였는데, 임금이 유한우를 불러서 물었다. "이곳이 끝내 좋지 못하냐?" 유한우가 대답하였다. "신의 보는 바로는 실로 좋지 못합니다."

임금이 또 말하였다. "여기가 좋지 못하면 어디가 좋으냐?" 유한우가 대답하였다. "신은 알지 못하겠습니다." 임금이 노하여 말하였다. "네가 서운관이 되어서 모른다고 하니, 누구를 속이려는 것인가? 송도의 지기가 쇠하였다는 말을 너는 듣지 못하였느냐?"

유한우가 대답하였다. "이것은 도참으로 말한 바이며, 신은 단지 지리만 배워서 도참은 모릅니다." 임금이 말하였다. "옛사람의 도참도 역시 지리로 인해서 말한 것이지, 어찌 터무니없이 근거 없는 말을 했겠느냐? 그러면 너의 마음에 쓸만한 곳을 말해 보아라."

유한우가 대답하였다. "고려 태조가 송악 명당에 터를 잡아 궁궐을 지었는데, 중엽 이후에 오랫동안 명당을 폐지하고 임금들이 여러 번 이궁離宮으로 옮겼습니다. 신의 생각으로는 명당의 지덕地德이 아직 쇠하지 않은 듯하니, 다시 궁궐을 지어서 그대로 개성에 도읍을 정하는 것이 좋을까 합니다." 임금이 말하였다. "내가 장차 도읍을 옮기기로 결정했는데, 만약 가까운 지경에 다시 길지吉地가 없다면, 삼국 시대의 도읍도 또한 길지가 됨직하니 합의해서 알리라." 하고, 좌시중 조준·우시중 김사형에게 일렀다.

"서운관이 전조 말기에 송도의 지덕이 이미 쇠했다 하고 여러 번 상서하여 한양으로 도읍을 옮기자고 하였었다. 근래에는 계룡산이 도읍할 만한 땅이라고 하므로 민중을 동원하여 공사를 일으키고 백성들을 괴롭혔는데, 이제 또 여기가 도읍할 만한 곳이라 하여 와서 보니, 한우 등의 말이 좋지 못하다 하고, 도리어 송도 명당이 좋다고 하면서 서로 논쟁을 하여 국가를 속이니, 이것은 일찍이 징계하지 않은 까닭이다. 경 등이 서운관 관리로 하여금 각각 도읍될 만한 곳을 말해서 알리게 하라."

이에 겸판 서운관사 최융과 윤신달·유한우 등이 상서하였다. "우리나라 내에서는 부소扶蘇(송악) 명당이 첫째요, 남경南京(서울)이 다음입니다." 이날 저녁에 임금이 무악 밑에서 유숙하였다.

—태조실록 3년 8월 11일—

8월 12일 왕이 도읍 터를 잡기 위해 왕사 자초를 불렀다. 도읍 터에 관한 논의에 판삼사사 정도전이 국가 치란은 사람에 달려 있음을 역설하다.

임금이 여러 재상에게 분부하여 각각 도읍을 옮길 만한 터를 글월로 올리게 하니, 판삼사사 정도전이 말하였다.

"1. 이곳이 나라 중앙에 위치하여 조운이 통하는 것은 좋으나 한 되는 것은 한 골짜기에 끼어 있어서, 안으로 궁침과 밖으로 시장과 종묘사직을 세울 만한 자리가 없으니 왕王의 거처로서 편리한 곳이 아닙니다.

1. 신은 음양술수의 학설을 배우지 못하였는데, 이제 여러 사람의 의논이 모두 음양 술수를 벗어나지 못하니, 신은 실로 말씀드릴 바를 모르겠습니다. 맹자의 말씀에, '어릴 때 배우는 것은 장년이 되어서 행하기 위함이라.' 하였으니, 청하옵건대, 평일에 배운 바로써 말하겠습니다.

주나라 성왕이 겹욕에 도읍을 정하니, 곧 관중으로 30대 8백 년을 전하였습니다. 11대손인 평왕 때 이르러 주나라가 일어난 지 4백 49년 만에 낙양으로 천도하고, 진나라 사람이 서주 옛땅에 도읍을 정하였는데, 주나라는 30대 난왕에 이르러 망하고 진나라 사람들이 이를 대신하였습니다. 이로써 보면 30대 8백 년이라 하는 주나라의 운수는 지리에 있는 것이 아닙니다. 한나라 고조가 항우와 함께 진나라를 칠 때, 한생이 항우에게 관중에 도읍할 것을 권했으나, 항우가 궁궐이 다 타 버리고 사람이 많이 죽은 것을 보고 좋아하지 아니하니, 어느 사람이 술수로 항우를 달래되, '벽을 사이에 두고 방울을 흔들면 그 소리는 듣기 좋아도 보이지 않는 것이니, 부귀해진 뒤에는 고향 산천으로 돌아가야 됩니다.' 하니, 항우가 그 말을 믿고 동쪽 팽성으로 돌아가고 한 고조는 유경의 말에 의하여 그날로 서쪽 관중에 도읍을 정하였는데, 항우는 멸망했으나 한 나라의 덕은 하늘과 같았습니다.

이후로 우문씨의 주나라와 양견의 수나라가 서로 이어가면서 관중에 도읍하고, 당나라도 역시 도읍하여 덕이 한나라와 같았으니, 이것으로 말하면 국가의 잘 다스려짐과 어지러움은 사람에게 있는 것이지 지리의 성쇠에 있는 것이 아님을 알 수 있습니다.

1. 중국에서 천자가 된 사람이 많되 도읍하는 곳은, 서쪽은 관중으로 신이 말한 바와 같고, 동쪽은 금릉으로 진나라·송나라·제나라·양나라·진나라가 차례로 도읍하여 중앙에는 낙양으로 양나라·당나라·진나라·한나라·주나라가 계속 이곳에 도읍하였으며, 송나라도 이어 도읍하였는데 대송의 덕이 한나라·당나라에 못지 않았으며, 북쪽에는 연경으로서 대요·대금·대원이 다 도읍을 하였습니다. 중국과 같은 천하의 큰 나라로서도 역대의 도읍한 곳이 몇 곳에 지나지 못하니, 한 나라가 일어날 때, 어찌 술법에 밝은 사람이 없었겠습니까? 진실로 제왕의 도읍한 곳은 자연히 정해 좋은 곳이 있고, 술수로 헤아려서 얻는 것이 아닙니다.

1. 우리나라는 삼한 이래의 구도로서, 동쪽에는 계림이 있고 남쪽에는 완산이 있으며, 북쪽에는 평양이 있고 중앙에는 송경이 있는데, 계림과 완산은 한쪽 구석에 있으니, 어찌 왕업을 편벽한 곳에 둘 수 있습니까? 평양은 북쪽이 너무 가까우니, 신은 도읍할 곳이 못 된다고 생각합니다.

1. 전하께서 기강이 무너진 전조(고려)의 뒤를 이어 처음으로 즉위하여 백성들이 소생되지 못하고 나라의 터전이 아직 굳지 못하였으니, 마땅히 모든 것을 진정시키고 민력을 휴양하여, 위로 천시를 살피시고 아래로 인사를 보아 적당한 때를 기다려서 도읍터를 보는 것이 만전한 계책이며, 조선의 왕업이 무궁하고 신의 자손도 함께 영원할 것입니다.

1. 지금 지기의 성쇠를 말하는 자들은 마음속으로 깨달은 것이 아니라, 다 옛사람들의 말을 전해 듣고서 하는 말이며, 신이 말한 바도 또한 옛날 사람들이 이미 징험한 말입니다. 어찌 술수한 자만 믿을 수 있고 선비의 말은 믿을 수 없겠습니까? 삼가 바라옵건대, 전하께서는 깊이 생각하여 인사를 참고해 보시고, 인사가 다 한 뒤에 점을 상고하시어 자칫 불길함이 없도록 하소서."

—태조실록 3년 8월 12일—

8월 12일 문하시랑 찬성사 성석린과 정당문학 정총은 부소(송악)를 도읍으로 하자는 주장을 펼쳤다.

문하시랑 찬성사 성석린이 말하였다.
"이곳은 산과 물이 모여들고 조운이 통할 수 있어 길지라 할 수 있으나, 명당이 기울어지고 좁으며, 뒷산이 약하고 낮아서, 규모가 왕자의 도읍에 맞지 않습니다. 대저 천하의 큰 나라도 제왕의 도읍은 몇 곳에 불과한데, 하물며 한 나라 안에서 어찌 흔하게 얻을 수 있겠습니까? 부소(송악)의 산수는 혹 거슬려 놓은 데가 있으므로 선현들이 좌소(백악산)와 우소(백마산)에 돌아가면서 거주하자는 말이 있으나, 그 근처에 터를 잡아서 돌아가면서 사는 곳을 삼고, 부소 명당으로 본 궁궐을 지으면 심히 다행일까 합니다. 어찌 부소 명당이 왕씨만을 위하여서 생겼고 뒷임금의 도읍이 되지 않을 이치가 있겠습니까? 또 민력을 휴양하여 두어 해 기다린 뒤에 의논하는 것도 늦지 않을까 합니다."

정당문학 정총이 말하였다.
"도읍을 정하는 것은 옛날부터 어려운 일입니다. 천하의 큰 나라 중국도 관중이니 변량이니 금릉이니 하는 두어 곳뿐인데, 어찌 우리 작은 나라로서 곳곳에 있겠습니까? 주나라가 관중에 도읍하였고, 진나라가 대신하여 관중에 도읍하였으며, 진 나라가 망하고 한 나라가 대신해도 역시 거기에 도읍하였으며, 변량은 5대가 도읍하고 금릉은 6조가 도읍한 곳입니다.
도선이 말하기를, '만약 부소에 도읍하면 세 나라 강토를 통일해 가질 수 있다.'라고 했습니다. 고려조는 시조 왕건 이전 3국이 정립할 때부터 3국을 통일한 이후에 단지 개성에 도읍하였는데, 왕씨가 5백 년에 끝나는 것은 운수이며 지리에 관련시킬 것이 아닙니다. 만약에 주나라·진나라·한 나라가 서로 계속해 가면서 한 곳에 도읍한 것을 보면, 비록 개성이라도 해가 없을 것 같습니다. 구태여 여기를 버리고 다른 곳을 구하려면, 다시 널리 찾아보는 것이 좋겠습니다.
무악의 터는 명당이 심히 좁고 뒤 용맥이 낮으며, 물이 흘러가 쌓이지 않았으니, 길지라면 어찌 옛사람이 쓰지 않았겠습니까?

-태조실록 3년 8월 12일-

8월 12일 첨서중추원사 하륜과 중추원 학사 이직은 비기로 볼 때 도읍지로 무악이 좋다는 주장을 펼쳤다.

첨서중추원사 하륜이 말하였다.
"우리나라 옛 도읍으로 국가를 오래 유지한 것은 계림과 평양뿐입니다. 무악의 국세가 비록 낮고 좁다 하더라도, 계림과 평양보다 궁궐의 터가 실로 넓고, 더구나 나라의 중앙에 있어 조운이 통하며, 안팎으로 둘러싸인 산과 물이 또한 증빙할 만하여, 우리나라 선현의 비기에 대부분 서로 부합되는 것입니다. 또 중국의 지리에 대한 제가들의 산과 물이 안으로 모여든다는 설과도 서로 가까우므로, 전일 면대하여 물으실 때 자세히 말씀드렸습니다. 삼가 생각하옵건대, 임금이 일어남에는 스스로 천명을 가진 것이나, 도읍을 정하는 일은 경솔하게 논의할 수 없는 것입니다. 만약 한때의 인심에 순응하여 민폐를 덜려면 송도에 그대로 있을 것이요, 선현의 말씀 때문에 만세의 터전을 세우려면 이보다 나은 곳이 없습니다."

중추원 학사 이직이 말하였다.
"도읍을 옮기고 나라를 세우는 곳에 대하여 지리책을 상고해 보니, 대개 말하기를, '만 갈래의 물과 천 봉의 산이 한 곳으로 향한 큰 산과 큰물이 있는 곳에 왕도와 궁궐을 정할 수 있는 땅이라.' 하였습니다. 이것은 산의 기맥이 모이고 조운이 통하는 곳을 말한 것입니다. 또 이르기를, '지방 천 리로써 임금이 된 사람은 수도를 4방 5백 리로 하고, 지방 5백 리로 임금이 된 자는 수도를 4방 각 50리로 한다' 하였으니 이것은 4방 도로의 거리를 고르게 하려고 말한 것이며, 우리나라 비결에도 이르기를, '삼각산 남쪽으로 하라.' 했고, '한강에 임하라.' 했으며, 또, '무산毋山이라.' 했으니, 이곳을 들어서 말한 것입니다. 대저 터를 잡아서 도읍을 옮기는 것은 지극히 중요한 일로서 한두 사람의 소견으로 정할 것이 아니며, 반드시 천명에 순응하고 인심을 따른 뒤에 할 수 있는 것입니다. 그러므로 서경에 말하기를, '거북점도 따르고 시초점도 따르며 공경公卿과 사대부도 따르고 서민도 따라야 한다' 했으니, 이와 같이 하지 않으면 결정할 수 없는 것입니다. 지금 도읍을 옮기고 안 옮김은 때와 운수가 있는 것이니, 신이 어찌 쉽게 의논하겠습니까? 전하께서 천도하려는 것은 천심에서 나오고 또 인심의 향하는 바를 살피시니, 곧 하늘에 순응하는 것입니다. 그러나 무악의 명당은 신도 역시 좁다고 생각합니다."

−태조실록 3년 8월 12일−

8월 12일 천도에 대한 재상들의 반대에도 불구하고 한양으로 행차하다.

임금이 여러 재상의 제시한 의논이 대개 천도를 옳지 않다고 한 까닭에 언짢은 기색으로 말하였다. "내가 개성으로 돌아가 소격전에서 의심을 해결하리라." 이에 남경으로 행차하였다.

8월 13일 왕사 자초와 여러 신하의 의견을 들어 한양을 도읍으로 정하다. 적성 광실원이 좋다는 의견도 나오다.

임금이 남경의 옛 궁궐터에 집터를 살피었는데, 산세를 관망하다가 윤신달 등에게 물었다.
"여기가 어떠냐?" 그가 대답하였다. "우리나라 경내에서는 송경이 제일 좋고 여기가 다음가나, 한이 되는 바는 북쪽이 낮아서 물과 샘물이 마른 것뿐입니다."

임금이 기뻐하면서 말하였다. "송경인들 어찌 부족한 점이 없겠는가? 이제 이곳의 형세를 보니, 왕도가 될 만한 곳이다. 더욱이 조운하는 배가 통하고 사방의 이수(거리)도 고르니, 백성들에게도 편리할 것이다."

임금이 또 왕사 자초(무학)에게 물었다. "어떠냐?" 자초가 대답하였다. "여기는 사면이 높고 수려하며 중앙이 평평하니, 성을 쌓아 도읍을 정할 만합니다. 그러나 여러 사람의 의견을 따라서 결정하소서."

임금이 여러 재상에게 분부하여 의논하게 하니, 모두 말하였다. "꼭 도읍을 옮기려면 이곳이 좋습니다." 하륜이 홀로 말하였다. "산세는 비록 볼 만한 것 같으나, 지리의 술법으로 말하면 좋지 못합니다."

임금이 여러 사람의 말로써 한양을 도읍으로 결정하였다. 그런데 전 전서 양원식이 나와서 말하였다. "신이 가지고 있던 비결은 앞서 이미 명령을 받아서 올렸거니와, 적성 광실원 동쪽에 산이 있어 거기에 사는 사람들에게 물으니, 계족산이라 하는데, 그곳을 보니 비결에 쓰여 있는 것과 근사합니다." 이에 임금이 말하였다. "조운할 배가 통할 수 없는데, 어찌 도읍 터가 되겠는가?" 양원식이 대답하였다. "임진강에서 장단까지는 물이 깊어서 배가 다닐 수 있습니다." 임금은 그만 가마를 타고 종묘 지을 터를 보고서 노원역 들판에 이르러 유숙하였다.

-태조실록 3년 8월 13일-

9월 1일 신도 궁궐조성 도감을 설치하고, 청성백 심덕부와 좌복야 김주, 전 정당문학 이염, 중추원 학사 이직을 판사로 임명하였다.

9월 9일 정도전 등에게 한양의 종묘·사직·궁궐·시장 등의 터를 정하게 하다.

판문하부사 권중화·판삼사사 정도전·청성백 심덕부·참찬문하부사 김주·좌복야 남은·중추원 학사 이직 등을 한양에 보내서 종묘·사직·궁궐·시장·도로의 터를 정하게 하였다. 권중화 등은 고려조 숙종 시대에 경영했던 궁궐 옛터가 너무 좁다 하고, 다시 그 남쪽에 서북방의 산을 주맥으로 하고 임좌 병향이 평탄하고 넓으며, 여러 산맥이 굽어 들어와서 지세가 좋으므로 여기를 궁궐터로 정하고, 또 그 동편 2리쯤 되는 곳에 북쪽의 산을 주맥으로 하고 임좌 병향에 종묘의 터를 정하고서 도면을 그려서 바치었다.

9월 22일 각 관청 관원에게 도읍 옮기는 시기를 의논하게 하니 금년이 좋다고 하여, 신도 궁궐 조성 도감을 설치하고 담당 관리를 임명하였다.

10월 25일 한양으로 서울을 옮기었다. 각 관청의 관원 2명씩은 송경에 머물러 있게 하고, 문하 시랑찬성사 최영지와 상의문하부사 우인열 등으로 분 도평의사사를 삼았다. 10월 28일 새 서울에 도착하여 옛 한양부의 객사를 이궁으로 삼아 들어갔다.

1394년 태조 3년 12월 3일 왕도 공사의 시작에 앞서 황천 후토와 산천의 신에게 고한 고유문을 올리고, 12월 4일에는 종묘와 궁궐터의 오방신에게 제사를 지낸 후, 승려들을 모아 공사하게 하였다.

태조 4년 6월 6일 한양부를 한성부로 고쳤다. 9월 29일 종묘와 새 궁궐이 준공되어 판삼사사 정도전에게 새 궁궐 전각의 이름을 짓게 하였다. 윤 9월 13일 성곽 조축 도감을 설치하고 정도전에게 성 쌓을 자리를 정하게 하였다.

태조 5년 1월 9일 경상·전라·강원도와 서북면의 안주 이남과 동북면의 함주 이남의 장정 11만 8천 70여 명을 징발하여 처음으로 도성을 쌓게 했다. 도성의 기초를 닦았으므로 백악과 오방 신에게 제사 지내게 하였다. 8월 6일 경상·전라·강원도에서 축성 인부 7만 9천 4백 명을 추가로 징발하여 성곽을 쌓으니 완공되었다. 태조 5년 9월 15일 의장과 호위를 갖추고 경복궁으로 옮겼다.

태조 7년 7월 11일 요동 공략 문제로 조준 김사형과 남은 정도전 일파 간에 알력이 생겼고, 8월 9일에는 사헌부에서 정도전이 창제한 무술 진도를 익히지 않은 지휘관과 왕자들의 처벌을 건의하였다. 정도전이 재차 요동 공략에 대해 조준을 설득하려다가 실패하였다. 점점 정도전의 압박이 강해짐을 느낀 이방원과 그 추종자들이 8월 26일 제1차 왕자의 난을 일으켜, 정도전·남은·심효생·이제(경순공주 남편) 이방석과 이방번을 처형하였다. 이에 환멸을 느낀 태조 이성계는 9월 5일 왕위를 세자에게 선양하기로 하고, 이첨에게 교서를 지어 바치게 하였다.

정종 1년 2월 15일 뭇 까마귀가 경복궁을 빙빙 돌았고, 다음날도 또한 같은 일이 일어났다. 3월 7일 불길한 기운을 느낀 정종은 유후사(개성궁궐)로 환도하기로 결정하였다. 공신 왕족은 모두 따라가고 각사의 인원은 반씩만 따라갔다. 3월 13일 태상왕이 개성에 돌아온 것을 부끄럽게 여겨 새벽이 밝기 전에 시중 윤환의 옛집에 이어하였다.

정종 2년 1월 28일 제2차 왕자의 난이 일어나 박포를 이산으로 귀양 보내어 처형하고 이방간을 토산에 추방하였다. 2월 1일 하륜 등이 이방원을 세자로 세우기를 청하니, 세자로 삼는다는 전지를 내렸다.

3월 18일 비가 오고, 천둥이 치고, 번개도 치니 왕이 변괴의 징조인가를 하륜에게 물었다. 12월 22일 한양 천도 문제를 의논하니 우정승 하륜이 건의하기를, "마땅히 무악에 도읍하여야 합니다." 하였다.

우정승 하륜이 건의하기를, "마땅히 무악에 도읍하여야 합니다." 하였다. 임금이 여러 대신들에게 이르기를, "지금 참위 술사의 말이 이러쿵저러쿵 그치지 않아 인심을 현혹하게 하니, 어떻게 처리할까?" 하니, 여러 재상이 모두 말하기를, "따를 수 없습니다." 하였으나, 대사헌 김약채는 홀로 그대로 따라야 된다고 하였다. 임금이 말하기를, "신도는 부왕께서 창건하신 것이니, 어찌 따로 도읍을 세워서 백성을 수고롭게 하겠는가?" 하고, 서운관에 명하여 술수·지리에 관한 서적을 감추도록 하였다.

－정종실록 2년 12월 22일－

태종 1년 윤 3월 27일 태종이 왕위에 올라 신도新都에 도착하여 임시 처소에 이르러 말하기를, "사방이 모두 보리밭이니, 수레를 멈추면 밟아서 손상될 폐단이 있을 것이다." 하고, 그대로 지나쳐 신도로 들어가 의정부에서 재계하였다.

태종 4년 9월 26일 임금이 조준·하륜·남재·권근 등을 수행하여 무악에 도읍할 땅을 살피러 가다. 10월 4일 한양과 무악 중에 어느 곳을 도읍으로 정할 만한 것인지를 논의하다.

어가御駕가 무악毋岳에 이르니, 임금이 중봉中峯에 올라 사람을 시켜 백기白旗를 한 강가에 세우게 하고, 사방을 바라보고 말하기를,

"여기가 도읍하기에 합당한 땅이다. 진산 부원군 하륜이 말한 곳이 백기白旗의 북쪽이라면, 가히 도읍이 들어앉을 만하다."

하고, 산을 내려오다가 대신·대간·형조와 지리를 아는 자인 윤신달·민중리·유한우·이양달·이양 등을 모아 명당을 찾았다. 임금이 윤신달 등에게 이르기를,

"거리낄 것 없이 각기 자기 말을 다하도록 하라. 이 땅과 한양이 어느 것이 좋은가?"

하니, 윤신달이 대답하기를, "지리로 논한다면, 한양의 전후에 석산石山이 험한데도 명당에 물이 끊어지니, 도읍할 수 없습니다. 이 땅은, 도참서로 고찰한다면, 왕씨의 5백 년 뒤에 이씨가 나온다는 곳입니다. 이 말은 이미 허망하지 않았으니, 그 책은 심히 믿을 만합니다. 이씨가 나오면, 삼각산 남쪽에 도읍을 만들고 반드시 북대로를 막을 것이라는데, 지금 무악은 북쪽으로 대로가 있으니 그 참서와 바로 합치합니다."

하고, 또 말하기를, "눈앞에 세 강江이 끌어당기기를 만월과 같이한다는데, 이 땅에 세 강이 눈앞에 있으니, 또한 도참서와 합치합니다. 태상왕 때 이 땅을 얻지 못하여 한양에 도읍을 세웠던 것입니다."

하니, 유한우가 말하였다. "한양은 전후에 석산石山이 험한데도 명당에 물이 없으니, 도읍할 수가 없습니다. 지리서에 말하기를, '물의 흐름이 길지 않으면, 사람이 반드시 끊긴다.' 하였으니, 대개 불가한 것을 말한 것입니다. 이 땅도 또한 길지에 바로 합치하지는 아니합니다."

민중리가 말하기를, "도읍을 정하려고 한다면, 천 리의 안쪽에 산수가 빙 둘러싸고 있는 곳은 모두 찾아보는 것이 마땅합니다. 만약 삼각산에 올라가 사방으로 바라보고 명승지를 찾는다면, 혹은 요행히 얻을런지요."

하니, 임금이 말하기를, "또 이 땅의 길지를 말한다면 괜찮은가?" 하니, 민중리가 대답하기를, "이 땅도 또한 길지에 바로 합치하지 못합니다. 반드시 외산이 빙 둘러싸고 있는 것을 살펴야 합니다."

하고, 이양이 말하기를, "이 땅은 한양에 비하여 심히 좋습니다." 하고, 이양달이 말하기를, "한양이 비록 명당에 물이 없다고 말하나, 광통교 이상에서는 물이 흐르는 곳이 있습니다. 전면에는 물이 사방으로 빙 둘러싸고 있으므로, 웬만큼 도읍할 만합니다. 이 땅은 길지에 합치하지 못합니다. 그러나 도읍하려고 한다면, 여기는 명당이 아니고, 아래쪽에 명당이 있습니다."

하니, 임금이 말하였다.

"내가 어찌 신도에 이미 이루어진 궁실을 싫어하고, 이 풀이 우거진 땅을 좋아하여, 다시 토목의 역사를 일으키겠는가? 다만 석산이 험하고, 명당에 물이 끊어져, 도읍하기에 불가한 까닭이다. 내가 지리서를 보니, 말하기를, '먼저 물을 보고 다음에 산을 보라.' 하였으니, 만약 지리서를 쓰지 않는다면, 그만이지만, 쓴다면 명당은 물이 없는 곳이니, 도읍하는 것이 불가한 것은 명확하다. 너희들이 모두 지리를 아는데, 처음에 태상왕을 따라 도읍을 세울 때, 어찌 이러한 까닭을 말하지 아니하였는가?"

윤신달이 말하기를, "신은 그때 마침 친상을 만나 능히 호종하지 못하였습니다." 하고, 유한우가 말하기를, "신 등이 말하지 아니한 것은 아닙니다. 다만 결정할 수 없었을 뿐입니다." 하니 임금이 이양달을 불러 말하였다.

"네가 도읍을 세울 때 태상왕을 따라가서, 명당이 물이 끊어지는 땅이어서 도읍을 세우는 데 불가하다는 것을 어찌하여 알지 못하였느냐? 어찌하여 한양에 도읍을 세우고 크게 토목의 역사를 일으켜서 부왕을 속였는가? 부왕이 신도에 계실 때 편찮아서 거의 위태하였으나 회복되었다. 살고 죽는 것은 대명에 관계되는 것이다. 그 후 변고가 여러 번 일어나고 하나도 좋은 일이 없었으므로, 이에 송도에 환도한 것이다. 지금 나라 사람들은 내가 부왕의 도읍한 곳을 버린다고 허물한다." 이양달이 대답하기를, "명당이 비록 물이 없다고 말하나, 전면에 물의 흐름이 시작됩니다. 더군다나, 그때에 말을 다하고 숨기지 아니하였습니다. 다만 신이 결정할 바가 못 되었을 뿐입니다."

하니, 임금이 말하기를, "너희가 내 앞에 있으면서 억지로 말하는 것이 이와 같으니, 어찌 다른 곳에서 자복하겠는가?" 하고, 임금이 조준에게 묻기를, "도읍을 세울 때 경은 재상이었다. 어찌하여 한양에 도읍을 세웠는가?" 하니, 조준이 대답하기를,

"신은 지리를 알지 못합니다." 하였다. 임금이 말하기를, "옳도다. 또 1리를 내려가서 명당을 찾도록 하라." 하니, 하륜이 대답하기를, "좋은 명당은 송도의 강안전 같은 것이니, 이 명당은 송도의 수창궁과 같습니다." 하였다.

-태종실록 4년 10월 4일-

1404년 태종 4년 10월 6일 점을 쳐서 도읍을 한양으로 결정하고, 이궁을 짓도록 명하였다.

다시 한양에 도읍을 정하고, 드디어 향교동에 이궁을 짓도록 명하였다. 이날 새벽에 임금이 종묘의 문밖에 나아가서 여러 사람에게 포고하여 말하였다.

"내가 송도에 있을 때 여러 번 수재와 한재의 이변이 있었으므로, 하교하여 대신들의 의견을 구하였더니, 정승 조준 이하 새로운 도읍으로 환도하는 것이 마땅하다고 말한 자가 많았다. 그러나 새로운 도읍도 또한 변고가 많았으므로, 도읍을 정하지 못하여 인심이 안정되지 못하였다. 이제 종묘에 들어가 송도와 신도와 무악을 고하고, 그 길흉을 점쳐 길한 데 따라 도읍을 정하겠다. 도읍을 정한 뒤에는 비록 재변이 있더라도 이의가 있을 수 없다."

임금이 제학 김첨에게 묻기를, "무슨 물건으로 점占칠까?" 하니, 대답하기를, "종묘 안에서 척전擲錢(동전을 던져 점을 치는 일) 할 수 없으니, 시초蓍草(풀로 점치는 일)로 점치는 것이 좋겠습니다." 하였다.

임금이 말하기를, "시초蓍草가 없고, 또 요사이 세상에는 하지 않는 것이므로 알기가 쉽지 않으니, 길흉을 정하는 것이 어렵지 않을까?" 하니, 김과가 나와서 말하기를, "점괘의 글은 의심나는 것이 많으므로, 가히 정하기가 어렵겠습니다." 하니,

임금이 말하기를, "여러 사람이 함께 알 수 있는 것으로 하는 것이 낫다. 또 척전도 또한 속된 일이 아니고, 중국에서도 또한 있었다. 고려 태조가 도읍을 정할 때 무슨 물건으로 하였는가?" 하니, 조준이 말하기를, "역시 척전擲錢을 썼습니다." 하니, 임금이 말하기를, "그와 같다면, 지금도 또한 척전이 좋겠다." 하고, 여러 신하를 거느리고 예배禮拜한 뒤에, 완산군 이천우·좌정승 조준·대사헌 김희선·지신사 박석

명·사간 조휴를 거느리고 종묘에 들어가, 향을 피우고 꿇어앉아, 이천우에게 명하여 소반 가운데에 척전擲錢하게 하니, 신도新都는 2길吉 1흉凶이었고, 개성과 무악은 모두 2흉凶 1길吉이었다. 임금이 나와 의논이 이에 정해지니, 드디어 향교동鄕校洞 동쪽 가의 땅모양을 보고 길흉을 판단하여 이궁離宮을 짓도록 명하고, 어가를 돌이켜 광나루에 머물러 호종하는 대신과 더불어 말하였다. "나는 무악毋岳에 도읍하지 아니하였지만, 후세에 반드시 도읍하는 자가 있을 것이다."

-태종실록 4년 10월 6일-

태종 5년 8월 3일 의정부에 한양 환도의 가부를 의논케 하니, 흉년을 이유로 반대하다.

의정부에 명하여 한경에 천도할 가부를 의논하니, 의정부에서 흉년이 들었기 때문에 불가하다고 대답하였다.

임금이 말하기를, "음양서에 이르기를, '왕씨 5백 년 뒤에 이씨가 일어나서 남경으로 옮긴다.' 하였는데, 지금 이씨의 흥한 것이 과연 그러하니, 남경으로 옮긴다는 말도 믿지 않을 수 없다. 또 지난번에 궁궐 터를 정할 때에도 말하는 자가 분분하여 결정되지 않으므로, 내가 몸소 종묘에 나아가 점쳐서 이미 길한 것을 얻었고, 이궁이 이미 이루어졌으니, 천도할 계획이 정하여졌다. 장차 10월에 한경으로 옮기겠으니 본궁에 거처하지 않겠다." 하고, 좌우에게 일렀다.
"한경은 부왕께서 창업하신 땅인데, 기묘년에 조박이 상왕께 청하여 갑자기 송도에 와서 지금까지 돌아가지 못하였으니, 죄는 조박에게 있다."

-태종실록 5년 8월 3일-

태종 5년 8월 8일 각사에 명하여 한양에 분사를 두어 20일 만에 서로 교대하게 하고, 공용비용을 충당할 토지와 거처할 곳을 수리하였다.
8월 9일 거처를 다시 경덕궁으로 옮기다. 한양 환도의 의지를 밝히었다.

도로 경덕궁에 이어하였으니, 본궁이 좁아서 경호원이 노숙하기 때문이었다. 병조판서 남재·형조판서 이문화·호조판서 이지·의정부 찬성사 윤저·공조판서 한상경과 더불어 한경으로 천도할 것을 의논하는데, 임금이 말하기를, "우리 태상왕께서 새 도읍을 창건하시었으니, 이것은 이씨의 바꿀 수 없는 정도定都이다. 우리 상왕께서 송도로 옮겨 오신 뒤로 돌아가지 않은 것이 지금 7년이나 되어, 아버님이 시작하고 아들이 계승하는 도리에 어긋났으니, 과인의 죄이다. 지난 가을에 송도에 음기가 치성하여 재앙이 있기 때문에 신도에 가서 종묘에 점쳤더니, 이미 길한 것을 얻었고, 금년 봄에 또 가서 수리하는 것을 보았더니, 공사가 거의 끝났으니 옮겨 갈 계책이 정하여졌다. 평민과 대신이 모두 불가하다고 말하는데, 이것은 살고 있는 땅을 편안하게 여기고, 딴 곳으로 옮기기를 싫어하는 뜻이다." 하였다.

한상경이 대답하기를, "은나라 반경이 도읍을 옮긴 것은 이해가 심히 밝았으나, 평민과 대신은 오히려 살고 있는 땅을 편안하게 여기고 옮기기를 싫어하였습니다." 하였다.
임금이 말하기를, "금년에 옮기지 않고 명년에 또 옮기지 않아서, 그럭저럭 옮기지 못하면, 송도의 인구와 가구는 날로 더욱 조밀하여지고, 한성은 날로 더욱 피폐하고 황폐하여질 것이니, 장차 어찌할 것인가? 하물며, 음양가가 말하기를, '송도는 군신의 분별이 없어지는 땅이라.' 한다. 사람들이 모두 '흉년이 들어서 옮길 수 없다.'고 말하는데, 이것은 흉악한 마음을 가진 사람들이다. 풍해(황해)와 경기는 비록 한재가 있으나, 그 나머지 각도는 흉년이 아닌데, 흉년이라고 말하여 천도하려는 뜻을 배격하는 자는 사직을 사랑하지 않는 신하이다." 하였다.

남재가 말하기를, "어찌 흉악한 마음을 가지고 배격하는 자가 있겠습니까?" 하니, 임금이 말하였다.
"지난번에 천도에 대하여 의논이 있었는데, 신도와 무악은 모두 나쁘고, 이 도읍이라야 좋다고 하였으니, 이것은 흉악한 마음을 가진 자의 말이다."

-태종실록 5년 8월 9일-

태종 5년 8월 11일 태상전에 나가 한양 환도에 대하여 아뢰다. 임금이 태상전에 조회하고, 임금이 태상왕께 장차 한경으로 환도하겠다고 고하고, 또 술을 올리니, 태상왕이 말하였다.

"음양의 설이 비록 믿을 것은 못 되나, '왕씨 5백 년 뒤에 이씨가 나라를 얻어서 한경에 도읍한다.' 하였는데, 우리 집이 과연 그 설에 응하였으니, 어찌 허황한 말이냐?

또 우리 집이 미리부터 나라를 얻을 마음이 있었느냐? 왕이 한경으로 환도하고자 하는 것이 실상은 왕의 마음이 아니라. 하늘이 시켜서 그러한 것이다."

태종실록 5년 8월 11일-

태종 5년 8월 11일 권근이 한양 환도의 불가함을 상소하였으나 윤허하지 않았다.

권근이 상소하여 말하기를, "흉년이 들었으므로 천도할 수 없습니다." 하니, 윤허하지 아니하였다. 권근이 다시 상서하기를, "천도하는 일은 모든 관리들이 의논하고, 서민에 의논하여서, 모두 가하다고 한 연후에 정하여야 합니다."

하니, 임금이 말하기를, "종묘에 고하고 태상왕께 고하여, 큰 계책이 이미 정하여졌으니, 어떻게 고칠 수 있겠는가?" 하고, 좌우에게 말하였다. "지금 글을 올리어 천도를 말리는 사람이 있는데, 이것은 남의 지휘를 들어서 하는 것이다. 한경은 국초에 창건한 것이니, 자손이 마땅히 유지하여 지켜야 한다. 어리석은 백성들은 다만 이사하는 괴로움만 알고 구차히 편안하려 하는 것이다. 사대부로 사리를 아는 자는 또한 무슨 마음으로 저지하겠는가?"

-태종실록 5년 8월 11일-

태종 5년 9월 13일 상왕이 대비와 함께 한양으로 이어 하니, 임금이 보현원에서 전송하였다. 9월 28일에 임금이 한양 환도를 고하기 위해 제릉에 참배를 하였고, 9월 29일에는 국사國史를 한양으로 옮겼다. 10월 1일에 신도로 이전하는 것을 고하기 위해 인소전에 제사를 지내고, 10월 5일에 임금이 태상전에 나아가 한양 환도를 고하고, 술자리를 베풀었다. 10월 8일 임금의 행차가 송도를 떠났다. 10월 11일 수레가 한경에 이르러 종묘에 알현하고, 연화방의 전 영의정부사 조준의 집에 머물렀으니, 이궁이 아직 완성되지 않았기 때문이다. 10월 13일에 이궁의 공사 감독관에게 술을, 장인들에게는 목면과 베를 하사하였다. 10월 19일 이궁이 완성되어 10월 25일 이궁의 이름을 창덕궁이라 하였다.

태종 11년 9월 5일 경복궁 궁성 서쪽 모퉁이를 뚫고 궁성 안으로 물을 끌어들이게 하였다.

10월 4일 사간원에서 임금이 경복궁에 거처하지 않는 것을 염려하는 상소문을 올리니 태종이 경복궁에 거처할 수 없는 사유를 공개적으로 밝혔다.

사간원에서 상소 3통을 올렸는데 "궁궐은 정치명령을 펴고 살핌을 높이자는 것입니다. 경복궁은 태조가 개국하던 초기에 창건한 것인데, 그 규모와 제도가 후세의 법이 될 만합니다. 전하가 여러 해를 거처하지 않으시니, 신 등은 후세에 본받아서 쓸모없는 곳을 만들까 두려우니, 태조의 창건하신 뜻을 어찌하겠습니까? 원컨대, 시좌소(임시 행궁)를 삼아서 매양 조회 때 근정전에 앉아서 사대부를 두루 만나 신민의 바라는 것을 위로하소서." 하니

임금이 말하였다.
"내가 어찌 경복궁을 쓸모없는 곳으로 만들어서 쓰지 않는 것이냐? 내가 태조의 창업하신 뜻을 알고, 또 지리의 설이 괴탄한 것을 알지만, 음양 술사가 말하기를, '경복궁은 음양의 형세에 합하지 않는다.' 하니, 내가 듣고 의심이 없을 수 없으며, 또 무인년 규문(이복동생 이방석을 죽인 일)의 일은 내가 경들과 말하기에는 부끄러운 일이다. 어찌 차마 이곳에 거처할 수 있겠는가? 조정의 사신이 오는 일과 탄신일 하례하는 일 같은 것은 반드시 이 궁에서 하므로 때로 수리하여 기울고 무너지지 않게 하는 것이다."

—태종실록 11년 10월 4일—

태종 12년 4월 2일 새로 큰 누각을 경복궁 서쪽 모퉁이에 지었다. 공조판서 박자청에게 명하여 감독하게 하였는데, 제도가 굉장하고 넓게 뚫렸다. 또 못을 파서 사방으로 둘렀다. 5월 16일 경복궁의 새 누각의 이름을 경회루라고 명하였다.

임금이 경회慶會·납량·승운·과학·소선·척진·기룡 등의 이름을 가지고 지신사 김여지에게 보이며 말하였다. "내가 이 누각을 지은 것은 중국 사신에게 잔치하거나 위

로하는 장소로 삼고자 한 것이요, 내가 놀거나 편안히 하자는 곳이 아니다. 실로 모화루와 더불어 뜻이 같다. 네가 가서 하륜에게 일러 이름을 정하여 아뢰어라."

—태종실록 12년 5월 16일—

태종 12년 6월 2일 경복궁을 수리하라고 명하였다. "경복궁은 태조가 창건한 것이니 비워두거나 폐할 수가 없으므로 내가 왕래하고자 한다. 또 사신을 접대하는 곳이니, 궁궐의 월랑에 쌓아둔 군자감의 쌀을 빨리 옮기라." 하니, 의정부에서 아뢰기를, "원컨대, 의창 곡식의 예에 의하여 꾸어 주소서." 하니, 윤허하였다.

태종의 경복궁 용도에 대한 뜻은 확고하였다. 주거지는 경복궁에 두지 않고 창덕궁에다 두었으며 경복궁은 외국 사신 접대나 조정의 공식 행사 때에만 사용한다는 것이었다. 경복궁에 거처할 때도 있었으나 주거지로 정해놓고 살지는 않았다. 가끔 경복궁에 주거한 기록은 있으나 장기간 머무른 기록은 없다. 대부분 창덕궁에서 보낸 것이다.

태종 13년 6월 16일 정비가 경복궁에 거처를 옮겼다. 6월 19일 서전문 (경복궁 서쪽의 돈의문 이전의 문)을 열었다.

서전문을 열었다. 풍수 학생 최양선이 상소하였다.
"지리로 고찰한다면 국가 도읍 장의동(경복궁 서쪽 자하동) 문과 관광방(경복궁 동북방) 동쪽 고갯길은 바로 경복궁의 좌우 팔입니다. 빌건대, 길을 열지 말아서 지맥을 온전하게 하소서."
임금이 그대로 따랐다. 의정부에 명하여 새로운 문을 성의 서쪽에 열어서 왕래에 편하게 하였다. 의정부에서 길흉을 판단하였는데, 혹자가 안성군 이숙번의 집 앞에 옛 길이 있으니 적당하다고 말하니, 이숙번이 인덕궁(정종 거처) 앞에 작은 마을이 있으므로 길을 열고 문 세울 만하다고 말하매, 의정부에서 그대로 따랐으니, 이숙번을 꺼려한 것이었다. 각 관청의 종을 시켜 장의동에 소나무를 심으라고 명하였다.

—태종실록 13년 6월 19일—

태종 13년 7월 29일 경복궁에서 창덕궁으로 환궁하다.

의정부에서 하례를 드리니, 임금이 말하였다. "경복궁으로 이어한 것은 액막이가 아니라 대개 더위를 피해서였으니 하례하지 말라."

태종 14년 6월 28일 여경방에 새로 본궁을 건축하라고 명하였다.

임금이 말하였다. "태조가 처음에 경복궁을 지을 때 하륜이 상소하여 정지시키고 말하기를, '산이 갇히고 물이 마르니 왕이 사로잡히고 족속이 멸할 것이므로 형세가 좋지 않습니다.' 라고 하였으나, 태조가 짓던 전각과 낭무(정전앞 양날개 건물)가 이미 갖추어졌고, 중국의 사신을 응접하는 일이 있으면 이곳에서 해야 하므로 내가 또 경회루를 그 옆에 짓고, 따로 이곳에다 창덕궁을 지었다. 근년 이래로 별로 재액이 없었고, 만약 피신하여 이사할 일이 있으면, 재상의 집을 빼앗아 담장 벽을 헐어버리고, 또 근처의 집을 빼앗으니, 소란하여 안정을 얻을 수가 없어 내 마음이 편안치 못하였다. 여경방의 본궁을 국가에 충당하여 피신하는 장소로 삼아서 만세를 위해 이러한 폐단을 없애고자 한다. 또 여경방에다 사람이 살만한 장소에 궁전을 건축하는 것은 성녕대군을 위한 계책이다."

－태종실록 14년 6월 28일－

태종 15년 7월 18일 경복궁 성 북쪽 길을 막고 사람이 왕래하는 것을 금지하였다. 하륜이 태종 16년에 졸하여 이후의 기록은 경복궁 풍수설에 관여한 황희 정승 편에 이어진다.

하륜과 이방원과의 만남

태조 휘하에 정도전이 있는 한 포부를 펼칠 수 없다고 판단한 하륜은 태종에게 접근한다. 사람의 관상을 잘 보던 하륜은 이방원이 장차 크게 될 인물임을 알고, 친구이자 이방원의 장인인 민제를 만나 간청하기를 '내가 사람의 관상을 많이 보았으나 공의 둘째 사위 같은 인물을 아직 보지 못했다. 한번 그를 만나보기를 원한다.'라고 하자, 민제는 사위 이방원에게 하륜이 꼭 한번 보려 하니 그를 만나보도록 하라며 만남을 주선해 주었다. 이로 인연이 맺어진 하륜은 제1차 왕자의 난과 제2차 왕자의 난 당시 이방원의 최측근으로 활동했다. 하륜은 두 차례 왕자의 난을 실질적으로 계획하고 지휘했다. 제1차 왕자의 난 당시 정도전이 남은의 첩의 집에서 술을 마신다는 정보를 입수, 정도전과 남은, 심효생 등을 불시에 습격하여 죽이고, 세자 이방석과 이방번을 제거했다. 이 과정에서 하륜은 이숙번을 태종에게 추천하였고, 이숙번은 병력을 동원하는 조치를 취했다. 이때의 기록을 살펴보자.

1398년 태조 7년 7월 19일 하륜이 충청도 도관찰출척사로 발령을 받아 부임하기에 앞서 송별연이 열렸는데 이방원도 그 자리에 참석하였다. 연회석에서 여러 번 술잔이 돌았는데 하륜은 술에 취한 체하면서 갑자기 술주정하였다. 그러다가 그는 일부러 주안상을 뒤엎어 음식들이 이방원의 옷자락에 엎질러지게 하였다. 이방원이 화가 나서 자리에서 벌떡 일어나서 나가자 하륜도 그 뒤를 따라 나갔다.

이방원의 집에 이르러 하륜은 이방원에게 정중하게 사과를 했다. 그러고 나서 다급히 말하기를 "대군, 일이 급합니다. 장차 이 나라에서 오늘 밤 술상이 엎질러졌던 것과 같은 사건이 생길 것입니다." 하고 이방원에게 난을 일으키도록 재촉하였다. 그러자 이방원은 하륜을 안내하여 함께 밀실로 들어가서 난을 꾸미게 되었고 이것이 제1차 왕자의 난이다. 그리고 하륜은 이방원에게 부탁하기를 "저는 왕명을 받고 곧 임지에 가야 할 몸입니다.

안산 군수 이숙번이 멀지 않아 정릉으로 이동할 때에 동원할 역군들을 거느리고 서울에 도착할 테니 그 사람을 불러서 큰일을 맡기십시오. 저는 이 길로 내려가서 진천 지방에서 대기하고 있겠습니다. 일이 벌어지거든 곧 저를 불러 주십시오."라고 했다. 그 직후 이방원은 거사를 준비했다. 이방원의 심복으로 군사활동에 중요한 역할을 담당한 이숙번은 이때에 하륜이 소개했던 것이다.

이숙번은 안산군수였는데 정릉을 지키는 임무를 맡게 되어 사역 군을 이끌고 상경함으로써 이숙번의 사역 군이 1차 왕자의 난 때 이방원의 기동 호위병력이 될 수 있었다. 제1차 왕자의 난이 끝난 후 하륜은 정사1등 공신에 책록되었고, 제2차 왕자의 난 때에도 신속히 정종임금의 지지를 끌어내 박포 일당을 죽이고, 회안대군 방간 부자를 유배시켰다. 2차 왕자의 난이 끝난 직후 정종에게 이방원을 세자로 책봉하자고 주청하여 윤허를 받아낸 결단력 있는 책사였다. 이런 하륜을 태종은 자신의 장자방이라 했다. 이후 하륜은 문하시랑 찬성사가 되어 조선의 관제를 새롭게 정비하였다. 제2차 왕자의 난의 결과로 태종이 즉위하니 좌명1등 공신에 올랐다. 연이은 1등공신에 책록되니, 관직은 최고의 직위인 좌정승이 되었다. 이때 하륜의 나이 56세였다.

하륜은 인품이 중후, 침착, 대범하였고, 이색, 이인복에게 배운 성리학 학문 외에도 음양, 의술, 풍수지리에 두루 능하였다. 또한, 역사와 고전에 밝았고, 예악禮樂과 제도에 능통하여 개국 직후 대명 외교에 차질이 없도록 하였다. 여러 번 결정적인 고비 때마다 항상 하륜이 있어 태종은 마음먹었던 일을 모두 이루었다.

하륜은 성리학적 이상을 실현하고자 했던 유학자였고 학문이나 정치력 모두 정도전에 못지않은 실력을 갖추고 있었다. 정도전이 초기 조선의 문물과 제도를 설계하였지만, 개국 7년 만에 권력 싸움에서 밀려나 죽음을 맞이했다. 이 상황에서 하륜이 정도전의 빈자리를 메웠다. 정도전이 계획했던 개혁의 폭을 좁혀 놓았다는 비판이 있지만 이후 조선의 근간이 된 통치체제, 신분제도, 인재선발제도, 사회운영제도 등은 모두 하륜의 손을 거쳤다. 하륜은 또 시장에서의 화폐유통의 필요성을 주장하여 저화를 발행하게 하고 재정의 확충을 도모하였다. 적서구분의 문제는 활발하게 논의되었다. 1415년 태종 15년 종친과 각 품관의 서얼은 현직에 두지 말라고 공론으로 내세워 채택되었다. 이것이 서얼 금고의 연원이 되었고, 서얼 금고를 주장하던 태종은 공론을 빌미로 서자들의 관직 진출 금지령을 내린다. 그 뒤 서얼 금고령과 적서 차별제도는 성종 때 가서 세부조항을 반포함으로써, 재혼 여성 자손 금고령과 함께 하나의 규정으로 정착하게 된다.

하륜은 뛰어난 재능으로 조선 초기의 개혁을 주도했고 행정 능력이나 정책 입안 능력은 뛰어났지만, 사사로운 욕구에 매달렸던 실수 때문에 역사는 그를 긍정적으로 기록하지 않았다. 우선, 하륜은 탐욕스러운 인물로 부를 탐한다는 평을 받았다. 신덕왕후의 능인 정릉이 도성 한가운데를 차지하고 있어 불편하다는 이유로 능 백 보까지는 집을 지을 수 있도록 허락해달라는 상소가 올라오자 태종은 이를 받아들였고, 하륜은 사위들까지 동원해서 노른자위 땅을 자기 땅으로 확보하였다. 통진 고양포의 간척지 200여 섬지기를 개인농장으로 착복하여 대간들의 탄핵을 받기도 하였으나 공신이라 하여 용서되었다. 사사로운 인사청탁을 많이 받고, 노비들에게까지 벼슬을 팔아먹는다는 비판도 받았다. 태종 5년 가뭄이 심해 민심이 흉흉한 가운데 한양거리에는 '하륜이 정승으로 집권하고 있으니 날까지 가문다'라는 익명서가 나붙기도 하였다. 대간들이 가만히 있을 리 없었지만 이런 비리에 관대했던 태종은 이를 막아 주었다.

1416년 태종 16년 노환을 이유로 70세의 나이에 관직에서 사직하였다. 사직을 청하자 태종은 극구 만류하며 허락하지 않았으나, 고집을 꺾지 않고 나이가 많고 병이 들었음을 이유로 거듭 사직을 청하여 허락받고 물러났다.

태종은 친히 교서를 써서 진주의 농토세 100결을 하사하였다. 그러나 하륜은 성상께서 주신 것을 어찌 감히 사사로이 쓸 수 있겠는가 하며 따로 향사당鄕射堂을 지어 교서를 모셔두고 농토세는 동리 노인들을 위해 쓰게 하였다. 이때 향사당에는 태종이 직접 친필로 벽오당碧梧堂이라는 현판을 써서 내려주었다.

1416년 말에 하륜은 함경도의 조선 왕가 조상 묘를 살피러 갔다가 객사했다. 하륜의 부고를 들은 태종은 몹시 슬퍼하여 3일간 조회를 하지 않고 7일 동안 고기반찬을 먹지 않았으며 직접 애절한 조사를 지어 애도했다. 묘는 경남 진주에 있다.

사후 태종실록의 졸기에는 하륜에 대해 "천성적 자질이 중후하고 온화하며 말수가 적어 평생 빠른 말과 급한 빛이 없었으나 관직에 나아가서는 의심을 결단하고 계책을 정함에는 조금도 헐뜯거나 칭송한다고 해서 그 마음을 움직이지 않았다"라고 기록하고 있다.

그런데 태종의 후계자인 세종은 하륜을 그렇게 좋게 보지 않았던 모양이다. 세종은 하륜에 대해 이렇게 평을 내리고 있다.

"하륜은 학문이 해박하고 정사에 재주가 있어 재상으로서의 체모는 있지만, 청렴결백하지 못하고 일을 아뢸 때도 여염의 청탁까지 시간을 끌며 두루 말하곤 했다. 내 생각으로는 보전하기 어려울 것인데도 태종께서는 능히 보전하시었다."

-세종실록 세종 20년 12월 7일-

정안공 이방원을 세자로 세울 것을 청하다

참찬문하부사 하륜이 정종임금께 청하였다. "정몽주의 난에 만일 정안 공이 없었다면, 큰일이 거의 이루어지지 못하였을 것이고, 정도전의 난에 만일 정안공이 없었다면, 또한 어찌 오늘이 있었겠습니까? 또 어제 일로 보더라도 하늘의 뜻과 인심을 또한 알 수 있는 것입니다. 청하건대, 정안 공을 세워 세자로 삼으소서." 임금이 말하기를, "경 등의 말이 심히 옳다." 하고, 드디어 도승지 이문화에게 명하여 도평의사사에 뜻을 전하였다.

"대저 나라의 근본이 정해진 연후에 민중의 뜻이 정하여지는 것이다. 이번의 변란은 정히 나라의 근본이 정하여지지 못한 까닭이다. 나에게 서자라 하는 것이 있으나, 그 난 날짜를 짚어 보면, 시기에 맞지 않아 애매하여 알기 어렵고, 또 혼미하고 유약하 여 외방에 둔 지가 오래다. 지난번에 우연히 궁내에 들어왔지만, 지금 도로 밖으로 내보내었다. 또 예전 성왕이 비록 적자가 있더라도 또한 어진 이를 택하여 전위하였 다. 동복 아우 정안공 이방원은 개국하는 초에 큰 공로가 있었고, 또 사직을 정하던 즈음에 우리 형제 4, 5인이 목숨을 보전한 것이 모두 그의 공이었다. 이제 명하여 세 자로 삼고, 또 내외의 여러 군사를 감독하게 한다."

우정승 성석린이 이 명을 듣고, 여러 관료를 거느리고 하례하였다. 임 금이 도승지에게 명하여 세자를 세우는 일을 태상왕께 아뢰니, 태상왕이 말하기를, "장구한 계책은 집정 대신과 모의하는 것이 가하다." 하였다.

불교의 도와 유교의 도를 논하다

1400년 정종 2년 1월 10일 경연에서 통감촬요를 강하다가 불교 및 유교에 대해 하륜과 문답하다.

경연에 나아가서 통감촬요를 강하다가, '서역에 신神이 있으니 그 이름은 부처라'고한 데에 이르러서, 한참 있다가 말하기를, "부처를 신神이라고 하는 것은 잘못이다." 하였다.

지경연사 하륜이 대답하기를, "오제·삼왕 때에는 부처가 없었고, 한나라 명제 때에 이르러 그 경전이 비로소 전파되었는데, 그 도道가 적멸(열반)을 종교의 가르침으로 삼아서 귀신과 다를 것이 없습니다." 하였다.

임금이 말하기를, "귀신의 도는 허虛라고 말할 수 없다. 과인이 옛날에 고려조에 벼슬하여 승지가 되어, 우왕을 따라 장단에 머물렀는데, 기생 5, 6명이 한꺼번에 복통이 났었다. 곧 술과 고기를 가지고 감악산에 제를 올리며 기도하였는데, 조금 있다가 신神이 한 기생에게 내려 엎어지고 넘어지며 펄펄 뛰면서 부끄러운 것을 알지 못하였으니, 이런 것은 헛된 것이라고 말할 수 없다. 또 불교는 자비 불살不殺로 도를 삼는데, 유교의 도에도 또한 살리기를 좋아하고 죽이기를 싫어하는 이치가 있으니, 이것은 비슷하다." 하였다.

하륜이 대답하기를, "유교의 도는 함부로 죽이는 것을 좋아하지 않고, 위로 종묘에 이바지하고 아래로 빈객을 권하는 것뿐입니다. 대저 서역 사람들이 모두 포악하고 무도하였기 때문에, 석가가 자비 불살로 달래고, 윤회 보응으로 겁준 것이니, 군왕의 믿을 바가 아닙니다."

하니, 임금이 "그렇다." 하고, 말하기를, "석가가 옆구리에서 탄생하였다는데, 성인이 어찌하여 쓰지 않았는가? 사람이 죽으면 지옥에 돌아간다는 것도 거짓인가?" 하였다.

하륜이 대답하기를, "이것은 매우 이치 없는 말입니다. 어찌 사람으로서 옆구리에서 난 자가 있겠습니까? 그러므로, 성인이 쓰지 않은 것입니다. 또 사람은 음양오행의 기운을 받아서 태어나고, 죽으면 음양이 흩어져서 혼은 올라가고 백은 내려가는 것이니, 다시 무슨 물건이 있어 지옥으로 돌아가겠습니까? 이것은 불씨가 미래와 보지 못한 것으로 어리석은 백성을 유혹한 것이니, 군왕이 믿을 것이 못 됩니다." 하니, 임금이 옳게 여겼다.

—정종실록 2년 1월 10일—

1월 24일 서운관 등에서 재난을 불교의 힘으로 막을 수 없음을 아뢰다.

서운관에서 상소하였다.
"재난의 경고는 부처에게 빌어서 그치게 할 수 없는 것입니다. 원하건대, 밤낮으로 공경하고 두려워하여 천변에 대답하소서." 지경연사 하륜이 말하였다.

"부처라는 것은 서역西域의 오랑캐 신神인데, 옛날에 서토西土 사람이 도리에 벗어나고 무도하므로, 석가가 주나라 강왕 때에 나와 널리 재앙과 복록의 설을 떠벌려서 인민을 속이고 달래었습니다. 한나라 명제 때에 미쳐 그 법이 중국에 흘러들어왔는데, 그 뒤부터 사람들이 대개 숭상하고 믿었습니다.

대개 불법은 나라를 다스리고 백성을 편안히 하는 도道가 아니고, 온전히 인과 화복으로 말을 합니다. 사람의 생사 길고 짧음이 모두 운수에 관계되니, 불씨佛氏가 어찌 능히 목숨을 길게 하고 짧게 하겠습니까? 하물며, 불법이 중국에 들어오지 않았을 때에는 문왕·무왕·주공이 나이 거의 1백 세이었는데, 그 법이 중국에 들어온 이후에는 사람이 일찍 죽은 사람이 많았으니, 불법이 소용이 없는 것을 잘 알 수 있었습니다.

석씨釋氏가 말하기를, '낳고 낳아서 멸하지 않는다.' 하였으니, 진실로 그 말과 같다면, 석가가 어찌하여 79세만 살고 죽었겠습니까? 석가의 종형제로서 도적에게 해를 당한 자가 있었는데, 석가가 말하기를, '전생의 인연은 피하기 어렵다.' 하였으니, 만일 실지로 전생의 인연을 알았다면, 어찌하여 미리 말해서 그 화를 면하게 하지 않았습니까? 만일 전생의 인연을 피하기 어렵다면, 비록 부처라도 또한 어찌할 수 없는 것입니다. 전생의 인연이라고 말하면서 골육의 환란을 앉아서 보고, 오히려 구원하지 못했는데, 하물며, 지금 천년 뒤에 군신의 화복을 능히 할 수 있겠습니까? 부처에게 기도하는 것이 나라에 도움이 되지 않는 것은 참으로 분명합니다."

임금이 말하기를, "그렇다. 나도 또한 마음을 다하여 기도하지 않는다." 하고, 또 말하기를,

"석가의 도를 천하 사람이 모두 믿는 것은 반드시 참眞이라 생각하기 때문이다."

하니, 지경연사 권근이 말하였다. "사람이 형상을 받아서 태어나는 것은 오행(목·화·토·금·수)의 이치가 있기 때문입니다. 오행五行의 이치가 마음에 있어서 오상(五常 인·의·예·지·신)이 되고, 오행의 성쇠로 명命을 알고 오행의 비정상으로 병病을 아니, 이것은 확연한 밝은 징험입니다. 석가에서 지地·수水·화火·풍風으로 형상을 받아 태어난다고 말하는 것은 무식한 것입니다." 임금이 옳게 여겼다.

-정종실록 2년 1월 24일-

신문고를 설치하다

영사평부사 하륜 등에게 입궐을 명하였다. 하륜과 우정승 이무·판승추부사 조영무 등이 섬돌에 올라 읍한 뒤에 나아가니, 임금이 조용히 말하기를, "섬돌 위와 섬돌 아래에서 읍하는 것이 어느 때의 예인가? 곧장 나오고 곧장 물러가는 것이 가하지 않은가? 이것은 필시 원나라 조정의 예일 것이다." 하였다. 하륜이 말하기를, "원나라 조정의 예는 절하고 꿇어앉는 것뿐이고, 이것은 당나라·송나라의 예입니다." 하였다. 임금이 또 묻기를, "고려조의 태조가 일어난 것이 중국의 어느 대에 해당하는가?" 하니, 하륜이 말하기를, "고려조의 태조가 진나라에서 고명(승인서)을 받았으니, 중국의 오대五代 시대입니다." 하였다. 임금이 또 묻기를, "신라는 중국의 어느 시대에 개국하였는가?" 하니, 하륜이 말하기를, "신라는 한나라 선제 오봉 원년에 개국하였습니다." 하였다.

이때 신문고가 이루어졌는데, 이무가 말하기를, "신문고를 설치하는 것이 좋기는 좋은데, 거짓을 꾸며 치는 자도 간혹 있습니다." 하였다.

하륜이 말하기를, "신문고를 치는 법이 사실이면 들어주고, 허위이면 벌을 주고, 소송절차 없이 호소로 치는 자도 또한 이같이 하는 것입니다. 만일 지방 사람이 수령에게 호소하여 수령이 밝게 결단하지 못하면, 관찰사에게 호소하고 또 사헌부에 호소하며, 사헌부에서 또 밝게 결단하지 못한 연후에 치는 것입니다. 그러므로 관리가 백성의 송사를 결단함에 임금님의 귀에 아뢸까 두려워하여 마음을 다해 세밀하게 관찰하기 때문에, 백성이 그 복을 받으니, 실로 자손 만세의 좋은 법입니다. 바라건대, 관할사에게 명하여 행하소서."

하니, 임금이 가하다고 하였다. 임금이 또 묻기를, "등문고登聞鼓[51]는 어느 시대에 시작되었는가?" 하니, 하륜이 "송나라 때에 시작되었습니다." 하였다.

임금이 "송조 이전에도 있었는가?" 하니, 하륜이 말하기를, "이것은 삼대三代[52]의 법입니다." 하였다. 임금이 말하기를, "그런가? 진선進善의 정旌[53]도 또한 이것과 같다." 하였다.

—태종실록 1년 11월 16일—

태종 2년 1월 신문고를 설치한다는 교서를 내리다.

교서를 내렸는데 그 교서는 이러하였다.
"내 부덕한 사람으로 대통을 이어받았으니, 밤낮으로 두려워하면서 태평에 이르기를 기약하여 쉴 겨를도 없었다. 그러나 이목이 샅샅이 미치지 못하여 총명을 가리는 환에 이르지 않을까 두려워하여 이제 옛법을 상고하여 신문고를 설치한다.

---

51) 신문고의 전신으로 조선 초기 백성이 억울한 일이 있을 때 북을 쳐서 임금에게 알리던 제도. 북은 대궐의 문루에 달았던 것으로 알려져 있다.

52) 중국 고대의 하나라, 은나라, 주나라의 세 왕조를 이름.

53) 요제堯帝 때에 길가에 기旗를 세워놓고, 임금에게 교훈이 될 만한 말을 드릴 자가 있으면 그 기 아래에 서게 하였다는 고사.

온갖 정치의 득실과 민생의 편함과 근심을 아뢰고자 하는 자는, 의정부에 글을 올려도 위에 아뢰지 않는 경우, 즉시 와서 북을 치라. 말이 쓸만하면 바로 채택하여 받아들이고, 비록 말이 맞지 않는다 하더라도 또한 용서하여 주리라. 대체로 억울함을 펴지 못하여 호소하고자 하는 사람으로, 서울 안에서는 주무 관청에, 외방에서는 수령·감사에게 글을 올리되, 따져서 다스리지 아니하면 사헌부에 올리고, 사헌부에서도 따져 다스리지 아니한다면, 바로 와서 북을 치라. 원통하고 억울함이 명확하게 밝혀질 것이다. 상기의 관청에서 따져 다스리지 아니한 자는 율律에 따라 죄를 줄 것이요, 상소를 무시한 자도 또한 율律에 따라 논죄할 것이다.

혹시 반역을 은밀히 도모하여 나라를 위태롭게 하거나, 종친과 훈신을 모해하여 화란의 단초를 만드는 자가 있다면 여러 사람이 직접 와서 북치는 것을 허용한다. 말한 바가 사실이면 토지 2백 결과 노비 20명을 상으로 주고 유직자는 3등을 뛰어 올려 녹용하고, 무직자는 곧 6품직에 임명할 것이며, 공노비 사노비도 양민이 되게 하는 동시에 곧 7품직에 임명하고, 따라서 범인의 집과 재물과 종과 소와 말을 주되 많고 적음을 관계하지 않을 것이며, 무고한 자가 있다면 무고한 만큼의 율律로써 죄줄 것이다.

아! 아랫사람의 정情을 위에 전달케 하고자 함에 금지조항을 마련한 것은 범죄가 없기를 기약함이니, 오직 전국의 대소 신료와 군민들은 더욱 조심하여 함께 태평한 즐거움을 누리게 하라." 하였다.

-태종실록 2년 1월 26일-

문관 재직자 중시제도를 도입하다

하륜은 군주인 태종이 가장 절실하게 원하는 바가 무엇인지를 잘 알고 군주 중심의 통치체제를 확립하고자 했다. 중시제重試制를 실시한 것은 군주중심의 통치체제 확립과 관련이 있다. 중시법은 하륜이 처음 고안해 시행한 것인데 종3품 이하의 관원들을 대상으로 한 승진 고과시험이다. 표면적으로는 학문을 장려하고 문풍을 진작시키려는 목적이었지만 왕이 직접 고과하여 그 순위를 정하게 함으로써 신하들에 대한 군왕의 지배권 강화에도 기여했다.

하륜은, 문과로 관직에 진출한 자들은 학문을 재물과 관록의 매개로 삼아, 일단 과거에 합격하면 곧 학업을 저버리므로 임금이 친히 살피고 점검하여 그 등위를 정하여서 문신들을 격려하고자 하였었다. 중시법을 세워 종3품 이하에게 모두 시험에 나오게 하여, 2월 19일을 고과 일로 잡았는데, 중국에서 정승鄭昇[54]이 서울로 온 까닭으로 실행하지 못하였다. 다시 5월 초 7일로 기일을 잡았는데, 의정부에서 시험에 나오는 자들에게 글을 보고 강독과 해석하게 하도록 청하니, 이 때문에 가을철까지 기다리는 전교가 있었다.

5월 13일 문과 중시의 시험방법 및 시기에 대해 논의하였다. 임금이 여러 대언(승지)에게 묻기를, "이제 문관의 중시重試[55]를 장차 어떻게 할까?"

하니, 대답하기를, "예전에는 과거를 보기를 모두 봄철과 가을철에 하였는데, 지금

---

54) 개령사람으로 어릴 때 중국 황실로 보내진 환관.

55) 조선시대 당하관 이하의 문무관에게 10년마다 한 번씩 보이는 과거시험. 세종 9년(1427)에 정식으로 제도화되었음.

바야흐로 한 여름철이 되어 과거에 나오는 문신文臣들이 모두 지극한 무더위를 염려하니, 아마 옛 제도에 어긋날까 합니다." 하였다. 임금이 말하기를, "속담에 말하기를, '고려공사高麗公事 불과삼일不過三日[56])이라.' 하니, 이런 것도 또한 남에게 업신여김을 당하는 것이다."

하고, 의정부에 내려 의논하게 하였다. 의정부에서 아뢰기를, "강경講經[57]) 같으면 서늘한 가을철을 기다리는 것이 마땅하나, 대책對策[58]) 같으면 이때도 또한 가합니다."

하니, 임금이 의정부에 전교하였다. "중시重試에 나올 자는 경서를 숙독하여 가을철 9월에 이르러 응시하도록 하고, 아울러 책을 등 뒤에 두고 송강誦講[59])을 행하도록 하라."

-태종실록 6년 5월 13일-

---

56) 정치가 어지러워 법령의 개폐가 심하던 고려 말기의 상황을 빗대어, 오래 지속되지 못하고 자주 변경되는 계획을 고려공사 불과 삼일이라 하였음.

57) 명경明經과 같은 뜻으로 과거의 강경과에서 시험관이 지정하여 주는 경서의 대목을 외우게 하던 시험.

58) 시정時政의 문제를 제시하고 그 대책을 논의하게 한 시험과목(현안문제 대책).

59) 암송하여 낭독하는 시험.

오늘날 논술시험에 못지않은 중시 시무책의 시험 제목

1407년 4월 18일 문신들을 광연루 아래에서 친히 시험하였는데, 좌
정승 하륜·대제학 권근으로 독권관[60]을 삼고, 이조 참의 맹사성·지신사
황희로 대독관[61]을 삼았다. 전국의 현직과 실직이 없는 문관으로 종3품
이하 응시한 자가 1백 8인이었는데, 장막을 치고 종이·벼루·술과 과일
과 아침·저녁밥을 주고, 논論·표表 각 1 재주를 시험하는 것으로 첫 번
째 과장을 삼았는데, 논論의 글제는 '사문을 연다[闢四門]'이고, 표表의 글
제는 '안남을 평정한 것을 하례한다[賀平安南]'이었다. 하루를 걸러서 종장
을 열고 시정업무를 시험하였는데, 책策의 글제에 이르기를,

"왕은 이르노라. 옛날 제왕이 법을 세우고 제도制度를 정함에 반드시 시의에 따라 성
대한 정치를 융성하게 하였으니, 요순과 삼대의 태평을 이룬 도道를 들을 수 있는가?
정일집중精一執中[62]은 요·순·우가 서로 전한 심법心法이고, 건중건극建中建極[63]은
상나라 탕왕·주나라 무왕이 서로 전한 심법인데, '정精'이니 '일一'이니 하는 것은 그
공부가 어떻게 다르며, '집執'이니 '건建'이니 하는 것은 그 뜻이 어떻게 같은가?
'중中'이라고 말하면 극極에는 이르시 못한 것이고, '극極'이라고 말하면 중中에 지나
는 것 같으니, 두 가지를 장차 어떻게 절충할 것인가?
읍하고 사양하여 정벌하는 것과 문文과 질質을 손익하는 것이 일과 때가 다른데, 함
께 다스림으로 돌아가는 것은 무슨 까닭인가?
한·당 이후에서 송·원에 이르기까지 대代마다 각각 다스림이 있는데, 중도中道에 합
하여 말할 만한 것이 있는가?

---

60) 종2품 이상의 과거 시험관.

61) 정3품 이하의 과거 시험관.

62) 정신을 하나로 모아 통일해야만 중용의 도를 지킨다.

63) 중정中正의 도道를 세워 인륜 도덕의 모범·표준을 세워 만민의 법칙을 정하는 것.

내가 부덕한 몸으로 한 나라의 신민臣民의 윗자리에 임하여 비록 덕업과 교화가 백성에게 미친 것이 없으나, 거의 이른 아침부터 밤늦게까지 조금씩 나아지기를 생각하여, 제왕의 마음과 도道에 일찍이 뜻이 있어 배우기를 원해 정사政事를 듣는 여가에 경전을 보고 그 뜻을 강구하나, 힘을 쓰는 방법을 알지 못하니, 움직임과 고요함·말과 행동의 즈음과 정치와 교육·법과 명령의 사이에 어찌 지나치고 모자라는 어긋남이 없겠는가? 지나쳐서 마땅히 덜어야 할 것은 무슨 일이며, 불급하여서 마땅히 보태야 할 것은 무슨 일인가?

지금 우리나라는 창업한 지가 오래지 아니하여 법제가 아직 갖추지 못하고, 천도한 지가 얼마 되지 않아서 부역이 아직 그치지 않으니, 정치의 득실과 향리의 편안함과 근심이 말할 것이 많다. 우선 그 큰 것을 들어 말한다면, 인재 등용을 정精하게 하려하나 요행으로 속여 나오는 것이 제거되지 않으니, 공적을 상고하는 법이 어떻게 일이 마땅함에 합하겠는가?

전제田制를 바루고자 하나 많고 적음과 높고 낮음이 고르지 못하니, 현장조사 하는 일이 과연 의논할 것이 없겠는가?

부역은 고르게 하지 않을 수 없으니, 인보隣保⁶⁴⁾의 제도와 호패의 시설이 어떤 것이 행할 수 있는 것인가?

조세를 선박으로 운송함은 급히 하지 않을 수 없는데, 해운의 모책과 육로의 계책이 어떤 것이 쓸 만한 것인가?

의관의 법도는 모두 중국의 제도를 따르는데, 오직 여성 복식만은 오히려 옛 풍속을 따르고 있으니, 이것은 과연 다 고칠 수 없는 것인가?

관혼·상제도 또한 다 중국의 제도를 따라야 할 것인가? 무릇 이 두어 가지는 베풀 것을 요구하는 도道가 반드시 그 마땅함이 있을 것이다. 옛것에 어그러지지 않고 지금에 해괴하지 않게 하려면, 그 방법이 어디에 있는가?

어질고 준수한 이들과 더불어 국가 정사를 함께 도모코자 생각하여 친히 사대부들을 뜰에서 책문策問하는 바이니, 정사를 하는 설說을 듣기를 원하노라. 사대부들은 경술經述을 통하고 정치의 요체를 알아서 이 세상에 뜻이 있은 지가 오래니, 제왕의 마음을 가지고 다스림을 내는 도리와 지금의 법을 세우고 제도를 정하는 마땅함을, 예전의 교훈에 상고하고 시대에 맞는 것을 참작하여, 높아도 구차하고 어려운 것에

---

64) 이웃끼리 힘을 합해 돕는 제도로 한 집의 이웃 네 집을 인이라 하고 그 집을 보탠 다섯 집을 보라 하여 조직함(오가작통법의 일종).

힘쓰지 않고, 낮아도 더럽고 천한 데에 흐르지 않도록 각각 포부를 다하여 모두 글에 나타내어라. 내가 장차 친히 보고 쓸지니라." 하였다.

-태종실록 7년 4월 18일-

봄·가을의 중월에 시를 짓는 법⁶⁵⁾을 시행하다.

중월仲月에 시를 짓게 하는 법을 시행하였으니, 권근의 말을 따른 것이었다. 영예문 춘추관사 하륜·지춘추관사 권근·예문관 대제학 성석인 등이 관각 제학 2품 이상과 더불어 예문관에 모여 시詩·표表 두 글제를 내어, 현직·산직(실직없는 직책) 3품 이하 문신으로 하여금 각각 각 가정에서 지어서 3일 만에 바치게 하였다. 임금이 예조 정랑 윤회를 불러 명하기를, "육대언(승지)은 사무가 번잡하여 시를 지을 겨를이 없으니, 특별히 짓지 말게 하라." 하였다.

-태종실록 7년 8월 25일-

관각 제학 이상 가운데 문신 시표詩表에 입격한 자 30인의 차례를 정하여 아뢰니, 예조 참의 변계량이 제일이고, 성균 사성 윤회종·봉상 부령 탁신이 다음이었다. 이때부터 매양·봄·가을의 중월仲月을 당하면 일상례로 삼았다.

---

65) 부시賦詩하는 법 : 봄·가을의 중월仲月, 2·5·8·11월)에 현직과 산직(실직이 없는 벼슬)에 있는 3품 이하의 문신으로 하여금 시詩와 표表를 지어 바치게 하여, 이것으로 30인의 입격자를 뽑던 제도. 이것은 관리들에게 학문을 장려하기 위한 것인데, 일종의 중시重試 제도와 같은 것이었음.

백관의 녹봉 등급과 액수를 개정하다

1407년 태종 7년 1월 16일 좌정승 하륜이 말하기를, "백관의 녹봉을 지급하기 위한 기준에 각 품品의 녹과[66]가 같지 않으니 증감하여 정하소서." 하니, 그대로 따랐다.

1과 안에 있는 대군(왕자)·정승 이상은 녹미祿米 1백 석, 명주와 베·정포正布 합하여 32필로 하고, 2과 안에 있는 제군諸君·의정부 찬성사 이상은 녹미 90석, 명주와 베·정포 합하여 27필로 하고, 3과의 타성 제군諸君과 개성 유후 이상은 녹미 85석으로 하고, 4과의 타성 제군諸君과 개성 유후사 부유후 이상은 녹미 80석, 명주와 베·정포는 모두 다 26필로 하고, 5과의 타성 제군과 정3품 성균 대사성 이상은 녹미 70석, 판전의감사 이상은 녹미 68석, 명주와 베·정포는 모두 다 23필로 하고, 6과의 종3품은 녹미 65석, 명주와 베·정포 합하여 21필로 하고, 7과의 정4품은 녹미 60석, 명주와 베·정포 합하여 20필로 하고, 8과의 종4품은 녹미 55석, 명주와 베·정포 합하여 19필로 하고, 9과의 정5품은 녹미 49석, 명주와 베·정포 합하여 18필로 하고, 10과의 종 5품은 녹미 47석, 명주와 베·정포 합하여 17필로 하고, 11과의 정6품은 녹미 42석, 명주와 베주포·정포 합하여 16필로 하고, 12과의 종6품은 녹미 40석, 명주와 베·정포 합하여 15필로 하고, 13과의 정7품은 녹미 30석, 정포 10필로 하고, 14과의 종7품은 녹미 28석, 정포 9필로 하고 15과의 정8품은 녹미 23석, 정포 7필로 하고, 16과의 종8품은 녹미 21석, 정포 6필로 하고, 17과의 정9품은 녹미 16석, 정포 5필로 하고, 18과의 종9품은 녹미 14석, 정포 4필, 권무(임시직)[67]는 녹미 9석, 정포 3필로 하였다.

－태종실록 7년 1월 16일－

---

66) 녹을 지급하기 위해 구분한 품등. 녹이란 군주가 백관에게 봉사에 대한 반대급부로 지급하는 미米·두豆·맥麥·포布 등 물질적 급여를 말한다. 문무반의 경우 문종 때는 48과로 세분했으나 인종 때는 28과로 개편하였다.

67) 권은 임시로 맡는다는 뜻을 가지고 있어 '권무'나 '권지'가 일반 관직명 앞에 붙으면 임시직이란 뜻이다.

십학 설치

1406년 십학十學을 설치하였으니, 좌정승 하륜의 건의를 따른 것이었다. 첫째는 유학, 둘째는 무학武學, 셋째는 이학吏學, 넷째는 역학譯學, 다섯째는 음양 풍수학, 여섯째는 의학, 일곱째는 자학字學, 여덟째는 율학, 아홉째는 산학, 열째는 악학인데, 각기 제조관을 두었다. 그 중에 유학은 현임 삼관(홍문관·예문관·교서관)의 7품 이하만으로 시험하게 하고, 나머지 구학九學은 현직·산직을 물론하고 4품 이하부터 4중월(2·5·8·11월)에 시험하게 하여 그 등위를 정해 임용과 퇴출의 증빙자료를 삼게 하였다.

1412년 태종 12년 8월 좌정승, 10월 17일 십학 제조[68]를 두었다.

십학제조를 더 두었다. 예조에서 아뢰었다.

"십학에서 인재를 뽑는 법을 세운 지는 이미 오래되었으나, 아직 실효가 없으니, 바라건대, 각학各學에서 통한 것의 많고 적음을 요량하여 분별하는 지혜를 더 하고, 동등한 자는 근무한 일수의 다소를 겸용하여 등위를 정하되, 글로 기록해 올려 등용에 대비함으로써 후학을 장려하게 하소서."

임금이 그대로 따라 제조를 더 두었다.

─태종실록 12년 10월 17일─

---

68) 제조제도는 소수의 당상관, 재상들이 여러 관서의 일을 총괄하는 겸임제로 중요한 역할을 했다. 경국대전에는 도제조 18명, 제조 55명, 부제조 9명으로 정해졌다. 임무는 관원들의 근태를 살피고 고과평가, 임금께 보고·건의, 기관에서 관원과 생도의 강학 및 시험을 담당하는 일, 해당 관청의 운영하는 일 등이었다.

태종의 지극한 사랑을 받다

1411년 태종 11년 4월 20일 성묘하기 위해 진양으로 떠나는 영의정 부사 하륜을 동부대언 이발에게 명하여 숭례문 밖에서 전송하게 하였다. 하륜이 선영에 성묘하기 위하여 진주에 돌아가고자 원했기 때문에, 이발에게 명하여 전송하게 한 것이다. 또 세자에게 명하여 떠나는 것을 전송하게 하고, 중궁도 또한 환관에게 전송하게 하였다.

6월 3일 진양에서 돌아온 영의정 부사 하륜과 상례를 마친 민무휼 등에게 잔치를 베풀었다. 종친과 좌정승 성석린·우정승 조영무·완산군 이천우·이조판서 이직 등이 잔치에 참석하였다. 하륜이 연구聯句를 지어 올리기를,

"은혜가 하늘 같사온데 잔치까지 내려 주시도다." 하니, 임금이 대구對句를 지어 말하기를, "마음은 굳은 돌, 더욱 사사 없어라." 하였다.

여러 신하도 서로 시나 노래로 화답하였다. 술이 반쯤 거나해지자 하륜이 일어나 춤을 추며 잔을 드렸다. 연회가 파하자 임금이 승지에게 명하기를,

"오늘 연회를 베푼 것은 대신의 천리 길을 위로함이고, 겸하여 여러 민씨도 위로하기 위함이었다. 민무휼 등이 일찍이 상사喪事를 마쳤으므로, 내가 유후사에 있을 적에 비로소 그들을 위로하려고 하였는데, 한양으로 돌아온 이후로도 의정부, 공신이다. 아들·사위라면서 자주 연회를 베푸는 까닭에 오늘날까지 실현 못 했으니, 여러 민씨의 마음에 대하여 미안하게 여기는 바이다. 그러므로, 지금 민무회 등으로 하여금 친히 중궁에게 잔을 드리게 하려고 하는데, 그대들의 의견은 어떠한가?"

하니, 지신사 김여지 등이 대답하기를, "인척을 대우함에 있어 은혜로써 의를 가리는 경우도 있고, 의로써 은혜를 이기게 하는 경우도 있사오니, 은혜와 의리의 여하에 달려 있을 뿐입니다." 하매, 마침내 궁중으로 불러들여 밤중에 이르러서야 파하였다.

−태종실록 11년 6월 3일−

7월 1일 공신·대간이 하륜·권근의 대 불경죄를 청하다.

삼공신과 대간에서 하륜·권근의 죄를 청하였다. 삼공신이 아뢰었다. "두 사람이 지은 행장과 비문에 이르기를, '공양군이 즉위할 때에 용사用事하는 자가 공公이 자기에게 붙좇지 않는 것을 꺼려서 논핵하여 장단에 퇴출하였다.' 하였는데, 공양군 때에 우리 태조가 좌시중이 되었으니, 용사자用事者라 칭한 것은 바로 태조를 가리킨 것입니다. 청컨대, 대불경의 죄를 가하소서."

임금이 말하였다. "하륜과 권근은 모두 나의 충신이다. 어찌 우리 태조를 비방했겠는가? 이색이 조준·정도전과 본래 틈이 있었고, 하륜과 권근은 모두 이색의 문인이기 때문에 보복하려고 생각한 것뿐이나, 실상은 본심에서 발한 것이 아니며, 또 사직社稷에 관계되지도 않았다. 그러나 보복하는 것은 대신의 도는 아니다. 권근은 이미 죽었으니 추후하여 죄줄 수 없고, 하륜은 이미 집에서 머물러 국정에 참여하여 듣지 않으니 경 등은 다시 말하지 말라."

집의執義 조치曺致가 아뢰었다. "하륜과 권근은 정몽주에게 붙어서 조준·정도전·남은과 꺼렸으니, 만일 사삿일로 서로 미워하였다면 오히려 가하지마는, 만일 태조를 추대하는 일을 꺼렸다면 이 두 사람의 일이 어찌 종사에 관계되지 않겠습니까? 만일 정몽주가 살아 있고, 두 사람이 뜻을 얻어서 조준의 무리를 죽였다면 태조의 큰일은 제거되었을 것입니다. 다행히 정몽주가 처형된 연후에 큰일이 정하여졌으니, 이미 그렇게 된 자취를 본다면, 지금 행장과 비명에 실린 일이 모두 본심에서 나온 것이 분명합니다."

좌사간 이명덕이 아뢰었다. "두 사람이 비록 처음에 정몽주에게 붙어서 조준 등을 꺼렸으나, 전하가 천명을 받게 되자, 모두 익대한 공이 있어 종사의 신하가 되었으니, 마땅히 조준 등과 더불어 골육의 형제와 같이 보아야 옳겠는데, 이미 그렇게 하지 않았으니 서로 꺼리는 마음을 일찍이 잊지 않은 것이고, 언사에 발한 것이 이와 같은 데에 이르렀습니다. 전하가 비록 말씀하시기를, '본심에서 나온 것이 아니라.'고 하나, 신은 생각하기를 비록 연구聯句의 소시小詩라도 모두 마음에서 나오는 것인데, 하물며 행장·비명 같은 것은 어찌 마음에도 없이 그렇게 하였겠습니까? 원컨대, 죄를 가하소서."

임금이, "하륜으로 하여금 집에서 침체하게 한 것으로 족하니, 다시는 말하지 말라."

하고, 하륜의 아들 총제 하구를 불러 말하였다. "근자에 삼공신과 대간에서 경의 아비의 죄를 청했는데, 내가 좇지 않았다. 경이 아비에게 말하여 두려워하지 말라고 하라." 하였다.

-태종실록 11년 7월 1일-

7월 2일 하륜·권근을 논죄하지 말도록 하다. 삼공신이 상언하기를, "주상이 이미 하륜으로 하여금 집에 머무르게 하시었으나, 윤허하지 않으면 후인이 어떻게 그 사실을 알겠습니까?" 하니, 임금이 말하였다.

"맹세에 실린 말이 있기를, '일이 종사에 관계되면 마땅히 법으로 논한다.' 하였는데, 지금 하륜의 죄가 종사에 관계되지 않는다. 만일 나더러 윤허하라고 한다면, 마땅히 말하기를, '태조를 가리킨 것이 아니고 실상은 보복을 위한 것이니, 논하지 말라.' 할 것이니, 만일 논하지 말라고 한다면 하륜은 죄가 없는 것이므로 마땅히 영의정으로 다시 직무에 나와야 할 것이다. 지금의 물러가 있는 것으로 가하지 않겠는가? 임신년에 이숭인·이종학 등을 잘못 형벌하여 죽게 한 것은 태조의 본의가 아니고, 정무를 맡은 자가 이 사람을 꺼리어 그릇 형벌하여 죽게 한 것이다. 우정승 조영무가 그 사유를 알지 못하지만, 찬성사 남재는 반드시 알 터인데, 전날의 풍습을 되살려서 하륜·권근에게 죄를 가하고자 하는가?"

-태종실록 11년 7월 2일-

7월 2일 대간에서 또 청하였다. "전일에 신 등이 상소한 것을 주상이 보지도 않으니, 신 등이 실망합니다. 죄의 경중은 오직 주상의 재결이니, 바라건대, 한 번 보기나 하소서." 임금이 노하여 환관을 꾸짖으니, 이로부터 공신·대간이 모두 다시는 죄를 청하지 않았다.

한강에서 숭례문까지 운하를 계획하다

1413년 태종 13년 7월 의정부 좌정승 하륜 등이 용산강에서 숭례문까지 운하를 팔 것을 청하였다.

"마땅히 경기의 군인 1만 명, 서울의 대장·대부 4백 명, 군기감의 별군 6백 명, 모두 1만 1천 명을 징발하여 양어장을 파고, 숭례문밖에 운하를 파서 배를 통행하게 하소서."

임금이 말하였다. "우리나라의 땅은 모두 모래땅이므로 물이 머물러 있지 않으니, 중국의 운하를 판 것을 본받을 수는 없다. 명일 내가 장차 면전에서 의논하겠다." 임금이 경회루 아래에 나아가서 의정부에 일렀다.

"숭례문에서 한강에 이르기까지 운하를 파서 배를 통행하게 한다면 진실로 다행스러운 일이다. 다만 모래땅이므로 물이 항상 차지 못할까에 대해 의심스럽다. 경 등은 어떻게 생각하는가?"

여러 신하가 모두, "가합니다." 하였으나, 오로지 의정부 찬성사 유양柳亮만이, "한강은 도성都城에 가까운데 어찌 반드시 백성들을 괴롭히겠습니까?" 하였다. 지의정부사 박자청이, "땅은 모두 수전水田이니 반드시 새지는 않을 것입니다. 뚫는 공력은 1만 명의 한 달 일을 넘지 않으니, 청컨대, 시험하여 보소서." 하였다.

　　　　　　　　　　　　　　　　　　　　　　　　-태종실록 13년 7월 20일-

임금이 인력을 쓰는 어려움을 깊이 알고 있었던 까닭에 일을 중단하고 거행하지는 않았다.

성균관의 알성시와 백일장의 시초

1414년 태종 14년 7월 11일 학궁에 나가 선성을 알현하고 인재를 시험하여 뽑을 계획을 말하다.

임금이 하륜에게 명하였다. "옛날 제왕을 두루 보니, 많이 학궁에 나아가서 선성·선사를 알현하고 경전을 강론하였다. 나는 선성을 알현한 뒤에 책문策問을 내어 10여 인을 선발하고자 하는데, 문과를 보는 예가 어떨까?

하륜이 왕명을 듣고 경탄하였다. "이는 실로 국가의 성대한 일입니다. 7월 보름 때에 학궁에 나아갈 수 있겠습니다." 임금이 이에 예조에 명하여 학교를 시찰하고 제를 지내는 절차를 상정하여 아뢰도록 하고, 또 말하였다. "지금 국학생으로 있는 자가 얼마인가? 농사일이 한창 번거롭고 바쁘니, 지방에는 이첩하여 문서를 보내지 말라."

이때 이르러 예조에서 제를 지내는 절차를 올리니, 임금이 "공자는 임금이 아닌데, 어찌하여 절하는가?" 하니, 이조판서 한상경이 대답하였다. "공자는 비록 왕위에 있지는 않았으나 실로 만세 백왕의 스승이 되므로, 이 때문에 절하는 것입니다."

임금이, "문文과 무武는 어느 한쪽에 치우치거나 폐지할 수 없다. 국가에서 다만 공자 성현에게만 제사하고 무성왕(태공망)에게 제사하지 않는 것은 어째서인가?"

하니, 형조참의 권우가 대답하였다. "선현이 이를 의논하기를, '공자는 백 세의 스승인데, 똑같이 제사할 때 태공의 신神이 있다면 반드시 부끄러워할 것이다.'라고 하였습니다."

임금이, "이제 들으니, 국학의 유생이 심히 많다고 하니, 그 지은 글을 하루 내에 간택하기는 어려울 것 같다." 하니, 하륜이 아뢰었다.

"글제를 낸 뒤에 두세 시간 안에 독촉하여 답안지를 바치도록 하여, 미처 바치지 못하는 자들을 모두 쫓아내 버린다면 그중에 준걸한 자를 얻을 수 있을 것입니다. 재주가 없는 자는 미치지 못할 것입니다. 유생이 비록 많더라도 때에 미쳐 제술하여 바치는 자가 얼마나 되겠습니까?"

임금이, "그렇다면 바람이 처마를 스치는 듯한 짧은 시각에 어찌 그 배운 실력을 얻을 수 있겠는가? 마땅히 하룻밤을 묵으면서 시험하겠다." 하니, 승지 등이 말하였다. "감히 청할 수가 없습니다. 진실로 임금님의 말씀과 같습니다."

임금이, "이제 유생을 강론시킬까? 제술시킬까?" 하니, 하륜이 "예로부터 인군이 국학에 나아가서 어려운 것을 학관과 논하였으나 유생에게 미치지는 않았습니다. 만약 그렇다면 학관도 또한 강학에 무심할 수는 없습니다." 하매, 임금이 말하였다. "나의 뜻도 또한 그와 같다. 유사에 명하여 문묘의 제물 도구를 깨끗하게 갖추도록 하라. 장차 17일에 문묘를 알현하겠다."

-태종실록 14년 7월 11일-

7월 17일 성균관에 나아가 문묘에 참배하고 유생들에게 시험 보이니 백일장의 시초가 되다.

임금이 성균관에 나아가서 선성·선사에게 술잔을 올리고, 이어서 명륜당에 나아갔다. 관원이 제생도 5백 여인을 이끌고 정원 뜰에 들어와 예禮를 끝마치자, 임금이 친히 시정업무를 책문策問하였다.

"인군의 직은 사람을 아는 것보다 어려움이 없고 사람을 임명하는 것보다 어려움이 더욱 없는데, 그 사람을 알고 사람을 임명하는 법을 얻어들을 수 있겠느냐?
삼공(태사·태부·태보)이 정치의 도를 논하고 육경(육조판서)이 직분을 나누는 것은 주나라 관제의 남긴 뜻이지만, 그러나 지금 조정의 성대한 제도이다. 이 같은 것을 어떻게 하면 능히 그 치도를 다하고 능히 그 직분을 다하겠는가?
대간의 설치는 그 정론正論을 직언하여 허물을 다스리고 잘못을 규탄하는 것이다. 종종 편견의 억설을 가지고 기필코 대간의 청을 따르고자 하는데, 대간의 명분을 따르고자 하면 반드시 의義를 해치는 데 이르고, 실언의 죄책을 가하고자 하면 간언을 따르지 않는다고 생각한다. 이 같은 것을 어떻게 하면 편견이 섞이지 않은 결론을 날마다 듣겠느냐?
학교는 권장하지 아니할 수 없다. 그러나 사장詞章을 암기하는 습속이 오히려 있되 진실로 실천을 아는 자는 대개 적으니, 어떻게 하여 교학敎學을 갖추고 밝혀서 인재를 배출하도록 하겠느냐?

민생은 후하게 하지 않을 수 없으나 수재와 한재가 여러 번 일어나서 백성들의 탄식
이 서로 잇따르니, 어떻게 하여 비가 오고 해가 남을 제때에 있게 하여서 집집이 넉
넉하고 사람마다 유족하겠는가?

다만 사람을 쓰기 전에 능히 변별하고 사람을 쓴 뒤에 의심하지 말아서 여러 어진
이가 힘을 다하고 백관이 태만하지 아니하여, 천심을 누려 높고 평평한 다스림에 이
르고자 하니, 그 술책이 어디에 있는지 빠짐없이 진술하라."

하륜·조용·변계량·탁신에게 명하여 답안지를 거두는 것을 감독하게 하였는데, 오후
6시 초 1각으로 한정하였다. 오전 8시에 환궁하였는데, 대책對策한 자는 5백 40여
인이었다. 과거자 백일장은 여기에서 비롯되었다.

-태종실록 14년 7월 17일-

하륜의 졸기

1416년[70세] 태종 16년 11월 6일 진산 부원군 하륜의 졸기.

진산 부원군 하륜이 정평定平에서 졸하였다. 부음이 이르니, 임금이 심히 슬퍼하여
눈물을 흘리고 3일 동안 조회를 철회하고 7일 동안 소찬하고 쌀·콩 각각 50석과
종이 2백 권을 부의하고 예조 좌랑 정인지를 보내어 제를 올렸는데, 그 글은 이러하
였다.

"원로 대신은 인군의 팔다리요, 나라의 주춧돌이다. 살아서는 기쁨과 슬픔을 함께하
고, 죽으면 은전을 지극히 하는 것은 고금의 바뀌지 않는 전례이다. 생각하면 경은
천지가 정기로 뭉치고 산악山嶽이 영靈을 내리받아, 고명정대高明正大한 학문으로 발
하여 중화국의 시문詩文이 되었고, 충신중후忠信重厚한 자질로 미루어 국가를 경영
하는 큰 지략가가 되었다. 일찍 의정부와 중추원에 오르고 네 번 영의정이 되었다.
잘 도모하고 능히 결단하여 계책에는 미시행된 것이 없었고, 사직을 정하고 천명을
도운 것은 공훈이 충훈부에 있다. 한결같은 덕으로 하늘을 감동시켜 우리 국가를 보
호하고 다스렸는데, 근자에 옛 고사를 가지고 나이 늙었다 하여 정사에서 물러났다.
그 아량을 아름답게 여기어 억지로 그 청에 따랐다.

거듭 생각건대, 북쪽 지방은 국가를 시초한 땅이고 조상의 능침이 있으므로 사신을 보내어 돌아보아 살피려고 하는데, 실로 적합한 사람이 어려웠다. 경의 몸은 비록 쇠하였으나, 왕실에 마음을 다하여 먼 길의 근로하는 것을 꺼리지 않고 스스로 행하고자 하였다. 나도 또한 능침이 중하기 때문에 경의 한 번 가는 것을 번거롭게 하지 않을 수 없었다. 교외에 나가서 전송한 것이 평생의 이별이 될 줄을 어찌 뜻하였겠는가? 슬프다! 죽고 사는 변은 인간의 도에 떳떳한 것이다. 경이 그 이치를 잘 아니 또 무엇을 한하겠는가! 다만 지혜로운 사람의 죽음은 나라의 불행이다. 이제부터 이후로 큰 일에 임하고 큰 문제를 결단하여 목소리와 얼굴빛을 움직이지 않고, 국가를 반석의 편안한 데에 둘 사람을 내가 누구를 바라겠는가? 이것은 내가 몹시 애석하여 마지 않는 것이다. 특별히 예관을 보내어 영구靈柩 앞에 제를 올리니, 영혼이 있으면 이 은전을 흠향하라."

하륜은 진주 사람인데, 순흥 부사 하륜린의 아들이었다. 을사년 과거에 합격하였는데, 시험관 이인복이 한 번 보고 기이하게 여기어 그 아우 이인미의 딸로 아내를 삼게 하였다. 신해년에 지영주知榮州가 되었는데, 안렴사按廉使[69] 김주金湊가 그 수행실적을 1위로 올리니, 소환되어 고공좌랑에 제수되어 여러 벼슬을 거치어 첨서밀직사사에 이르렀다. 무진년에 최영崔瑩이 군사를 일으켜 요동을 침범하니, 하륜이 힘써 불가함을 말하였는데, 최영이 노하여 양주에 추방하였다. 태조가 즉위하자 계유년에 기용하여 경기 도관찰사가 되었다. 태조가 계룡산에 도읍을 옮기고자 하여 역사를 일으키니, 감히 간하는 자가 없는데, 하륜이 힘써 청하여 철회하였다. 갑술년에 다시 첨서중추원사가 되었다. 병자년에 중국 고황제가 우리의 외교문서가 공손하지 못하다고 하여 우리나라에서 문장을 쓴 사람 정도전을 불러 중국 조정에 들어오게 하였다. 태조가 비밀히 보낼지 안 보낼지를 조정 신하들에게 물으니, 모두 서로 돌아보고 쳐다보면서 반드시 보낼 것이 없다고 하였는데, 하륜이 홀로 보내는 것이 편하다고 말하니, 정도전이 원망하였다. 태조가 하륜을 보내어 북경에 가서 아뢰어 자세히 밝히니, 일이 풀렸다. 그때에 정도전이 남은南誾과 꾀를 합하여 어린 서자를 끼고 여러 적자嫡子를 해하려 하여 위험이 예측하지 못하게 되었으므로, 하륜이 일찍이 태종의 사저에 나아가니, 태종이 사람을 물리치고 계책을 물었다.

---

69) 고려 시대 단기간 도 관찰사 임무를 수행하는 5·6품의 지방파견관.

하륜이 말하기를, "이것은 다른 계책이 없고 다만 마땅히 선수를 써서 이 무리를 쳐 없애는 것뿐입니다." 하니, 태종이 말이 없었다.

하륜이 다시, "이것은 다만 아들이 아버지의 군사를 희롱하여 죽음을 구하는 것이니, 비록 임금께서 놀라더라도 필경 어찌하겠습니까?" 하였다.

무인년 8월에 변이 일어났는데, 그때 하륜은 충청도 도관찰사로 있었다. 빨리 말을 달려 서울에 이르러 사람으로 하여금 선언宣言하고 군사를 끌고 와 도와서 따르도록 하였다. 정종이 자리를 잇자 하륜에게 정당문학을 제수하고 정사공신을 녹훈하여 1등으로 삼고, 작爵을 진산군晋山君이라 주었다. 경진년 5월에 판의흥 삼군부사가 되고, 9월에 우정승이 되매 작을 승진하여 백伯으로 삼았다. 11월에 태종임금이 즉위하자 좌명공신을 녹훈하여 1등으로 삼았다. 신사년 윤 3월에 사면하였다가 임오년 10월에 다시 좌정승으로 제수되어 영락 황제의 등극한 것을 들어가 하례하는데, 하륜이 명나라에 이르러 예부禮部에 글을 올려 말하기를,

"새 천자가 이미 천하와 더불어 다시 시작하였으니, 청컨대, 우리 왕의 작명爵命을 고쳐 주소서."

하니, 황제가 아름답게 여기어 계미년 4월에 명나라 사신 고득高得 등과 함께 고명(승인서)·인장印章을 받들고 왔다. 임금이 더욱 중하게 여기어 특별히 토지와 노비를 주었다. 갑신년 6월에 가뭄으로 사면하기를 빌고, 을유년 정월에 다시 복직하였다가 정해년 7월에 또 가뭄으로 사피하기를 청하였다. 기축년 겨울에 이무李茂가 죄를 범하자 온 조정이 모두 베기를 청하였는데, 하륜이 홀로 구원하니, 임금이 대답하지 않고 안으로 들어가며 말하기를,

"하륜이 '죽일 수 없다.'라고 하니, 이것은 실로 그 마음에서 발한 것이다." 하였다.

을미년 여름에 이직李稷이 그 향리에 안치되었는데, 하루는 하륜이 입궐하니, 임금이 내전에서 만났다. 하륜이 말이 없이 웃으니, 임금이 그 까닭을 물었다. 하륜이 대답하기를,

"이직의 죄가 지방에 내칠 죄입니까?"

하니, 임금이 대답하지 않았다. 임진년 8월에 다시 좌정승이 되고 갑오년 4월에 영의정 부사가 되었다. 금년 봄에 이르러 나이 70으로 사직하기를 비니, 임금이 오래도록 허락하지 않았는데, 하륜이 청하기를 더욱 간절히 하여 부원군으로 집에 나갔다.

하륜이 천성적인 자질이 중후하고 온화하고 말수가 적어 평생에 빠른 말과 급한 빛이 없었으나, 관복 차림으로 의정부에 이르러 의심을 결단하고 계책을 정함에는 조금도 헐뜯거나 칭송한다고 하여 그 마음을 움직이지 않았다. 정승이 되어서는 되도록 대체大體를 살리고 아름다운 묘책과 비밀의 의논을 임금께 아뢴 것이 대단히 많았으나, 물러 나와서는 남에게 누설하지 않았다. 몸을 가지고 물건을 접하는 것을 한결같이 성심으로 하여 허위가 없었으며, 종족에게 어질게 하고, 붕우에게 신실信實하게 하였으며, 아래로 종들에게 이르기까지 모두 그 은혜를 잊지 못하였다. 인재를 천거하기를 항상 정도에 이르지 못한 듯이 하였으나, 조금만 착한 것이라도 반드시 취하고 그 작은 허물은 덮어 주었다.

집에 기거하여서는 사치하고 화려한 것을 좋아하지 않고, 잔치하여 노는 것을 즐기지 않았다. 천성이 글을 읽기를 좋아하여 손에서 책을 놓지 않고 유유悠悠하게 휘파람을 불고 시를 읊어서 자고 먹는 것도 잊었다. 음양陰陽·의술·별자리·지리까지도 모두 지극히 정통하였다. 후생을 권하고 격려하여 의리를 의논하여 확실하게 함에는 부지런하여 권태를 잊었다. 국정을 맡은 이래로 오로지 문필을 맡아 대국을 섬기는 외교적인 언어와 문사의 저술이 반드시 윤문·검증을 거친 뒤에야 정하여졌다. 불교와 노자를 배척하여 미리 유훈을 만들어 비단상자에 두고 자손을 가르치는 것이 미세한 데까지 미치게 하고 두루 갖추었다. 또 상사喪事에는 한결같이 주자가례에 의하고 불교행사를 하지 말라고 경계하였다.

하륜이 죽은 뒤에 그 글이 나오니, 그 집에서 그 말과 같이하였다. 자호自號는 호정浩亭이요, 자는 대림大臨이요, 시호는 문충文忠이었다. 아들은 하구河久와 서자가 세 사람인데, 하장河長·하연河延·하영河永이었다. 하륜이 죽자 부인 이씨가 애통하여 음식을 먹지 않아 거의 죽게 되었는데, 임금이 듣고 약주를 하사하고 전지하기를,

"상제喪制는 마치지 않을 수 없으니, 비록 죽는 것을 돌아보지 않는다 하더라도 상제를 마치지 못하는 것을 어찌하겠는가? 부디 술을 마시고 슬픔을 절도 있게 하여 상제를 마치라." 하였다. 이씨가 사람을 시켜 승정원에 나와 상소하기를, "남편이 왕명

을 받들어 외방에서 죽었으니, 바라건대, 시체를 서울 집에 들여와 빈소를 차리게 하소서."

하니, 명하여 예조에 내리어 예전 제도를 상고하여 아뢰게 하고, 이어서 전지하기를, "예기禮記 증자문편曾子問篇에 이러한 의논이 있었다." 하였다.

예조에서 아뢰기를, "사명을 받들고 죽으면 대부大夫(종4품 이상)·사士는 마땅히 집에 돌아와 염殮하고 초빈草殯[70]하여야 합니다."

하니, 그대로 따랐다.

-태종실록 16년 11월 6일-

---

70) 가빈家殯이라고도 한다. 장례기간이 길 경우 빈소와 시신 안치 장소를 분리하는데 이 때 시신이 안치되는 곳을 초빈이라고 한다. 삼일장을 넘어 5, 7, 9일장 등 그 이상이 되면 시신을 방안에 모시지 않고 마당의 뜰이나 헛간에 안치한다. 조선 시대는 왕은 5월장, 대부는 3월장, 선비는 1월장을 치르도록 장례 기간을 규정했다. 국상에서는 관을 안치하는 찬궁을 설치하여 임금의 재궁을 안치하는데, 빈궁 내부 사방 벽에는 사신도를 그린다. 사대부의 경우는 담장 밑이나 헛간 등에 장목을 깔고 그 위에 관을 안치한 후 모래와 떼를 덮어 가매장을 한다. 이렇게 시신을 따로 가매장 형태를 취하는 것은 긴 장기로 인한 시신의 부패를 방지하는 일종의 위생처리라 할 수 있고, 실내로부터 격리되어 화재의 위험으로부터 예방될 수 있다.

[승진과정]

〈고려시대〉

1360년[14세] 공민왕 9년에 국자감시 합격
1365년[19세] 공민왕 14년 문과 급제
1367년[21세] 춘추관 검열·공봉
1368년[22세] 감찰규정 시보試補
1369년[23세] 감찰규정, 신돈을 탄핵하다가 지영주군사로 좌천, 파직
1371년[25세] 신돈이 사형 당하자 복직, 지영주군사
1374년[28세]~1379년[33세] 사헌부 지평, 전리정랑, 전법총랑, 교주도 안렴사역임
1380년[34세] 우왕 6년 성균관 대사성으로 승진, 모친상
1383년[37세]~1384년[38세] 3년상 후 사간원 우부대언, 우대언, 전리판서, 밀직제학
　　　　　　　역임
1388년[42세] 첨서밀직사사, 최영의 요동정벌 반대로 양양에 유배,
　　　　　　　위화도 회군으로 복직
1391년[45세] 공양왕 3년 전라도 순찰사, 초기 조선건국 반대
1392년[46세] 고려 멸망으로 관직에서 사퇴, 낙향.

〈조선시대〉

1393년[47세] 태조 2년 9월 경기좌도 관찰출척사,
          12월 계룡산 수도이전 부당 주장, 무악으로 천도 주장
1394년[48세] 태조 3년 3월 첨서 중추원사
1395년[49세] 태조 4년 부친상으로 사직, 임금의 부름으로 복직
1396년[50세] 태조 5년 7월 한성윤, 12월 예문춘추관 학사
1397년[51세] 태조 6년 정도전을 명나라에 보내자고 주장하다가 계림 부윤으로 좌천,
          6월 수원에 유배, 10월 석방
1398년[52세] 태조 7년 7월 충청도 도관찰출척사,
          9월 정당문학 겸 지경연사, 10월 정사 1등공신,
          12월 중국 황제 등극 하례사신
1399년[53세] 정종 1년 12월 참찬문하부사 겸 지경연사
1400년[54세] 정종 2년 1월 28일 제2차 왕자의 난,
          2월 1일 하륜 등이 정안공을 세자로 세우기를 청하다.
          4월 문하시랑 찬성사 겸 지경연사,
          5월 판삼군 부사 겸 지경연사, 9월 우정승
1401년[55세] 태종 1년 윤 3월 진산부원군, 4월 영삼사사, 7월 영사평 부사
1402년[56세] 태종 2년 10월 좌정승, 11월 겸 판승추 부사,
1403년[57세] 태종 3년 4월 중국 사신과 함께 고명을 받들고 돌아오다.
1404년[58세] 태종 4년 6월 천재지변 책임으로 좌정승 사직, 진산부원군
1405년[59세] 태종 5년 1월 좌정승, 5월 13일 문과 중시에 대해 논의하다.
          11월 15일 십학을 설치하다.
1407년[61세] 태종 7년 1월 16일 백관의 녹봉 등급을 개정하다.
          6월 좌정승 유임, 7월 재이로 좌정승 사면
1408년[62세] 태종 8년 2월 영의정 부사
1409년[63세] 태종 9년 8월 진산부원군, 10월 영의정 부사
1410년[64세] 태종 10년 10월 13일 전국의 창기를 없애라고 명했다가 철회
1411년[65세] 태종 11년 4월 20일 성묘를 가는 하륜을 전송케 하다.
1413년[67세] 태종 13년 7월 운하를 팔 것을 청하나 윤허하지 아니하다.
          10월 15일 지방 행정 구역의 명칭을 개정하다.
1414년[68세] 태종 14년 4월 영의정 부사
1414년[68세] 태종 18년 8월 4일 전라도 운반선 66척이 태풍으로 파선,
          2백여 명이 익사하고 미두 5,800여 석이 침몰되다.
1415년[69세] 태종 15년 5월 영의정 부사 파직, 진산부원군, 10월 좌의정
1416년[70세] 태종 16년 5월 좌의정 사직, 진산부원군
1416년[70세] 태종 16년 11월 6일 진산 부원군 하륜이 죽다.

11. 유정현 柳廷顯
충녕을 세자로 책봉하자고 주장하다

생몰년도	1355년(공민왕 4)~1426년(세종 8) [72세]
영의정 재직기간	1차(1416.11.2.~1418.6.5.)
	2차(1418.12.7.~1424.9.7.) (총 7년 4개월)
본관	문화文化(황해도 신천)
자	여명汝明
호	월정月亭
시호	정숙貞肅
거주지	경기도 용인시 처인구 남사면 창리 화곡마을
기타	양녕을 폐하고 세종을 세자로 책봉하자고 주장한 강직한 인물
고조부	유경柳璥-고려 무신정권 종식 주역, 상장군, 추성 위사공신
증조부	유승柳陞-고려조 지밀직사
조부	유돈柳墩-고려조 첨의 찬성사
부	유구柳玽-문화군
처	정오鄭䫨의 딸
장남	유휘柳暉
2남	유의柳顗-예조참판
손자	유수강柳守剛-공조참판
3남	유장柳暲-황해도 관찰사, 인수부윤

정몽주 일파로 퇴출되었다가 두 아들 덕에 등용되다

유정현의 자는 여명汝明이고, 호는 월정月亭으로 본관이 문화이다. 고려 충렬왕 때 최씨 무신정권을 타도하고 좌우위 상장군을 지낸 유경柳璥의 후손으로, 지밀직사를 지낸 유승柳陞이 증조부이고, 첨의 찬성사를 지낸 유돈柳墩이 조부이며, 문화군文化君으로 봉군을 받은 유진柳鎭이 아버지로 고려조에서 이름을 높인 명문가 집안 출신이다.

이러한 선조들의 덕으로 유정현은 고려 말 음보로 사헌규정司憲糾正을 거쳐 전라도 안렴사로 나가 민생을 살폈고, 중앙직으로 들어와 장령·지양근군사·집의·좌대언 등 요직을 역임했는데, 이성계의 창업을 반대하던 정몽주와 같은 일파로 몰려 유배를 당했다. 태조 1년 7월 28일의 태조 교서에 유정현에 대해 다음과 같이 기록하고 있다.

> 김남득·이을진·유정현·강인보 등은 그 직첩을 회수하고 먼 지방에 방치放置할 것이며, 성석린·이윤굉 등은 각기 고향에 안치할 것이며, 그 나머지 무릇 범죄한 사람은 초범으로서 보통의 사면에 용서되지 않는 죄를 제외하고는, 재범 이하의 죄는 1392년 7월 28일 이른 새벽 이전으로부터 이미 발각된 것이든지 발각되지 않은 것이든지 모두 이를 사면할 것이다.
>
> —태조실록 1년 7월 28일—

이렇게 유배를 당한 유정현은 두 아들이 조선조 과거시험에 응시하여 합격함으로써 조선조를 등진 게 아님이 입증되어 직첩을 돌려받는다.

> 1393년 태조 2년 5월 유정현의 두 아들 유의와 유장이 모두 감시監試에 합격하였기 때문에 유정현의 직첩을 돌려주었다.
>
> —태조실록 2년 5월 일—

1394년 이방원의 도움으로 상주 목사로 발탁되었고, 이후 병조 전서, 완산 부윤을 지내고, 1404년 태종 4년에 전라도 관찰사, 중군 동지총제, 충청도 관찰사를 거쳐 1409년에 판한성 부사로 지내다가, 명나라 사신이 되어 정조사正朝使로 중국을 다녀왔다. 1410년 형조판서에 오른 후, 예조판서, 대사헌, 이조판서, 병조판서를 두루 거치고 1416년 좌의정에 승진되었다가 영의정에 올랐다. 1419년 세종 1년 대마도를 정벌할 때에는 삼군 도통사에 임명되었고, 1424년에는 영돈녕 부사 겸 판호조사를 지내다가 1426년에 다시 좌의정에 임명되었으나 병으로써 면직을 청하여 그만둔 지 4일 만에 돌아가니, 나이가 72세였다.

유정현은 순탄한 관직 생활을 보낸 인물이었다. 성품은 신중하면서 과단성이 있었으며, 검소하고 부지런하여 일을 처리하면서 이치를 따지고, 옳은 일을 주장할 때에는 조금도 꺼리지 않았다고 한다.

태종이 양녕대군의 세자 직을 폐할 때 누구도 감히 말을 꺼내지 못하였으나, 유정현이 현명한 이를 세자로 책봉해야 한다고 주장하였다는 기록에서 유정현의 성품을 짐작할 수 있다. 처음부터 끝까지 임금이 그의 소신을 중히 여겼으나, 정무를 봄에 있어 가혹하고 급하여 용서함이 적었고, 집에서는 재물에 인색하고 비록 자녀라 할지라도 일찍이 1말, 1되의 곡식이라도 주지 않았으며, 오랫동안 호조를 맡고 있으면서 출납하는 것이 지나치게 인색한 것이 그의 단점이었다(한국민족문화대백과사전, 한국학중앙연구원).

망금의 이불 속에 숨었던 유정현

이 기록은 조선 전기 성종 때 이륙李陸이 지은 청파극담에 실려 있는 이야기이다.

유정현이 전직 대언代言으로 집에 있었는데, 빚 받을 빚쟁이가 빚을 독촉하려 왔다가 유대감 집 곡식을 맡아보던 종과 서로 다투다가 빚쟁이를 죽이고 말았다. 이를 두고 권문세도가에서 무고한 양민을 타살하였다는 여론과 피해자 측의 탄원서로 이 사실을 알게 된 이태조는 대노하여 당장 유정현을 잡아들이라고 하였다.

살아남지 못할 것으로 생각한 유정현은 재빨리 도망쳤다. 망금이란 자는 남은이 사랑하는 계집종이었다. 유정현은 망금과 서로 아는 터인데 이미 군색하여 있을 만한 곳이 없으므로 몰래 남은의 집으로 숨어 들어가 망금의 이불 속에 누웠다. 망금은 남은南誾 대감인 줄 알고 이불을 들추다가 유정현임을 알고 질겁을 하였다.

다급해진 유정현이 살려 달라고 부탁을 하자 망금은 숨겨 주기로 약조한 뒤, 남은南誾 대감에게 가서 "소인이 죽을 죄가 있습니다." 하고 고하였다. 남은이, "무슨 말이냐." 하니, 망금은, "대언 유정현이 지금 저의 처소에 누워서 살려 달라고 하옵는데, 이것이 저의 죽을죄입니다." 하자, 남은이 놀라면서, "그 사람은 이미 사람을 죽였으니 죽어 마땅하고, 너도 숨겨 주기로 허락하였으니, 스스로 그 죄가 있다. 어찌하면 좋단 말이냐." 했다. 이날 밤 대궐을 지키는데, 망금이 따라 들어갔다. 남은이 임금에게, "망금이 죽을 죄가 있사오매 마땅히 속히 죽이옵소서. 살인자 유정현이 현재 망금의 처소에 와 있다 하옵니다." 하니, 임금이 망금을 돌아보며, "어찌하여 죄인을 숨겼는가." 하자, 망금이 그 사실을 말씀드리니, 이태조는 유정현의 딱한 사정과 남은의 체면을 보아 모두 살려 주었다. 이때의 내용에 대해 태조실록에는 다음과 같이 기록하고 있다.

전 대언 유정현이 곡식을 도둑질하였다 하여 수행인 강인신을 때려죽였으므로, 형조에서 죄를 청하였는데, 임금이 장례에 소용된 금액만을 추징하게 하였다.

-태조실록 1397년 2월 10일-

이러한 일이 있고 난 뒤 유정현은 은혜를 고맙게 여겨 황금 한 덩이를 망금에게 주어 남은에게 바치게 하였으나 남은이 크게 책망하고 돌려주었다. 첩실 망금이 유정현의 목숨을 살려 준 얼마 뒤 남은은 정도전과 함께 1차 왕자의 난으로 처형되었고 유정현은 진주목사로 부임한다.

망금은 남은이 처형되자 장사를 하게 되었는데, 망금이 영남에 가서 장사하다가 진주에 들렀다. 고을 청사에서 말린 청새치碧魚가 수백 동이나 쌓여 있음을 보았는데, 마침 기생 10명이 그 앞을 지나가고 있기에 망금은 10여 명의 기생들에게 농담을 던지기를, "너희들이 이 고기를 먹고자 한다면 마땅히 각각 한 동이씩을 주겠다." 하니, 기생들은 모두 웃으면서, "손님께서 한 사람에게 고기 대가리 하나씩만 줄 수 있다면, 우리들도 각각 술 한 잔씩을 드리겠습니다." 하고 서로 약속하였다.

망금이 진주목사를 찾아뵙고, "저, 망금입니다." 하니, 유정현은 관사에 앉아 일을 보다가, 자기도 모르게 놀라 일어나 망금의 손을 잡고 끌어당겨 앉혔다. 망금이 굳이 사양하고 앉지 않으니, 곧 술자리를 마련하여 앉게 하고 수륙의 음식을 나열하여 술잔을 돌리기 한이 없었다. 술이 얼큰하여 말하기를, "소인이 청새치 열 동을 쓰고자 합니다만." 하니, "네 쓰고 싶은 대로 쓰려무나, 어찌 열 동이뿐이겠냐." 하였다. 술자리가 끝나 망금이 자기 처소로 돌아가, 10여 명의 기생에게 각각 청새치 한 동이씩을 주니, 기생들이 모두 놀라, "우리 목사님은 성격이 인색하셔서 비록 한 마리의 대가리라도 낭비하지 아니하지 아니하시는데, 어찌하여 손님에게는 이토록 관대하실까요." 하였다.

그 후 유정현은 마침내 수상首相 벼슬을 받아 나라의 중신重臣이 되었고, 망금 또한 나이 80이 넘었는데도 늘 남들과 이 이야기를 하였다 한다(망금의 이불 속에 숨었던 유정현, 청파극담).

조선 땅에 들어온 코끼리의 살인사건과 판결

1411년 태종 11년 2월 22일, 일본의 국왕이 사신을 보내어 축하선물로 코끼리를 선물로 보냈다. 일본 왕이 보내온 선물 중 일본에서도 쉽게 볼 수 없었던 코끼리가 조선 땅까지 바다를 넘어 건너왔다. 문제는 코끼리가 선물로 전해지면서부터 바로 생기기 시작했는데 어마어마한 코끼리 밥값이 문제였다. 조선 사복시에서 임금이 타는 말과 금군들의 말을 관리했는데 코끼리 관리도 사복시에서 마구간 몇 개 트고 하여 맡게 된다. 그런데 코끼리가 하루에 먹어치우는 양이 콩 4말에서 5말씩을 먹어 치우니 밥값 때문에 큰 고민거리가 되었다. 1년 동안 먹어치우는 쌀이 48섬이며, 콩이 24섬 정도이니 큰 부담이 될 수밖에 없었다. 일 년의 세월이 흘러 이듬해 1412년 12월 10일, 전 공조전서였던 이우는 기이하게 생긴 동물을 구경하려고 사복시를 찾아 왔다. 사복시에서 나름대로 편안한 생활을 보내고 있는 코끼리를 보고 이우가 말하기를 '내 살다가 저렇게 흉측하게 생긴 동물은 처음일세, 하고 코끼리를 향해 비웃고 침을 뱉었는데 돌발상황이 발생했다. 화가 난 코끼리가 그만 이우를 밟아 죽여버린 것이다. 당시 '코끼리 살인사건'을 담당했던 병조판서 유정현은 사람의 법으로 따진다면 코끼리가 사람을 죽였으니 그 또한 죽이는 것이 옳겠으나, 일본에서 바친 선물임을 감안하여 저 멀리 전라도의 섬으로 코끼리를 유배시키는 것이 좋겠다고 판결하게 된다. 당시의 판결 내용을 살펴보면 다음과 같다.

병조판서 유정현이 아뢰었다. "일본 나라에서 바친바, 길들인 코끼리는 이미 성상의 기호하는 물건도 아니요, 또한 나라에 이익도 없습니다. 두 사람을 다쳤는데, 만약 법으로 논한다면 사람을 죽인 것은 죽이는 것으로 마땅합니다. 또 일 년에 먹이는 꼴은 콩이 거의 수백석에 이르니, 청컨대, 주공周公이 코뿔소와 코끼리를 몰아낸 고사故事를 본받아 전라도의 해도에 두소서." 임금이 웃으면서 그대로 따랐다.

—태종실록 13년 11월 5일—

마침내 도착한 곳은 전라도 순천부의 장도라는 섬으로 주변에 먹을 것이라곤 바다풀이 전부였다. 자신의 처지가 서글펐는지 코끼리는 사람들이 자신을 볼 때마다 눈물을 뚝뚝 흘렸다. 이러한 내용을 전라도 관찰사가 보고하자 임금님은 코끼리를 불쌍히 여겨 다시 예전에 살던 사복시로 코끼리의 집을 옮겨주었다.

코끼리는 돌아왔으나 엄청나게 먹는 양이 다시 문제가 되었다. 그리하여 코끼리는 또다시 전라도, 경상도, 충청도를 돌며 순번제로 이 고을, 저 고을을 배회하게 된다.

전라도 관찰사가 아뢰기를, "코끼리란 것이 쓸 데에 유익되는 점이 없거늘, 지금 도내 네 곳의 변방 지방관에게 명하여 돌려 가면서 먹여 기르라 하였으니, 폐해가 적지 않고, 도내 백성들만 괴로움을 받게 되니, 청컨대, 충청·경상도까지 아울러 명하여 돌아가면서 기르도록 하게 하소서." 하니, 상왕이 그대로 따랐다.

—세종실록 2년 12월 28일—

그러자 코끼리 밥값 문제로 지방관들이 조정에 하소연하기 시작했다. 임금님 말씀으로 내려온 동물이라서 행여 밥이라도 안 주면 자기 목 달아날까 봐 잘 보살펴 주려고 했는데, 밥값이 지방관들의 허리를 휘게 하니 두 손 두 발 들게 된 것이다.

이렇게 상황이 좋지 않은데, 코끼리는 또다시 사고를 치고 만다. 충남 공주에서 코끼리를 돌보던 하인이 그만 또다시 코끼리 발에 채여 죽은 것이다.

충청도 관찰사가 아뢰기를, "공주에 코끼리를 기르는 종이 코끼리에 채여서 죽었습니다. 그것이 나라에 유익한 것이 없고, 먹이는 꼴과 콩이 다른 짐승보다 열 갑절이나 되어, 하루에 쌀 2말, 콩 1말 씩이온 즉, 1년에 소비되는 쌀이 48섬이며, 콩이 24섬입니다. 화를 내면 사람을 해치니, 이익이 없을 뿐 아니라, 도리어 해가 되니, 바다 섬 가운데 있는 목장에 내놓으소서." 하였다. 명하기를, "물과 풀이 좋은 곳을 가려서 이를 내어놓고, 병들어 죽지 말게 하라." 하였다.

-세종실록 3년 3월 14일-

결국, 코끼리는 1421년 3월 또다시 외로운 섬으로 유배를 떠나게 된다. 최초로 우리나라에 발을 들여놓았던 그 코끼리는 역사 속에서 사라지게 된다.

궁녀를 첩으로 삼은 조영무에 대한 유정현의 탄핵

출궁한 여자를 첩으로 삼은 우정승 조영무의 죄를 사헌부에서 탄핵하였다. 임금이 조영무가 탄핵을 당한다는 말을 듣고, 사헌 지평 이하李賀를 불러 말하였다.

"내가 즉위한 지 2년에 김주金湊의 기첩의 딸 관음이 나이 겨우 열 살이었는데, 궁중에 들어왔다가 기생의 자녀인 까닭으로 다섯 달을 있다가 도로 나가서 시집가는 것을 허락하였었다. 지금 이미 십여 년이 되었고, 조영무가 첩으로 삼은 지도 이미 오래다. 무슨 까닭으로 이때 이르러 탄핵하여 묻는가?" 이하李賀가 대답하였다. "부역을 피하는 관노비를 추쇄(체포)하였는데 진주 기생 벽도의 딸 관음이 조영무의 첩이 된 것을 알았습니다. 그래서 탄핵하는 것입니다." 또 상소하여 죄를 청하니, 윤허하지 않았다.

대사헌 유정현이 재차 청하였다. "조영무가 크게 신하의 예를 잃었으므로 전일에 상소하여 죄를 청하였으나, 윤허를 얻지 못하였습니다. 신 등은 생각건대, 이 여자는 주상이 비록 가까이하지 않았더라도 궁중에 있은 지 다섯 달 만에 나갔으니 궁녀인 것이 분명합니다."

임금이, "조영무는 공신이니 죄를 줄 수 없다. 내가 그만두는데, 경 등이 굳이 청한다면, 어떻게 죄를 줄 것인가?"

하니, 유정현이 대답하였다. "신하가 불경한 마음이 있는데, 신 등이 법을 잡은 관원이 되어서 그 죄를 청하지 않으면 그 죄가 같으니, 이것은 신 등이 굳이 청하여 사양하지 않는 까닭입니다. 이제 명하시기를, '어떻게 벌을 주느냐'고 하였는데, 신 등이 생각건대, 신하가 불경한 죄가 있으면 어찌 그 율이 없겠습니까? 또 조영무가 이와 같은 행실이 있으면서 백관의 장으로 있으니, 신 등이 함께한 나라의 신하가 된 것을 진실로 마음 아파합니다."

임금이 말하였다. "관음이 비록 일찍이 궁내에 들어왔으나 가까이 모시지 않은 자이고, 또 일찍이 풍문공사風聞公事[71]를 행하지 말라는 명이 있었는데, 경 등이 풍문으로 굳이 청하는 것이 가한가? 다시는 말하지 말라." 임금이 좌승지 이관을 조영무의 집에 보내어, "사헌부가 비록 죄를 청하더라도 내가 따르지 않을 것이니 경은 근심하지 말라."

하니, 조영무가 땅에 무릎을 꿇고 절하며 사례하였다. "성은이 널리 미치시니, 신의 기쁘고 감사한 마음을 말로 다 하기 어렵습니다. 그러나 신이 재주가 없어서 의정부에 있은 지 이제 이미 7년이 되었는데 여러 번 헌사의 탄핵을 입었으니, 부끄러워서 얼굴이 붉어짐을 이기지 못하겠습니다. 빌건대, 신의 직책을 파면하여 어진 사람으로 대신하소서."

임금이 승지 등에게 이르기를, "우정승이 이때 교체되면 사람들이 말하기를, '이 죄 때문이다.'라고 할 것이다." 하니, 사간원에서 상소하였다.

---

71) 소문으로 듣고 그 사실을 조사하던 일. 사헌부에서 관리의 풍기에 관한 일이나 부녀자의 음란에 관한 따위를 소문으로 듣고 조사하여, 사실이면 죄를 부과하였음.

"신 등이 들으니, 조영무가 궁인 관음을 첩으로 삼았는데, 사헌부에서 탄핵하여 신청하여 불경한 죄를 바로잡고자 하였으나, 전하가 특별히 너그러운 은혜를 베풀어 윤허를 내려 주지 않았습니다. 신 등은 생각건대, 경전에 이르기를, '신하가 되어 경敬에 머문다.'라고 하였으니, 만일 경敬이 없으면 어떻게 군신이 되겠습니까? 저 관음이란 자가 출궁한 지 얼마 아니 되었는데, 조영무가 감히 첩으로 삼았으니, 정욕을 부리고 예를 어기어 군상을 공경하지 않은 것이요, 어디 대신의 행실이 있습니까? 바라건대, 전하는 사헌부의 신청에 따라 불경한 죄를 징계하소서." 따르지 않았다.

－태종실록 12년 6월 6일－

일주일이 지난 6월 13일 사헌부에서 다시 상소하여 조영무의 죄를 청하였다.

"전일에 조영무의 죄를 상소장을 갖추어 아뢰었는데 두고 묻지 않으시고 이내 그 직위를 회복하였습니다. 신 등은 생각건대, 정승은 백관의 스승이니, 이른바 자기를 바루어서 임금을 바르게 하는 자입니다. 만일 적합한 사람이 아니면 어떻게 백관을 바로잡겠습니까? 지금 조영무가 원로 훈신으로서 직책이 소임에 있는데, 불경 무례한 죄를 범하였으니, 조금도 재상의 체면이 없습니다. 어찌 뻔뻔하게 의정부의 우右에 앉아 있을 수 있습니까? 엎드려 바라건대, 비록 견책은 가하지 않더라도 그 직위를 파하여서 조정을 무겁게 하고 강상綱常을 바로잡으소서."

임금이 말하였다. "상소 안에 '비록 견책을 가하지 않더라도 그 직위를 파하라.'는 말이 있는데, 견책을 가한다는 뜻이 어떠한 것인가 그 직위를 파하면 견책을 가하는 것이 아닌가? 사헌부에서 어찌 사람의 죄를 청하면서 말이 곧지 않은가? 조영무는 이씨李氏의 사직社稷의 신하이고, 또 나의 원로훈신이니 영구히 서용하지 않을 수 있겠는가?"

대사헌 유정현이 나와, "조영무의 행실이 백관의 상위자리에 합당치 않은 까닭으로 다만 파직만을 청한 것입니다. 뒤에 다시 쓰는 것은 전하에게 있습니다." 하니, 임금이 "지금 불량하다고 하여 파직하면, 이것은 영구히 폐고 하는 것이다." 하고, 지신사 김여지에게 명하여 가견加譴 두 글자의 뜻을 해석하게 하니, 대답하기를, "견책을 가하는 것을 이름한 것입니다." 하였다.

임금이 말하였다. "이 여자의 일은 내가 심히 밝게 안다. 뽑히어 들어온 지 다섯 달 동안에 하루도 가까이 모신 일이 없고, 오래도록 행랑에 있었는데, 궁중 사람들이 모두 어리석고 미혹하다고 말하기 때문에 나가서 시집가라고 명하였다. 마침 나가서 다섯 달을 머물렀다. 나가서 있은 지 여러 달 만에 조영무가 취하였으니, 무슨 허물이 있는가? 또 당나라 태종이 후궁 6천을 놓아 보냈으니, 그 뜻이 모두 여승이 되리라고 생각하였겠는가? 대간은 그 뜻을 자세히 아뢰어라."

사간 이육이 대답하기를, "지금 조영무가 대신이 되어서 불경을 범하였기 때문에 청한 것입니다. 조영무의 충의의 마음이 지금 이 일에서 결함이 생겼습니다."

하니, 임금이 웃으며, "내가 이미 안다." 하였다. 임금이 유정현에게 이르기를, "내가 잠저 때부터 경의 충성하고 곧은 것을 안다. 지금 들으니, 사헌부의 법에 한 사람이 발언하면 말리는 자가 없다고 하니, 지금 경이 부하 관료의 말에 말리든 것이다. 다시는 청하지 말라."

하니, 유정현이 "중론이 같아진 뒤에야 일을 말하는 것입니다. 어찌 한 사람의 말을 듣겠습니까?" 하였다. 임금이 말하였다.

"처음에 청한 상소 가운데서 한두 글자가 조영무의 사실에 합하지 않았으므로, 내가 보고 곧 불사르고자 하였다. 내가 비록 부덕하나 즉위한 이래로 대간의 상소를 찢어서 불태운 적이 없었던 까닭으로 이번에도 참았다. 비록 덕이 나보다 훨씬 많은 송나라 태조 같은 이도 오히려 간하는 상소를 찢었었다. 지금 관음을 특별히 조영무에게 주면 어찌하겠는가? 그러나, 내가 군왕이 되어서 어찌 감히 신하와 더불어 희롱하겠는가?"

유정현이 대답하기를, "특별히 주신 뒤에 취하는 것은 가합니다. 지금 하사를 받지 않고 취하였기 때문에 감히 청하는 것입니다." 하였다. 임금이 유정현을 간절히 책망하였으나, 유정현이 모조리 대답하였으므로 묻고 대답하다가 아침을 보내었다.

유정현이 "신이 어리석어서 직무를 감당하지 못하겠습니다." 하니,

임금이 말하였다. "경이 어찌하여 이 말을 하는가? 내가 경더러 능하지 못하다는 것이 아니다. 죄를 청하는 것이 실상에 지나쳤기 때문이다. 내가 성품이 본래 경하고 급하여 말을 발하는 것이 절도가 없다."

유정현이 말하였다. "말을 하여야 하는데 말하지 않으면 그른 것입니다. 신 등이 빠뜨리는 것이 있을까 두려워하여 무릇 합하지 않는 것이 있으면 대소 경중이 없이 모두 청하고 주상의 명령을 기다릴 뿐입니다."

임금이 웃으며 말하였다. "경이 충성하고 곧은 까닭으로 말이 여기에 이른 것이다. 대간의 말을 내가 모두 좇으면, 아래에 온전한 사람이 없을 것이다. 사람이 조금만 하자가 있는 것도 모두 죄주면 사람이 모두 성인聖人일 수 있겠는가? 다시는 청하지 말라." 조영무에게 직무에 나오도록 명하였다.

—태종실록 12년 6월 13일—

왕실 서얼의 재혼녀를 처로 맞아
인사 때마다 제동이 걸리다

태종이 비밀리에 하륜과 황희 등에게 시켜 이씨 왕조의 족보를 선원록璿源錄[72] ·종친록宗親錄[73] ·유부록類附錄[74]으로 구분하여 만들게 하였는데, 유정현의 처가 서얼 출신의 재혼녀임이 밝혀졌다. 상위직에 임명될수록 서얼 출신의 처는 사간원 서경(인사동의)[75]에서 문제가 되었다. 이때 태종은 문제 삼지 말고 서경 하라고 명하여 유정현은 영의정에까지 오를 수 있었다.

---

72) 목조·익조·도조·태조 등의 조상의 계통을 기록한 책.

73) 왕실의 족보 안에 들어 있는 종실 자손을 기록한 책. 다만 적실은 남자 자손에만 한했음.

74) 종실의 여자와 서얼 자손을 따로 기록한 책.

75) 관리의 임명이나 법령의 제정 등에 있어 대간의 서명을 거치는 제도.

임금이 일찍이 하륜 등과 의논하고, 이때 이르러 이숙번·황희·이응을 불러 그들에게 비밀히 말하였다. "이원계와 이화는 태조의 서형제이다. 만약 혼동하여 선원록에 올리면 후사는 어찌하겠는가? 마땅히 다시 족보를 만들어 이를 기록하게 하라."

곧 3록三錄으로 나누어 조계祖系를 서술한 것은 '선원'이라 하고, '종자宗子'를 서술한 것은 '종친'이라 하고, 종녀宗女와 서얼庶孽을 서술한 것은 '유부'라 하여, 하나는 왕실에 간직하고, 하나는 동궁전에 간직하게 하였다.

이원계와 이화는 모두 환조의 비첩의 소생이었다. 이원계는 아들 넷을 낳았는데, 이양우·이천우·이조·이백온이었고, 맏딸은 장담에게 시집갔고, 둘째는 변중량에게 시집갔다가 다시 유정현에게 시집갔고, 막내는 홍노에게 시집갔다가 다시 변처후에게로 시집갔다. 이화는 아들 일곱을 낳았는데, 이지숭·이숙·이징·이담·이교·이회·이점 등이었고, 1녀는 고려 종실 왕 아무게 시집갔다가 다시 최주에게 시집을 갔다.

-태종실록 12년 10월 26일-

태종 13년 유정현이 참찬 의정 부사에 제수 되었는데 사간원에서 유정현의 처가 서얼 출신이라 서경(인사동의) 할 수 없다고 아뢰니 태종은 빨리 서경 하라고 명한다. 이때 서경에 걸려 인사명령을 내리지 못한 제 관료들의 문제도 함께 거론되었다.

사간원 장무를 불러 유정현 등의 고신(발령장)에 서경署經하도록 명하였다. 임금이 헌납 은여림에게 일렀다.

"유정현의 고신에 어찌하여 서경 하지 않느냐?" 은여림이 대답하였다.

"유정현의 처 이씨는 서얼의 소생인즉 유정현이 의정부에 있음은 합당치 않습니다. 지난번에 특별 인사명령으로 고신에 서경 하였으나, 유정현이 그 아내를 버리지 아니한 까닭에 이제 또다시 서경 하지 아니하였습니다."

임금이, "마땅히 빨리 서경해 내도록 하라." 하고, 또 묻기를, "박자청의 고신은 어째서 서경해 내지 않느냐?" 하니, 대답하기를, "정부 백관의 장은 도道를 논하고 이理를 밝히는 것이므로 그 직임이 중합니다. 박자청의 가문은 우선 두고 논하지 않는다고 하더라도 자신이 몸소 척석(돌싸움)놀이를 하고 조정 관료를 구타하였으니, 어찌 재상이 됨에 합당하겠습니까?"

하므로, 임금이 말하였다. "누군들 평안 하고자 아니하고 괴로움을 싫어하지 않겠느냐? 박자청은 감독의 임무에 부지런하였던 까닭에 이 직임을 제수하는데, 너희들은 끝까지 서경해 내지 않으려 하는가?"

대답하기를, "만일 공功이 있다고 여긴다면 그에게 상賞으로 금전과 옷감을 주고 다른 관직을 제수함이 옳을 것입니다. 신 등은 진실로 서경 하지 않기를 원하나, 만약 성상이 이를 강요한다면 어찌 명을 따르지 않겠습니까?"

하니, 임금이 "내가 청하고 애걸한 뒤에야 너희들이 나를 위하여 생색을 내는가? 이것이 무슨 말이냐?"

하고 또 묻기를, "안성安省의 고신은 어찌하여 서경 하여 내지 않는가?"

하니, 대답하였다. "안성은 남의 첩을 간통하였고, 또 어미의 족속을 첩으로 삼았으니, 그 몸이 바르지 못한데 감사가 되어 풍속을 바르게 할 수 있겠습니까?"

임금이, "그 일이 증거가 없으니 속히 서경 함이 옳다." 하고, 또 사헌부 장무를 불러서 사복시 직장 유강柳江과 호군 장주張住의 고신을 서경하지 않는 까닭을 물으니, 대답하였다.

"유강은 유은지의 아들입니다. 유은지의 처는 바로 고려조 신우(우왕)의 비妃입니다. 신우가 비록 다른 조정의 임금이라 하더라도 유은지는 일찍이 그 신하가 되었다가 뒤에 그 비妃에게 장가든 까닭에 본 사헌부에서 이미 이혼하도록 하였습니다. 장주는 장사길의 기생첩의 출생입니다. 신 등은 이 까닭에 감히 서경 하여 내지 못한 것뿐입니다."

사간원에서 이에 장주의 고신에 서경하고, 그 말미에 쓰기를, "4품에 한함."

하니, 임금이 말하였다. "관작은 인군의 권한이다. 신하로서 마음대로 품계를 한정하도록 쓰는 것이 가하느냐?" 하였다.

－태종실록 13년 6월 16일－

양녕을 폐하고 충녕을 세자로 삼자고 주장하다

세자 이제李禔(양녕)를 폐하여 광주에 추방하고 충녕대군으로서 왕세자로 삼았다. 임금이, "백관百官들의 상소장의 사연을 내가 읽어 보니 몸이 소름이 돋는 듯하였다. 이것은 천명이 이미 떠나가 버린 것이므로, 이에 이를 따르겠다."

하니, 영의정 유정현·좌의정 박은·우의정 한상경·병조판서 박신·평성군 조견·이조판서 이원·공조판서 심온·대제학 변계량·형조판서 박습 등이 편전에 모이니, 지신사 조말생·좌대언 이명덕 등에게 명하여 왕명을 내리기를,

"세자의 행동이 지극히 무도無道하여 종묘사직을 이어받을 수 없다고 대소신료가 청하였기 때문에 이미 폐하였다. 무릇 사람이 허물을 고치기는 어려우니, 옛사람으로서 능히 허물을 고친 자는 오로지 태갑太甲(중국 상나라 태종)뿐이었다. 말세에 해외의 나라에 있어서 내 아들이 어찌 능히 태갑과 같겠는가? 나라의 근본은 정하지 아니할 수가 없으니, 만약 정하지 않는다면 인심이 흉흉할 것이다. 옛날에는 유복자를 세워 선왕의 유업을 이어받게 하였고, 또 적실의 장자를 세우는 것은 고금의 변함없는 법식이다.

이제禔는 두 아들이 있는데, 장자는 나이가 다섯 살이고 차자는 나이가 세 살이니, 나는 이제禔의 아들로서 대신시키고자 한다. 장자가 유고하면 그 동생을 세워 후사로 삼을 것이니, 왕세손이라 칭할는지, 왕태손이라 칭할는지 옛 제도를 상고하여 의논해서 아뢰어라." 하였다. 한상경 이하의 군신은 모두 이제禔의 아들을 세우는 것이 가하다고 하였으나,

유정현은 말하기를,
"신은 배우지 못하여 옛 제도를 알지 못합니다. 그러나, 일에는 권도權道와 떳떳한 도리가 있으니, 어진 사람을 고르는 것이 마땅합니다."

하고, 박은朴訔은 말하기를, "아비를 폐하고 아들을 세우는 것이 옛 제도에 있다면 가可합니다만, 없다면 어진 사람을 골라야 합니다."

하고, 조연·김구덕·심온·김점·유은지·이춘생·최운·문계종·이배·윤유충·이적·이원항·이발·정상·허규 등 15인이 말하기를,

"어진 사람을 고르소서." 하였다. 이원은 말하기를, "옛사람은 큰일이 있을 적에 반드시 거북점과 시초점을 쳤으니, 청컨대 점을 쳐서 이를 정하소서."

하니, 조말생 등이 돌아와서 내전內殿에 들어갔다. 임금이 좌우를 물리치고, "제 경들이 무엇이라고 하던가." 하니, 조말생이 여러 신하의 의논을 바치었다. 임금이 이를 읽어 보고, "나는 점을 쳐서 이를 정하겠다." 하니, 조말생이 나갔다. 임금이 내전으로 들어가서 여러 신하의 어진 사람을 고르자는 청을 왕비에게 말하니, 왕비가 불가한 것을 말하기를,

"형을 폐하고 아우를 세우는 것은 화란의 근본이 됩니다." 하였다. 임금도 또한 이를 옳게 여겼으나, 한참 만에 곧 깨달아 말하기를, "금일의 일은 어진 사람을 고르는 것이 마땅하다."

하고, 즉시 최한에게 명하여 뒤쫓아가 조말생을 도로 데려오게 하였으나, 최한이 이르기 전에

조말생이 이미 여러 신하에게 임금의 뜻을 전하여 이르기를, "장차 이원의 의논을 따르겠다." 하였다.

조말생이 돌아오니, 임금이, "의논 가운데 점괘를 따르도록 원한다는 말이 있었기 때문에 나도 이를 하고자 하였다. 그러나, 나라의 근본을 정하는 것은 어진 사람을 고르지 않을 수가 없다."

하고, 곧 뜻을 전하기를, "나는, 제禔의 아들로서 대신시키고자 하였으나, 제 경들이 모두 말하기를, '불가하다.'라고 하니, 마땅히 어진 사람을 골라서 아뢰어라."

하였다. 유정현 이하 여러 신하가 또 아뢰기를, "아들을 알고 신하를 아는 것은 임금 같은 이가 없습니다." 하니, 임금이 말하였다.

"옛사람이 말하기를, '나라에 훌륭한 임금이 있으면 사직社稷의 복이 된다.'고 하였다. 효령대군은 자질이 미약하고, 또 성질이 심히 곧아서 자세히 조목조목 처리하는 것이 없다. 내 말을 들으면 그저 빙긋이 웃기만 할 뿐이므로, 나와 중궁은 효령이 항상 웃는 것만을 보았다.

충녕대군은 천성이 총명하고 민첩하고 자못 학문을 좋아하여, 비록 몹시 추울 때나 몹시 더울 때를 당하더라도 밤이 새도록 글을 읽으므로, 나는 그가 병이 날까 봐 두려워하여 항상 밤에 글 읽는 것을 금지하였다. 그러나, 나의 큰 책은 모두 청하여 가져갔다. 또 정치의 요체를 알아서 매양 큰일에 의견을 내는 것이 진실로 합당하고, 또 생각 밖에서 나왔다.
만약 중국의 사신을 접대할 적이면 몸단장과 언어 동작이 두루 예禮에 부합하였고, 술을 마시는 것이 비록 무익하나, 그러나, 중국의 사신을 대하여 주인으로서 한 모금도 능히 마실 수 없다면 어찌 손님을 권하여서 그 마음을 즐겁게 할 수 있겠느냐? 충녕은 비록 술을 잘 마시지 못하나 적당히 마시고 그친다. 또 그 아들 가운데 장대한 놈이 있다. 효령대군은 한 모금도 마시지 못하니, 이것도 또한 불가하다. 충녕대군이 대위大位를 맡을 만하니, 나는 충녕으로서 세자를 정하겠다."

유정현 등이, "신 등이 이른바 어진 사람을 고르자는 것도 또한 충녕대군을 가리킨 것입니다." 하여, 의논이 이미 정하여지자, 임금이 통곡하여 흐느끼다가 목이 멨다.
이윽고 조말생 등에게 하교하기를, "대저 이처럼 큰일은 시간을 끌면 반드시 사람을 상하게 된다. 너는 임금의 명을 내어서 속히 축하하게 함이 마땅하다."

하니, 이때 문무백관들이 예궐하여 세자를 정한 것을 하례하였다. 임금이 즉시 장천군 이종무를 서울에 보내어 종묘에 고하기를, "세자 제禔가 지난해 봄에 허물을 뉘우치고 스스로 꾸짖는 글을 지어서 고솝하였으므로 신이 오히려 보존하였는데, 일년이 되지 못하여 다시 전날의 잘못을 저질러서 자못 심함이 있었으나 신이 또 가볍게 꾸짖어 그가 뉘우치고 깨닫기를 바랐습니다. 요즈음 다시 상소하였는데 그 사연이 심히 거칠고 거만하여 전혀 신하의 예禮가 없어, 대소 신료가 합사하여 폐하기를 청하고 충녕대군이 효성스럽고 우애롭고 온화하고 인자하여 진실로 세자에 합당하다는 여망이 있었으므로, 이것을 감히 고합니다."

하고, 또 상호군 문귀를 전지관으로 삼아 최한과 더불어 백관들이 폐하자고 청한 상
소장을 가지고 서울로 가서 제禔에게 보이고, 또 폐하여 내친다는 뜻을 알리게 하였
다. 그때 유정현 등이 제와 식솔을 춘천에 내치도록 청하니, 임금이 그대로 따랐다.
한참 있다가 전교하기를,

"중궁이 성녕대군이 죽으면서부터 하루도 눈물을 흘리지 않는 날이 없는데, 제禔를
가까운 고을에 두기를 청하여 소식이라도 자주 듣기를 바라고, 또 물이 깊어서 떠나
보내기가 어려우니, 그를 사저에 내보내어 물이 줄기를 기다려서 곧 보내라."

하니, 유정현 등이, "서울에 머물러 둘 수는 없습니다." 하였다. 임금이 옳게 여겨 즉시
명하여 첨총제 원윤을 배치관으로 삼아서 서울에 가서, 시중 13명, 종 6명, 내시 4명
으로 하여 제禔를 광주廣州에 내쳐서 안치하게 하고, 이에 하교하였다.

"세자를 어진 사람으로 세우는 것은 곧 고금의 큰 뜻이요, 죄가 있으면 마땅히 폐하
는 것은 오로지 국가의 항구한 법식이다. 일에는 하나의 틀이 있는 것이 아니므로
사리에 합당하도록 기대할 뿐이다. 나는 일찍이 적장자 제禔를 세자로 삼았는데, 나
이가 성년에 이르도록 학문을 좋아하지 아니하고 여색에 빠졌었다. 나는 그가 나이
가 어리기 때문이라 하여 거의 장성하여 허물을 고치고 스스로 새 사람이 되기를
바랐으나, 나이가 20이 넘어도 도리어 군소배와 사통하여 불의한 짓을 자행하였다.

지난해 봄에는 일이 발각되어 죽음을 당한 자가 몇 사람이었다. 제가 이에 그 허물
을 모조리 써서 종묘에 고하고, 나에게 글을 올려 스스로 뉘우치고 꾸짖는 듯하였으
나, 얼마 가지 아니하여 또 간신 김한로의 음모에 빠져 다시 전철을 밟았다. 내가 부
자의 연으로써 다만 김한로만을 내쳤으나, 제는 이에 뉘우치는 마음이 있지 아니하
고 도리어 원망하고 노여운 마음을 품어 분연히 글을 올렸는데, 그 사연이 심히 거
칠고 거만하여 전혀 신하의 뜻이 없었다.

의정부·훈신·육조·대간·문무백관이 합사하고 상소장에 서명하여 말하기를, '세자
의 행동이 종묘사직을 이어받아 제사를 주장하거나 막중한 부탁을 맡을 수가 없습
니다. 엎드려 바라건대, 태조의 건국한 어려움을 우러러 생각하고, 또 종묘사직 만세
의 대계大計를 생각하여 대소 신료의 소망에 굽어 따르시어 공론으로써 결단하여,
세자를 폐하여 외방으로 내치도록 허락하고, 종실에서 어진 자를 골라서 즉시 세자
를 세워서 인심을 정하소서.' 하고,

또 이르기를, '충녕대군은 지혜롭고 총명하며 공손 검소하고 효성스럽고 우애가 있으며 온화하고 어질며, 학문을 좋아하고 게을리하지 않으니, 진실로 세자의 여망에 부합합니다.' 하였다. 내가 부득이 제禔를 외방으로 내치고 충녕대군을 세워 왕세자로 삼는다. 아아! 옛사람이 말하기를, '화禍와 복福은 자기가 구하지 않는 것이 없다.' 하니, 내가 어찌 털끝만큼이라도 애증愛憎의 사심이 있었겠느냐? 아아! 전국의 대소 신료는 나의 지극한 생각을 본받아라."

충녕대군은 총명하고 학문을 좋아하여 덕망이 날로 높아지니 전국에서 마음이 쏠리고, 대전과 중궁이 총애하기를 더욱 성盛하게 하였다. 제禔가 그와 같이 광폭하고 방종하여 나라 사람들도 또한 그가 지워진 중임을 감당하지 못할까 염려하였으나, 임금은 일찍이 폐하거나 새로 세울 생각이 없었으므로, 군신이 청하자 오히려 어렵게 여겼고, 중궁도 또한 불가하다고 말하였다. 군신이 굳이 청하자, 이에 따르니, 전국에서 흡연이 기뻐하고 경축하였다.

이숙번이 일찍이 임금에게 아뢰기를,

"사람들이 모두 청하기를, '충녕이 재산을 다스리지 않으니, 정직한 자라고 이를 만하다.'고 합니다." 하였다.

상당군 이애李薆가 여러 차례 은근한 뜻을 보였고, 성달생·이굉이 모두 따르기를 원하여 공효功効를 이룰 뜻을 가졌으며, 이적李迹도 또한 대군에게 사뢰기를,

"이적도 인친의 연고가 있으니 나아가 뵐 수가 있습니다."

하였다. 바깥사람으로서 만나 뵙기를 원하였으나 만나지 못한 자가 많았다. 한때에 대군의 덕을 경모하여 사람들이 모두 마음을 돌림이 이와 같았다. 대군이 평상시에 거주할 적에 부인을 공경히 대접하여, 그녀가 나아가고 물러갈 때는 반드시 일어나서 보내고 맞이하였다. 그때 임금이 창덕궁에 왕림하니, 대소인이 경복궁을 지나면서 말에서 내리는 자가 적었으나, 대군은 지날 적마다 반드시 내렸는데, 비록 저녁이든 밤이든 비가 오든 눈이 오든 폐하지 않았으니, 그 공경과 신중함이 천성에서 나온 것이 이와 같았다고 한다. 중국 사신 황엄黃儼이 대군을 보고 매양 똑똑하고 밝은 것을 칭찬하여 말하기를,

"영리하고 명석하기가 뛰어나 부왕父王을 닮았다. 조선의 왕좌는 징자 이 사람에게 돌아갈 것이다." 하였는데, 이때 이르러 원민생이 세자를 봉하도록 청하는 표문表文을 가지고 연경에 이르니, 황엄이 그가 오게 된 일을 물었다.

원민생이 말하기를, "세자를 바꾸기를 청합니다." 하니, 황엄이 말하기를, "필시 충녕을 봉하도록 청하는 것이리라." 하였다.

-태종실록 18년 6월 3일-

1423년 세종 5년 2월 16일 문무관 2품 이상이 밀봉한 상소문을 올려 양녕의 행실을 탄핵하다.

의정부와 여러 관청의 문무관 2품 이상의 관원이 상소를 올려 양녕의 죄를 청하기를, "영의정 신 유정현 등은 말씀을 올립니다. 신하의 죄는 불충과 불효보다 더 큰 것은 없습니다. 신 등이 가만히 보건대, 양녕대군 제禔는 그가 전일에 태종이 무예 단련으로써 평강 등지에 행차하였을 때, 예의상 마땅히 도성 문밖에 나가서 절하고 전송해야 할 것이 온대, 제禔는 사고가 있다고 핑계하고는 나오기를 좋아하지 않더니, 몰래 금천 등지에 가서 3일 동안 사냥을 하고 돌아왔습니다. 또 태종이 중국 사신과 연회할 적에, 저에게 명하여 연회에 배석하도록 하였는데, 제禔는 그때 창기에게 빠져서 병을 핑계하고는 즐겨 나아가지 않았으며, 어느 사람이 매를 진상하는데 제禔는 그 매가 좋다는 말을 듣고는, 사람을 시켜 동문에서 기다려 이를 꾀어 취하고 다른 매로써 대신 바쳤으며, 또 4월 8일 밤에 담을 넘어 나가서 간사한 소인의 무리와 더불어 탄환을 가지고 등불을 치며 놀았고, 또 달밤에 담을 넘어 나가서 간사한 소인의 무리와 더불어 비파를 타며 길거리에서 노는 것으로 즐거움으로 삼고, 밤마다 악공 이오방·이법화 등을 불러들여 담을 넘어 궁궐에 들어와서 날이 새기까지 취해 마시면서 잡기 놀이를 하게 하고, 제도 또한 그 재주를 본받아서 하지 않는 짓이 없었습니다.

중추원 부사 곽선의 첩 어리於里가 아름답다는 말을 듣고는 불량배들과 더불어 담을 넘어 나가서 그 집에 가서 그 첩을 훔치고 돌아왔으며, 또 밤을 이용하여 담을 넘어 여러 소인과 더불어 구종수의 집에 가서 연회에 술을 취하여 밤을 새운 일이 두 번이나 있었으며, 제禔의 더러운 행동이 널리 알려져 위에 들리게 되어, 태종이 이를 꾸짖으니, 제禔가 겉으로 허물을 뉘우치는 체하며 맹세하는 글을 지어 종묘에 아뢰고, 또 태종에게도 글을 올려 다시는 전일의 행동을 하지 않기로 스스로 기약했는데도 얼마 안 가서 다시 김한로의 음험한 계책을 써서 어리於里를 궁중으로 몰래 불러들여 아기를 배어 낳기까지 하였는데, 유모를 구하다가 일이 이제 발각되었습니다.

제禔가 맹세한 말을 저버리고 하늘을 속이며, 종묘를 속이고, 군부를 속인 것이 이같이 극도에 이르렀는데, 태종이 이를 꾸짖어 개과천선하기를 바랐으나, 제禔는 임금의 뜻을 본받지 않고, 도리어 글을 올리며 내용이 심히 패역했으니, 전연 신하로서는 말할 수 없는 것입니다.

모든 신료들은 그 죄악을 헤아려 폐하기를 청하여, 광주로 내쫓았는데, 제禔는 악을 쌓고 고치지 아니하였으며, 또 담을 넘어 고을 기생 두 사람을 훔쳤는데, 태종이 이 말을 듣고 두 사람을 잡아 오게 하니, 제禔는 분함을 이기지 못하여, 밤을 이용하여 도망해 나가서 두 전하가 수라를 물리치고 울게까지 하였으며, 이미 기생을 훔친 까닭으로 두 전하를 놀라게 하고도 오히려 조금도 허물을 고치지 않고, 또 담을 넘어가서 남의 첩을 훔쳤으니, 제禔의 허물이 또 이 지경에 이르렀습니다.

태종이 일찍이 전하와 함께 편전에 앉아서 제禔를 불러 전날에 행한 과실을 일일이 들어 책망하였습니다. 인하여 병조와 승정원의 신들에게 이르시기를, '지금 제禔를 여러 신하에게 부탁하니, 제禔가 만약 국왕에게 무례한 행동을 한다면, 옛날에도 사형을 내리는 법이 있었다.'라고 하셨으며, 그 후에도 여러 번 신들에게 이르시기를, '제禔를 여러 신하에게 부탁한다.'라고 하여, 그 말이 아직도 귀에 남아 있으니, 신들이 어찌 감히 이를 잊었겠습니까. 태종께서 주문왕과 같이 아버지 되신 자애가 있고, 요임금과 같이 자식의 사람됨을 아시는 밝은 지혜가 있어, 이미 경계하고 또 여러 신하에게 부탁하시니, 신들은 성언成言을 우러러 생각하며, 어찌 감히 폐하겠습니까.

오늘날에 와서는 이제의 패역한 일이 더욱 두드러지게 나타났으므로, 신들이 죄를 나무랄 것을 청하는 바입니다. 태종이 세상을 떠난 지 겨우 20일 만에, 제禔는 이천 집에서 사람을 청하여 밭에 김을 매게 하면서 농부가를 부르게 하고는, 그의 하인에게 이르기를 '즐겁다.'고 하였으니, 그 죄가 한 가지이고,

태종의 장례가 겨우 마치자마자 그 무리들을 거느리고 들판에서 마음대로 다니면서 개를 놓아 노루와 여우를 쫓게 하고, 덫을 놓아 기러기와 따오기를 잡았으니, 그 죄가 두 가지이고,

제禔가 수리修理하는 일이 있어 고을 백성을 청하여 돌을 운반하면서 소주를 먹여 한 사람이 운명하게 되니, 현감 박고는 진술에 관련된 두서너 사람을 잡아 가두고

위에 아뢰니, 제禑가 매우 분하게 여겨 위에 글을 올렸는데, 글 내용이 모두 원망하는 말이어서, 신과 전하의 사이가 이로부터 소원해질 것이라고까지 하였으니, 그 죄가 세 가지이고,

제禑가 하인을 시켜 남의 개를 훔치고는 일이 알려져, 전하께서 사람을 시켜 그것이 참말인가 아닌가를 묻게 하니, 제禑가 이에 맹세하기를, '이런 일이 있을 수 없습니다. 하늘의 해가 위에 있는데 신이 어찌 감히 속이겠습니까.'라고 하였습니다. 전하께서 이 말을 믿고 무고한 사람을 죄주고자 하여, 의금부로 하여금 사실을 조사하게하매, 일이 모두 실상이었으니, 제禑의 맹세한 말은 다만 임금을 속인 것뿐입니다. 농부가를 듣고 여우와 노루를 쫓은 일도 이로 인하여 또한 나타났는데, 전하께서 의금부의 관원으로 하여금 밖에 말하지 못하게 하고, 그 개를 훔친 자에게도 또한 죄를주지 않았습니다. 전하께서 그를 보호하기를 이와 같이 하는데도, 제禑는 이에 원망하기를, '전하가 이 일을 버려두지 않고 여러 사람에게 전파하게 하였다.'고 하였으니, 그 죄가 네 가지이고,

근일에 또 하인 허금으로 하여금 작은 개를 큰 개와 교환하기를 남의 집에 구하니, 현감 박곤이 이 사실을 알렸는데, 전하께서는 그냥 두고 묻지 않으셨으며, 승정원의 신들이 굳이 청하여도, 전하께서는 아직 관할사에 내리지 않으셨는데, 때마침 제의 한 집안사람이 서울에 오는 자가 있으므로, 그 사람에게 허금을 거느리고 오게하였는데, 명령을 받은 사람이 도달하게 되매, 제禑가 처음에는 '허금이 다른 곳에갔다.'고 말하다가, 잇따라 '허금이 도주했다.'고 말하여, 여러 방법으로 이를 숨기었으므로, 명령을 받은 사람이 굳이 청하기를, '내가 이미 명령을 받았으니, 그냥 돌아갈수 없다.'고 하매, 제가 그제야 거만한 태도로 말하기를, '허금은 우리 집 안에 있다. 전하께서 허금을 잡아오게 한 것은 다만 개에 관한 일 때문인데, 군신의 예禮가 중한것을 내가 어찌 알지 못하리오마는, 마침내 너와 함께 보낼 수는 없다.'고 하였으니, 그 죄가 다섯 가지입니다.

신들이 생각하건대, 임금의 재궁(관)이 빈소에 있는데도 노래를 들으면서 즐거움을삼고, 임금의 장례를 겨우 마쳤는데, 짐승을 사냥하여 마지 않았으며, 원망하여 글을 올려 임금의 명을 거스렸으니, 제禑의 불충·불효한 죄는 천지 사이에 용납될 수없으며, 종사의 용서하지 못할 바이오니, 전하께서 사정을 쓸 수 없는 바입니다. 옛날에 관숙과 채숙이 죄가 있으매, 주공은 이들에게 사형을 내렸으니, 성인聖人이 사사로운 은혜로써 공변된 도리를 폐하지 않은 것은 군신의 의리가 중한 때문입니다. 원

컨대, 전하께서는 천지의 정대한 원리를 본뜨고, 선성의 지극히 공변된 마음을 본받아, 제禔의 죄악을 법대로 처리한다면 종사에 매우 다행한 일이며, 신민에게도 매우 다행하겠습니다." 라고 하였다.

—세종실록 5년 2월 16일—

고리대 이자놀이를 하다가 탄핵받다

전 판부사 정역鄭易의 집 종이 영의정 유정현의 이잣돈을 꾸어서 썼는데, 해가 흉년으로 가난하고 궁핍하여 미처 갚지 못하였더니, 유정현이 수행하는 하인을 그 종의 집에 보내어 그의 가마와 솥을 모조리 빼앗아 왔다. 정역이 효령대군에게 고하여 유정현에게 도로 내어줄 것을 청하였다. 효령이 유정현의 아들 유장柳璋을 불러 말하기를,

"네 아비가 지위가 수상에 이르러 녹 받는 것이 적지 아니하고, 또 주상의 백성을 아끼어 주시는 뜻을 몸 받아 살게끔 구휼하여 주는 것이 그의 직분 이어 늘, 이제 궁핍한 종놈의 솥과 가마를 빼앗아 가니, 수상이 된 본의가 어디에 있는가. 만일 돌려보내지 아니하면 내가 하인을 잡아다가, 엄하게 때리고 임금에게 보고할 것이니, 너는 돌아가 너의 아비에게 고하라." 하였다.

유장이 말하기를, "저의 아비가 제 말을 듣지 아니한 지 오래되었으니, 다른 사람을 시켜 고하는 것이 좋을 줄로 아옵니다." 하였다. 정역은 효령대군 부인의 부친이다. 유정현의 사람된 품이 성질이 심히 인색하여 추호도 남을 주는 일이 없고, 동산에 있는 실과도 모두 시장에 팔아서 조그마한 이익까지 계산하며, 그의 수행원으로, 능히 이잣돈 준 돈을 다 받아들인 자에게 상을 주며, 역승(역참)직의 임명까지 하게 되어, 이로써 부자가 되어 곡식을 쌓은 것이 7만여 석이나 되었다. 백성들이 원망하기를, "비록 죽을망정 다시는 영의정의 이잣돈은 꾸어 쓰지 않겠다."고 하였다.

—세종실록 6년 1월 29일—

1426년 3월 유정현이 다시 좌의정에 발령을 받았는데 사헌부에서 영의정을 지낸 유정현이 고리대 이자놀이를 한다며 발령장에 서경을 하지 않아 취임하지 못했다. 이에 유정현이 상소하여 물러가기를 청하니 임금은 고리대는 누구나 하는 일이라 하여 문제 삼지 않고 발령을 내렸다.

좌의정 유정현이 아뢰기를, "이원李原은 다른 공신과 비할 수 없는 사람이며, 조연은 공신이며 겸하여 왕실의 가까운 집안입니다. 그런데 전하께서는 그들이 청렴하지 못하였다 하여 지방으로 추방하셨고, 또 늙은 신에게 좌의정을 임명하셨는데, 담당 부서에서는 신이 재물을 모았다는 이유로 고신에 서경署經[76]하지 아니하오니, 마음에 실로 부끄러운 일이옵니다. 이는 늙은 신이 책임에 적합하지 않을 뿐 아니라, 또한 전하께서도 사람을 잘못 쓰실까 염려되옵니다." 하니,
임금이 말하기를, "양곡을 놓아 이자를 받는 것은 나라 사람들이 모두 다 하고 있으나, 사헌부에서 문제로 삼는 것은, 경은 본시 성격이 과격하여 받아들일 때 강압적으로 독촉하였으리라 생각한 것이니, 경은 혐의스럽게 여기지 말고 직에 취임하도록 하라." 하였다.

-세종실록 8년 3월 26일-

---

76) 관리를 등용할 때의 절차로 관원을 처음 임명하라는 명령이 내리면 이조吏曹에서 직을 받을 사람의 성명·문벌·이력·내외 사대조 및 처의 사대조를 기록하여 사헌부·사간원에 제출하면 양사(사헌부 사간원)서는 사대조 및 본인의 신상에 하자 유무를 조사하여서 하자 없음이 판명된 때에는 양사의 관원들이 모두 서명하여 동의하는데 이를 서경이라고 함. 이조에서는 이때 고신(告身:발령장)을 발부함. 조선 초기에는 1품에서 9품까지 모든 관원의 임명에 대간臺諫의 서경을 거쳤으나 조선 시대에 들어와서 5품 이하에 대하여만 서경을 필수로 하였음.

고려조의 동성 간의 혼인 풍속에 대해 이야기하다

임금이 좌우에게 이르기를, "유정현이 일찍 나에게 말하기를, '고려 때에 왕실에서는 같은 성끼리 혼인하였고, 양반들도 그렇게 했었는데, 정몽주가 이를 고치기를 주장하였으나 되지 않았다.' 하니, 고려 때의 혼인은 과연 그러하였는가. 옛사람이 이르기를, '같은 성끼리 결혼하면 자손이 번성하지 못한다.' 했는데, 왕씨가 5백 년 동안이나 오래도록 임금이 되었는데도 후계자를 정하지 못하였은즉, 혹 그런 이치도 있는 듯하였다. 옛사람도 같은 성의 조카딸을 왕비로 삼은 사람이 있으나, 이것은 말할 가치도 없다. 성인이 인간의 상정을 참작하여 예법을 마련하는 데 다른 성은 5, 6촌이면 복을 입지 않게 하였으니, 곧 그것은 결혼을 허락하지 않은 것이 아니다. 성인의 제도를 지나쳐서도 안 될 것이요, 못 미쳐서도 안 될 것이다. 본조에 와서 결혼의 예법이 처음으로 바로 잡히어, 다른 성도 5, 6촌에서는 혼인을 하지 못하게 마련하였으니 좋은 풍속이라고 할 수 있다. 그러나 족속을 구별하기 위하여 오래도록 서로 결혼을 못하게 하고 보면 간간이 추잡한 소문도 나게 된다. 그런즉 집현전으로 하여금 옛 제도를 조사하여 올리게 하라."

하고 또 말하기를, "지금 5, 6촌끼리 서로 결혼하는 사람이 있느냐." 하니, 대답하기를, "없습니다." 하였다.

임금이 말하기를, "남녀는 구별을 두는 것이 중요하였다. 우리 왕조에는 양반의 풍속에, 아내의 형제와 마주보는 사람이 있는데, 이것은 금지해야 된다. 내가 일찍이 조모趙慕의 딸을 궁중으로 들여오고 싶은 생각이 있었는데, 그는 나와 7촌이었다. 7촌이기 때문이 아니고 다른 이유 때문에 들이지 않은 것이지마는, 이런 것은 중대한 문제이니 가벼이 의논할 수 없고 마땅히 잘 의논하여 처리하여야 한다." 하였다.

유정현의 졸기

1426년[72세] 세종 8년 5월 15일 유정현의 졸기.

좌의정으로 사임한 유정현이 졸하였다. 유정현은 문화현 사람이었다. 고려 때의 중찬中贊 유경柳璥의 4세손이고, 문화군 유구柳丘의 아들이었다. 처음에는 고려에 벼슬하여 사헌규정에 임명되고, 여러번 옮겨 전라도 안렴사·사헌 장령·지양근군사·사헌집의·밀직사 우대언을 거쳐 좌대언으로 옮겼다.

우리 조정에서는 갑술년에 상주 목사·병조 전서·완산 부윤으로 제수되고, 나가서 전라도 관찰사가 되고, 다시 경기좌우도 관찰사·중군 동지 총재로 옮기고, 또 충청도 관찰사·판한성부사로 나갔다가, 형조판서로 옮기고 예조판서로 전직되었으며, 또 나가서 서북면 도순문찰리사와 평양 부윤이 되고, 사헌부 대사헌·이조판서·참찬의정부사·병조판서를 거쳐 다시 참찬이 되고, 찬성사로 승진되었다가 병신년에 좌의정에 임명되어 영의정으로 옮겼다.

기해년 대마도 정벌 때에는 삼군 도통사가 되고, 갑진년에는 영돈녕부사·판호조사를 겸무하다가 병오년에 다시 좌의정이 되어 병으로써 면직을 청하여 치사한 지 4일 만에 돌아가니, 나이가 72세이다. 부음이 들리니 임금이 매우 슬퍼하여 백관을 거느리고 크게 슬퍼했으며, 조회를 3일 동안 폐하고 반찬을 줄였다. 부의로 미두米豆 70석과 종이 1백 50권을 내리고 정숙貞肅이란 시호를 내리니, 숨기지 않고 굴함이 없는 것을 정貞이라 하고, 헤지지 않게 꽉 잡은 마음으로 결단하는 것을 숙肅이라 한다.

유정현의 사람됨은 엄의 과단하고 검약 근신하여, 일을 조리 있게 처리하고 논란하여 토의함에 강직하고 올곧아 피하는 바가 없었다. 태종이 양녕을 폐하고 나라의 근본을 정하지 못하매, 여러 사람의 의논이 불안해하였는데 유정현이 맨 먼저 어진 이를 택해야 한다는 의논을 내었으니, 그 뜻은 성상을 두고 말한 것이었다. 태종이 옳게 여기어 들으시고 드디어 계책을 정하였다.

처음부터 끝까지 임금이 그의 소신을 중히 여겼으나, 정치를 함에 가혹하고 급하여 용서함이 적었고, 집에서는 재물에 인색하고 재화를 늘이어 비록 자녀라 할지라도 일찍이 말과 되의 곡식이라도 주지 않았으며, 오랫동안 호조를 맡고 있으면서 출납하는 것이 지나치게 인색하더니, 사람들이 그를 많이 원망하여 재무에 밝은 사람으로 지목하기까지 되었으니, 이것이 그의 단점이었다. 아들이 둘이니 곧 유의柳儀와 유장柳章이었다.

-세종실록 8년 5월 15일-

[승진과정]

고려 말에 문음으로 사헌규정司憲糾正, 사헌집의, 좌대언 등 역임

1392년[38세] 태조 1년 7월 고려말 공신으로 비협조자 유정현을 직첩을 회수하고
　　　　　　　지방에 방치하게 하다.

1393년[39세] 태조 2년 5월 유정현의 두 아들이 과거에 합격하여 직첩을 돌려주다.

1394년[40세] 태조 3년 상주목사

1397년[43세] 태조 6년 2월 곡식을 도적질 한 수행원을 죽인 유정현에게 장례비를
　　　　　　　물게 하다.

1403년[49세] 태종 3년 12월 승녕부 윤

1404년[50세] 태종 4년 3월 전라도 도관찰사

1407년[53세] 태종 7년 7월 중군 총제, 12월 충청도 도관찰사

1408년[54세] 태종 8년 7월 충청도 도관찰사 겸 판청주목사

1409년[55세] 태종 9년 4월 판한성부사

1410년[56세] 태종 10년 3월 형조판서, 5월 면직, 6월 예조판서

1411년[57세] 태종 11년 11월 사헌부 대사헌

1412년[58세] 태종 12년 8월 이조판서,
　　　　　　　10월 유정현의 처가 서얼 출신에 재혼녀임이 밝혀지다.

1413년[59세] 태종 13년 4월 참찬 의정부사, 6월 16일 서얼 출신을 처로 삼아 인사
　　　　　　　발령에 문제가 생긴 유정현에 대해 태종과 사간원과 논란. 10월 병조판서

1414년[60세] 태종 14년 1월 참찬 의정부사, 2월 명나라 성절 하례사,
　　　　　　　4월 동판 의정부사, 5월 귀국보고, 5월 겸 변정도감 제조

1415년[61세] 태종 15년 1월 의정부 참찬, 5월 의정부 찬성

1415년[61세] 태종 15년 8월 민무휼의 죄를 유정현과 비밀히 의논하다.

1416년[62세] 태종 16년 5월 좌의정, 11월 영의정

1418년[64세] 태종 18년 6월 영돈영 부사

1418년[64세] 세종즉위년 8월 10일 세종이 즉위하다.

1418년[64세] 세종즉위년 12월 7일 영의정 부사

1419년[65세] 세종 1년 5월 겸 삼군도통사, 6월 20일 대마도 정벌

1424년[70세] 세종 6년 9월 영돈영 부사, 12월 10일 궤장을 하사하다.

1426년[72세] 세종 8년 3월 좌의정, 5월 11일 신병을 이유로 좌의정 사직

1426년[72세] 세종 8년 5월 15일 유정현이 죽다.

12. 남재南在

격동기마다 이방원을 지지했던 놀라운 판단력

생몰년도	1351년(충정왕 3)~1419년(세종 1) [69세]
영의정 재직기간	(1416.5.25.~1416.11.2.) (총 5개월)
본관	의령宜寧
초명	남겸南謙 (태조가 남재로 지어줌, 살아있음을 기뻐한다는 뜻)
자	경지敬之 (이름을 내림을 공경한다는 뜻)
호	구정龜亭
시호	충경忠景
공훈	회군공신, 개국 1등공신
배향	태조묘정에 배향
저서	구정유고龜亭遺稿
기타	격동기에 살아 있음을 기뻐해 태조가 지어준 이름 '남재', 필요할 때마다 이방원을 적극 지원한 놀라운 정세 판단력
고조부	남군보南君甫─추밀직원부사
증조부	남익지南益胝─풍저창부사
조부	남천로南天老─지영광군사知靈光郡事
부	남을번南乙蕃─검교 시중
모	최강崔玒의 딸
동생	남은南誾─정도전을 도와 1차왕자의 난에 참변
장남	남경문南景文─병조의랑
손자	남지南智─좌의정
손자	남간南簡─직제학
손자	남휘南暉─의산군, 태종의 딸 정선공주와 혼인
2남	남경무南景武

태조의 총애를 받고 이름까지 하사받다

남재의 초명은 남겸이고, 자는 경지敬之이며, 호는 구정龜亭으로 본관은 의령이다. 증조부는 풍저창 부사를 지낸 남익지이며, 조부는 지영광군사를 지낸 남천로이고, 아버지는 검교시중 남을번으로 어머니는 최강의 딸이다.

남재는 제1차 왕자의 난 때 정도전과 함께 죽은 남은의 형이다. 위화도 회군공신과 개국1등 공신으로 같은 형제로서 한 사람은 정도전 편에 섰다가 멸문을 당하고 한 사람은 태종의 편에서 서서 영의정을 지냈다. 고려 충정왕 3년 1351년에 태어난 남재는 당초 이름은 남겸이었다.

1371년 공민왕 20년에 이색李穡이 고시관을 맡았는데, 남겸이 진사시 5등으로 합격하였다. 고려 말기의 혼란한 때에 남겸의 뜻이 국가 경제를 일으키는 데 있었기에 이성계와 마음과 뜻이 합치되었다. 아우 남은과 함께 이성계의 세력에 가담해 고려 조정의 신진 사류로서 구 세력과 대립했다. 1390년 판전교시사 겸 집의가 되어 이성계가 위화도에서 회군하자 윤소종과 함께 비록 행군에는 참여하지 않았으나, 사직社稷의 대계를 의논하고 계책을 도왔다. 그 공으로 회군공신에 봉해지고, 곧 철원부사로 나갔다가 염문 계정사로서 양광도로 파견되어 민정을 살폈다.

이성계가 나라를 일으켜 왕조가 바뀌자 공功을 사양하고 상賞을 피하려는 뜻으로 멀리 떠나 있었다. 태조가 왕이 되고는 남겸을 생각하여 수소문하여 찾아 불러서는 이름을 '재在'(있을 재)로 내리니, 아직도 살아 있음을 기뻐한 뜻이었다. 이에 남재(남겸)는 자字를 '경지敬之'라 고치니, 이는 임금의 이름 내림을 공경한다는 뜻이다. 개국공신 1등에 책봉되어 중추원 학사 겸 사헌부 대사헌에 임명하고 의성군宜城君에 봉해졌다.

1393년 태조 2년 6월에 명나라 주문사에 차출되어 중국 사신으로 갔다가 9월에 돌아와서는 '황제가 후하게 대접하였고, 1년에 한 번씩 입궐하던 것을 앞으로는 3년에 한 번씩 입궐하라고 명하였다'라고 보고하였다.

1394년 태조 3년 중국 황제가 조선국이 거만스럽다고 화를 내며 장남이나 차남을 보내라고 하자 조정에서는 사신을 보내 변명키로 하였는데, 정안군 이방원이 가기를 자청하니, 남재가 말하기를, "정안군이 먼 길을 떠나는데, 우리가 편히 베개를 베고 누워 이곳에서 죽는 것이 옳단 말인가?" 하며 함께 부사副使로 따라갈 것을 자청하였다. 중국에 간 일이 잘 풀리자 황제가 후한 예를 보이며 돌려보냈다.

1396년 태조 5년 12월에 태학사로서 도병마사가 되어 도통 처치사 김사형을 따라 대마도를 정벌하러 나가게 되었는데, 임금이 남문 밖으로 나가 전송하였고, 다음 해 정월에 병사를 이끌고 돌아왔다.

1398년 태조 7년에 정당문학으로서 명을 받들고 개성에 제를 올리러 갔었는데, 제1차 왕자의 난이 일어나 아우 남은南誾이 죄인이라는 말을 듣고서 화급히 돌아와 여러 왕자를 뵈니, 남재를 해하려는 자가 있었다. 태종이 말하기를, "남재는 본래 남은과 뜻을 같이하려고 하지 않았으니, 그를 내 집으로 돌려보내라." 하였고, 일이 평정되자 지방으로 추방하였다가 곧 소환하였다.

정종이 즉위한 후 1400년 정월에, 남재가 대궐에서 큰소리로 "지금 곧 정안군을 후사(후계자)로 삼아야 하고 늦추어서는 옳지 않다."라고 주장하니, 하륜이 남재의 말을 이어 정종에게 상소하기를, "하늘의 뜻과 인심을 알 수 있으니 후계자를 일찍이 정하소서." 하매 정종이 이를 윤허하였는데, 태종을 후계자로 책정한 공은 남재가 먼저 제기했던 것이.

태종이 즉위하자 세자 서연관을 설치하여 조준·남재·정총의 학문이 임금과 더불어 강론할 수 있다면서 각각 품계에 따라 사부·빈객 등의 직에 임명하라고 명하였다.

1403년 태종 3년에 경상도 관찰사에 임명되었는데, 임금은 남재가 금령으로 인하여 술을 끊고 직무에 근면한다는 말을 듣고서 병이 날 것을 우려하여 12월에 그 근무지에 내온(신하에게 내려주는 궁중의 술)을 내리고, '지금부터 약을 먹는 경우 술을 사용하라'라고 명하였다.

1404년 태종 4년에 의정부 찬성사에 임명되었는데, 10월에 사헌부·사간원·형조에서 이거이李居易의 당파라고 남재를 탄핵하니, 임금이 사헌부·사간원·형조의 관원을 순금사에 가두어 국문케 하는 한편 남재에게는 일을 계속하라고 명하므로, 남재는 대궐 문에 나아가 은혜에 감사드리고 또 지난날 어려움이 있을 때 힘을 다하였음을 아뢰니, 임금이 말하기를, "경은 비록 말하지 않았으나 내 어찌 모르겠는가? 경은 의심치 말라." 하였다.

1408년 태종 8년에 사헌부 지평 최자해가 일을 논하다가 임금의 비위를 거슬러 강제로 집에 돌려보내자, 남재가 대사헌으로서 임금에게 말하기를, "간원은 임금의 귀와 눈입니다. 말이 비록 맞지 않는다 하더라도 벌을 주지 않음은 언로言路를 열어놓고 시청視聽을 넓히어 만세의 계획을 위한 것입니다." 하니, 임금은 곧 최자해 등에게 직무에 나오라고 명하였다.

1414년 태종 14년에 우의정에 임명되어 시험을 관장하여 선비를 선발하였다. 임금이 고려사 내용에 공민왕 이후에 부실한 내용이 많다 하여 하륜과 남재에게 개정을 명하였다. 같은 해에 좌의정에 승진 임명되었다.

1415년 태종 15년에 대제학에 세자부를 겸하였다. 1416년 태종 16년에 영의정에 임명되었다가 얼마 뒤에 면직되었다.

세종 원년인 1419년 12월 14일 집에서 졸卒하니, 조정회의와 시장을 정지하고 부의를 보내고 장례 도구를 도왔으며, 봉상시에서 시호를 논의하여 '충경忠景'이라 하였다.

남재는 활달하고 큰 계략이 많았다. 겉으로는 살피지 않는 것 같았으나 안으로는 실로 밝게 살폈으며, 문장은 바르고 맑고 아름다웠는데, 논의하는 자들은 경제의 기국으로 활달하고 심오하다고 지목하였다. 한편 산술에 정통하여 앞사람이 이해하지 못한 바를 강구하므로 세상에서는 수리에 능하다 하여 '남산南算'이라 일컬었다. 저서로는 『구정유고龜亭遺稿』가 있다.

세종 4년인 1422년에 태종의 명으로 태조 묘정에 배향하고, 사자(심부름하는 사람)를 보내 제사를 내리되 배식(위패를 모심)은 예와 같이 하였다. 건원릉의 비碑 후면에 공신 40인을 나열하여 새기되 공이 14번째에 들어 있으며, 그 후 헌릉(태종의 능호)의 비 후면에도 들어 있다(남재, 국역 국조인물고, 세종대왕기념사업회).

여자의 외출 제한 등 시정현안 12조목

신 등은 외람히도 용렬하고 어리석은 자질로서 사헌부에 자리를 채우고 있으니, 어찌 감히 잠자코 말을 하지 않아서 전하의 다스리기를 원하는 뜻을 저버리겠습니까? 삼가 좁은 소견을 조목별로 열거하여 아뢰오니, 엎드려 생각하옵건대, 채택하여 시행하소서.

1. 옛날에는 여자가 이미 시집을 간 경우에는 부모가 죽었으면 부모를 찾아뵙는 의리가 없었으니, 그 근엄함이 이와 같았습니다. 고려의 말기에 풍속이 퇴패해져서 사대부의 아내들이 권세 있는 집안에 찾아가 알현하면서도 태연히 부끄럽게 여기지 않으니, 식견이 있는 사람은 이를 수치스럽게 여깁니다. 원컨대, 지금부터 문무文武 양반의 부녀자들은 부모·친형제·친자매·친백부·친숙부·친외숙·친이모를 제외하고는 서로 왕래하지 못하게 하여 풍속을 바로잡으소서.

1. 평안도 서북면은 나라의 울타리인 까닭으로 평양에 1만 부대를 설치하고, 안주安州에 1만 부대를 설치하고, 의주義州에 4천부대를 설치하고, 이를 위하여 적임자를 뽑아 매 부대마다 천호千戸 1인을 두어서, 그로 하여금 사졸을 훈련하게 하고 무기를 준비하게 하는데, 사변이 없으면 농사에 돌아가게 하고 사변이 있으면 나와서 공격하게 하고 있습니다. 근래에 와서 천호千戸되는 사람으로 거개 적임자를 뽑지 못하여서 으레 모두가 탐욕만을 부리고 직무를 생각하지 아니하며, 군사들을 침해해서 사역하기를 노예처럼 하고 농장을 많이 두고 있으며, 딸이 있는 사람을 억눌러서 첩으로 삼는 등, 한 몸의 욕심만 마음대로 행하니, 군인이 각호各戸마다 도망해 흩어져서 국경을 넘어가게 됩니다. 원컨대, 무예가 있고 청렴하고 재능이 있는 사람을 뽑아서 천호를 삼아, 사졸들을 훈련하고 병기를 수리하게 하고, 감히 전과 같이 폐해를 끼치는 사람이 있으면 수령이 감사에게 보고하여 엄격히 금지하게 하소서.

1. 고려의 말기에 각도에 영을 내려서 쇠를 제련하여 병기兵器를 만들게 한 지가 오래 되었는데, 듣건대, 서북면에서는 쇠를 제련하는 것이 예전보다 배나 되는데도 군기의 수량은 더 많지 않다고 합니다. 듣건대, 도평의사사로 하여금 도순문사에

게 공문을 보내어 매철·매달마다 보고하게 하고, 그 한 달에 제련한 철물鐵物로써 제작한 군기의 수량을 상고하여 보고하게 하여, 잘한 사람은 권장하고 잘못한 사람은 징벌하게 하소서.

1. 하·은·주 삼대三代 이래로 유학의 도道가 밝지 못하온데, 진나라의 분서갱유를 겪으면서 사람들의 마음이 더욱 어두워졌습니다. 한나라 명제 때에 이르러 불교가 처음으로 중국에 들어왔는데, 초나라왕 영英이 가장 먼저 이를 좋아했으나 마침내 단양丹陽에서 죽음을 당하게 되었고, 양나라 무제는 이를 가장 독실히 믿었으나 대성臺城에서 굶주림을 면하지 못하였으며, 인도의 중 불도징은 조나라를 능히 보존하지 못하였고, 구마라즙은 진나라를 능히 보존하지 못하였고, 지공은 원나라를 능히 보존하지 못했으니, 역대의 군주가 그 불교를 공경하여 능히 그 복을 누린 사람이 있었다는 말을 듣지 못했습니다.

우리 동방으로 말한다면, 신라가 불교에 미혹하여 그 재력을 다 없애서 탑묘塔廟가 민가에 절반이나 되더니, 마침내 나라가 망하는 데 이르게 되었고, 고려의 의종은 해마다 3만 명의 중들을 공양하였고, 달마다 십여 곳의 절에 다녔으나, 마침내 임천에서 탄식함이 있었으며, 공민왕은 해마다 문수 법회를 개최하고 보허와 나옹을 국사로 삼았는데, 보허와 나옹이 모두 사리가 있었지마는, 나라의 명멸을 구원하지는 못하였습니다.

이 일로 미루어 생각한다면, 불교의 인과응보의 설說은 믿을 것이 못됨이 명백합니다. 삼가 생각하옵건대, 전하께서는 불교의 맑고 깨끗하고 욕심이 적음을 흠모하려 한다면, 선왕先王의 말없이 아무것도 하지 않는 공묵무위恭默無爲 사상(조용히 자연사상을 본받음)을 본받을 것이고, 불교의 자비 불살慈悲不殺을 본받으려 한다면 선왕의 능히 관인寬仁하고 능히 호생好生하는 덕을 생각할 것이고, 불교의 인과응보의 설을 두려워한다면 선한 자를 상주고 악한 자를 처벌하고, 죄 가운데 의심나는 것은 경하게 처벌하고, 공 가운데 의심나는 것은 중하게 상주는 것으로 규범을 삼을 것입니다. 이같이 한다면 다만 백성들만 그 은택을 입을 뿐만 아니라 천지 귀신도 또한 몰래 돕게 될 것입니다.

1. 밭을 손질하는 사람은 반드시 풀을 뽑고, 집을 짓는 사람은 반드시 터를 다지니, 국가를 다스리는 사람도 마땅히 환난을 미연에 없애서 나라의 기틀을 영세토록

전해야 될 것입니다. 지난번에 고려 왕조의 후손을 강화와 거제에 나누어 두게 하였습니다. 그러나 아직도 주현州縣에 뒤섞여 사는 사람이 있으니, 만일에 무뢰배 가운데 왕씨王氏인 것을 구실로 삼아 난리를 일으키는 사람이 있게 된다면 그들을 보전하는 방책이 못됩니다. 원컨대, 모두 강화와 거제에 두어서 미리 방비하게 하소서.

1. 몸소 근검함을 실행하는 것은 다스림을 이루는 근본입니다. 띠로 지붕을 잇고 흙으로 계단을 만든 것은 요 임금의 검소함이요, 소박한 음식과 허름한 옷은 우 임금의 검소함이니, 천하와 국가를 다스리는 사람은 당나라 요 임금과 하나라 우 임금을 모범으로 삼는다면, 어찌 나라가 다스려지지 않을까 걱정하겠습니까. 바라건대, 담당 관원에게 여러 창고의 전곡錢穀을 관장하게 하여, 그 일 년 동안 출납하는 수량을 헤아려 그 용도를 절약하게 하고, 금과 은은 또 본국에서 생산되는 것이 아니니, 함부로 낭비하지 말게 하소서.

1. 중관(내시)과 엄수(환관)는 궁문을 지키고 소제하는 것이 곧 그 직책입니다. 진나라·한나라 이래로 환관의 환난患難은 경전서적에 기재되어 있으므로 환하게 볼 수가 있는데, 혹은 구변이 좋고 아첨을 잘함으로써 군주를 미혹하게 하기도 하고, 혹은 군주의 총명을 가림으로써 나라를 그릇되게 하기도 하였으니, 화란禍亂의 일어남은 진실로 이루 다 기록할 수가 없습니다.

전하께서는 하늘이 주신 용맹스럽고 지혜로운 성품과 난리를 평정하고 반정反正하는 재주로써 경전과 역사를 널리 보셨으니, 환관宦官을 제어하는 데 반드시 그 방법을 알고 계실 것입니다. 그러나 처음에 법을 만들지 않으면 뒷날의 폐단이 뜻하지 않는 기회에 발생할 것입니다. 바라건대, 전하께서 그들 가운데 근실하고 조심성 있고 어리고 약한 사람을 뽑아서 2교대로 나누어 매 교대마다 각각 15인씩으로 그 인원을 정하여, 궁문을 지키고 소제하는 일을 맡기고, 그 나머지 경험이 많고 간사한 사람은 일체 모두 내치시어 가까이 모시지 못하게 하소서.

1. 군자를 가까이하고 소인을 멀리하는 것은 군주의 지극한 덕입니다. 군자가 측근에 있으면 인의仁義의 설說과 도덕의 의론을 항상 귀에 접하게 되어 스승이 되게 되고 점차 감화되어 날로 고명한 지경에 이르게 되지마는, 소인이 측근에 있으면 비루한 말과 달콤한 말의 청탁이 때때로 시행될 수 있고, 아첨하는 간사한 계획이

때때로 이루어질 수 있어서 날로 총명을 가려 어두워지는 지경에 이르게 됩니다. 이것이 고금의 잘 다스려지고 어지럽고 흥망의 기틀입니다. 원컨대, 전하께서는 날마다 여러 현인을 접견하여 정치하는 방법을 강론하시고, 여러 소인과 부녀자들을 날로 가까이 오지 못하게 하소서.

1. 궁중에 일을 맡은 사람은 예전에는 정원이 있었는데, 고려의 말기에는 그 수효가 제한이 없어서 급료를 소비함이 너무 많았으며, 폐단이 아직도 고쳐지지 않았습니다. 바라건대, 각 전殿의 일을 맡은 사람을 적당히 헤아려 수효를 정한 외에는 모두 농사에 돌아가도록 허락하여 그 비용을 덜게 하소서.

1. 귀신의 도道는 착한 사람에게는 복을 주고 악한 사람에게는 재앙을 주게 되니, 사람이 덕을 닦지 않고 번거롭게 자주 제사 지내는 것이 무엇이 이익되겠습니까? 옛날에 천자는 천지天地에 제사 지냈고, 제후는 산천山川에 제사 지냈고, 대부大夫는 오사(종묘사직)에 제사 지냈고, 사·서인士庶人은 조부와 아버지에게 제사 지냈는데, 각기 당연히 제사 지낼 만한 것에 제사 지낸 것이니, 어찌 스스로 착한 일을 하지 않고서 오로지 귀신만 섬겨 그 복을 얻으려는 이치가 있겠습니까. 바라건대, 지금부터는 제사의 예전禮典에 기재되어 도리상 마땅히 제사 지내야 할 것을 제외하고서 그 외의 부정한 음사는 일절 금단시켜, 이로써 일정한 법으로 삼고 이를 어긴 사람은 엄격히 다스리게 하소서.

1. 곳간의 출납은, 옛날에는 무릇 궁궐 내의 용도用度가 있으면 임금이 담당관에게 명하여 승지에게 전하고, 승지가 다시 임금의 앞에서 아뢰고서 문서를 서명받아 내려 주게 되었는데, 이것이 그 제도입니다. 고려의 말기에는 담당관이 왕의 명패를 직접 내렸으나 승지는 알지 못하게 되니, 어찌 속이는 폐단이 없겠습니까? 바라건대, 지금부터는 무릇 궁궐 내의 용도는 승지가 친히 여쭈어 도평의사사에게 내려 전일의 폐단을 고치게 하소서.

1. 나라에서 중하게 여기는 것은 군사에 있으므로, 군사를 장악하고 군사를 출동함에는 각기 그 직책이 있는 것이니, 옛날의 제도입니다. 요사이는 각도의 절제사들이 주州·부府·군郡·현縣에 바로 통첩하여 그 수군과 육군과 여러 가지 역사를 하는 사람을 모두 뽑아내어 서울로 가게 하는데, 혹시 왜구가 갑자기 이르게 되면 누가 능히 이를 방어하겠습니까? 바라건대, 여러 도의 절제사들에게 도평의사사

에 보고하게 하여 임금의 윤허를 받아 이동하면 그제야 징발을 허락하도록 하고, 그 바로 통첩하여 사람을 뽑아내는 것은 일절 모두 금단하게 하고, 이를 어기는 사람은 삼군부가 살펴서 다스리게 하소서.

-태조실록 1392년 9월 21일-

중국에 1년에 한 번씩 조공을 바치겠다는 표문

중추원 학사 남재를 보내어 표문을 중국의 북경에 올리게 하니 명나라에서는 매년 조회하지 말고 3년에 한 번 조공하게 하였다. 이때 중국에 올린 표문의 내용은 다음과 같다.

"황제의 경계 명령은 진정으로 밝게 보였으며, 하늘의 타고난 위엄은 지척에서 어기지 않았으니, 깊이 두려워하여 사정을 호소하게 됩니다. 그윽이 생각하옵건대, 용렬하고 못난 자질로써 궁벽하고 먼 땅에 처하였사오나, 성현의 교훈을 대강 들었으므로 중국을 마땅히 높일 줄을 알게 되었습니다.

1388년에 신우辛禑와 최영崔瑩 등이 군대를 함부로 일으켜 요동으로 향하고자 했으며, 1392년에 공양왕과 정몽주 등이 신우의 부정한 뜻을 계승하여 장차 상국上國을 범하려 하므로, 신臣이 온 나라 백성들에게 타일러, 오랑캐가 중국을 소란하게 할 수가 없으며, 아랫사람이 윗사람을 범할 수 없다고 말하니, 여러 사람이 모두 그 역리逆理와 순리順理를 알게 되고, 저들이 모두 그 죄에 자복하였으니, 다만 하늘이 밝게 알 뿐이 아니오라, 실로 황제께서 환하게 보신 바입니다. 여러 번 윤허하신다는 명령을 받들었으므로, 항상 보답하려는 정성을 품고, 삼가 설날에 예절을 차려서 공물을 게을리함이 없었습니다.

지금 삼가 친필 조서를 받들었사온데, 그 한 항목에, '지난번에 절강성 동쪽과 절강성 서쪽의 백성 중에서 불량한 무리들이 그대를 위하여 소식을 보고한다.' 하고, 한 항목에, '사람을 보내어 요동에 이르러 비단·금은의 종류를 가지고 거짓으로 예를 행함으로써 까닭으로 삼았으나, 마음은 우리 변방 장수를 꾀는 데 있다.' 하고, 한 항목에, '최근에 은밀하게 사람을 보내 여진을 말로 꾀어서 식솔 5백여 명을 데리고 몰래 압록강을 건너갔다.' 하고, 한 항목에, '입으로는 신하라 일컫고 들어와 조공한다 하면서도, 매양 말을 가져올 때마다 말을 기른 사람에게 이를 뽑아 보내게 하니, 말은 모두 느리고 또한 타서 피로한 것들이라.' 하고, 한 항목에, '국호를 고치는 일절은 사람을 보내어 황제의 뜻을 청하므로, 그대의 마음대로 하도록 허용했는데, 조선朝鮮을 계승하여 그대가 후손이 되게 하였소. 사신이 이미 돌아간 후에는 오래도록 소식이 없다.'라고 하였습니다.

삼가 이것은 왕요王瑤가 스스로 꼬투리를 만들었으므로, 나라 사람들이 그의 한 짓을 옳게 여기지 아니하여, 그를 집에 물러가 있게 하여 그 생명을 보전하게 하되, 처자妻子와 한 곳에서 그전처럼 단란하게 살고, 조석의 봉양도 평상시와 같게 하였는데, 왕요가 비록 지극히 우매하지마는 어찌 스스로 반성하지 않겠습니까? 이것은 곧 성은이 미치는 바이므로 신의 마음에 다른 뜻이 없음을 밝힐 수 있습니다.

또 절강성 동쪽과 절강성 서쪽의 백성은 소식을 본디부터 서로 보고한 일이 없었는데, 하물며 왕씨王氏가 있었던 시기의 정상情狀이 신에게 무슨 상관이 있겠습니까? 요동에 예를 행하는 일 같은 것은, 이것도 또한 상국을 우러러보아 사신이 왕래하는 때에 손님과 주인의 교접하는 의식이 있었던 것이니, 예의에 있어서 그렇게 한 것이 온대, 꾀는 일이 어찌 감히 있었겠습니까?

여진은 동녕부에 예속되어 이미 모두 군사가 되었으므로 마땅히 보내게 되었는데, 어찌 사람을 보내서 말하여 꾀겠습니까? 다만 요동 도사가 탈환 불화를 데려갈 때, 그 관할구역의 인민들이 혹은 즉시 따라가지 않은 사람이 있는 것은 저들이 그곳에서 편안히 살고 있기 때문이고, 신이 강제로 머물러 있게 한 것이 아니 오며, 우리나라에는 이바지할 것이 없으나 각자가 스스로 그 옛 업무를 지키고 있을 뿐입니다. 삼가 손수 쓴 조칙의 내용에 따라 탈환 불화의 본래 관하管下의 인민으로 그곳에 편안히 살면서 즉시 따라가지 않은 사람을, 사람을 보내어 조사해서 현재의 수효대로 발송하겠습니다.

요동에는 이전에 조선의 인민이 가서 요동에 의탁하고 있었으므로, 고향과 친척들을 생각하여 혹은 다시 도망해 와서 산골짜기 사이에 몰래 숨어 살고 있었는데, 신이 처음에는 절차를 알지 못하여 요동에서 온 외교문서에 따라 사람을 보내어 모두 체포하여 오게 하였습니다. 신은 생각하기를, 비록 본 계통은 작은 나라의 백성에게 나왔지마는, 그 성명이 명나라의 명부에 기재된 사람은 마땅히 용납해 두지 못하겠으므로 일찍이 벌써 돌려보냈으며, 그 도망해 와서 잡지 못한 사람은, 여진과 고려에서 이미 도망한 군사는 신고를 시행하지 않는가를 알지 못하여, 몰래 숨어 간 곳을 살피지 못했사오나, 지금 사람을 파견하여 널리 찾아 체포하도록 하였으니 곧 날짜를 정해 보내겠습니다. 사정이 급박하여 놀라고 두려워서 먼저 이 사유를 아뢰옵니다.

공물로 바친 말이 좋지 않다는 것은 곧 토성 때문에 그렇게 된 것이 오며, 조처하여 갖춰낸 수효는 많았으나 느리고 약한 말도 혹 있었을 것입니다.

황제의 뜻에 또 말씀하기를, '어째서 그대 나라 고려에서 전쟁으로 인한 재난을 속히 걸어오는가.' 하였사오니, 삼가 이 말은 진실로 황공하옵니다. 신이 비록 못나고 어리석지마는 광망한 데까지는 이르지 않았습니다. 황제의 덕을 입으면서도 그 덕을 꺼리고, 다른 사람의 허물을 책망하면서도 그 허물을 본받는 것은 진실로 인정이 아니온데, 어찌 이런 도리가 있겠습니까? 신이 만약 황제를 속인다면 하늘이 실로 굽어 살피실 것입니다.

생각하옵건대, 신은 일신의 조그마한 힘으로써 죽음을 무릅쓰는 계책을 내어 맨 먼저 대의를 일으켜 화란의 발단을 근절했사오니, 진실로 대국을 섬기는 충성에서 말미암은 것이지만, 여러 소인의 원망을 많이 받았습니다. 전일에 윤이尹彝·이초李初 등이 몰래 중국에 가서 시비를 거짓 꾸몄사오나, 다행히 황제의 살피심을 입어 신의 심정을 통할 수 있었습니다. 이미 황제의 고명한 세상을 만나서 의뢰依賴를 삼고자 하므로, 비록 거짓의 참소가 있더라도 스스로 근심하지 아니하온대, 어찌 비단처럼 꾸민 참소의 말이 또 황제의 귀에 들어갈 줄을 생각하였겠습니까? 매양 삼가 받드는 일에 힘을 다했사온대, 홀로 무슨 마음으로 멸시하고 꼬투리를 일으키겠습니까? 하늘의 꾸지람을 만났으니 땅에서 스스로 용납할 수가 없습니다.

삼가 바라옵건대, 황제 폐하께서 해와 달 같은 총명을 드리우시고 하늘과 땅 같은 도량을 넓히시어, 참소하는 사람이 사방의 나라를 뒤섞어 어지럽힘을 살피시고, 소신小臣이 한마음을 영구히 견디옴을 어여삐 여겨, 특별히 큰 은혜를 내리어 먼 지방의 풍속을 편안하게 하시면, 신은 삼가 마땅히 신하의 절개를 시종여일하게 더욱 굳게 지키고, 황제의 연세는 강녕하시라고 배倍나 축원하겠습니다."

—태조실록 2년 6월 1일—

그동안의 경과를 상세히 표문에 적어 보고하니 황제께서 후하게 대우하고 또 명령하기를, '너희 나라 사신의 행차가 왕래하는데 길이 멀어서 비용이 많이 드니, 지금부터는 3년에 한 번 조공하라.'라고 하였다.

조정에서는 이를 듣고 더 낮은 자세로 엎드렸다. 인사치레로 한 말을 곧이듣고 그대로 하다간 다시 무슨 봉변을 당할지 못한다며 종전대로 1년에 한 번씩 조공하며 그대로 시행하겠다는 표문을 다시 보냈다.

중추원 학사 이직을 보내어 중국 북경에 가서 사은하고 이내 그전대로 사신을 보내고 조공하기를 청하게 하였다. 그 표문은 이러하였다.

"조선의 신臣 남재가 북경에서 돌아와 삼가 황제의 유지가 간절하고 지극하심을 받고는, 신臣은 나라 사람들과 더불어 감격함을 견딜 수 없습니다. 황제의 훈시가 곡진하게 타일러 포용하는 도량을 보이셨는데, 신의 마음은 성실하고 전일 하오나 부끄러운 마음을 품게 되었습니다.

신은 그해 6월에 조선의 신 김입견을 보내어 말값을 내려 주심을 사례하였고, 7월에 또 신 윤사덕을 보내어 탄신일을 하례하였는데, 모두 요동 도사가 황제의 뜻이 있다고 일컬으면서 막았으므로 돌아왔습니다. 삼가 조선의 신 이지李至를 보내어 사정의 이유를 상세히 갖추어서 즉시 주문奏文하오니, 제 몸을 돌아보매 어찌 할 바를 모르므로, 황제께서 밝히 아시기를 바랐습니다.

지금 조선의 신 남재가 유지를 공포하는 황제의 뜻을 전해 받들고 왔사온데, '그대가 돌아가거든 그대 나라에 대하여 3년 만에 한 번 조공朝貢하도록 하고, 그대의 지성을 보아서 내가 사람을 시켜 그대를 불러오게 한다.' 하여, 사신 행차의 왕래하는 길을 통하게 하셨으니, 황제께서 편안케 하여 따르게 하는 은혜를 입게 되었습니다. 이것은 대개 황제 폐하께서 어짊과 사랑으로써 소민小民을 사랑하고, 총명으로써 미세한 것을 밝게 살피시와, 신의 낮은 정성을 살펴서 신에게 다시 일어나게 하였습니다. 다만 정초에 드물게 가는 것은 신의 마음에 예의를 다하지 못함이 있사오니, 원하옵건대, 공물을 바치는 것은 평상시와 같이하여 천자天子의 수명이 영원하기를 빌게 하소서." 하였다.

—태조실록 2년 9월 21일—

정안군을 따라 명나라로 가겠다고 자청하다

국호와 왕의 호칭 문제를 승인받기 위해 명나라로 사신을 보내야 했는데, 태조가 정안군에게 말하기를 "명나라 황제가 만일 묻는 일이 있다면 네가 아니면 대답할 사람이 없다." 하니 정안군이 답하기를 "종묘와 사직의 크나큰 일을 위해서 어찌 감히 사양하겠습니까?" 하였다. 태조가 눈물을 글썽거리면서 "너의 체질이 파리하고 허약해서 만 리의 먼 길을 탈 없이 갔다가 올 수 있겠는가?" 하니, 조정 신하들이 모두 정안군이 위험하다고 하였다. 이때 남재가 나서서 "정안군이 만 리의 길을 떠나는데 우리가 어찌 편히 베개를 베고 여기에서 죽는 것이 옳단 말인가?" 하고서 스스로 따라가기를 청하였다.

6월 국호 및 왕의 호칭 문제로 정안군이 명나라에 가지고 가다. 태조께서 정안군과 지중추원사 조반趙胖에게 분부하여 표문을 올리게 하고, 참찬문하부사 남재로 하여금 전문箋文을 올리게 하였는데, 그 표문에 이러하였다.

"흠차 내사 황영기 등이 좌군 도독부에서 청한 외교문서를 가지고 왔사온데, 삼가 성지를 받자오니 이르기를, '붙잡아 온 적인賊人 호덕胡德 등의 진술에 나오는 사람들의 성명을 등본해 가지고 가서 조선 국왕 아무개로 하여금 장남이나, 또는 차남을 보내서 친히 잡아 오게 하라.' 하였으니, 천명보다 엄한 이 명령을 받고 신하의 직분으로 자식을 보내지 아니할 수 없어, 이제 신의 간곡한 마음을 기록하여 임금님의 귀를 번거롭게 하나이다.

그윽이 생각건대, 신이 성상의 지극한 은혜를 입사와 오늘의 지위에 이르렀고, 삼가 소국 신하의 직책을 닦아 해마다 사신의 왕래를 이루었습니다. 즉 홍무 26년에 조선의 신 김입견을 보내어 표전문을 가지고 가서 말값을 하사한 데 대하여 사례하게 하고, 조선의 신 윤사덕은 표문을 가지고 탄신일을 축하하게 하였더니, 모두 다 요동 도사로부터 황제의 분부라 하고 가지 못하게 하므로 돌아왔습니다.

이번에도 삼가 조선의 신 이지李至를 보내서 도로의 내왕을 주청케 하였으며, 또 신 박영충을 보내서 천추절을 축하하게 하고, 신 경의慶儀로는 27년 새해를 축하하게 하였더니, 모두 요동까지 가서 도사都司로부터 전날과 같은 저지를 당하고 돌아왔습니다.

삼가 이로써 일국 신민들이 전전긍긍 황공하던 차에, 금년 12월 초 8일에 칙사로 보낸 내사內史 김인보 등이 도착하여 좌군 도독부의 외교문서를 받아 보니, 성상의 분부하신 한 조항 가운데, '조선은 이미 자주권을 허락하였으니 곧 정당한 조선 국왕이란 명칭을 사용해야 한다. 그런데 지금 국호는 조선으로 고치고 표문에는 아직도 권지국사라 하였으니 무슨 까닭인지 알지 못하겠노라.' 하였으니, 이것을 받자와 신의 어리석은 생각에는 국호는 명확히 내리신 바 있으므로 고쳤거니와 조선왕의 작호爵號는 아직 내리신 처분이 없으므로 감히 왕이라고 일컫지 못한 것입니다.

이번에 조선 국왕의 칭호를 바루라는 성지를 받잡고, 또 좌군 도독부 외교문서 속에, '이상을 조선 국왕에게 자문하니 이에 따라 시행하라.' 하였으므로, 표전문을 지어 조선의 신 안종원 등을 북경에 보내서 은총을 사례하게 했더니, 요동에 이르러 또한 전과 같이 길을 막으므로 가지 못하고 돌아왔습니다.

신은 온 나라 백성들과 함께 더욱 간장이 떨어지는 듯하여 황천을 우러러 호소도 하고 성상의 마음이 돌아서기를 바랐으나, 여태껏 길이 막혀서 황제의 귀에 사무치지 못할까 염려하였더니, 어찌 뜻하였으리오. 홀연히 성은을 입사와 미천한 자식이 들어가 뵙게 될 줄이야! 마치 곤궁한 자식이 어미의 품 안에 안긴 것 같고 길 가던 사람이 집에 당도한 것과 같아서, 감격과 기쁨이 겹쳐 말을 하려니 눈물이 흐릅니다.

말씀하신바 유두아 등은 우리나라 백성들 가운데 아무리 찾아보아도 이러한 성명을 가진 사람은 없고, 오직 임갈용의를 임거륜이라 하고 여균피력을 이군필이라 한 것은, 혹은 직역이 비슷하고, 혹은 음이 비슷하므로 추리하여 잡아 보내는 것이니, 어찌 유두아 등만 아껴서 강제로 유치시키겠습니까?
신은 또 호덕 등이 진술한 소식을 정탐하기 위하여 왔다는 것은 더욱 거짓말이라고 생각합니다. 해와 달이 중천에 밝아 있고 이목耳目이 있는 자로서 보고 듣지 않을 사람이 없으며, 성상이 지존에 계시니 무릇 혈기 있는 자들이 어버이로 높이지 않는 사람이 없습니다.

저의 작은 나라가 대국을 섬기어 오래전부터 인민과 군병의 수가 많은 것을 알고, 예악과 형정刑政이 잘 되어가는 것도 깊이 알고 있는 터에, 어찌 어린애 같은 자들을 보낸 뒤에 중국의 일을 알겠습니까? 이러한 사정은 이미 표문에 갖추어서 아뢰었사오니, 바라옵건대, 황제께서는 어린 것을 사랑하는 인자한 마음으로 미루고 하늘과 땅을 감싸는 도량을 넓히시와, 신의 원통함을 하소할 곳이 없는 것을 불쌍히 여기시고 신으로 하여금 충성을 다해서 새로운 출발을 하게 해 주시면, 영원히 변방의 한 나라가 되어 언제나 폐하의 만수 강령하기를 빌겠습니다."

-태조실록 3년 6월 7일-

사신단 중의 여러 사람 가운데에는 시종신에 있어 공경함을 다하지 않는 자가 혹 있었으나 홀로 공만은 예를 행함이 매우 공손하였다. 중국에 가 일이 풀리자 황제가 후한 예를 보이며 돌려보냈다.

정도전 편에 선 동생 남은과 이방원 편에 선 남재

정당문학 남재는 남은의 형이다. 남은은 당대의 최고 권력자 정도전을 따르다가 죽음의 길로 들어서고 남재는 미래의 권력자 태종을 따르다가 영의정을 지냈으니 한순간의 결정이 얼마나 다른 결론을 가져오는가를 알 수 있는 역사적 사실이다. 제1차 왕자의 난이 일어나던 날, 남재는 일찍이 명을 받들어 송악에 제사를 지내려고 갔다가, 변고가 났다는 말을 듣고 돌아왔다. 정도전과 남은이 제압되자 임금은 교지를 내려 방과(정종)를 세자로 삼는다고 반포하고, "정도전의 당파를 제외하고는 1398년 8월 27일 이른 새벽 이전에 이미 발각되었거나 발각되지 않았거나 사형·교형 이하의 죄는 모두 사면 면제하게 한다"고 하였다.

"1396년 6월 11일, 황제가 내관 양첩목·송패라·왕예와 상보시 승 우우牛牛 등 관원을 보내어 정도전을 독촉하여 오도록 명했는데, 이때 정도전이 고창증을 앓아서 일어나지 못하였으며, 또 1397년 4월 17일에 중국 예부가 가지고 온 황제의 칙지에 의하면, '지금 조선 국왕이 임명한 문인 정도전이란 사람은 왕의 보좌에 있어서 무엇을 하는 사람인가? 왕이 만약 깨닫지 못한다면 이 사람은 반드시 화의 근원이 될 것이다.' 하였다.

삼가 알려 깨우쳐 줌이 친절하심을 받자와 장차 파견하고자 하였으나, 정도전이 병이 아직 낫지 않으므로 그대로 있게 되었다. 지금은 병이 나았으므로 장남 이방과가 나에게 고하기를, '정도전을 마땅히 보내어 북경에 가도록 해야겠습니다.' 하니, 정도전이 그 말에 원한을 품고 이에 삼군 절제사 남은과 소실 아들 이방석의 처형 남편인 심효생과 인척 장지화 등과 몰래 모의하여 이방석의 세력을 믿고 이방과 등을 해치고자 하여 사직을 거의 위태롭게 할 뻔했으나, 오히려 천지와 조상의 도움에 힘입어 이미 죄에 복종하여 참형을 당하게 되었다. 지금 장남 이방과는 성품과 행실이 순수하고 근신하며 뜻은 충효에 있으므로 마땅히 세자가 될 만하고, 또 대소 신료들이 전부 말을 올려 청하니, 1398년 8월 27일에 종묘에 고하고 세워서 후사로 삼는다.

아아! 군친은 반역할 수 없어서 죄인이 복죄되고 적자가 이미 정해지매 사직이 안녕하게 되었다. 이러한 난리를 평정하고 세자를 세우는 초기에 있어서 마땅히 은혜를 미루어 죄인을 용서하는 은전을 보여야 될 것이니, 정도전의 당파를 제외하고는 1398년 8월 27일 이른 새벽 이전에 이미 발각되었거나 발각되지 않았거나 사형·교형 이하의 죄는 모두 사면 면제하게 한다."

-태조실록 7년 8월 26일-

동생 남은이 정도전의 오른팔로 활약하다가 처형되자 남재를 처벌하자는 논의가 줄을 이었다. 태종이 남재를 보전하기 위해 태종의 사가에 두게 했는데, 남재의 어머니가 남은과 함께 난리에 죽었다고 생각하여 매우 슬피 우니, 남재가 그 수염을 뽑아 어머니에게 보내었다. 그 어머니가 말하기를, "남재는 죽지 않았구나." 하고 숨을 돌렸다.

난리가 평정된 뒤에 어머니를 과주果州의 향리에서 뵙고 그대로 머물러 있었는데, 남은 당파의 죄를 다스린다는 말을 듣고서, 남재는 두려워하여 미복 차림으로 도망하였으나, 대장군 마천목이 그를 완산 노상에서 만나 그 관아에 가두고, 조정에 와서 알리니, 남재를 의령으로 내쫓았다. 태조와 태종이 남재를 살리기 위한 방편으로 먼 지방에 유배를 보낸 것이다.

해가 흘러 남재가 영의정을 지내고 남원 부원군으로 물러나 있을 때 태종이 술자리를 베푸니, 태종이 왕자의 난 때 남재가 도피하던 상황을 이야기하며 한바탕 웃었다.

신루新樓에 술자리를 베풀었다. 의령 부원군 남재가 한성에서 와서 임금님을 모시고 앉으니, 임금이 농담으로 무인년 가을에 아무도 죄를 논의하는 사람이 없었으나 남재가 겁을 내어서 도망하였던 상황을 말하기를,

"남은의 난에 경이 유후사(개성)에서 와서 갈 곳을 알지 못하고 두려워하여 쩔쩔매고 있었으므로, 내가 사람을 시켜 우리 집에 잡아다가 두게 하였는데, 우리 집에 이르자 지금 세자를 안고 홀로 대청에 앉아서 두려워하고 겁에 질려 말하기를, '내가 장차 어디로 가겠습니까? 바라건대, 숨을 곳에 들어 주소서.' 하니, 정비(원경왕후)가 말하기를, '절대로 두려워할 것이 없습니다. 만약 사건이 있으면 반드시 사람을 시켜 통지하겠습니다.' 하였다.

남재는 마침내 스스로 안정하지 못하고 도망하여 갔는데, 나라에서 그 모양을 그리어 여러 군郡·현縣에 펴서 물색하여 이를 구하여, 장차 의령에 유배하려고 하였다. 남재가 미복 차림으로 걸어서 가다가 저녁에 한 촌집에 투숙하였는데, 주인 노파가 자세히 보고 말하기를, '객의 생긴 모양을 보니, 방금 나라에서 찾는 남 정당과 같습니다.' 하니, 남재가 천천히 대답하기를, '내가 이처럼 빈천한데, 만약 남 정당이라도 된다면 다행하겠다.' 하므로, 노파가 말하기를, '내일 아침에 마땅히 관청에 나아가서 이를 고하겠습니다.'하고, 꼭두 새벽에 일어나 보니, 남재가 간 지가 이미 오래였다.

마천목이 남원으로 가는 도중에 만났는데, 남재가 채찍을 때려서 말을 몰므로 마천목이 말에서 내려 두 손을 모으고 서서 말하기를, '영공令公은 어디로 가십니까?' 하

였으나, 남재가 돌아보지도 않고 가면서 말하기를, '쳇! 나를 어떤 사람이라고?'하니,
마천목이 말하기를, '영공令公은 정지하소서. 내가 어찌 남 정당을 알아보지 못하겠
습니까?' 하였다. 남재가 뒤로 물러서서 바로 보면서 말하기를, '내가 남재인가?' 하
였으나, 마천목이 웃으면서 정지시키니, 남재가 망연히 탄식하기를, '네가 정말 나의
3세 원수로다.' 하였다."
하니, 여러 경이 다투어 이를 말하였다. 남재가 능히 대답하지 못하고 다만 '허허허'
할 뿐이었고, 임금도 또한 크게 웃으니, 여러 경도 모두 입을 벌리고 크게 웃었다.

—태종실록 18년 6월 10일—

한양사는 집세와 포백세를 징수하기로 하다

정2품 이상에게 명하여 성내의 집터와 시중의 면포에 대하여 세稅를
거두는 것의 편리함과 불편함을 의논하게 하였다. 병조판서 김승주 등
은, "포백세[77]는 거둘 수 있으나, 가기세(집세)[78]는 면제해야 합니다."

하고, 호조판서 박신만은 홀로, "두 가지 세를 마땅히 다 거두어야 합
니다." 하였다. 의논이 올라가니, 임금이 이를 어렵게 여기어, 우대언 한
상덕에게 3정승의 집에 가서 묻게 하였다.

남재와 이직은 모두 이르기를, "민호에 세를 거두는 법은 옛 제도에도
약간 있으며, 또 시행한 지도 여러 해가 되었습니다. 더욱이 저화楮貨를
사용하여 세를 받는 것이 마땅하며 해가 없을 것입니다. 포백세 같은 것
으로 말하면 옛날에는 없었던 것이며, 또 이미 장사치에게 세를 받으면서

---

77) 포백을 사고팔 때 거두는 세금.
78) 서울의 집터에다 해마다 매기는 세금.

또 다시 세전을 받는다면, 이것은 두 차례나 세를 받는 것입니다. 또 더구나, 먼 지방의 군졸들이 포布를 사 가지고 쌀을 사기 위하여 날을 보내는 자가 많아져서, 백성들이 반드시 괴롭게 여길 것입니다." 하니, 하륜이 말하였다.

"이제 하나의 법을 제정하여 마땅히 만세에 전하여야 합니다. 집터에 대하여 세를 받는 것은 경전의 기록에 실려 있지 아니하고, 중국에서도 포백에 대하여 세를 받는 일은 없습니다. 조정에서 방금 사용하고, 또 저화의 법을 쓰는 데 도움이 되는 것은 취하지 않을 수도 없습니다." 한상덕이 곧 두 정승의 말을 하륜에게 고하니, 하륜이 대답하기를,
"만약 그렇다면 병사에게는 세를 면하게 함이 좋겠다." 하였다.

이튿날 임금이 여러 판서에게 '어제 하륜의 의논'을 가지고 말하니 모두 입을 다물고 대답하지 못하였는데, 오직 박신만은 마땅히 거두어야 된다고 힘써 말하였다. 임금이 이 말을 옳게 여기어 마침내 포백세와 가기세를 모두 거두도록 명하고, 인하여 지방에서 입대한 숙위 별패와 외패·갑병 등은 쌀을 바꿀 포백을 병조에 고하여 비표를 달고 저자로 나아가게 하여, 모두 세를 받지 말도록 명하였다(태종실록 15년 4월).

남재의 졸기

1419년[69세] 태종 19년 12월 14일 의령 부원군 남재의 졸기.

의령 부원군 남재가 죽었다. 조회와 저자를 3일 동안 정지하고, 부의로서 쌀과 콩 각 70섬, 종이 2백 권을 주고 관에서 장사를 돕고 시호를 충경忠景이라 하였는데, 자신을 위태하게 하면서 윗사람을 받든 것이 충이고, 의義에서 행하면서 일을 이루는 것이 경이다. 남재는 경상도 의령이 본관이다. 젊어서 과거에 급제하고, 지금 일에도 밝고 옛 일에도 통달하였다. 사헌부와 사간원을 역임하고 서울과 지방에 드나들어 국가와 사회를 경영하고 백성을 구제하는 경세제민經世濟民하는 재간이 있었다. 고려가 조선으로 세상이 바뀔 무렵에 태조를 추대하는 모략이 남재한테서 많이 나왔고, 1394년 사이에 태종이 왕자로서 명나라에 들어갔을 때 남재가 따라갔는데, 그때 함께 갔던 재상이 자못 불공하였으나 홀로 남재만은 예로서 공경하였다. 태조 7년에 그의 아우 남은南闇이 정도전·심효생과 더불어 여러 왕자를 없애버리기로 모의하였으나, 태종이 남재는 모의에 간여하지 않았다 하고 사저私邸에 두었다가, 사건이 평정된 뒤에 죽음을 면하게 하여 귀양보내고 다시 소환하였다. 여러 번 벼슬이 승진하여 우의정에 이르고 부원군에 봉하게 되었는데, 상왕이 나이 많고 덕이 높은 대신으로서 특히 예절을 더하여 대우하였다. 이때에 이르러 병으로 죽으니, 나이 69세였다. 그의 손자 남휘는 상왕의 넷째 딸 정선공주와 결혼하였다. 남재가 젊었을 때는 집이 가난하여 종 하나 말 한 필이었으며, 정7품 합문지후로서 아홉 하나 승진하지 못하니, 그의 장인도 예로서 대접하지 않았다. 개국공신이 되자, 세도를 믿고 남의 노비를 많이 탈취하였다. 무인년에 변정 도감 제조가 되었을 적에 어떤 사람이 남재를 고소한 일이 있는데, 남재가 성을 내어 딴 일을 가지고 여러 가지 방법으로 핍박하니, 그 사람은 분해서 죽었다. 그 까닭에 만년에는 재산이 제법 부유하였다. 또 그 아우 남실과 살림을 다투어서 종신토록 화목하지 못하였으며 남실은 아침밥을 겨우 먹는데도 구휼하지 않았다.

—태종실록 19년 12월 14일—

남재가 죽자 태종과 세종이 빈소를 찾아와 제를 올리며 교서를 내렸다. 조선 왕조에서 두 임금이 직접 빈소까지 찾아와 제를 올리고 교서를 내린 신하는 남재 뿐이었다.

두 임금이 남재의 빈소에 교서를 내리다

1419년 세종 1년 12월 17일 태종이 남재의 빈소에 내린 교서.

상왕이 병조 참의 윤회에게 교서를 주어서 의령 부원군 남재의 빈소에 제를 올렸다. 교서에 말하기를,

"생사의 길고 짧은 이치는 대개 천명의 자연으로 인함이요, 슬프고 영화로움에 작위를 부여하고 불쌍히 여겨 베푸는 임금의 은혜는 실로 국가의 떳떳한 법이라. 하물며 팔다리의 늙은이에게 어찌 융숭한 예우가 없으랴. 경은 성질이 영걸하고 식견이 고매하매, 학문은 들은 것이 많고 적선한 나머지 경사스러운 일도 많았다.

천명의 거취를 알고 인심의 향배를 살펴, 고려의 국운이 썩어들어 가고 우리 집 왕업이 일어날 때를 당하여, 태조를 몸과 마음으로 도왔고, 생민을 도탄에서 건졌으며, 의를 바탕으로 정책을 결단하여 창업하는 큰 규모를 도와 이루었고, 천명과 인심에 순응하여 개국의 중요 정책에 협력하였다. 사헌부의 기강을 북돋우니, 간사한 무리는 모두 낙담하였고, 승정원의 승지를 맡아 왕명을 출납하면서 순종하지 않아, 명망은 조정에 높고, 풍문은 전국에 떨쳤다.

일찍이 내가 명나라에 조근하던 날, 부사가 되어서 발 벗고 물 건너는 수고로움을 꺼리지 아니하고 밤낮으로 고락을 같이하였으며, 내가 왕위를 이어받은 뒤, 더욱 보필의 공을 발휘하여 자신의 안위를 걸고 국가와 운명을 같이하였으며, 착한 것을 좋아하고 악한 것을 미워하였음은 후인에게 경계가 될 만하고, 임금을 높이고 백성을 두둔하였음은 진실로 옛 현인들에게도 부끄러움이 없으리라. 나이 더욱 높아도 기운은 더욱 장하였으며, 벼슬이 더욱 높아도 마음은 더욱 겸손하였다.

바야흐로 몸과 마음을 휴양하여 한가롭게 거처하고, 함께 태평세월을 길이 누릴까 하였는데, 한 번 병이 들어서 갑자기 구천으로 떠날 줄 어찌 알았으랴. 말이 이에 미치매 슬픔이 그지없도다. 어허, 경이 지키던 지조는 생사에 따라 없어지는 것은 아니지마는, 만약 의심나는 것이 있으면 어디에 고문하여 결정할까. 변변치 못한 특전을 베풀어 조금이나마 영령을 위로하노라." 하였다.

1419년 세종 1년 12월 19일 세종이 남재의 빈소에 내린 교서.

임금이 수레를 갖추어 백관을 거느리고 남재의 집에 거둥하여 제를 올렸다. 임금이 그 집 문전 6, 7보 앞에서 말을 내려 임시막사에 들어갔는데, 상주 남지가 길 왼편에 엎드려서 맞이하였다. 남지에게 명하여 잔을 올려 제사를 드리게 하고, 소윤少尹 김상직이 교서를 읽었다. 제를 마친 다음 임금이 수레를 돌렸는데, 남지가 길 왼편에 엎드려서 애곡하니, 임금이 수레에 이마를 대어 예하고 지나갔다. 그 교서에 말하기를,

"듣건대 원수元首와 팔다리는 한 몸 한마음이라. 그러므로 임금이 신하에게 살아서는 작록으로 영화를 주고, 죽어서는 조의와 위로의 은전을 베푸는 것이 고금에 통한 의리요, 국가의 떳떳한 법칙이다. 생각건대, 경은 의정부의 거룩한 자질과 산하의 뛰어난 정기를 타고 나서 백가의 학문을 다 닦고 세상만사의 변화를 처리하는 재주가 있었다.

대를 쪼개고[79] 물고기를 나누매[80], 백성들은 바지가 다섯 벌이라는 노래를 부르게 되고[81], 수레에 올라 고삐를 잡으매[82] 노래는 감당甘棠[83]에 미쳤도다. 착한 정책을 건의하고, 아름다운 정치를 시행하여 승지의 책임을 맡으매, 탁한 것을 물리치고 맑은 것을 드높였으며, 사헌부에 있을 때, 홀로 그 명망이 우뚝 솟았고, 의정부의 영수가 되어 만사를 조화하여 큰 솥과 같이 안정시켰으며, 전국의 여러 관직을 역임하여 성명이 널리 퍼졌다.

---

79) 병부. 지방의 수령과 장수에게 병부의 한쪽을 쪼개어 주어서 신표로 삼았음.

80) 구리로 물고기 모양의 인장을 만들어서 신표로써 그 반쪽을 지방관에게 주던 것임.

81) 동한 염범이 촉군 태수가 되었는데, 전에는 화재를 방지하기 위하여 백성들이 밤에 불을 켜고 일하는 것을 금지하였으나, 염범은 물을 많이 준비하여 밤에 일을 하도록 하니, 백성들이 편케 여겨서 노래를 불렀는데, "염 숙도(염범의 자)가 왜 늦게 왔던가. 불을 금단하지 않으니 백성이 편케 일한다. 전일에는 적삼도 없었는데, 지금은 바지가 다섯 벌일세." 하였다는 데서 나온 것으로, 정사를 잘하였다는 것을 의미함.

82) 동한 환제 때 기주에 도적떼가 일어났으므로, 범방이 청조사가 되어 조사하게 되었는데, 수레에 올라 고삐를 잡아당길 적에 개연히 천하를 맑고 깨끗하게 할 마음이 있었다고 함.

83) 나무 이름인 동시에 시전詩傳 소남 편명이기도 함. 주나라 소공이 남국을 순행하며 정사를 다스리고 농사를 권하면서 감당 나무 아래에 머물렀는데, 뒤에 백성이 그를 사모하여 그 나무까지 사랑하여 시를 지었다 함.

옛날 고려 말기의 정치가 어지럽고 백성이 흩어져 천명과 민심이 덕 있는 사람에게 돌아가자, 경은 그 기미를 밝게 알고 성조를 추대하여 억만년 무궁한 큰 자리를 개창하였고, 우리 상왕께서 명나라 조정에 나아갈 때 경도 또한 배종하여 산을 넘고 물을 건너 상왕의 고생스럽고 어려움을 막았으매, 내가 왕위에 오르자 유익함이 더욱 많아, 어린 나에게는 경과 같은 늙은이가 더욱 물거울과 약석藥石이 될 것인데, 지금 그만이니 무엇으로 마음을 잡을까.

하물며 경은 과인에게 옛 은혜의 교분이 있고, 경의 손자는 인척의 경사가 있어, 장차 백관의 의표가 되어 네 세대를 보필할 것이라 하였더니, 하늘이 백성을 불쌍하게 여기지 않으심인지 갑자기 방아 노래를 멈추게 하였으니[84], 마음 아픔을 어찌 참으랴. 이에 유사에 명하여 삼가 장례를 치르게 하고, 이제 박한 제물을 갖추어 빈소에 와서 제를 드리노라. 어허, 국가와 함께 운명을 같이하는 마음을 처음부터 끝까지 길이 두 어깨에 졌으니, 애도하고 영광을 주는 예도 존망 간에 극진하리로다."라 하였다.

1422년 세종 4년 1월 5일 신궁에 문안하고, 남재·이제·남은 등에게 시호를 내리다.

남재에게 내린 교지에, "대업을 처음 일으키는 임금은 반드시 여러 대만에 나는 현인에게 힘입게 되며, 큰 공을 세우는 신하는 마땅히 무궁한 보답을 누려야 될 것이다. 이는 곧 공변된 의리이며 사사의 은혜는 아니다. 경은 학문이 고금의 사적을 통달하고, 식견은 기미의 일까지 환하게 알았다. 활달한 높은 생각으로써 경국제세經國濟世의 원대한 계책을 쌓았었다.

고려의 국운이 이미 쇠진한 때를 당하여 천명의 거취를 알게 되었다. 이에 여러 공과 더불어 의논을 결단하고 계책을 정하고 태조를 추대하여 나라를 세웠다. 이 백성을 구원하고 세상을 구제하여 억만년 무궁한 경사를 마련하였으니, 그 공렬이 어찌 위대하지 않으랴.

---

84) 진나라 목공 때에 백리해가 정승으로 정사를 잘하다가 죽으매, 아이들은 노래 부르지 아니하고, 방아를 찧는 사람들도 방아 노래를 중지하였다는 고사에서, 정승이 죽은 것을 뜻함.

배향할 신하를 널리 물으니, 모두 말하기를, '경卿이라.'고 하였다. 지금 봄 제사를 거행함에 있어 우리 태조에게 배향하여, 묘정에 종사하게 하여 특별한 공훈에 보답하니, 상상컨대, 알음이 있거든 나의 이 명령을 받을지어다."라고 하였다.

1422년 세종 4년 1월 9일 남재·이제·남은을 태조의 묘정에 배향하다.

[승진과정]

〈고려시대〉

1371년[21세] 공민왕 20년 진사시 합격
1389년[39세] 우사의
1390년[40세] 판전교시사 겸 집의, 철원부사

〈조선시대〉

1392년[42세] 태조 1년 7월 좌명공신, 사헌부 대사헌, 의성군
1393년[43세] 태조 2년 2월 중추원 학사,
                6월 명나라 주문사(3년에 한 번씩 조공을 허가받다),
                7월 회군 3등 공신, 9월 판중추원사
1394년[44세] 태조 3년 3월 참찬문하부사,
1395년[45세] 태조 3년 2월 부친상, 12월 노비변정도감 판사
1396년[46세] 태조 4년 5월 삼사좌복야, 12월 태학사, 12월 도병마사
1398년[48세] 태조 7년 8월 정당문학, 9월 의령군,
1400년[50세] 정종 2년 1월 28일 남재가 정안공을 세워 세자로 삼자고 하자 정안공이
                듣고 크게 노하여 꾸짖다.
1403년[53세] 태종 3년 3월 예문관 대제학, 10월 경상도 관찰사
1404년[54세] 태종 4년 3월 개성 유휴, 6월 의정부 찬성사, 10월 겸 판의용 순금사사
1405년[55세] 태종 5년 1월 병조판서
1406년[56세] 태종 6년 윤 7월 의정부 찬성사, 8월 이조판서
1407년[57세] 태종 7년 9월 명나라 진위사, 12월 이조판서
1408년[58세] 태종 8년 2월 의정부 찬성사 겸 판의용 순금사사,
                4월 대사헌, 10월 병조판서, 12월 이조판서
1409년[59세] 태종 9년 3월 의정부 찬성사
1411년[61세] 태종 11년 9월 원종공신 1등
1413년[63세] 태종 13년 8월 경성수보도감 도제조, 10월 우정승
1414년[64세] 태종 14년 4월 정부조직 개편
1414년[64세] 태종 14년 6월 좌의정, 8월 고려사 개수에 참여.
1415년[65세] 태종 15년 9월 의령 부원군, 10월 우의정, 11월 남재의 손자를 부마로 삼다.
1416년[66세] 태종 16년 5월 25일 영의정 부사, 11월 2일 의령 부원군
1419년[69세] 태종 19년 12월 14일 의령 부원군 남재가 죽다.

13. 한상경韓尙敬

높은 식견과 단아한 성품의 정승

생몰년도	1360년(공민왕 9)~1423년(세종 5) [64세]
영의정 재직기간	(1418.6.5.~1419.9.3.) (1년 3개월)
본관	청주
자	숙경叔敬, 경중敬仲.
호	신재信齋
시호	문간文簡
군호	서원군西原君
공훈	개국공신 3등. 옥새를 이성계에게 전달한 공로
묘소	경기도 남양주시 진접읍 금곡리
기타	옥새를 이성계에게 전달한 공으로 개국3등 공신에 책봉, 영의정에 오르다.
증조부	한악韓渥—상당부원군
조부	한공의韓公義—호부상서
부	한수韓脩—판후덕부사, 문경공
모	길창군 권적權適의 딸
형	한상질韓尙質—예문춘추관 대학사, 한명회의 조부
아들	한혜韓惠—전라도 감사, 함흥부윤
손자	한계미韓繼美—영중추부사
손자	한계희韓繼禧—서평군西平君
손자	한계순韓繼純—청평군淸平君

옥새를 전달한 공로로 3등공신이 되고 정승에 오르다

한상경은 고려개국 벽상공신 한란韓蘭을 시조로 하는 청주 한씨로 조선조에 들어 역시 개국에 공을 세워, 가문에서는 맨 먼저 영의정에 오른 인물이다. 부친은 익재 이제현, 목은 이색과 깊이 교류하였던 판후덕부사 한수이고, 조부는 밀직부사를 지낸 한공의이며, 증조부는 충혜왕의 묘정에 배향된 우정승 한악이다. 어머니는 안동권씨로 문하부 찬성사를 지낸 권적의 딸이다.

한성판윤을 지낸 한상환, 명나라에 가서 조선이라는 국호를 받아온 한상질, 호조참판을 지낸 한상덕과 형제간이다. 가문에서도 많은 인물들이 나왔는데 수양대군을 보위에 올렸던 한명회는 종손이며 좌의정을 지낸 한확과, 성종의 어머니 소혜왕후(인수대비), 영의정을 지낸 한치형, 형조판서를 지낸 한형윤 등도 직계나 방계 후손들이다.

고려조 대대로 높은 관직을 지냈고 성리학을 적극적으로 수용했던 가문에서 태어난 한상경은 23세의 나이로 문과에 급제하여 예의좌랑, 사간원 우정언, 예문관 응교 등의 요직을 두루 거쳤다.

1392년 승지가 되었는데 이성계가 개국할 때에 추대하는 논의에 참여하여 옥새를 받들어 올렸으므로, 개국공신 3등에 녹훈되고 도승지로 옮겼다.

1392년 10월 대간에서 한상경 등 7인의 개국공신 추록을 반대하였다.

대간臺諫이 연명하여 상소하였다. "전하께서 즉위하셔서 공신을 3등급으로 정하여 이미 상품과 훈공패를 내리신 지가 오래되었는데, 지금 또 우승지 한상경 등 7인을 공신이라 일컬으니, 신 등은 그윽이 의혹이 생깁니다. 또 그 조그마한 공로를 기록하여 공신으로 삼는다면, 여러 해 동안 노고를 하면서 모신 인사로서 참여하지 못한 사람들은 모두 실망할 것이오니, 7인의 공신 칭호를 없애기를 청합니다. 더군다나 병조 의랑 민여익은 정몽주가 죽었다는 말을 듣고 말하기를, '마땅히 죽어서는 안 될 것인데도 죽었다.'라고 했으니, 그가 정몽주에게 편든 것이 명백합니다. 마땅히 공신의 반열에 참여할 수가 없습니다."

임금이 남은에게 일렀다.

"공신은 나와 경卿 등만이 아는 바인데 대간臺諫이 어찌 알겠는가? 또 민여익이 정몽주가 죽던 날에 손흥종과 더불어 의논하여 문서를 급작스레 만들어 여러 도에 나누어 보내어서, 경卿과 조준 등으로 하여금 살게 했으니 그 공이 작지 않은데, 어찌 정몽주가 마땅히 죽어서는 안 된다고 즐겨 말했겠는가? 비록 이런 말이 있었다고 하더라도, 신하가 임금에게 청하지도 않고서 대신을 제 마음대로 죽였는데, 누가 '마땅히 죽어서는 안 된다'고 말하지 않겠는가? 또 정몽주가 죽은 후에 여러 군사부의 군관 등이 사직의 대계를 위하여 글을 올려 정몽주와 그 일당들에게 죄주기를 청하였는데, 그 글에 서명한 사람들은 위태하고 의심스러운 시기에 있어서도 나에게 뜻을 두었으니, 또한 칭찬할 만한데, 또 '낮은 공신'이라 일컫고자 하니, 대간에서 가히 이를 그만두게 해야 할 것이로다." 이어서 대간에 교지를 내렸다. "다시는 거론하지 말라."

-태조실록 1년 10월 3일-

이후 한상경은 충청도 관찰사를 지냈으며 서원군에 봉해졌고 삼봉 정도전과 정안대군 이방원의 대립 할 때는 중립적인 입장을 지켰다.

1400년에 태종이 즉위하여 한상경에게 이르기를, "내가 큰 왕업을 계승하였는데, 어떻게 다스려야 할 줄을 몰라서 마음속에 실로 어렵게 여긴다."라고 하니, 한상경이 답하기를, "옛사람이 한 말에 '임금은 임금 노릇 하기가 어려운 줄을 알아야 한다.'라고 하였는데, 전하께서 그 일이 어려운 줄을 알고 계시니, 실로 우리 동방의 복입니다. 그러나 아는 것이 어려운 일이 아니라, 행하는 것이 어렵습니다."라고 하자, 태종이 가상히 여기어 받아들였다. 중국의 단목지端木智가 우리나라에 사신으로 오자 한상경을 접반사로 명하여 그를 접대하게 하였는데, 수십 일 동안에 그를 예우로 대접함이 더욱 근실謹悉하였으므로 단목지가 말하기를, "옛날에 제나라 안평중이 남들과 교제를 잘하여 사귄 지가 오래되어도 공경하였다고 하는데, 공이 바로 그 사람이오."라고 칭찬하였다.

53세에는 국가의 재정을 담당하는 호조판서에 올랐고 참찬의정부사, 이조판서를 거쳐 56세에는 정1품의 의정부 우의정에 올라 서원 부원군으로 봉해졌다. 한상경은 이듬해 국정 최고의 자리인 의정부 영의정을 지냈으며 이후 관직을 떠나 조용히 여생을 보내다 64세의 일기로 생을 마감하였다. 조정에서는 대신의 죽음에 예를 표하며 장례를 돕도록 하였고 문간文簡이라는 시호를 내렸다.

한상경은 어려서부터 유희遊戲를 좋아하지 않았고 식견과 도량이 정확 민첩하고 몸가짐과 태도가 단정하고 공경하였다. 성장하여 벼슬에 나아가서는 청렴결백하게 자신의 절조를 지키어, 오랫동안 전선(銓選, 인사 담당)을 관장하면서 오직 공정하게 인물을 천거하였고, 집에서 지낼 때는 검소하게 생활하여 의복과 음식은 깨끗함을 취하면 그만이었다.

한상경은 태종이 재위하던 시절 정승을 지내면서 권력에 대한 욕심을 부리기보다는 임금의 의사에 따라 조정을 충실히 이끌었던 재상이었으며 학문과 글씨에도 뛰어났던 학자로 후손들이 크게 번성할 수 있는 기틀을 마련했던 인물이었다.

모친을 섬김에서는 아침저녁으로 문안을 살피고 몸소 맛있는 음식을 챙겨 드렸으며, 비록 벼슬이 높아지고 나이가 늙은 뒤에도 일찍이 폐지한 적이 없었다.

한상경의 아들 한혜韓惠는 참판에 올랐는데, 그는 한계윤·계미·계희·계선·계순 다섯 아들을 두어 모두 크게 현달 번창하니 한상경의 후손들은 조상의 음덕 때문인지 조선조에 기라성같이 빼어난 인물들이 많았다 (한상경, 국조인물고, 세종대왕기념사업회).

시무책 10개 조

한상경이 대사헌이 되어 태종임금께 올린 시무십조時務十條를 올렸는데, 다음과 같다.

"1. 환과고독(鰥寡孤獨 : 홀아비, 과부, 고아, 자식 없는 노인)은 문왕文王이 정사를 시작할 때에 먼저 구제하였던 것입니다. 오늘날 전국에 어찌 하소연할 곳이 없어 살 곳을 잃은 자가 없겠습니까? 바라건대, 한성부·유후사·각도 관찰사가 조사하여 구호하게 하고, 그들의 이름을 적어서 아뢰게 하소서.

1. 맹자에 이르기를, '사람마다 그 어버이를 친어버이로 여기고, 그 어른을 어른으로 여기게 되면 천하가 태평하여진다.'라고 하였으니, 바라건대, 서울과 지방의 효자·효손·홀아비·수절과부를 살펴 물어 포상함으로써 풍속을 가다듬게 하소서.

1. 오부 학당의 교수·훈도관은 생도를 모아 매일 가르치고 지도하는데, 해가 다하여 파하여도 점심點心 제공이 없고 또한 조수도 없어서, 도리어 주州·군郡의 향교만도 못하니, 마땅히 전토와 노비를 주게 하소서.

1. 무릇 사면이 있어 죄수를 방면하게 되면, 절도한 사람은 무거운 죄가 아니라 하여 놓아주어 친척들이나 혹은 같은 마을 사람에게 맡기는데, 그 사람은 장물을 징수 당할까 염려하여 즉시 도망하여 숨습니다. 장물을 징수하는 날, 그 맡은 사람에게 책임을 지워서 날짜를 정하여 가두거나 혹은 그 물건을 내게 한다면, 사면한 은혜가 도리어 죄 없는 사람에게 해가 되어 참으로 불편하니, 바라건대, 이제부터는

절도로 사면하더라도 태장만을 치지 말고 그대로 옥에 두어 장물을 다 징수한 뒤에야 놓아 주게 하소서.

1. 성城안에 무릇 공사가 있게 되면, 한성부에서는 곧 오부(동·서·남·북·중부)의 마을 사람들에게 그 일을 하게 합니다. 그러나, 사람들은 모두 면하기를 꾀하여서 일하는 사람은 다 무고한 집의 아동과 부녀들이라, 전하께서 불쌍히 여기시는 뜻을 잃게 되니, 바라건대, 이제부터는 마을 사람의 역사는, 오직 길가에 사는 사람이 그 앞길을 소제하는 것을 제외하고는 한결같이 모두 금지하게 하소서.

1. 무식한 무리가 농삿달에 사냥하여 크게 곡식을 해치므로, 무고한 백성의 원망이 하늘에 미치니, 바라건대, 이제부터는 경기와 지방에서 농삿달에 함부로 사냥하는 자는 엄하게 금법으로 다스리게 하소서.

1. 양계(국경 지역)에서 매를 진상할 때에는, 사사로이 매를 가지고 있는 자가 매우 많으므로, 내왕할 즈음에 폐단이 이루 말할 수 없으니, 바라건대, 도순문사가 진상하는 숫자를 정하여, 도병마사가 진상하지 말게 하고, 매에 대한 한 가지 일만이 아니라, 기타의 진상에도 도순문사 이외에는 모두 금단하게 하소서. 여러 고을의 수령과 조련사도 사사로이 매를 키워 백성에게 폐를 끼치니, 아울러 엄금함이 좋겠습니다.

1. 외방의 수령은 모든 부역하는 일에 있어서, 혹은 옛 규정에 근거하여 아전에게 넘기고, 또 논밭을 실제 조사하고 군역세를 납세할 때에도, 감독을 정하여 자신이 친히 하지 않습니다. 이에 간사한 아전과 항원(鄕愿: 악덕 토호)은 곧 권력을 조작하여 무고한 백성이 폐단을 깊이 받사오니, 감사는 자세히 고찰을 가하여, 만일 몸소 하지 않거나 친히 하지 않는 자가 있게 되면, 엄하게 규찰하여 다스리게 하소서. 그 납세의 일에 대하여는 모름지기 납부하는 자로 하여금 평미레(곡식을 되에 담아 평평하게 쓸어내는 기구)로 헤아려 남은 것은 비록 한 말, 한 되라도 다 돌려주게 하소서.

1. 주·군의 각 이방 별감이 관문官門을 드나들 때는, 대리인에게 출장비를 주고, 또 마을 안 일에서도 혹 늦으면 매를 맞아 그 고통이 막심합니다. 그러므로, 사람마다 피하기를 꾀하는데, 아무런 연고가 없는 사람이 한 번 그 책임을 맡으면, 혹은

5, 6년, 혹은 10년에 이르러도 교체되지 않기 때문에, 가산을 탕진하고, 떠돌게 되며 살 곳을 잃는 자가 있습니다. 수령은 한 마을의 사람에게 집마다 한 달이면 서로 교체하게 하고, 월말마다 그 이름을 갖추 기록하여 감사에게 바치는 것으로써 법식으로 삼게 하소서.

1. 주·군의 창고에서 주는 조세가 출장비에도 부족하므로, 그 경내에서 버려진 땅 가운데 경작할 만한 땅을 택하여 밭을 일구어 부족한 것을 보충토록 허락하시고, 수령으로 이사한 사람의 전지를 점령하여 많이 둔전(관청토지)을 두게 되는데, 백성이 그 폐단을 받아 떠돌아다니는 사람까지 있게 되니, 각 고을의 둔전은 마땅히 그 수를 정하여 범람하지 말도록 하되, 어긴 자는 청렴하지 못한 것으로 논죄하게 하소서."

-태종실록 6년 윤 7월 6일-

공물로 바친 처녀, 환관, 소 1만 마리

조선인으로 명나라 사신이 된 환관 황엄이 사신단으로 조선에 와서는 고려 때 공녀를 바친 것처럼, 조선의 처녀를 중국에 바치도록 요구하였다. 태종 8년 4월 16일 흠차 내관 황엄·전가화 등이 명나라의 칙서를 가지고 왔다. 명나라 조정의 내관 사신 황엄·전가화·해수·한첩목아와 상보사 상보 기원 등이 오니, 산붕(무대장식)을 만들고 나례(악귀를 쫓는 의식)와 백희(서커스)를 베풀고, 임금이 백관을 거느리고 모화루에서 영접하였다. 사신이 경복궁에 이르러 칙서를 선포하였다.

칙서에 이르기를, "조선 국왕에게 칙하노라. 취해 보낸 말 3천 필은 이미 계속해 도착하였다. 지금 왕에게 화은 40개(개개의 중량이 25냥 합계 1천 냥)과 저사 50필, 소선라 50필, 숙견 1백 필을 내려 준다." 하였다. 임금이 칙서에 절하고 나서, 서쪽계단으로 올라가 사신 앞에 나아가서 꿇어앉았다. 황엄이 황제의 뜻을 공포하기를,

"네가 조선국에 가서 국왕에게 말하여, 잘 생긴 여자가 있으면 몇 명을 간택해 데리고 오라."

하였다. 임금이 고두(叩頭 : 머리를 땅에 조아리고)하고 말하였다.

"어찌 감히 마음을 다해 명령을 받들지 않겠습니까?"

사대를 선포하여 중국을 섬길 것을 약속했던 조정에서는 전국에 금혼령을 내리고 처녀들을 선발하였다. 어떤 부모가 자기 자녀를 흔쾌히 중국 땅으로 보내려 하겠는가. 비밀리 결혼을 시키거나 혼약을 서두르는 등 전국이 아수라장이 되었다. 사헌부에서는 금혼령을 어긴 수많은 사람 중 본보기가 될 대제학 성석인 등을 잡아 옥에 가두었다.

예문관 대제학 성석인·전 총제 구성량·전 판원주목사사 유귀산·검교 한성 윤 김충민을 순금사에 가두고, 죽은 예문관 대학사 한상질의 처 송씨·전 병조 참의 이은의 처 한씨·전 서령 최천로의 처 윤씨와 고 검교 한성 윤 이양중의 처 강씨도 또한 영을 범하고 몰래 자녀를 혼가시켰으므로, 사헌부에서 조사하여 아뢰었다. 이튿날 성석인·구성량·김충민은 스스로 원하는 곳에 따라 유배하고, 유귀산·승우·안식은 직첩을 거두어 장거리에 유배하고, 주혼부 한상질의 처 등은 율에 의하여 보석으로 석방하게 하였다.

—태종실록 8년 4월 24일—

태종 8년 5월 11일 영의정 부사 하륜·좌정승 성석린 등이 광연루 아래에 들어가 서울에서 뽑은 처녀 73인을 가려 뽑아 아뢰니 임금이 친히 원경왕후와 함께 내전에 들어 처녀를 보았다.

6월 3일 각도에서 선발한 처녀가 서울에 이르렀는데, 경상도에서 6인, 전라도에서 4인, 충청도에서 3인, 개성유후사에서 12인, 경기좌·우도에서 4인, 풍해도에서 1인이었다. 의정부에서 부모의 3년상을 입었거나 무남독녀로서 형제가 없는 자는 모두 방환하고 각도에서 선발한 처녀 중에서 7인을 가려 뽑았다.

7월 2일 금강산과 양화도 등지에 유람하러 갔던 중국 사신 황엄 등이 돌아와 조선의 의정부와 공동으로 경복궁에서 처녀 간택 작업을 진행하였다. 처녀들을 살피던 중 황엄이 처녀들이 미색이 없다고 노하며 경상도 경차내관 박유를 잡아 결박하고 죄를 말하기를, "경상 일도가 나라의 반이나 되는 것을 중국에서 이미 잘 알고 있는데 어째서 미색이 없겠느냐? 네가 감히 사사로운 뜻을 가지고 이와 같은 여자들을 뽑아 올린 것이지?" 하며, 곤장을 치려다가 그만두고, 의자에 걸터앉아 정승들 앞에 욕을 보이고서 태평관으로 돌아갔다. 임금이 도승지 황희를 황엄에게 보내어, "이 여자아이들이 부모 곁을 멀리 떠날 것을 근심하여 먹어도 음식 맛을 알지 못해 날로 수척해진 때문이니, 괴이할 것이 없소. 다시 중국의 화장을 시켜 놓고 보시오." 하니, 황엄이, "좋습니다." 하였다.

이날 평성군 조견의 딸은 중풍이 든 것같이 입이 반듯하지 못하였고, 이조 참의 김천석의 딸은 중풍이 든 것같이 머리를 흔들었으며, 전 군자감 이운로의 딸은 다리가 병든 것같이 절룩거리니, 황엄 등이 매우 노하였다. 사헌부에서 딸을 잘못 가르친 죄를 탄핵하여 조견 등의 집에 아전을 보내서 도망가지 못하게 지키게 하고, 조견은 개령에, 이운로는 음죽에 유배하고, 김천석은 정직시켰다.

7월 3일 각도에 순찰사를 보내 다시 처녀를 선발하게 하였는데 경차내관이 동행하게 하였다.

각도에 순찰사를 나누어 보내어 다시 처녀를 선발하게 하고, 또 내관 한 사람씩을 따라가게 하였는데, 이름을 경차 내관이라 하였다. 경기좌도·강원도·동북면은 서천군 한상경과 내관 김용기이고, 경기우도·풍해도·서북면은 전 도순문사 여칭과 내관 이원봉이고, 충청도는 지의정부사 이내와 내관 윤백안이고, 전라도는 참찬의정부사 이귀령과 내관 염유치이고, 경상도는 철성군 이원과 내관 박유였다. 의정부에서 각도에 이첩하였다.

"지난번에 도 관찰사·도 순문사와 경차관 등이 도내의 처녀들을 적절히 생각하여 제대로 뽑지 않았기 때문에 보고에 빠진 자가 많이 있다. 다시 대소 수령과 품관·향리·일수 양반·향교 생도와 백성들의 각 가구에 만일 자색이 있거든 일체 모두 채택하여 정결하게 빗질하고 단장시켜 중국 사신의 사열을 기다리고, 만일 여자를 숨기고 내놓으려고 하지 않거나, 혹은 침구하거나 머리를 자르고 약을 붙이고 하여 여러 가지 방법으로 꾀를 써서 선택을 피하려고 꾀하는 자는, 통정대부 이하는 직접 처단하고, 가선대부 이상은 신문하여 모두 '왕명을 따르지 않는 죄'로 논하고, 직첩을 회수하고 가산을 적몰하라." 하였다.

-태종실록 8년 7월 3일-

7월 3일 이때 황엄이 가만히 수행원을 한강에 보내어 각도에 순찰사가 떠나는 것을 엿보게 하였다.

7월 5일 황엄 등이 두 번째로 처녀를 뽑았다. 황엄 등이 대궐에 이르니, 임금이 광연루 아래에 나가 서서 전송하였다. 드디어 경복궁에 가서 처녀를 선택하는데 그 의복과 화장 등 꾸밈을 모두 중국 제도와 같이 하였다. 황엄이 말하기를, "이 중에 그런대로 쓸 만한 여식은 서너 사람 있을 뿐이다." 하고, 권집중과 임첨년 등의 딸 31인을 머물게 하고, 나머지는 모두 놓아 보냈다. 황엄 등이 선발된 처녀의 수가 적다고 하여 지방에 나가서 직접 뽑으려고 하므로, 세자 이제가 의정부와 더불어 한강정에 가서 전송할 자리를 베풀고자 하였다. 한첩목아와 기원이 대궐에 들러 하직 인사를 하니, 임금이 말하기를, "사신이 직접 지방에 간다 하더라도 모두 농가의 계집아이니 미색을 어디서 얻을 수 있겠소?" 하였다.

두 사람이 돌아가서 황엄에게 고하니, 황엄이 노하여 말하기를, "우리들이 일부러 지방에 간다고 하여 국왕의 성의가 있는가 없는가를 보려한 것이지, 실지로 가고자 한 것은 아니다. 하며 북경으로 돌아가겠다." 하였다. 임금이 도승지 황희를 보내어 공손한 말로 청하니, 황엄이 그만두었다. 이후 10월까지 처녀 선발은 계속되었다.

7월 9일 황엄 등이 경복궁에 가서 다시 처녀를 보았다.
7월 15일 황엄 등이 다시 경복궁에서 처녀를 보았다.
7월 20일 황엄 등이 경복궁에 가서 다시 처녀를 보았다.
7월 26일 황엄 등이 경복궁에서 처녀를 보았다.
8월 6일 황엄 등이 다시 경복궁에 가서 처녀를 보았다.

8월 19일 황엄 등이 경복궁에 가서 처녀를 선택하였다. 각도의 처녀로서 서울에 이른 자가 80여 인이었는데, 황엄이 7인을 뽑아 머물러 두었다. 8월 20일 이조 정랑 신개를 전라도에, 공조 정랑 이효인을 경상도에 보내어, 처녀들을 서울로 보내도록 독촉하였다. 8월 28일 딸을 보내려 하지 않은 지평주사 권문의를 순금옥에 가두었다.

지평주사 권문의를 순금사 옥에 가두었다. 처음에 풍해도 순찰사 여칭이 돌아와서 황엄에게 이르기를, "권문의의 딸의 자색이 권집중의 딸만 못하지 않다."고 하였다. 이에 황엄이 권씨의 절색을 구해서 하루속히 보려고 하는데, 권문의가 그 딸이 병이 났다 칭탁하고 시일을 오래 끌며 떠나보내려 하지 않았다. 의정부에서 향리 양영발을 보내어 독촉하니, 권문의가 마지못해서 치장을 하여 길을 떠나는 체하였다. 양영발이 말을 달려 돌아오니, 권문의는 끝내 딸을 보내지 않았다. 황엄이 노하여 말하기를, "저와 같은 미관말직도 국왕이 제재하지 못하니, 하물며 대갓집에 미색이 있다 한들 어찌 내놓으려 하겠는가?" 하였다. 이에 임금이 노하여 권문의를 가두었다.
—태종실록 8년 8월 28일—

9월 3일 여칭을 순금사에 가두었으니, 권문의의 딸이 아직도 서울에 도착하지 않고, 황엄 등이 더욱 노하였기 때문이다. 9월 5일 황엄 등이 경복궁에 가서 처녀를 보았고, 9월 13일에도 황엄 등이 경복궁에 가서 처녀를 선택하였다. 전후로 나온 처녀가 2백여 인인데, 50인을 뽑아서 머물러 두었다. 10월 3일과 10월 6일에도 황엄 등이 경복궁에서 처녀를 선발하였는데, 서울과 지방 처녀가 모두 3백 인이었다. 44인을 뽑아 머물러 두고 나머지는 모두 돌려보냈다.

10월 11일 경복궁에 가서 황엄 등과 함께 처녀 5명을 선발하였는데 임금이 궁궐로 돌아와 승지들 앞에서 황엄이 잘못 뽑았다고 비판하였다.

임금이 경복궁에 가서 황엄·전가화 등과 더불어 다시 처녀를 선발하였다. 뽑힌 자가 모두 5인인데, 고 전서 권집중의 딸이 첫째이고, 전 전서 임첨년·전 지영주사 이문명·사직 여귀진·수원 기관 최득비의 딸이 다음이었다. 술과 과실을 주고, 각각 중국 제도의 여자 의복을 주었는데 모두 비단으로 만들었다.
임금이 환궁하여 승지들에게 이르기를, "황엄이 선정한 미모의 순서가 틀렸다. 임씨는 곧 관음보살의 상 같아서 애교와 태도가 없고, 여씨는 입술이 넓고 이마는 좁으니, 그게 무슨 인물이냐?" 하였다.

-태종실록 8년 1월 11일-

10월 26일 황엄이 간택된 처녀들에게 필요한 물품과 동행할 사람을 적어 임금에게 물목을 보내었다.

황엄이 작은 물목을 써서 임금의 거처에 보냈다.
"권집중은 유모 하나, 시녀 셋, 남자는 제 스스로 가고, 이문명은 제 스스로 가고, 유모 하나, 시녀 셋, 임첨년은 제 스스로 가고, 유모 하나, 시녀 둘, 여귀진·최득비는 모두 제 스스로 가고 각각 시녀 둘이다.

1. 간택된 여자아이 매 사람마다 방한모·방한신발·두터운 면옷을 요함.
1. 따라가는 유모·시녀 매 사람에 방한모 한 개, 방한화 한 쌍,
  두터운 면 옷 3건 내에 큰 솜저고리 1건, 치마 1건, 바지 1건임.
1. 수행하는 환관의 신상에는 방한화만 요함."

－태종실록 8년 10월 26일－

11월 3일 간택된 처녀 다섯 사람이 중궁에 나와 하직하니, 원경왕후가 후하게 위로하였다. 11월 12일 황엄 등이 북경에 돌아가니 임금이 진헌하는 처녀 5명에 대한 보내는 주문서를 황제에게 올렸다.

황엄 등이 처녀를 데리고 북경으로 돌아가니, 임금이 모화루에서 전송하였다. 예문관 대제학 이문화로 진헌사를 삼아 희고 두터운 종이 6천 장을 싸 가지고 북경에 가게 하였다. 답서에 이르기를,

"영락 6년 4월 16일에 파견하신 태감 황엄 등 관원이 본국에 도착하여 유시를 전해 받들었사온데, '네가 조선국에 가서 국왕에게 말하여 잘 생긴 여자가 있거든 몇 명을 선택하여 데리고 오라.' 하셨습니다. 그래서 신이 황제의 명에 의하여 본국의 서울과 각도 부·주·군·현에서 문무·군민의 집 여자를 간택하여, 파견관 등과 함께 여자 5명을 선택해서, 조선의 신 이문화를 보내어 파견 태감 황엄 등을 따라 북경에 가게 하고, 각 여자의 생년월일과 아비의 직명 및 본관을 낱낱이 기록하여 삼가 갖추어 아룁니다.

한 명은 가선 대부 공조전서 권집중의 딸인데 나이 18세로서 신미년 10월 26일 사시에 낳았고, 본관은 경상도 안동부이며, 현재 한성부에 살고 있습니다. 한 명은 통훈 대부 인녕부 좌사윤 임첨년의 딸인데, 나이 17세로서 임신 10월 26일 술시에 낳았고, 본관은 충청도 회덕현이며, 현재 한성부에 살고 있습니다. 한 명은 통덕랑 공안부 판관 이문명의 딸인데, 나이 17세로서 임신 10월 18일 술시에 낳았고, 본관은 경기 좌도인입니다. 한 명은 선략 장군 충좌 시위사 중령 호군 여귀진의 딸인데, 나이 16세로서 계유 11월 초2일 사시에 낳았고, 본관은 풍해도 곡성군이며, 현재 한성부에 살고 있습니다. 한 명은 중군 부사정 최득비의 딸인데, 나이 14세로서 올해 10월 초8일 오시에 낳았고, 본관은 기내 좌도 수원부입니다. 따라가는 자는 시녀 16명, 환관 12명입니다." 하였다.

이문화는 곧 이문명의 형이다. 일찍이 황제가 희고 깨끗하고 광채가 좋으며 가는 종이를 우리에게 요구하였으므로, 이미 안노생·홍서·설미수를 시켜 차례로 2만 1천 장을 공물로 바쳤는데, 이때 이르러 임금이 처녀를 바친다고 이름 지어 말하려 하지 않기 때문에, 이문화에게 종이를 바치는 것같이 한 것이었다. 이문명·여귀진·최득비와 권집중의 아들 권영균을 모두 수행관원에 충당하고, 임첨년만은 병으로 가지 못하였다. 이번 행차에 그 부모 친척의 울음소리가 길에 연이었다. 길창군 권근이 그들을 위하여 시를 지어 이르기를,

"구중궁궐에서 요조숙녀를 생각하여
만 리 밖에서 미인을 뽑는다.
깃털로 장식한 수레는 멀리 행하고
조선 땅은 점점 아득하여진다.
부모를 하직하니 말이 끝나기 어렵고,
눈물을 참자니 씻으면 도로 떨어진다.
슬프고 섭섭하게 서로 떠나는 곳에
여러 들녘이 꿈속에 들어와 푸르도다." 하였다.

이보다 먼저 동요가 있었는데, 권근이 또 시를 지어 다음과 같이 해설하였다.

"보리가 익으면 보리를 구하여야 하고,
해가 저물면 계집아이를 구한다.
나비도 오히려 눈이 있어
아직 꽃피지 않은 가지를 와서 택한다."

—태종실록 8년 11월 12일—

11월 25일 처녀 진헌 문제와 관련, 금혼령을 내려 시집을 못 가게 금지했던 명령을 일반 처녀로서 스무 살이 지난 경우는 혼인을 허락하게 하였다.

서울과 외방의 처녀 20세 이상은 혼인하도록 허락하였다. 의정부에서 아뢰기를, "서울과 지방의 처녀를 기록 장부를 상고하여 그 나이 19세 이하는 전과 같이 혼인을 금하고, 사신이 친히 점고하여 머물러 둔 처녀와 찾을 때 나타나지 않은 처녀는 나이를 한정하지 말고 혼인을 금하소서." 하니, 그대로 따랐다.

처음에 황엄이 돌아갈 때, 황엄이 임금에게 이르기를, "2등으로 합격한 처녀 27인은 혼인을 금해야 합니다." 하니, 임금이 대답하기를, "여자는 혼인 시기를 지나게 할 수 없으니, 만일 대인께서 그 햇수를 정한다면, 내가 마땅히 혼인을 금하겠소." 하였다. 황엄이 말하였다." 이문화가 돌아올 때 내가 마땅히 정하여 기별하겠습니다."

—태종실록 8년 11월 25일—

이듬해 태종 9년 5월 3일 황엄 등이 다시 북경에서 와서는 공물로 처녀 한두 명을 더 보내라고 요구하였다.

태감 황엄·감승 해수·봉어 윤봉이 이르니, 임금이 담채복 차림으로 백관을 거느리고 모화루에 나가서 맞이하였다. 사신이 창덕궁에 이르러 황제 칙서를 선포하였는데, 칙서는 이러하였다.

"이제 태감 황엄·감승 해수·봉어 윤봉을 보내어 왕과 왕비에게 특별히 예물을 하사하니, 이르거든 수령하라. 국왕에게는 은 1천 냥, 옷감 1백 필, 비단 1백 필, 말 15필, 안장 2부를, 왕비에게는 비단·섬라·은사사 각각 10필, 고운 비단 20필을 특별히 하사한다."

임금이 하사품을 받고 나서 전에 오르니, 황엄이 구두로 다음과 같이 황제의 뜻을 선포하였다.

"지난해 너희가 저곳에 데리고 와서 바친 여자는 매양 살찐 것은 살찌고, 마른 것은 마르고, 작은 것은 작아서 모두 매우 좋지 못하였다. 다만 너희 국왕의 공경하는 마음이 중한 것을 보아서, 우두머리 되는 자는 비로 봉할 것은 비妃로 봉하고, 미인으로 봉할 것은 미인으로 봉하고, 소용昭容으로 봉할 것은 소용으로 봉하여, 모두 봉하기를 마쳤다. 왕이 지금 만일 뽑아 둔 여자가 있거든, 많으면 두 명 적으면 한 명을 다시 데리고 오도록 하라."

사신이 태평관으로 돌아가니, 임금이 따라가서 북루에서 연회를 베풀었다. 황엄·해수 등에게는 안마를 주고, 하륜·성석린·이무·조영무 등에게는 비단과 견직물을 1 필씩 나누어 주었다.

-태종실록 9년 5월 3일-

10월 24일과 26일 황엄이 경복궁에서 처녀를 보았다.
11월 13일 황엄 등이 처녀 정씨를 간택하여 데리고 돌아가다.

황엄·기보가 처녀 정씨를 데리고 돌아가니, 임금이 태평관에서 전송하였다. 황엄이 말하기를, "정씨가 미색이 아니니 마땅히 다시 구하여 기다리소서." 하니, 임금이 말하였다.
"나라가 작고 힘이 약하여, 지금 바치는 말이 겨우 1만 필이지만, 미색이야 어찌 감히 다시 구하지 않겠소!"

11월 18일 황엄이 진헌녀 정씨를 두고 가면서 봄까지 몸을 잘 가꾸게 하기를 청하다.

해수가 용천 참에 이르러 황엄을 만나 칙서를 주고 돌아갔다. 임금이 도총제 정진을 보내 술을 가지고 가서 위로하게 하였으나, 미치지 못하였다. 황엄이 해수를 보고 나서 말하기를,
"때가 지금 몹시 추워서 처녀를 데리고 갈 수 없으니, 화창한 봄날을 기다려 다시 와서 데리고 가겠습니다. 마땅히 몸을 잘 가꾸게 하십시오."
하고, 또 말하기를, "마땅히 더 미색을 선택하십시오." 하고, 드디어 정씨를 놓아두고 갔다.

임금이 일찍이 승지 김여지에게 말하기를, "중국에 군사가 일어났는데, 여색을 뽑아가는 것이 어찌 그 시기인가? 일부러 태연한 체하는 것이다. 반드시 중간쯤에서 돌아올 것이다." 하였는데, 이때 적중하게 되니 모두 임금의 선견에 탄복하였다. 임금이 박구가 해수에게 욕을 당하였다 하여 의논하기를,
"사람을 뽑아서 대신하고자 하는데, 만일 해수가 묻거든 '박구가 사신에게 실례하였기 때문에 그를 불러서 죄준 것이다.' 대답하라."

하니, 성석린이 말하기를, "지금 강에 얼음이 이미 얼고, 국경의 경보 소식이 바야흐로 급한데, 또 거짓으로 사람을 속이는 것은 작은 지혜이니, 머물러 수비하게 하는 것만 같지 못합니다." 하니, 임금이 옳게 여겼다. 통사 전의全義가 요동에서 돌아와 말하기를,

"요동 사람이 비밀히 말하기를, '조정에서 「조선이 군사를 일으켜 몽고 달단 족을 돕는다.」라고 전해 들었기 때문에, 해수를 시켜 조선에 가서 엿보게 하니, 입국하여 거짓 노한 체하고 순종하나 거역하나를 살핀 것이라.' 하였습니다." 하였다.

-태종실록 9년 11월 18일-

다시 2년이 흐른 태종 11년 8월 황엄이 3년 전 중국에 공녀로 바쳤던 여자아이들의 소식을 가지고 각자의 친정집을 찾아가 소식을 전하며 선물을 챙겼다. 8월 20일 현인비 권씨의 친정집 등을 방문하여 모시포 등을 받았다.

사신 황엄이 현인비顯仁妃 권씨(권집중의 딸)의 어머니 집을 방문하였다. 이로부터 임첨년·정윤후·최득비의 집에서 모두 잔치를 베풀어 위로하고 모시포 몇 필씩을 주었다. 황엄이 그 집에 이를 때마다 먼저 말하였다.
"이 집에서도 반드시 나에게 베布를 줄 테지, 나는 가는 베를 귀하게 여긴다."

이들 중 딸을 중국으로 떠나 보낸 후 죽은 여귀진의 묘에는 중국 사신 황엄이 직접 찾아가서 제사를 지냈다. 황제가 내리는 제문을 가지고 왔으니 중국 내에서 부음 소식을 알고 제를 지낼 준비를 해왔다.

중국 사신 황엄이 여귀진의 묘에 가서 제사를 지냈는데, 양 한 마리, 돼지 한 마리, 거위 두 마리는 모두 싸 가지고 온 것이었다. 그 제문은 이러하였다.
"유維 대명大明 영락 9년 세차 신묘 8월 삭월 모일에 황제는 태감 황엄을 보내어 광록 소경 여귀진의 영에 제사한다. 너는 온후하고 순실하여 평소에 착한 것을 좋아하였다. 천자의 총애를 받는 부인의 친척으로 귀하게 되었으나 더욱 삼가고 조심하였다. 너의 걸음으로 보아서 마땅히 장수하리라 생각하였는데, 갑자기 병에서 죽었으니, 참으로 슬퍼하는 바이다. 영이 만일 알고 있다면 이 황제의 제사에 흠향하라."

-태종실록 11년 8월-

이후 조선의 처녀를 공물로 바치는 일은 세종 9년까지 계속된 것으로 기록에 나타나고 있는데 태종 17년에 보낸 한확의 누이는 중국 황제의 총애를 받아 후궁에 올라 그 위세가 대단했던 것으로 회자되고 있다. 태종 17년 8월 6일 사신 황엄 등이 처녀 한씨 등을 데리고 돌아갔다.

사신 황엄·해수가 한씨·황씨를 데리고 돌아가는데, 한씨의 오빠 부사정 한확, 황씨의 형부 녹사 김덕장, 근수하는 시녀 각 6인, 환관 각 2인이 따랐다. 길옆에서 보는 자가 눈물을 흘리지 않는 이가 없었다.

태종 17년 12월 20일 노귀산·원민생 등이 북경에서 돌아와 아뢰다.

노귀산·원민생·한확·김덕장이 북경에서 돌아왔다. 원민생이 아뢰었다. "지난 10월 초 8일에 황씨·한씨가 통주로부터 먼저 들어가고, 신 등은 초9일에 북경에 들어가서 10일에 알현하니, 황제가 신을 보고 먼저 웃으며 유시하기를, '너희들이 왔구나. 황씨가 약을 먹었느냐?' 하기에, 원민생이 대답하기를, '노중에 병이 심하여 지극히 걱정하였습니다.' 하니, 황제가 말하기를, '국왕이 지성으로 보내어 왔으니, 참 어려운 일이다. 한씨 여아女兒는 대단히 총명하고 영리하다. 네가 돌아가거든 국왕께 자세히 말하라.' 하였습니다. 그러고는 한확을 중국 황실의 광록소경으로 삼고 물건을 대단히 후하게 주고, 황씨·한씨 두 여자의 집에 금은金銀·비단 따위의 물건을 주었습니다. 하였다.

—태종실록 17년 12월 20일—

한확이 조선국에서는 작위만 있고 직무가 없는 무관직 부사정에 불과하였으나 중국 황실에서 광록소경의 직책을 부여받은 것이다. 한확의 졸기에 나타난 기록을 잠시 살펴보면

한확은 청주 사람이니, 고려 시중 한강의 먼 후손이다. 누이가 명나라에 뽑혀 들어가서 태종 문황제의 여비(후궁)가 되었다. 황제가 한확에게 입궐하도록 명하여 후한 대접이 특별히 융숭하여 항상 좌우에 있게 하고, 광록시(음식담당 관청) 소경에 제수하

였다. 이때 우리 태종이 세종에게 자리를 선위하고 사신을 보내어 고명(승인)을 청하니, 황제가 한확을 정사正使로 삼고 광록시 승 유천을 부사로 삼아 와서 고명을 주었다. 조선에 돌아온 뒤에 중국 조정에 입궐을 명한 것이 3, 4차례였다. 황제가 인종 황제의 딸로 아내로 삼게 하려 하니, 한확이 노모가 집에 있음으로써 사양하여 그만 두었다.

-세조실록 2년 9월 11일-

중국 조정에 누이를 데려다주는 진헌 부사가 되어 갔다가 중국의 사신이 되어 조선 땅으로 들어오니 조선 조정에서 아무도 그를 함부로 할 수 없었다. 이때부터 조선 조정은 중국 조정과 어려운 일만 생기면 한확을 보내어 해결하게 하였고, 중국 조정에서는 한확에게 벼슬을 주려고 3~4차례나 불렀으나 모친을 봉양해야 한다는 이유로 가지는 않았다. 이후 중국 황제의 승하와 더불어 누이도 함께 순장되었으나 한확의 중국에 대한 영향력은 계속 이어져 나갔다. 공녀로 갔던 조선의 처녀들이 모두 순장되었다는 기록은 세종실록에 전해진다.

"황제가 죽자 궁인으로 순장殉葬된 자가 30여 인이었다. 죽는 날 모두 뜰에서 음식을 먹이고, 음식이 끝난 다음 함께 마루에 끌어 올리니, 곡성이 전각을 진동시켰다. 마루 위에 나무로 만든 작은 평상을 놓아 그 위에 서게 하고, 그 위에 올가미를 만들어 머리를 그 속에 넣게 하고 평상을 떼어 버리니, 모두 목이 매어져 죽게 되었다. 한씨가 죽을 때 김흑에게 이르기를,

"낭아 나는 간다. 낭아 나는 간다."고 하였는데, 말을 마치기 전에 곁에 있던 환자가 걸상을 빼내므로 최씨와 함께 죽었다. 여러 죽는 자가 처음 마루에 올라갈 때, 인종仁宗이 친히 들어와 고별하자, 한씨가 울면서 인종에게 이르기를,

"우리 어미가 노령이니 본국으로 돌아가게 하옵소서." 하니, 인종이 분명히 허락하고, 한씨가 죽은 다음 인종이 김흑을 돌려보내려고 하였으나, 궁중의 여러 여수재女秀才들이 이르기를, "근일 어魚·여呂의 난은 옛날에도 없던 큰 일이다.

조선국은 임금이 어질어서 중국 다음갈 만하고, 또 옛 서적에 있는 말인데, 처음에 불교가 여러 나라에 퍼질 때 조선이 거의 중화中華가 되려고 하였으나, 나라가 작기 때문에 중화가 되지 못하였으며, 또 요동 이동이 옛날에 조선에 속하였는데, 이제 만일 요동을 얻는다면 중국도 항거하지 못할 것이 틀림 없는 일이다. 이러한 난을 그들에게 알릴 수 없는 것이다." 하였다.

-세종실록 6년 10월 17일-

과거를 거치지 않은 한확의 벼슬은 미미하였지만 세종 7년에 장군 절제사가 되어 지낼 때 한확이 간통했다는 탄핵 상소가 들어왔다. 이에 세종은 "이 사람은 내가 죄줄 수 없는 사람이다."라며 탄핵을 중지시킨다. 이처럼 조정에서 한확의 지위는 확고하였다. 세종 9년에 조정에서는 다시 공녀를 중국에 보내게 되는데 한확의 막내 누이가 또 선발된다. 이때의 기록을 살펴보면

세종 9년 5월 1일 진헌할 처녀로 간택된 한영정의 막내딸이 혼수로 준비했던 재물을 나눠주다. 처녀 한씨는 한영정의 막내딸이다. 맏딸은 명나라 태종 황제의 궁에 뽑혀 들어갔다가, 황제가 죽을 때에 따라 죽었으므로, 중국 사신 창성과 윤봉이 또 막내딸이 얼굴이 아름답다고 아뢰었으므로, 와서 뽑아 가게 되었는데, 병이 나게 되어 그 오라비 한확이 약을 주니, 한씨가 먹지 않고 말하기를,

"누이 하나를 팔아서 부귀가 이미 극진한데 무엇을 위하여 약을 쓰려 하오."

하고, 칼로 제 침구를 찢고 모아두었던 재물을 모두 친척들에게 흩어 주니, 침구는 장래 시집갈 때를 위하여 준비했던 것이었다.

-세종실록 9년 5월 1일-

누이 둘을 중국 조정에 보낸 한확은 명나라 사신이 입국할 때마다 선위사로 파견되었다. 세종 11년에 종2품에 제수되었다.

세종 19년 한확이 지중추원사로 있을 때 수양대군의 장남과 한확의 딸

을 결혼시키니 두 사람은 사돈관계가 되었다. 22년에는 병조판서, 함길 도 관찰사, 26년에 병조판서, 27년에 이조판서에 오르니 왕실과 혼척관계 이후 승진 가도는 탄탄하였다. 이때 수양대군은 왕위 찬탈을 계획하고 미래의 중국 조정과의 관계를 예상하고 혼척관계를 맺은 것인지는 모르지만, 당시까지 한확은 여동생을 둘씩이나 중국에 보낼 정도로 힘없는 집안이었다. 후에 수양이 거사하여 왕위에 등극했을 때 명나라 사은 겸 주청사로 가서 왕위 찬탈이 아닌 양위라고 설득하여 고명을 받고 돌아오는 길에 죽음을 맞이하였다. 이때 한확의 벼슬은 좌의정이었고 딸은 인수대비가 되었으며, 외손자는 왕위에 올라 성종이 된 것이다.

공물로 처녀만 보낸게 아니라 환관과 소 1만 마리도 보내졌다. 환관宦官이란 거세된 남자로서 궁중에서 잡일을 하는 자를 말한다. 원나라는 화자(火者, 고자)를 고려로부터 징발하여 환관으로 이용했다. 1300년(충렬왕 26) 왕비인 제국대장공주가 친정인 원나라 세조에게 환관을 바친 뒤부터 원나라는 공물로 환관을 요구하게 되었고, 원나라에 들어간 환관은 원왕실의 총애로 봉군이 되거나 관직을 수여받아 득세하게 되었다. 고려 말의 환관세력은 권문세족의 부패와 더불어 고려사회를 붕괴시키는 구실을 하게 되었다. 1300년 3명의 화자가 원나라에 바쳐진 이후, 약 100여 명의 고려인이 원나라에 들어가 환관이 되었다.

조선 역시 200여 명의 화자를 명나라에 바친 기록이 남아 있다. 끌려간 화자들은 황궁의 환관이 되어 각종 잡일을 했지만, 종종 황제의 총애를 받아 고위 관직에 오른 자들도 있었다. 일부는 사신使臣으로 뽑혀 조선에 칙사로 파견되기도 했다.

태종 3년 윤11월 17일 사신 한첩목아가 돌아갔는데, 선발된 화자 35인을 거느리고 북경으로 갔다. 임금이 서교에서 전송하니, 화자들이 모두 눈물을 흘리며 울었다. 태종 4년 5월 26일 명나라에 가는 화자 20명에게 옷감을 주었다. 태종 4년 6월 2일 한첩목아 편에 새로 선발된 화자 10명을 북경으로 보냈다.

일소 1만 마리를 10차에 걸쳐 공물로 보냈다.

태종 4년 4월 28일 소 1천 마리를 1차로 요동에 보내다.
5월 5일 소 1천 마리를 2차로 요동에 보내다.
5월 11일 소 1천 마리를 3차로 요동에 보내다.
5월 16일 소 1천 마리를 4차로 요동에 보내다.
5월 21일 소 1천 마리를 5차로 요동에 보내다.
5월 26일 소 1천 마리를 6차로 요동에 보내다.
6월 1일 소 1천 마리를 7차로 요동에 보내다.
6월 6일 소 1천 마리를 8차로 요동에 보내다.
6월 11일 소 1천 마리를 9차로 요동에 보내다.
6월 16일 소 1천 마리를 10차로 요동에 보내다.
6월 22일 사신 양진보를 따라 판군기감사가 소 1만 마리의 명세표를 가지고 경사에 가다.
9월 8일 지사역원사 장홍수가 소 18마리를 보충하여 요동으로 가지고 가다.
11월 6일 사신 유경이 소 1만 마리를 보낸 데 대한 칙서를 가지고 오다.

중국 사신 환관 유경과 국자감 승 왕준용이 칙서와 포상을 받들고 오니, 산붕(무대장식)과 결채(색종이 장식)를 설치하고 나례(악귀를 쫓는 의식)를 갖추고, 임금이 백관을 거느리고 선의문 밖에서 맞이하여 무일전에 이르러 그 주는 것을 받았다. 칙서는 이러하였다.

"조선 국왕에게 칙유한다. 왕이 사신을 시켜서 경작용 소 1만 필을 보내어, 이미 요동에 이르렀으니, 왕의 충성은 진실로 가상하도다. 사신이 돌아가는 데 특별히 왕에게 채폐(비단폐백)를 하사하여, 왕의 은근한 뜻에 보답하게 하니, 왕은 이를 수령하라. 고로 칙유한다."

—태종실록 4년 11월 6일—

저사가 30필이고, 숙릉자가 30필이고, 채견이 1백 필이었다. 행례가 끝나자, 이어서 연회를 베풀었다. 부모를 뵈러 환관 이성·김희·박인 등이 함께 왔다. 임금이 하사받은 단견을 영승추 이상과 기구 대신 및 5대언에게 나누어 주었다.

한상경의 졸기

1423년[64세] 세종 5년 3월 7일 서원 부원군 한상경의 졸기.

서원 부원군 한상경이 졸卒하였다. 한상경의 자는 숙경叔敬이니, 본관은 청주이다. 문경공 한수의 아들이다. 고려 왕조에 벼슬하여 사선서령에 임명되었는데, 임술년 문과에 제3인으로 뽑혀서 예의좌랑에 임명되고 우정언으로 옮겼으며, 전리정랑·예문응교·공부총랑·종부령을 거쳐 임신년에 밀직사 우부대언으로 승진되었다. 우리 태조가 나라를 세우매, 태조를 추대한 모의에 참여하고, 옥새를 받들어 태조에게 올렸으므로, 익대 개국공신이란 칭호를 내리었다. 중추원 도승에 옮겨지고 추충 익대 개국공신으로 승진되고, 첨서중추원사·도평의사사가 되었으며, 밖으로 나가서 충청도 관찰사가 되고, 서원군에 책봉되었다. 또 경기좌도 관찰사가 되었다. 태종이 왕위에 오르매, 한상경에게 이르기를,

"내가 큰 왕업을 계승하였으매, 세상을 다스릴 줄을 알지 못하여 마음속으로 실상 어렵게 여긴다."

라고 하니, 한상경이 대답하기를, "옛사람의 말에, '임금이 임금 노릇 하기 어렵게 여긴다.'라는 말이 있는데, 지금 전하께서는 그 어려움을 능히 아시니, 실로 우리 동방의 복이 옵니다. 그러나 이를 아는 것이 어려움이 아니라, 이를 실행하는 것이 어렵습니다."

라고 하였다. 태종이 이 말을 옳게 여겨 받아들이고, 참지의정부사에 임명하였다. 명나라 사신 단목지가 오니, 한상경에게 명하여 접반사를 삼았는데, 수십 일이 지나도록 예禮로 대접함이 더욱 부지런하니, 단목지가 말하기를,

"안평중은 사람들과 더불어 교제를 잘하고 오래 사귈수록 공경한다고 했는데, 공公이 그 사람이다."

라고 하였다. 밖으로 나가서 풍해·강원 두 도의 도 관찰사가 되었다가, 조정에 들어와서는 공조판서가 되고 지의정부사로 옮겨 사헌부 대사헌을 겸하였다. 태종은 명나라 황제가 북방을 순행하매, 한상경을 보내어 안부를 묻게 하였다. 호조판서로 옮겨졌다. 세 공신이 술을 바쳤는데, 한상경이 술잔을 들어 올리니.

태종이 이르기를, "내가 왕위에 오른 처음에 경이 나에게, '임금은 임금 노릇 하기가 어려운 줄을 알아야 하며, 아는 것이 어려움이 아니라, 실행하는 것이 어렵다.'라고 했는데, 내가 지금도 잊지 않았다."라고 하니,
한상경이 대답하기를, "임금께서 이미 신의 말을 잊지 않으셨다고 하니, 다시 한 말씀을 아뢰기를 청합니다."라고 하였다.
태종은, "무슨 말인가."라고 하매, 대답하기를, "시초는 없지 않으나, 종말이 있기는 적습니다."

라고 하니, 또 칭찬하였다. 참찬의정부사와 이조판서를 역임하여 을미년에 서원 부원군·우의정에 승진되었다. 병신년에 영의정에 임명되고, 다시 부원군에 책봉되었다. 한상경은 평소부터 풍질風疾을 앓았는데, 경자년에 어머니의 상을 당하여, 슬피 하여 예절을 다했으니, 이로 말미암아 병이 더욱 심하였다. 임금께서 매우 염려하여 승지를 보내어 고기를 먹도록 명하고, 내의內醫로 하여금 치료하게 하고 위문과 물품을 내림이 그치지 않았는데, 이때 돌아가니, 나이 64세였다. 부고가 들리매, 임금께서 매우 슬퍼하여 즉시 환관을 보내어 조문하게 하고, 3일 동안 조회를 폐하고 관청에서 장사葬事를 갖추어 주고, 또 부의를 내리도록 명하였다. 문간文簡이란 시호를 내렸으니, 학문을 부지런히 하고, 묻기를 좋아함을 문文이라 하고, 덕이 순일純一하여 게을리 하지 않음을 간簡이라 한다.

한상경은 소년 시절부터 놀기를 좋아하지 않았으며, 견식이 정밀하고 민첩하며, 행실이 단정하고 공손하였다. 장성하여 벼슬에 나아가매, 깨끗하게 자기 몸을 지켰었다.

오랫동안 인사책임을 맡아서 천거한 사람이 공정하였으며, 집에 있을 때는 능히 검소하여 의복과 음식을 정결한 것만 취할 뿐이었다. 어머니를 섬기매 조석으로 안부를 살피고, 몸소 음식 맛을 먼저 보아, 비록 관직이 높아지고, 기력이 노쇠하여서도 일찍이 이를 폐하지 않았다. 평상시에 스스로 '신재信齋'라고 칭호하였다. 어머니의 상을 당하여 장례를 마치고 나매, 병이 더욱 심해졌는데, 사람들에게 말하기를,

"내가 병이 있은 지가 오래되었으므로, 먼저 죽어서 늙은 어버이의 마음을 상하게 할까 두려워하였는데, 지금에 와서 자식의 일을 다 마쳤으니, 죽더라도 또한 유감은 없을 것이다."라고 하였다. 아들은 한혜韓惠이었다.

-세종실록 5년 3월 7일-

1423년 세종 5년 3월 8일 창녕 부원군 성석린과 서원 부원군 한상경에게 부의를 내리다.

왕의 교지로써 창녕 부원군 성석린과 서원 부원군 한상경에게 부의를 주기를 완산 부원군 이천우의 예에 의하여 각기 미두米豆를 합하여 70석과 종이 1백 50권을 내렸다.

1423년 세종 5년 3월 16일 서원 부원군 한상경에게 제를 내리다.

예관을 보내어 서원 부원군 한상경에게 제祭를 내렸는데, 그 제문祭文에, "임금이 이르기를 어진 신하가 나라를 세운 훈공을 예나 지금이나 아주 귀중히 여기고, 임금이 공로에 보답하는 은전은 생존과 사망에 무엇이 다르랴. 경은 성품과 행동이 단정하고, 식견이 정밀 통달하였다. 유교의 바른 도리는 그가 세상을 구제한 데 인정되고, 청렴 근면함은 가훈을 따랐다. 몸은 사시四時에 갖추었으니, 음양의 치우침이 없는 올바름을 타고 났으며, 마음은 모든 이치를 깊이 지녔으니, 막힌 운수와 뚫린 운수가 왕래하는 기틀을 살피었다.

고려조의 쇠진한 때는 태조께서 국가를 창업할 즈음이었다. 여러 사람이 태조를 추대하여 힘을 합하는데, 경도 또한 협찬하여 모의에 참여하였다. 옥새를 받들어 태조의 사저私邸에 바쳤고, 길흉화복의 예언서를 받은 후에 승정원을 맡게 되었다. 여러

임금의 인정을 받아 중앙과 지방에서 고관에 역임 되었다. 네 지역의 감사로 나가서 어리석은 자를 내쫓고 현명한 이를 승진시켰으며, 여러 관청에 스승으로 있으매, 공을 베풂이 성대하였다. 마땅히 사헌부의 풍기를 진작 숙정하여, 은나라 재상의 직무를 만들고, 산하山河같이 영원히 공명을 역사에 전하리라.

아아, 내가 복이 없도다. 어찌할 바를 모르매, 원로에게 자문하여 임금의 계승을 그침 없게 하였으니, 경은 4대 조정의 귀감으로 황혼의 노년을 누리었다. 어머니 상喪을 당하여서는 모두 아버이에게 효도하는 도리를 칭찬하였으며, 가르침에 스승이 지나가매, 아들 잘 둔 영화가 되었더니, 어찌 70세도 되지 않아서 과인에게 슬픔을 안기게 하는가. 영령이 이미 가버린 것을 슬퍼하매, 마땅히 특전을 마련해야 할 것이다. 이에 이왕의 공로에 보답하여 널리 유신의 두터운 은혜를 보게 되었다. 천문에 형상을 그리매, 충신이 시들어 떨어짐이 한이 되고, 매양 주례周禮에 훈공을 맡았으매, 상제喪制는 더욱 처음에서 끝까지 근실할 것이다." 라고 하였다.

-세종실록 5년 3월 16일-

[승진과정]

〈고려시대〉

문음직으로 사선서령司膳署令에 임명.

1382년[23세]～1391년[32세] 문과 3등으로 급제. 예의 좌랑. 우정언.
전리 정랑. 예문 응교. 공부 총랑. 종부령

1392년[33세] 밀직사. 우부대언

〈조선시대〉

1392년[33세] 태조 1년 7월 조선 개국에 참여. 9월 우승지

1393년[34세] 태조 2년 9월 도승지.

1395년[36세] 태조 4년 4월 첨서중추원사. 5월 겸 초대 세자 좌부빈객

1398년[39세] 태조 7년 5월 서원군(후에 서천군으로 개칭)

1399년[40세] 정종 1년 1월 경기좌도 도관찰출척사

1402년[43세] 태종 2년 10월 중군총제. 12월 풍해도 도관찰사

1405년[46세] 태종 5년 7월 공조판서

1406년[47세] 태종 6년 윤7월 6일 시무 10개조를 올리다.

1406년[47세] 태종 6년 7월 지의정부사 겸 대사헌. 판승녕부사

1408년[49세] 태종 8년 10월 세자좌빈객

1410년[51세] 태종 10년 5월 24일 북경에 가서 진헌 예물을 바치다.

1411년[52세] 태종 11년 윤 12월 호조판서 겸 세자 좌빈객

1412년[53세] 태종 12년 2월 15일 저화의 규격을 통일하도록 하다.

1413년[54세] 태종 13년 6월 참찬 의정부사. 10월 이조판서

1416년[57세] 태종 16년 11월 우의정

1418년[59세] 태종 18년 6월 영의정. 8월 10일 태종이 왕위를 전위하다.

1418년[59세] 세종즉위년 9월 서원 부원군

1423년[64세] 세종 5년 3월 7일 서원 부원군 한상경이 죽다.

세종시대

14. 심온沈溫
세종의 장인으로 왕권강화의 희생양이 되다

생몰년도	1375년(우왕 1)~1418년(세종 즉위) [44세]
영의정 재직기간	(1418.9.~1418.12.23.) (총 3개월)
본관	청송靑松, 청송 심씨 안효공파의 파조
자	중옥仲玉,
시호	안효安孝
군호	청천부원군
묘소	수원시 영통구 이의동 산 13-10번지,
	신위는 불천위不遷位 제사
혼척	세종의 장인
기타	44세에 영의정, 44세에 사사
조부	심용沈龍-전리정랑
부	심덕부-영의정
처	순흥안씨-좌의정 영돈녕부사 안천보의 딸
동생	심종-태조의 딸 경선공주와 혼인
장남	심준-민무휼의 딸과 혼인(민무휼-영의정 민제의 아들)
2남	심회-영의정
3남	심결-판돈녕부사
장녀	소헌왕후-세종비(사돈, 조선 3대 국왕 태종)
2녀	강석덕과 혼인
3녀	노물재와 혼인-우의정 노한의 아들

세종의 장인으로 영의정이 되다

심온의 자는 중옥仲玉이며, 본관은 청송이다. 증조부는 심연으로 고려조 합문지후를 지냈으며, 조부는 심용으로 전리부의 정랑을 지냈다. 아버지는 조선 개국공신으로 문화부 좌정승을 지낸 심덕부이니 조선개국 초영의정에 이른 관직이다.

심온은 불과 12세 때에 고려 국자감에서 시행한 진사시에 합격하였고, 과거에 급제하여 고려 조정에서 벼슬을 하다가 아버지와 함께 조선 창업에 참여, 간관의 업무를 맡아보았다. 태조 때에 병조와 공조의 의랑을 역임하고 정종이 즉위하자 보공장군에 승진하여 대호군에 제수되었다. 태종 원년에 지함문사, 4년에는 판내시 다방사를 거쳐 태종 7년에 승정원의 동부승지에 발탁되었다가 좌군동지총제에 임명되었다.

1408년 태종 8년에 세종이 잠저에 있을 때 장녀가 세종의 배우자로 간택되어 장인이 되었다.

1411년 태종 11년에 풍해도 관찰사가 되어 백성을 침탈하고 병기 관리에 소홀한 수군첨절제사 박영우를 파직시키고, 임기를 마치고 돌아와 참지의정부사, 사헌부의 대사헌이 되어서는 관기 확립에 힘썼다.

1414년에 형조판서를 역임하면서 고려 후기에 권세가들에 의하여 천민으로 바뀐 양민들의 신분정리 사업에 이바지하였다. 이어 호조판서, 한성부판윤, 좌군도총제를 차례로 역임하고 정헌대부에 승진하여 이조판서에 제수되었다.

1418년 태종 18년 6월 3일 양녕을 세자에서 폐위하고 세종을 왕세자로 책봉하였는데 8월 18일 왕위를 선위하였다. 태종은 상왕으로 물러나 앉았고, 심온은 별안간 부원군이 되어 청천 부원군에 봉해졌다. 그리고 태종은 심온을 영의정에 발령하고는 8월 23일 명나라 고명 주청사로 보내게 한다.

"내가 재위한 지 지금 이미 18년이다. 비록 덕망은 없으나, 불의한 일을 행하지는 않았는데, 능히 위로 하늘의 뜻에 보답하지 못하여 여러 번 수재·한재와 해충의 재앙에 이르고, 또 묵은 병이 있어 근래 더욱 심하니, 이에 세자에게 전위하려고 한다. 아비가 아들에게 전위하는 것은 천하 고금의 떳떳한 일이요, 신하들이 의논하여 간쟁할 수가 없는 것이다."

-태종실록 18년 8월 8일-

태종이 말하기를, "사은사는 반드시 친척을 보내야 한다. 한장수가 비록 친척이긴 하지만 심온만 못하고, 또한 황엄은 평소에 심온을 알고 지내는 사이이니, 심온이 간다면 황엄은 반드시 정성을 다할 것이다." 하고, 이에 한장수 대신에 심온을 보내기로 하였다.

-세종실록 18년 8월 23일-

심온이 사은사로서 명나라에 간 사이에, 동생 심정이 병조판서 박습과 함께 상왕인 태종의 병권 장악을 비난한 것이 화근이 되어, 그해 12월 귀국 도중에 의주에서 체포되어 수원으로 압송되어 사사되었다. 44세밖에 되지 않은 세종의 장인이 왕권강화에 걸림돌이라 여긴 태종의 계책에 희생된 것이다.

사위의 왕권 강화를 위해 죽어야 했던 장인

상왕이 세종과 더불어 양정凉亭에 나아가 사은사 심온과 부사 이적과 박신을 전송연을 하고, 심온에게 내구마를 하사하였다. 이튿날 상왕이 말하기를, "심온은 국왕의 장인으로 그 존귀함이 비할 데 없으니, 마땅히 영의정이 되어야 할 것이며, 그 자리 배치는 두 정승과 상의하도록 하라." 하니, 좌의정 박은이 아뢰기를, "마땅히 창녕 부원군 성석린의 위에 두어야 할 것이옵니다." 하였다. 그리고 다음 날 심온을 영의정 부사로 삼았다. 중국 사신 발령, 환송연, 영의정 발령이 전광석화처럼 이루어졌다. 당시 영의정에 한상경, 좌의정에 박은, 우의정 이원이었다. 갑작스러운 심온의 영의정 발령에 삼정승의 위계가 뒤바뀌어 버렸다.

이때 박은은 47세에 우의정이 되어 소년 입각이라는 칭호를 들었으며 그해에 좌의정에 승진되어 영의정을 바라보고 있었는데, 별안간 심온이 우의정과 좌의정도 거치지 않은 채 44세의 나이로 영의정이 된 것이다. 태종은 이러한 실정을 환히 꿰뚫고 있었다.

영의정에 오른 심온은 영의정 자리에 앉아 보지도 못한 채 바로 세종의 왕위 계승 승인 주청사로 명나라 사신으로 떠나게 된다.

상왕이 내시 황도를 보내어 심온을 문밖까지 전송하게 하였고, 임금은 내시 최용을, 중궁은 내시 한호련을 각각 보내어 연서 역까지 전송하였다. 임금의 장인이자 영의정인 심온을 전송하기 위해 나온 조정 관료와 행차를 구경하려는 시민들로 도성이 텅텅 비었다고 묘사하고 있다. 심온을 못마땅하게 보던 측은 이런 형태를 꼬집어 "민심이 심씨에게 쏠리는 것 같다"라는 말로 상왕의 비위를 건드려 놓았다.

11월 심온이 중국에서 가 있는 동안 병조참판 강상인이 상왕에 대한 불경사건이 발생하였다. 강상인이 대궐을 수비하는 금군禁軍을 여쭙지도 않고 상왕의 거처와 주상의 처소로 나누어 근무하게 하였는데, 이것이 문제가 되고 말았다.

상왕이 선위할 때에 군국軍國의 중대사는 모두 상왕에게 아뢴 연후에 처리하도록 하명하였는데 병조兵曹의 일을 아뢰지도 않고 시행한 것이다. 이에 상왕이 진노하여 의금부로 하여금 주동자가 누구인지를 가려내도록 명하자, 병조판서 박습, 병조참판 강상인, 병조참의 이각과 제 낭관들을 모조리 체포하여 조사하였다. 다행히 고의가 아닌 단순 착오로 판명되어 석방되었는데, 이때 상왕에게 풍문을 가지고 무고한 자가 있어 다시 국문하라고 명령하자 강상인 등에게 네 차례에 걸쳐 무릎을 짓누르는 압슬형 고문이 가해졌다.

의금부에서 강상인을 신문하니 말하기를, "주상께서 본궁에 계실 때, 내가 일로 인하여 나아갔다가 동지 총재 심정(심온의 동생)을 궁문 밖의 장막에서 만났는데, 심정이 나에게, '내금위 안에 경비하는 사람의 결원이 많아서 경비가 허술한데, 어째서 시기에 맞춰 보충하지 않느냐.'고 하기에, 내가, '군사가 한곳에 모인다면 허술하지는 않을 것이다.'라고 하였더니, 심정이, '만약 한곳에 모인다면 어찌 많고 적은 것을 의논할 것이 있으랴.' 하였다."

또 말하기를, "내가 일찍이 이조참판 이관의 집에 들르니, 이관이, '요사이 어찌 드물게 오느냐.'고 하므로, 내가, '상왕 전과 주상 전에 출입하므로 인하여 여가가 없기 때문이다.' 하였다. 이관이, '두 곳에 출근하니 어떠한가. 모든 결정은 한 곳에서 나와야만 마땅한 것이다.'라고 하므로, 내가 대답해 말하기를, '나의 뜻도 또한 이와 같지마는, 그러나 이미 성문화된 것을 어찌할 수 있겠는가.' 하였다."

또 전 총제 조흡을 보았는데, "조흡이 말하기를, '군사는 마땅히 우리 상위上位에서 나와야 될 것이다.' 하였다."라고 하였으니, 상위는 상왕을 가리킨 것이었다.

－세종실록 즉위년 11월 22일－

의금부에서 강상인이 거론한 세 사람을 체포하기를 청하니, 상왕이 명하기를, "비록 2품 이상의 관원이라도 공신이 아니면 보고함이 없이 바로 잡아서 가두라."고 하였다.

상왕이 원숙에게 묻기를, "이관이 한 곳이라고 한 것은, 내 생각에는 나를 가리킨 것이다."라고 하니, 대답하기를, "이관이 사리를 알고, 또 오랫동안 측근으로 있었으며, 분명히 '내가 친히 군사를 듣고 판단하겠다.'라는 분부가 있으셨으므로, 진실로 위의 하교와 같습니다. 그러나 그 말에, '모든 결정은 한 곳에서 나와야 한다.'라고 하고, 병사라고 말하지 않았으니, 신은 그 뜻을 알 수 없습니다." 하였다. 상왕이 말하기를, "그렇다."라고 하였다.

의금부에서 이관과 심정과 조흡을 잡아서 대질하니,

심정이 말하기를, "나는 내금위의 절제사가 된 까닭으로 강상인과 경비의 허술한 것을 의논하였을 뿐이니, '군사가 두 곳으로 갈라져 있다.'라고 한 한마디는 내가 말한 것이 아니다." 하면서 이를 변명하였다가, 고문을 받고 나서 그제야 죄를 토설하였다.

이관을 신문하니, 이관이 술에 몹시 취하여 정신이 산란하여 말에 순서가 없어, 처음에는 강상인이 나에게 들른 일이 없다고 하였으나, 고문을 당하고는 그제야 죄를 자복하였다.

조흡을 신문하니, 조흡이 말하기를, "강상인이 일찍이 나에게 들렀는데, 군사를 나누어 경비한다는 말을 듣고, 강상인에게 말하기를, '군사는 반드시 상왕이 이를 주관하셔야 한다.'고 말하였다."라고 하고, 강상인을 신문하니 말이 같으므로, 이에 조흡은 석방하였다.

강상인이 또 압슬형을 당하고 말하기를,

"날짜는 기억하지 못하지만, 영의정 심온을 상왕 전의 문밖에서 보고 의논하기를, '군사를 나누어 소속시키는데 정규병사는 수효가 적으니, 마땅히 3천 명으로 해야 하겠다.'라고 한즉, 심온이 또한 옳다고 하였으며, 그 후에 또 의논할 일이 있어 날이 저물 때 심온의 집에 가서, '군사는 마땅히 한 곳으로 돌아가야 한다.'고 하였더니, 심온도 또한 '옳다'고 하였고, 또 장천군 이종무를 보고, '군사는 마땅히 한 곳으로 돌아가야 한다.'고 하였더니, 이종무가 빙긋이 웃으면서 수긍하였으며, 또 우의정 이원을 대궐 문밖 길에서 만나, '군사를 나누어 소속시키는 것이 어떠하냐.'고 하였더니, 대답하기를, '이를 어찌 말할 수 있느냐.'고 하였다."라고 하였다.

–세종실록 세종 즉위년 11월 22일–

의금부에서 강상인의 말한 바를 상세히 아뢰니, 상왕이 말하기를, "과연 내가 전일에 말한 바와 같이 그 진상이 오늘날에야 나타났구나. 간악한 사람을 마땅히 제거하여야 할 것이니, 이를 잘 살펴 문초하라."라고 하였다.

조말생 등이 아뢰기를, "두 임금의 부자간의 정이 자애하시고 효경 하심이 천성으로 지극하심은 사람들이 누가 모르겠습니까. 전하께서 군사를 결정하심은 오로지 사직을 위하신 것인데, 이 무리들이 병권을 옮기고자 하니 그 마음을 헤아리기 어렵습니다. 비록 종실과 훈척일지라도 어찌 감히 용서하겠습니까." 하니, 상왕이 말하기를, "참판과 지사가 같이 의금부에 가서 이를 국문하라."라고 하였다.

이명덕이 아뢰기를, "오늘은 금형일禁刑日[85]이오니 어찌 하오리까." 하니, 상왕이, "병이 급하면 날을 가리지 않고 뜸질을 하는 법인데, 이것은 큰 옥사이니 늦출 수 없다. 마땅히 이종무도 함께 잡아서 국문하라." 하였다.

의금부에서 상왕께 아뢰기를, "우의정 이원이 강상인의 간사한 꾀를 듣고도 즉시 잡지도 고하지도 않았으니, 대신의 의무를 잃었습니다. 모두 잡아서 신문하기를 청합니다." 하니, "그렇게 하라."고 하였다.

---

85) 형벌 집행을 금하는 날. 왕과 왕비 탄신일, 대제사일 등.

이원과 이종무가 옥에 나아가서 강상인과 대질하는데, 이원이 강상인에게 말하기를, "강 참판은 사람을 죄에 빠뜨리게 하지 말라."고 하였다. 이종무도 또한 대질하니, 강상인이 말하기를, "고초를 견디지 못하기 때문이니, 실상은 모두 무함이었다."라고 하였다.

이에 앞서 강상인이 여러 번 고초를 당하였으나, 말과 기색이 꺾이지 않았는데, 이날에 이르러서는 말이 입 밖에 잘 나오지 않았다.

임금이 상왕이 있는 수강궁에 문안 가려고 하는데, 승전색 내관 김용기가 의금부에서 신문한 일을 아뢰고, 더불어 아뢰기를, "심 본방이 군사가 한곳에 모여야 한다는 말을 들었다고 하옵니다."

하니, 임금이, "비록 그렇지마는 상왕의 교지가 이미 이와 같으시니 장차 어찌하겠는가." 하였다. 나라 풍속에 임금의 장인 집을 본방本房이라고 불렀다. 임금이 수강궁에 나아가서 김용기의 말을 상세히 상왕께 아뢰니, 상왕이 말하기를, "내가 들은 바는 이와는 다르다. 과연 이와 같다면 무슨 죄가 있으리요." 하고,

즉시 좌의정 박은을 부르니, 처음엔 병을 핑계로 오지 않다가 두 전하가 함께 계시다는 소식을 듣고 와서 명을 듣고 말하기를, "신은 이 일이 이 지경에 이를 줄 몰랐습니다. 심온이 말한바, 한 곳은 어찌 우리 상왕전을 가리킨 것이겠습니까. 반드시 주상 전을 가리킨 것이오니 그 뜻은 묻지 않아도 알 수 있습니다." 하였다.

상왕이 말하기를, "우의정은 석방해 내보내고, 이종무는 다른 증거를 기다릴 것이니, 아직 형벌하여 문초하지는 말고, 이관과 심정은 마땅히 압슬형을 가하여 국문할 것이다."라고 하였다.

이관을 신문하여 압슬형을 한 차례 하니, 말하기를,

"내가 심온의 집에 가서 영의정에 임명된 것을 하례하고는 인하여 말하기를, '병사는 나누어 소속시킴이 불편하니, 마땅히 다 주상 전에 돌려보냄이 어떠하냐.'고 한즉, 심온이 말하기를, '그대의 말이 옳다. 그러나 법이 이미 정하여 있는 까닭으로 이와 같이 할 뿐이다.'고" 말했다.

심정을 신문하여 압슬형을 한 차례 하니, 죄를 토설하지 않다가 두 차례 만에 말하기를, "형 심온을 그 집에서 보았는데, 형이 '군사는 마땅히 한 곳에서 명령이 나와야 된다.'라고 하므로, 내가 '형의 말이 옳다.'고 대답하였다."고 하였다.

상왕이 이명덕에게 이르기를, "정상이 이미 나타났으니, 다시 신문할 필요가 없다."고 하였다. "주모자는 심온이니 비록 나오지 않았더라도 그의 당파 강상인과 이관 등은 마땅히 극형에 처하여, 5도에 두루 보여야 할 것이다. 속히 단죄하여 아뢰라."고 하였다.

11월 24일 의금부에서 박습을 신문하여 압슬형을 한 차례 하니, 죄를 토설하지 않고 두 차례 만에 말하기를, "강상인·이관·심온이 모두 '병사는 나누어 두 곳에 소속시킬 수 없으니, 마땅히 한 곳에 합쳐야 될 것이다.'고 하므로, 이 두서너 사람의 말을 들었기 때문에 모든 군사는 상왕 전에 아뢰지 않았습니다."라고 하매, 상왕이 말하기를, "박습은 비록 그 실정을 다른 사람에게 누설하지 않았다 하더라도, 강상인의 말은 반드시 친척과 벗에게 전해졌을 것이다."라고 하였다.

강상인이 또 말하기를, "내가 전일에 이종무가 수긍했다고 한 것은 무고이다. 그 실상은 이종무가 나를 보고 말하기를, '군사가 허술하다' 하므로, 내가 대답하기를, '새로 나라를 세울 즈음에는 이렇게 될 수도 있을 것이라.' 하였다."고 하였다.

이때에 조말생과 전흥이 강상인과 대질하기를 청하니, 상왕이 이를 허락하지 않고, 박습·심온·심정·강상인·이관 등의 재산을 봉하였다.

11월 25일 판전의감사 이욱으로 의금부 진무를 삼아 의주에 가서 심온이 돌아오기를 기다려 잡아 오라고 하고, 명하기를, "심온이 만약 사신과 같이 오거든 심온에게 병을 핑계하고 짐짓 머물게 하여 비밀히 잡아 오되, 사신이 알게 하지는 말 것이니, 중국 조정에서 우리 부자 사이에 변고가 있는지 잘 못 알까 염려된다."라고 하였다.

11월 26일 상왕이 박은·조말생·이명덕·원숙을 불러 보고 말하기를, "강상인과 이관은 죄가 중하니 지금 마땅히 죽일 것이요, 심정과 박습은 강상인에 비하면 죄가 경한 듯하였다. 괴수 심온이 돌아오지 않았으니, 아직 남겨두었다가 대질시키는 것이 어떠한가. 그렇지 않으면 인심과 하늘의 뜻에 부끄러움이 있지 않겠는가." 하니,

박은이 아뢰기를, "대질시키고자 하신다면 강상인만 남겨두고 세 사람은 형벌하는 것이 옳습니다. 그러나 심온의 범한 죄는 사실의 증거가 명백하니, 어찌 대질할 필요가 있겠습니까. 남겨두는 것이 옳지 못합니다. 그리고 반역을 함께 모의한 자는 수모자와 종범자를 분간하지 않는 법이오니, 어찌 차등이 있겠습니까."라고 하였다.

이에 의금부에서 아뢰기를, "옥에서 곤란한 일이 많사오니, 속히 형을 집행하기를 청합니다." 하여, 명하여 강상인은 형법대로 시행하고, 박습

과 이관·심정은 모두 참형에 처하고, 네 사람의 부자는 교수형을 면제하여 종으로 삼고, 이각과 채지지·성달생은 사면하라 하였다.

의금부에서 또 아뢰기를, "죄인의 부자는 이미 사형을 면하였으나, 마땅히 가산을 적몰해야 될 것이며, 이각과 채지지와 성달생은 모두 사면할 수 없습니다." 하니, 그 말을 따라 이각 등은 모두 장형杖刑은 면하고 지방으로 귀양 가게 하니, 이각과 채지지가 모두 그전에 갔던 곳으로 귀양 갔다.

백관을 모아 강상인을 차열(사지를 찢는 처형)하고, 박습과 이관과 심정은 서교에서 목을 베기로 결정되었다. 박습은 옥중에 있다가 벌써 죽었다. 강상인이 수레에 올라 크게 부르짖기를, "나는 실상 죄가 없는데, 때리는 매를 견디지 못하여 죽는다."라고 하였다.

11월 26일 명하기를, "심씨가 이미 국모가 되었으니, 그 집안이 어찌 천인에 속할 수 있겠느냐." 하여, 심인봉 등이 이로 말미암아 천인이 됨을 면하고 양민이 되었다. 명하기를, "심온의 아내와 네 명의 어린 딸을 천인에 속하게 할 때는 임금의 윤허를 얻어 시행하라."라고 하였다.

12월 4일 의금부에서 심온의 아내와 여러 딸을 천인에 속하게 하자고 청하니, 상왕이 여러 형의 예에 따라 시행하라고 명하였다. 의금부에서 다시 청하기를, "여러 형의 천인 됨을 면한 것을 신 등은 오히려 옳지 못하였다고 생각하오니, 아내와 딸들은 천인을 면하게 할 수 없습니다." 하여, 상왕이 그 말대로 쫓고, 명하기를, "비록 천인에 속하게 하더라도 부역은 말도록 하라."고 하였다. 의금부에서 또 심온의 가산을 적몰하기를 청하므로, 상왕이 박은에게 묻기를, "왕비의 집을 적몰하는 것이 의리상 되겠느냐."고 하니, 박은이 대답하기를, "죄가 있는 신하는 너그럽게 용서할 수 없사오니, 이와 같은 일은 마땅히 특별한 은전을 내려 그 가산을 적몰하지 않도록 할 수는 있습니다."고 하였다. 의금부에서 다시 청하므로 이에 그 청함에 좇기로 하였다.

12월 18일 상왕이 임금과 더불어 수강궁 남쪽 행랑에 나아가서, 조말생과 원숙을 불러 말하기를, "심온이 이미 왕비의 아버지가 되어서 반역하였으니, 사신이 어찌 국왕도 참여해 알고 있다고 여기지 않겠느냐. 이와 같이 되면, 부자의 지극한 정리를 무엇으로써 밝히겠느냐. 마땅히 사람을 보내어, 평안도 관찰사와 의주 목사에게 타일러, 만약 사신이 심온의 안부를 묻거든, 어머니 병으로 충청도에 돌아갔다고 대답하고, 사람들로 하여금 그 일을 누설하지 않도록 하는 것이 옳을 것이니, 경들이 의정부의 여러 경과 의논하라."라고 하니, 유정현 등이 모두 "옳습니다."고 하였다.

12월 22일 이욱이 심온을 잡아 오니, 이에 이명덕·허지·성엄·정초를 명하여, 의금부와 같이 이를 신문하게 하였다. 심온이 강상인들이 벌써 죽은 줄을 모르고, 그들과 더불어 대질하기를 요구하였다. 이에 매로 치고 압슬형을 쓰니,

심온이 말하기를, "반드시 면하지 못할 것이라." 하면서, 드디어 죄를 토설하기를,

"강상인 등 여러 사람이 아뢴 바와 모두 같습니다. 신은 무인인 까닭으로 병권을 홀로 잡아 보자는 것뿐이고, 함께 모의한 자는 강상인 등 여러 사람 외에 다른 사람은 없습니다."

하니, 다시 신문하였다. 안수산이 옥방에서 심온을 바라다보는데, 심

온이 마침 이를 돌아보고 말하기를, "안수산도 또한 이를 알았다."라고 하였다. 안수산이 마주 대하여 논변하고 고문을 받았으나 죄를 토설하지 않으니, 심온이 또한 무함하였다고 자복하여 안수산이 그제야 죄를 면하게 되었다.

1418년 12월 23일 사약을 마시다.

이리하여 심온은 수원에서 사위의 어명으로 사약을 마시고 목숨을 끊고 말았다. 영의정에 오른 지 4개월, 1418년 12월의 일이었다.

강상인의 군사 문제를 처리하는 과정에서 좌의정 박은朴訔은 대질신문 없이 심온을 모반죄로 처벌하자고 주장했다. 심온은 죽으면서 한마디 유언을 남겼다. "오늘의 이 일은 모두 소인배 박은이 모해한 것이다. 박은은 평소 나를 시기하여 편한 날이 없었느니라, 대대손손 우리 청송심씨는 결코 박씨 집안과 더불어 혼인을 하지 마라(吾子孫 世世 勿與朴氏相婚也)!" 이로써 세종의 처가댁은 풍비박산되고 말았다. 태종의 처가를 풍비박산 낸 것처럼.

상왕께서 하교하기를, 심공은 비록 예장禮葬은 불가하나 장례는 불가불 후히 지내지 않을 수 없다. 하고 지관 이양李陽을 파견하여 장지를 택하게 하고 수원부에 명하여 장사를 맡아 치르게 하였으며, 관곽과 석회를 하사하는 한편 내관에게 호상케 하였으며 용인 현감에게 제를 올리게 하여 용인 현산의곡의 자좌원에 장사지냈다.

세종의 장모 안씨安氏는 제주 목사 관아의 노비로 보내지고, 세 아들 심준沈濬·심회沈澮·심결沈決은 뿔뿔이 흩어져 귀양을 가야 했다. 세종 비 소헌왕후도 내쫓아야 한다는 대신들의 끈질긴 주청이 있었으나 태종의 단호한 명에 그 주장은 중지되었다.

태종이 승하하고 세종 11년 3월 17일 의정부와 육조 관원들이 심온의 사건에 대해서 논의하였으나 세종은 처가의 일을 아버지 뜻에 따라 풀지 않았다.

의정부와 육조의 관원이 의정부에 모여 심온의 일을 논의하고 아뢰기를, "심온의 사건이 강상인 등을 이미 처형한 뒤에 있었기 때문에 대질할 수 없었사온즉, 이는 의심스러운 옥사입니다. 그 당시 강상인에 관련되어 잡혔던 자로 대질하여 죄를 면한 자도 있었사오니, 이것으로 보더라도 어찌 의혹이 없겠습니까. 만약 태종께서 장차 심온에게 죄를 더 중하게 주시려고 하셨다면, 어찌하여 심온이 돌아와서 대질하도록 기다리지 아니하시고 강상인 등을 먼저 다 처형하였겠습니까. 심온이 돌아오기를 기다리지 않고서 다 처형하신 것으로 그 심온을 용서하시려고 하셨음을 단정코 알 수 있는 것이며, 이것이 바로 심온의 돌아오기를 기다려서 죄를 묻지 않고 유배하시려는 것이었습니다."

하니, 임금이 말하기를, "내 마땅히 헤아려 보겠노라." 하였다. 이때 이조참판 정초가 좌중에 말하기를, "신이 당시 사간으로 그 옥사의 국문에 참여하였습니다. 심온이 국문을 할 즈음에 마음속으로는 변명하여 밝히려고 하였으되, 하루도 안 되는 사이에 두 차례나 신장訊杖을 맞고 세 차례나 압슬형을 당하여도 오히려 굴복하지 않더니, 도제조 유정현이 심온에게 이르기를, '공의 지위와 권세로 미루어 오늘 이 국문하는 정세를 본다면 가히 알 것이니, 끝내 승복하지 아니하고 배기겠는가.' 하니, 심온이 이 말을 듣고는 다시 한마디의 말도 없이 일일이 승복한 것입니다."

하니, 이제 정초의 말로 미루어 본다면 심온의 승복한 것이 부득이한 데서 그것이 나온 것임을 어찌 알겠으며, 태종이 이와 같은 사실을 어찌 다 아셨겠는가. 하였다.

−세종실록 11년 3월 17일−

후에 이 사건은 심온이 국구國舅로서 세력이 커지는 것을 염려한 태종과 좌의정 박은이 무고한 것으로 밝혀졌다. 1424년 문종이 즉위하여 성산 부원군 이직李稷 등이 청하여 외조부 심온의 관작을 복구시키고 안효공安孝公으로 시호를 내렸다.

심온의 아들들도 모두 풀려 둘째 심회는 뒤에 영의정까지 오르는 등 가문이 크게 융성하였다.

경기도 수원시 팔달구 이의동에 심온의 묘소가 경기도 기념물로 관리되고 있고, 묘 앞에는 명필이던 외손자 안평대군이 쓴 묘비가 세워져 있다. 영조 때 왕명으로 신도비를 세웠는데, 비문은 심온의 9대손 판중추부사 심단沈檀이 짓고 글씨는 심온의 먼 외손뻘인 좌의정 서명균徐命均이 썼으며, 전자篆字는 심온의 13대손 부사과 심육이 새겼다.

심온의 졸기

1418년[44세] 세종 즉위년 12월 25일 청천 부원군 심온의 졸기.

이양李揚이 돌아와서 아뢰기를, "심온은 이미 스스로 목숨을 끊었습니다." 하니, 선포하기를, "심온은 비록 예를 갖추어 장사지내지 못할지라도, 또한 후하게 하지 않을 수 없다."

하고, 이에 이양달을 보내어 장사지낼 땅을 가려 정하게 하고, 수원부에 명하여 장사를 치르게 하며, 또 관·종이·석회를 내려 주고, 내관을 보내어 장사를 돌보게 하고, 있는 곳의 관원에게 치제하게 하였다. 심온의 자字는 중옥仲玉이니, 경상도 청보군 사람으로, 증조 심연沈淵은 고려의 각문 지후요, 조부 심용沈龍은 고려의 증 문하시중 청화 부원군이요, 아버지 심덕부는 조선의 좌정승 청성백이요, 어머니는 인천 문씨이니, 낭장 문필대의 딸이다. 심온은 나이 11세에 고려의 감시에 합격하고, 국초에 병조와 공조의 의랑을 역임하였다.

정종이 왕위에 오르매, 보공장군 용무사 대호군에 제수되고, 신무사 대호군으로 옮겼다가. 태종의 초기에 본직으로서 지각문사가 되고, 4년에 대호군으로서 판내시다 방사가 되고, 조금 후에 용양사 상호군에 승진되어 판통례문사를 겸하였다. 7년에 승정원 동부대언에 발탁되어, 여러 번 승진하여 좌부대언이 되고, 조금 후에 가선 대부좌군 동지총제에 임명되고, 11년에 가정 대부 풍해도 도관찰사에 임명되었다가 들어와서 참지의정부사가 되고, 조금 후에 사헌부 대사헌이 되고, 14년에 자헌 대부형조판서가 되었다가 호조판서로 옮겨졌다.

이로부터 여러 번 한성판윤, 의정부 참찬, 좌군 도총제를 역임하고, 정헌 대부 이조판서가 되었다. 임금이 왕위에 오르매, 부원군으로서 청천 부원군에 봉하고, 조금 후에 영의정 부사가 되었다가 이때 이르러 죽으니, 나이 44세이다. 심온은 성품이 인자하고 온순하여 물정에 거슬리지 않았다. 평소에 심온이 하륜과 뜻이 서로 맞지 않았는데, 어느 날 심온이 임금에게 아뢰기를,

"하륜이 빈객賓客과 많이 교통하고 뇌물을 많이 받아들이며, 대낮에 첩의 집에 드나드니, 추잡한 행실이 이와 같습니다."

하면서, 장차 비밀리 아뢰고자 하므로, 세종이 상세히 상왕(태종)에게 아뢰니, 상왕이 말하기를, "신하가 비밀리 아룀이 있는 것은 좋은 일이 아니며, 또 외인外人의 의심을 초래하게 될 것이다." 하여, 마침내 불러 보지 아니하였다. 양녕대군이 덕을 잃으매, 여러 신하가 다 세종에게 마음이 돌아가게 되며, 양녕도 가끔 세종의 어진 덕행을 말하니, 상왕이 이를 듣고 매우 불평하게 여기고, 인하여 심온에게 경계하여, 감히 공공연하게 말하지 말라고 하고, 또 말하기를, "선비들을 널리 접촉하지 말고 조심하여 법도를 지키라."라고 하였다.

구종수의 일이 발생하자, 구종수의 형 구종지가 의금부에 고하여 말하기를, "전일에 심 판서가 나에게, '네가 신하가 되어 동궁(세자)에 왕래하는 것이 옳으냐.' 하고 책망하였다." 하고, 양녕도 말하기를,

"구종수가 일찍이 나에게 말하되, '심 판서는 내가 동궁에 출입하는 것을 알고 일찍이 꾸짖어서 내가 심히 두려워하였다.'라고 하더라."고 하였다. 의금부에서 이를 갖추어 아뢰니, 상왕이 임금에게 이르기를, "내가 심온에게 그처럼 경계하였는데도, 이런 사람들과 교통하고, 또 말하는 바가 이와 같은 것은 어찌 된 까닭인가." 하였다. 일찍이 어느 날 임금이 심온과 더불어 손님을 서교西郊에서 전송하는데, 구종수가 심온을 따라가다, 길에서 심온이 구종수와 거리낌 없이 농담을 하였다. 얼마 안 되어 구종수가 죄를 얻게 되었는데, 양녕이 임금에게 말하기를,

"네가 손님을 전송하던 날의 일을 구종수가 나에게 상세히 말하더라."라고 하였다. 후에 심온이 이 말을 듣고 뉘우쳐 한탄하며 말하기를, "그 사람을 믿기가 이처럼 어려운 줄을 나는 일찍이 알지 못하였구나." 고 하였다.

심온이 중국 서울에 갈 적에 상왕이 임금에게 이르기를, "네 왕비의 아버지가 사신으로 갔다가 돌아오면, 매번 연말이 되니, 친히 왕비의 종족과 더불어 그 집에 가서 잔치를 베풀어 위로할 것이라."고 하더니, 그가 돌아오기 전에 옥사獄事가 일어났다. 임금이 동궁에 있을 적에 심온이 아뢰기를, "지금의 사대부들이 나를 보면 모두 은근한 뜻을 보내니, 내가 심히 두렵습니다. 마땅히 손을 사절하고 조용히 여생을 보내야 하겠습니다."

하므로, 임금이 즉시 이 말을 아뢰었더니, 상왕이 심히 옳게 여겼다. 이때 이르러, 상왕이 임금에게 말하기를,

"심온이 전일에 손을 사절하고 조용하게 지내겠다는 뜻을 내가 심히 옳게 여겼더니, 지금 이와 같은 것은 무슨 까닭이냐." 고 하였다.

상왕이 임금에게 매번 이르기를, "네 처가의 집은 쇠패하였으나, 오직 안수산만이 홀로 남아 있으니, 마땅히 고관대작에 임명해야 할 것이다."라고 하므로, 안수산이 얼마 아니 가서 중추부로 들어왔다. 심온의 세 아들은 심준沈濬·심회沈澮·심결沈決이다.

−세종실록 세종 즉위년 12월 25일−

[승진과정]

고려 말 과거 급제

1392년[18세]   태조 1년 병조의랑, 공조의랑

1398년[24세]   정종즉위년 보공장군, 대호군

1400년[26세]   태종즉위년 지합문사

1401년[27세]   태종 1년 1월 동생 심종이 태조의 딸 경선공주와 혼인하다.

1404년[30세]   태종 4년 상호군, 겸 판통례문사 겸 판문하사

1407년[33세]   태종 7년 12월 동부대언(승지), 좌부대언

1408년[34세]   태종 8년 2월 세종이 심온의 딸에게 장가를 가다.

1411년[37세]   태종 11년 가정대부, 7월 풍해도 관찰사

1413년[39세]   태종 13년 8월 참지의정부사, 10월 대사헌

1414년[40세]   태종 14년 1월 우군총제, 12월 형조판서

1415년[41세]   태종 15년 5월 호조판서,

               6월 노비판결을 잘못 처리하여 호조판서직 파직,

               11월 호조판서,

               12월 겸 좌군 도총제

1416년[42세]   태종 16년 5월 참찬, 6월 좌군도총제, 11월 판한성부사

1417년[43세]   태종 17년 6월 이조판서

1418년[44세]   태종 18년 6월 공조판서, 6월 이조판서, 7월 의정부 참찬,

               8월 청천부원군, 9월 영의정부사,

               9월 겸 명나라 사은주문사

1418년[44세]   세종 즉위년 12월 23일 심온에게 사약을 내리다.

1418년[44세]   세종즉위년 12월 25일 청천 부원군 심온이 죽다.

15. 이직李稷

8년간 유배살이 후 영의정이 되다

개국3등공신, 좌명4등공신에 태상왕의 장인

이직의 자는 우정虞庭이고, 호는 형재亨齋로 본관은 성주이다. 고려조 정당문학 이조년의 증손자이며, 조부는 검교시중을 지낸 이포이며 아버지는 문하평리를 지낸 이인민이다.

성주이씨의 12세손 이장경은 다섯 아들을 두어 이름을 이백년·이천년·이만년·이억년·이조년으로 지었는데, 모두 과거에 합격하였다. 맏아들 이백년은 밀직사사, 둘째 이천년은 참지정사, 셋째 이만년은 시중, 넷째 이억년은 개성유수, 막내 이조년은 정당문학을 지내는 등 이장경 6부자는 조정에 공을 많이 세웠기에, 이장경의 사후에 '삼중대광 좌시중 도첨의정승 지전리사사 상호군'이라는 관직에 추증하고 성산부원군에 추봉하니 성주이씨 가문에서는 이장경을 중흥 시조로 삼았다.

이들 아들 중 이조년은 시문에 뛰어나 '이화에 월백하고 은한이 삼경인제…'라는 시조를 남긴 문인으로도 명성을 떨쳤다. 이직은 이조년의 증손으로 공민왕 11년 대제학 이인민의 다섯 아들 중 장남으로 태어났으며, 이직의 조부 이보 또한 문하시중까지 올랐던 인물이었으니 이직의 가문은 고려조에 명문 가문이었다.

이직은 1377년 우왕 3년 16세로 문과에 급제하여 경순부 주부에 보직되고 공양왕 때 예문제학을 지냈다. 1392년 태조 이성계가 조선을 건국하는 데 참여해 3등 공신에 책훈되었지만, 핵심적인 역할을 수행하지는 않았다. 태종은 그를 두고 이제[86]의 사촌형이었기에 발탁했다고 말한 바가 있다.

---

86) 태조의 사위로서 경순공주의 남편이다. 제1차 왕자의 난 때 죽었다.

"이직으로 말할 것 같으면 개국하던 초기에 흥안군 이제李濟의 종형인 까닭에 그를 발탁하여 지신사로 삼아 공신의 반열에 참여시켰다."

-태종실록 15년 5월 13일-

이런 이직은 조선 건국 초기 중추원 지신사·중추원 학사로서 사은사가 되어 명나라를 다녀오면서 외교적인 수완을 발휘했고, 각종 제도를 마련하거나 한양 도성 건축 및 동북 성곽 구축과 같은 토목 공사에도 재능을 보인 관리형 참모였다.

1394년 태조 3년 11월 병권과 정권 장악한 조준·정도전을 비판한 변중량을 박경과 이직에게 국문하도록 하였다.

전중 경 변중량을 순군옥에 가두고, 대사헌 박경과 순군 만호 이직 등으로 하여금 국문하게 하였다. 당초에 변중량이 병조 정랑 이회와 말하였다.

"예로부터 정권과 병권을 한 사람이 겸임을 못하는 법이라. 병권은 종친에게 있어야 하고 정권은 재상에게 있어야 하는 것이다. 그런데 지금 조준·정도전·남은 등이 병권을 장악하고 또 정권을 장악하니 실로 좋지 못하다."

그 후 변중량이 또 이 말을 의안백 이화에게 말했다. 이화가 임금에게 고하니, 임금이 변중량을 불러서 물은즉, 변중량이 사실대로 대답하고 또 말하였다. "박포도 또한 전하께서 국정을 잘못하여 여러 번 변고가 일어난 것이라고 말했습니다."

-태조실록 3년 11월 4일-

이에 임금이 성이 나서 말하였다. "이들은 모두 나의 수족과 같은 신하들로 끝끝내 같은 마음을 가진 사람들이다. 이들을 의심한다면 믿을 사람이 누구냐? 이런 말을 하는 자들은 까닭이 있을 것이다."

즉시 변중량과 박포와 이회를 국문하게 하니, 박포와 이회가 변중량과 더불어 서로 따지면서 자기만 모면하려고 하였다.

1397년 태조 6년 1월에 대사헌을 지냈고, 8월에 제1차 왕자의 난이 일어나 정도전과 남은과 심효생이 숙청당하였다. 1399년 정종 1년에 중추원사로서 서북면 도순문찰리사를 겸임하여 왜선 6척을 격퇴하여 공을 세워 참지동부사가 되었으며, 1400년 참찬문하부사에 오르고 이어 삼사좌사·지의정부사를 역임하였다.

이직은 이방원과 교분이 두터워 이방원이 태종으로 등극하는 데 공을 세운 이후 좌명공신 4등에 책봉되었고, 태종의 휘하에서 명나라 사신으로 두 번씩 다녀와 명나라와의 외교 관계를 긴밀하게 이끌었다. 1402년 대제학을 거쳐, 1403년 판사평 부사로서 왕명을 받아 인쇄를 위한 주자 소주자소鑄字所를 설치하여 계미자癸未字를 만들어 문헌 보급에 많은 공을 세웠다. 1405년 관제가 6조로 체계로 개편되자 조선조 최초의 이조판서가 되어 조정의 인사체계를 바로 세웠다. 이조판서로서 1405년 태종 5년 2월 9일 수령의 평가 및 인재발굴 등에 관한 상소문을 올렸다.

> "본조는 인재선발의 직임을 맡았으니, 마땅히 사방의 재간이 있는 선비를 널리 구하여 전국에 포열시켜서, 사림들로 하여금 그들의 재주를 다하지 못한 자는 원망이 없게 하고, 공적이 빛나고 풍속이 아름다워지면, 이는 바로 전하께서 신하에게 기대하는 바이며, 신하로서 마땅히 마음은 다해야 할 바입니다. 그러므로, 신은 어리석고 천함을 헤아리지 아니하고 사람을 뽑는 방법을 아래에 조목조목 열거하오니, 엎드려 바라옵건대, 재결하여 채택해서 시행하소서.

> 1. 무릇 사람의 재주는 한 해나 한 달 내에 성취되는 것이 아닙니다. 비록 각사로 하여금 1년에 두 번씩 인재를 뽑게 하오나, 다시 얻은 바가 없고, 한갓 문서만 번거롭게 하오니, 원컨대, 이제부터는 전국의 대소관청에서 추천한 인재는 그 직품을 종류별로 나누어 일일이 기록하여 책을 만들어서, 매양 인사할 때를 당하면 직품에 따라 아뢰어 낙점을 받아 임명하고, 3년이나 혹은 5년 만에 인재가 성취되기를 기다려 다시 천거하게 하며, 영구히 법식으로 삼되, 만일 재주를 가진 자로서 빠진 자가 있거든, 대소관청으로 하여금 연한에 구애치 말고 밀봉으로 특별추천하게 하소서.

1. 문음(조부모 음덕)과 공음(선조 공적)의 자제를 서용하는 법은 이미 정해진 법이 있으나, 다른 자제는 벼슬에 나아갈 길이 없사오니, 이제부터는 문음과 공음의 자제 외에, 벼슬이 없는 자의 자제로서 나아가 18세 이상의 재간이 있는 자도 또한 대소관리로 하여금 천거하게 하되, 아울러 친조부와 외조부의 직명을 기록하여 본조에 올리게 하여, 서예·산학·율학으로써 그 능함을 시험해서 서용하도록 하여 요행을 바라는 길을 막으소서.

1. 각도의 주·부·군·현 내에 경학에 밝고 행실을 닦아, 지식이 정치의 요체에 통달하여 가히 맡겨서 부릴 만한 자와, 행정에 능하고 겸하여 군무를 잘 알아서 가히 국토방위를 감당할 수 있는 자를, 감사와 수령이 널리 구하여 천거하게 하되, 밀봉으로 아뢰게 하여, 탁용에 대비하소서.

1. 전국 관청에서 천망(천거)할 때를 당하여 만약 탐오하고 불법한 자나, 일찍이 죄명을 범한 자 혹은 직무를 삼가지 아니하여 일찍이 퇴출된 자를 천거하였으면, 본조에서 곧 사헌부에 이첩하여 엄하게 경계하여 금단하소서.

1. 수령의 고과평가를 1년에 두 번 평가하도록 정해진 제도가 있사오나, 그 직임에 적당치 아니한 자는 하루라도 백성을 다스릴 수 없습니다. 감사가 그 폐단을 보고도 평가할 기한을 기다린다면, 자못 올리고 퇴출하는 의의를 잃게 되오니, 이제부터는 만일 그 직임에 적당치 아니한 자가 있거든 기한에 구애치 말고 즉시 밀봉으로 아뢰게 하고, 곧 다른 사람으로 고쳐 임명하여 백성들의 바람에 부응케 하소서." 하니 윤허하였다.

—태종실록 5년 2월 9일—

이직은 다시 상소문을 올려 무관들의 기강을 잡기 위해서 고려시대의 무관 계급제도를 복구하자는 청을 올렸다.

이조판서 이직이 상소하여 고려조의 무직 계급의 제도를 복구하도록 청하였는데, 그 글에 말하기를,

"신이 그윽이 보건대, 송나라 승상 문정공 사마광의 상소에 이르기를, '신은 군사를 다스리는 데 예가 없으면 위엄이 행하지 못한다고 들었는데, 예란 상하의 분별이 그것입니다. 당나라 숙종·대종 이후로 고식적인 정사를 힘써 행한 까닭에, 군벌이 발호하여 조정을 위협하고 업신여겼으며, 사졸은 교만하고 횡포하여 임금과 장수를 핍박하매, 아랫사람이 윗사람을 능멸하여 윗사람의 권위가 떨어져, 다시는 기강이 없어졌습니다. 오대에 이르기까지 천하가 크게 어지러워지고 국운이 순조롭지 못하여 백성이 도탄에 빠졌습니다.

조종께서 하늘의 커다란 명을 받으시고 성덕이 총명하시어 천하의 난이 무례에서 생겨남을 아시고는 군병의 제도를 세워 말하기를, 「일계 일급이라도 전적으로 위계의 법식으로 돌리라.」하고, 감히 어기거나 범하는 자가 있게 되면 죄가 사형에 이르게 하니, 이에 위로는 도지휘사로부터 아래로는 압송관·장행(말꾼)에 이르기까지 등급의 차이에 따라 서로 명령을 받으매, 일신이 팔을 부리는 것과 같고, 팔이 손가락을 부리는 것과 같아서 감히 좇지 아니함이 없었습니다. 그러므로 동서를 정벌하여 천하를 평정하였고, 자손을 위하여 오래고 큰 기업을 세워서 오늘에 이르기까지 1백여 년 동안 천하를 다스림이 모두 이 방법에 의한 것이었습니다.

근년 이래로 전국에서 병사를 주관하는 관리가 대체를 알지 못하여 작은 은혜 베풀기를 좋아하고 허명만을 도둑질하려 하므로, 군중軍中에 계급을 범하는 자가 있어도 모두 너그럽게 용서하는 것을 힘써 행하니, 이것은 장교가 대체로 바르게 단속을 하지 못함에 이르게 하는 것이요, 말꾼은 감언과 기쁜 낯으로 간곡하게 부드러운 말을 더하여 나약하고 겁내는 군대가 됨에 이르게 하며, 병부 관청도 또한 이러한 태도를 하여, 드디어 군대 대오의 사이에 교만하고 방자하며 패역하고 태만함이 일어나 점점 제재할 수 없이 되고 보니, 윗사람은 아랫사람을 두려워하여 낮은 사람에게 제재를 당하니, 이른바 아랫사람이 윗사람을 능멸하여 윗사람의 권위가 떨어짐이 이보다 더한 것이 없게 되었습니다.

신이 듣건대, 성왕은 형벌에 있어서 형벌을 쓰지 않음을 기약한다고 하나, 지금 계급을 범한 사람을 너그럽게 용서한다면 비록 한 사람의 생명은 살릴 것이나, 특히 군법이 서지 못함을 알지 못함이라. 점점 능멸하여 윗사람의 권위가 떨어지는 풍습이 이루어질 것인즉, 관계되는 것은 억조의 목숨입니다. 신은 어리석으나 폐하께서 특별히 조서를 내리시어 거듭 계급의 법을 밝히시고, 전국의 군사를 주관하는 신료들을 계칙하여 한결같이 조종의 제도를 따르게 하시기를 바랍니다. 만일 너그럽게 용서하여 부정하게 여러 군사의 마음을 거두는 자가 있게 되면, 엄하게 죄벌을 가함으로써, 그 나머지 사람을 경계하면 거의 기강이 다시 떨칠 것이고, 기초가 길이 편안할 것입니다.'고 하였습니다.

신이 살피건대, 이 한 편의 이론은 비단 송나라 조정에서만 적합할 뿐 아니라, 실로 만세에 마땅히 본받을 것입니다. 무릇 사람이 떼 지어 모였을 때 예로서 이를 제재함이 없다면 반드시 쟁란이 있게 됨은 그 형세가 그러한 것입니다. 사람마다 그 마음을 달리하여 서로 관할하지 못한다면, 비록 억만의 군사가 있다 하더라도 믿고 편안히 여길 것이 못됩니다. 그러므로 옛 성현들이 예를 제정하여 어거하고 영을 행하여 금지하며 그들로 하여금 협화로 돌아오게 하였습니다.

사람이 화평하지 못하면 평상시에 있어서도 불가한데, 만일 긴급한 사태가 있다면 무엇으로서 큰일을 치르겠습니까? 임금의 뜻이 아득하여 헤아려 알기는 어려우나, 마땅히 할 바는 인사를 극진히 하는 것이니, 엎디어 바라건대, 전하께서 편안할 때에 위태함을 생각하시어 인심을 살피시고, 군정을 닦게 하소서. 대소 신료들에게 자문하시어 다시 고려시대의 무직 계급의 제도를 시행하여, 중외의 장수와 병졸로 하여금 각각 자기 분수에 편안케 하여 상습으로 삼으시면 이득됨이 있을 것입니다."

하니, 지신사 황희에게 명하여 말하기를, "경제육전을 상고하여 참작해서 시행함이 옳겠다." 하였다.

—태종실록 6년 8월 8일—

1407년 영흥부윤이 되고, 이어 찬성사로서 대사헌을 겸임하였다. 이듬해 다시 이조판서에 임용되었고, 1412년 성산부원군, 1414년 우의정에 승진되어 진하사로서 명나라에 다녀왔다.

이듬해 사위 민무휼의 동생 민무회를 두둔한 죄로 성주로 유배를 가게 되었다. 1422년 세종 4년에 유배에서 풀려나와 1424년 영의정에 오르고, 이 해 등극사로 명나라에 다녀왔다. 1426년 좌의정으로 전직했다가 이듬해 사직하였다(한국민족문화대백과사전, 한국학 중앙연구원).

큰 사위로 인해 울다가 작은 사위로 인해 웃다

1412년 성산 부원군에 봉해지고 1414년 우의정에 올라 정승반열에 들어섰는데, 사위 민무휼의 동생 민무회를 두둔한 죄로 성주로 유배를 가게 되었다. 이때 태종은 처가 식구 중 남은 두 처남들을 모두 숙청하려고 마음을 기울였던 때였다. 실록에 기록되어 있는 내용을 살펴보면 태종 15년 5월 태종께 불충한 말을 한 민무회의 죄를 청하지 않고 두둔했다 하여 우의정 이직을 성주로 유배를 보냈다.

우의정 이직을 성주에 유배하고, 좌의정 남재의 직을 파면하게 하였다. 사간원 우사간 대부 이맹균 등이 상소하였다.

"염치용·민무회·윤흥부 등은 그 죄가 용서할 수 없으므로, 육조와 승정원·의금부에서 모두 죄 주기를 청했는데, 오직 의정부만이 운명을 같이하여야 할 대신으로 한 번도 죄 주기를 청하지 않았습니다.

이달 초 1일에 합좌[87]하여 죄를 청한 것에 대한 일을 제안하였더니, 염치용은 자기 노비의 일로 해서 주상을 향하여 불충한 말을 발설했고, 민무회는 중궁의 지친으로, 염치용의 불충한 말을 들었으면 마땅히 빨리 아뢰었어야 할 것인데, 안이하게 생각도 하지 않고 있다가 여러 날 뒤에 입궐하여 우연히 노비의 일로 인해 그 말을 비로소 발설했고, 윤흥부는 측근의 내시로서 염치용의 말을 듣고도 즉시 아뢰지 아니하였으니, 이런 이유로 본다면 이 세 사람의 죄는 모두 불충함에 있다. 하니,

이직이 말하기를, 「의금부에서 무슨 법조항을 가지고 조율하였는가?」 하기에, 내가 대답하기를, 「이것은 비록 여러 사람을 불러 모아 모의한 것은 아니라 하더라도, 일이 불충을 연 까닭에 조율한 것이 이와 같았다.」 하였더니, 이직이 또 말하기를,

---

87) 대소 신료들이 나라의 일을 의논하기 위하여 함께 모이던 일. 그 장소는 조회청이 아닌 자문紫門 같은 곳이었음.

「그렇다고 하더라도 모반으로 조율함은 잘못이다. 만약 염치용이 모반을 했다면 적몰함이 가하지만, 사실은 모반이 아닌데 적몰함은 미편하다. 만약 아뢴다고 핑계한다면, 내 대답하기를 대인들의 뜻이 각각 다르다고 하지, 내 어찌 감히 내 마음대로 하겠는가?」 하였습니다. 〈중략〉

신 등이 생각하건대, 이직은 기쁨과 슬픔을 함께 해야 할 대신입니다. 만약 불충한 사람이 있어 전하가 너그러운 법전을 따른다 하더라도, 진실로 그 죄를 강력히 청하여 법대로 처치하게 함이 옳았을 것인데, 염치용 등의 불충한 죄를 이숙번과 유정현 등이 벌을 줄 것을 청하고자 함에 따르지 않았을 뿐만 아니라, 도리어 의금부의 법 적용이 잘못이라 하고, 그 가산의 적몰이 너무 중하다고 함에 이르렀으며, 장차 그들의 죄를 아뢰고자 함에 죄를 청하는 의논을 저지하여, 마침내 아뢰지 못하게 하였고, 조사할 때에 문구를 아름답게 꾸몄으니, 그 마음이 음흉하고 불충함이 막심합니다. 빌건대, 관할사에 내려 국문하여 그 죄를 바루소서.

좌의정 남재는 유정현이 죄를 청하기를 주창하는데도, 자신이 수상이면서 그대로 맡겨 두고 청하지 아니하였으니, 그 정상이 불충에 관계됩니다. 빌건대, 아울러 관할사에 내려 율律에 따라 판정하소서.
영의정 하륜은 비록 혐의가 있다 하더라도 대의로 결단하여 그 죄를 청했어야 마땅한데, 자기 한 몸의 혐의를 피하여 그 죄를 청하지 아니하였고,
찬성 이숙번과 참찬 유정현은 비록 죄를 청하기를 먼저 주창하였다 하더라도, 이직의 말을 믿고 마침내 죄를 청하지 않았으니, 모두 죄가 없다고 할 수 없습니다."

상소가 올라가니, 임금이 보고 "간원의 청은 진실로 합당하다." 하고, 이 명령이 있었다. 이어서 하륜·이숙번·유정현의 죄는 논하지 말라고 명하였다.

—태종실록 15년 5월 9일—

5월 14일 의정부에서 하륜·이숙번·유정현 등이 상소하여 이직이 불충하였다 하여 죄를 청하다.

"신 등이 가만히 생각하건대, 신하의 죄로서 불충보다 더 큰 것은 없으며, 더욱이 악한 당黨보다 더 큰 것은 없습니다. 염치용과 민무회는 근거 없는 말을 지어내어 성상

의 덕에 누를 끼쳤으니, 비록 반역한 모의는 없었다고 하더라도, 그들의 불충한 마음이 벌써 나타나, 그 죄가 죽임을 용납할 수 없습니다. 의금부와 육조·간원에서 서로 잇달아 죄를 청하였는데 사헌부에서 청하지 아니하였으니, 이 또한 불충이 됩니다. 의정부에서 의논하여 죄를 청하려고 하였으나, 우의정 이직이 한사코 거절하여 듣지 않았으니, 신하 된 도리를 매우 잃었습니다."

-태종실록 15년 5월 14일-

사간원에서도 상소하여 이직과 민무회·염치용의 죄를 청하였으나, 윤허하지 아니하니 모두 사직하였다. 5월 16일과 18일인 육조에서 이직의 죄를 청하였고, 5월 19일 성석린의 상소가 올라오자 이직의 직첩과 공신녹권을 거두었고, 이후에도 끊임없이 이직의 죄를 청하는 상소가 계속되었다.

태종 15년 5월 16일 육조에서 염치용·민무회·이직 등의 죄에 대해 상소.
태종 15년 5월 18일 육조에서 다시 염치용·민무회·이직 등의 죄에 대해 상소.
태종 15년 5월 19일 창녕 부원군 성석린 등 공신들이 이직의 죄를 청하다.
태종 15년 5월 19일 이직의 직첩과 공신녹권을 거두다.
태종 15년 5월 20일 사헌 집의 안망지 등이 염치용·민무회·이직 등의 죄에 대해 상소.
태종 15년 6월 2일 의정부와 공신이 염치용 이직 등의 죄를 청하다.
태종 15년 6월 7일 대간과 형조에서 염치용 이직 등의 죄를 청하다.
태종 15년 10월 13일 사헌부에서 상소하여 남재·이직·염치용·민무휼 등의 죄를 청하나 답하지 않다.
태종 16년 1월 20일 윤향과 염치용·이직·오용권·조순화의 죄를 청하는 사헌부의 상소문.
태종 16년 1월 20일 사헌부에서 염치용·이직 등의 처벌을 요청했으나 회보하지 않다.

결국 이직은 태종의 노여움을 사서 고향인 성주로 유배당해 위리안치되는 처벌을 받았다. 유배기간 8년 동안 이직은 찾아오는 손님도 만나지 않은 채 밤낮 글만 읽었다.

태종이 왕위에서 물러나 태상왕이 된 후에도 후궁을 들이는 일은 계속되었다. 1422년 세종 4년 1월 이직의 딸이 출가했다가 과부가 되어 홀로 살고 있었는데 태상왕이 후궁으로 삼고자 한 것이다. 누구의 명인데 거부를 하겠는가. 더구나 과부가 되어있는 딸을 데리고 가겠다는데, 거부할 이유가 없었다.

세종 4년 1월 6일 태상왕이 이직과 이운로의 딸을 맞아들였다. 태상왕이 이씨를 궁중에 맞아들였으니, 이씨는 이직의 딸이었다. 일찍이 홀로 되었는데, 이때 나이 33세였다. 또 홀로 된 여자 이씨를 맞아들였으니, 이운로의 딸이었다.

졸지에 태상왕의 장인이 된 이직은 태상왕의 명에 의해 유배에서 풀려나 서울로 돌아왔다. 태상왕은 주변의 눈총이 따가웠든지 이직을 유배에서 풀어주는 것은 딸 때문이 아니라고 설명한다.

이직을 용서하고, 그 아들 이사후를 보내어 성주에 가서 불러 돌아오게 하였다. 태상왕이 측근에게 이르기를, "이직은 그 자신이 범한 죄가 있는 것이 아니라, 염치용의 죄를 논한 것이 가벼웠기 때문이다. 그러나 의정부에 있으면서 말을 꺼내었으니, 그 마음이 거짓을 품은 것은 아니다. 내가 그때 민씨의 불충한 행위를 미워하고 있었는데, 민무휼이 곧 이직의 사위인 까닭으로 이직까지 미워했던 것이다. 그러나 본래 진범이 아니므로 불러 돌아오게 한 것이요, 그의 딸이 궁중에 들어온 까닭은 아니다." 라고 하였다.

−세종실록 4년 1월 14일−

1월 25일 이직이 성주로부터 돌아오니, 태상왕이 환관 김중귀를 보내어 한강에서 맞이하였다. 이직이 경복궁에 나아가니, 태상왕이 효령대군 이보와 한평 부원군 조연에게 명을 전하여 불러 돌아오게 한 뜻을 이르니, 이직이 울면서 사례하였다. 1월 26일 이직의 직첩과 공신녹권을 돌려주었는데 표정의 변화가 없었다.

이직이 귀양 가기 전에 태상왕에게 아뢰기를, "신의 말로에 운수가 비색하온데, 지금은 은혜와 영광이 이미 성하니 사직하기를 원합니다."라고 하였다. 태상왕이 말하기를, "어찌 그렇게 할 필요가 있으랴. 역경易經에 나아가고 물러남과 쇠해짐과 성해짐의 이치를 상세히 말하였는데, 경이 역경을 읽었으니, 종신토록 잘 보존할 것이다." 하였다.

후에 염치용의 죄를 청하지 아니하였으므로, 이천우·유정현 등이 내쫓기를 청하였다. 그는 내쫓김을 당하여도 근심하는 기색이 없었다. 성주에 있은 지 8년 동안에 문을 닫고 손님을 사절하고는 밤낮으로 글만 읽었으며 부름을 받고 왔을 때에도 또한 기뻐하는 기색이 없었다.

-세종실록 4년 1월 26일-

태상왕은 이직이 유배에서 풀려난 것은 딸 덕분이 아니라고 하였지만 조정에서는 그렇게 생각하지 않았다. 이직이 풀려나는 것은 불가하다는 상소가 줄을 이었다. 8년 만에 사면되어 돌아온 전 우의정 이직에 대해 사헌부·사간원·의정부 등에서 이직의 죄를 다스릴 것을 연이어 청하였다.

사헌부 집의 박안신 등이 상소를 올리기를, "가만히 생각하옵건대, 염치용은 고려조 반역의 후손으로서, 다행히 태상왕 전하의 두 번 살려 주시는 어진 마음과 사랑을 입어, 벼슬이 높은 지위에 이르렀는데, 그 노비가 관가에 소속될 즈음에 문득 무망부도誣妄不道[88]한 말로 성상께 아뢰었으니, 그의 반역 불충함이 심합니다. 신하된 사람으로서는 마땅히 분개하여 죄주기를 청하여 형장에서 죽여야 될 것인데, 이직은 벼슬이 의정에 있으면서도 감히 사사로이 좋아하는 정으로써 다만, 그 죄를 청하지 않을 뿐만 아니라 도리어 죄를 청하는 의논까지 저지시켰으니, 그가 반역에 편당하여 인군을 배반한 사실이 나타났습니다.

다만 태상왕 전하의 관인하신 큰 도량으로써 그를 형벌에 처하지 않고 목숨을 보전하게 되었으니, 또한 만족하다고 할 수 있는데, 지금 불러 돌아오게 하고, 인하여 직첩과 녹권을 돌려주어 불충한 무리들에게 징계할 데가 없게 하였으니, 실로 적당하

88) 기만하고 속여 도의에 어긋남.

지 못합니다. 삼가 바라옵건대, 전하께서는 대의로써 결단하여, 명백히 형에 처하는 일이 종사에 매우 다행할 것입니다."라고 하였다.

사간원 우사간 심도원 등이 상소를 올리기를, "이직은 자신이 대신大臣이 되었으니, 실상 나라와 함께 기쁨과 근심을 같이할 처지인데, 몰래 두 마음을 품고 불충한 자에게 편당하였으니, 죄가 이보다 심함이 없습니다. 목숨을 보전하고 시골에서 편안히 사는 것도 모든 백관들이 분개히 여기는데, 특별히 용서를 내려 서울로 불러 돌아오게 하여, 그 직첩과 녹권을 주었으며, 노한盧閈은 이미 중한 죄로써 오랫동안 지방에 내쫓겨 있었는데, 또한 서울로 오게 하였으니, 이를 듣고 이를 본 사람들이 몹시 놀라지 않는 이가 없습니다.

신 등이 가만히 생각하옵건대, 신하가 몸소 불충한 죄를 범하고도 도리어 용서를 받게 된다면, 악한 짓을 한 자가 징계될 일이 없습니다. 삼가 바라옵건대, 전하께서 법으로 처단하여 신하들의 기대에 위로하여 주소서." 하였다.

대간이 편전에서 만나 합동하여, 이직·이백관 등의 죄를 청하니, 임금이 이르기를, "이직은 일을 처리함이 잘못된 것이고, 신하의 도리에 어긋나는 마음을 품은 것은 아니다. 이거이의 죄가 중하다면, 이저·이백강이 비록 부마가 되었더라도 태상왕께서 어찌 법에 처하지 아니하였겠느냐. 법에 처하지 않은 것은, 죄가 본디 경한 때문이었다. 이저 등이 이와 같은데, 이백신 등만이 유독 죄를 면하지 못하겠느냐."라고 하였다.
박안신이 아뢰기를, "지난번에 이저와 이백강의 죄를 청하지 않은 것은 실상 은혜로운 정을 끊는 일로써, 임금에게 기대하기가 어려운 점이었던 것이오니, 어찌 죄가 없다고 하겠습니까."라고 하였다.

영의정 유정현이 면대하여 아뢰기를, "다른 사람이 지닌 마음을 실상 헤아리기가 어렵지마는, 그러나 말은 마음의 소리이므로, 이직의 말이 불충한 데에 관계되니, 그 마음을 알 수 있습니다. 노한의 죄는 용서할 수 없으므로, 두 사람의 죄는 사람들의 이목耳目에 환하니, 전하께서 이를 다시 결재할 것입니다." 라고 하니, 임금이 이르기를, "태상왕께서 일찍이 '이직은 죄가 경하니 불러 돌아오게 할 것이다.'라고 말씀하셨는데, 다행히 지금 기회가 알맞은 까닭으로 불러 돌아오게 한 것이었다." 라고 하였다. 이 말은 이직의 딸을 궁중에 맞이한 일을 가리킨 것이었다.

–세종실록 4년 2월 1일–

논란이 계속되자 태상왕은 2월 4일 이직의 딸을 신순 궁주로 삼고 이직을 성산부원군으로 삼았다. 이직의 딸과 이직에게 왕실 인척의 벼슬을 내리니 처벌 상소는 사라졌다. 3월 19일 이직의 과전을 돌려주도록 명하였다. 4월에 경복궁으로 문안을 하니 태상왕이 병조와 승지들에 이르기를, "이제 노동형과 유배형으로 안치된 사람들은 나의 백년 뒤가 되면, 주상이 반드시 부왕 때의 죄인이라 하여 놓아주지 아니할 것이다. 그러므로 일찍이 황희와 이직을 불러 서울로 돌아오게 한 것이다." 하였다. 그러고는 4개월만인 5월 10일 태종이 승하하였다.

1423년 세종 5년 2월 세종은 이직을 성산 부원군으로 복직시켰고 1425년 9월 7일에는 영의정으로 승진시켜 아버지 태종이 총애하던 신하에 대해 예우를 함으로써 효심을 드러냈다. 1426년 5월 3일 좌의정으로 전직되었다가, 이듬해 사직하였다.

뇌물을 준 자와 받은 자는 모두 죄 주도록 청하다

사헌부에서 아뢰기를, "삼가 원육전元六典의 한 조목에, 사대부가 송사를 듣는 관리라든가 전곡을 출납하는 유사에게 사사로이 편지를 왕래하여, 옳고 그른 것을 뒤바꾸고, 관가의 물건을 축내고 훔쳐내는 등 그 폐단이 적지 아니하니, 지금부터는 일절 모두 엄금하고, 지방 관원이 주고 보내는 것도 역시 모두 엄금하되, 법을 어기고 주고받는 자는 모두 청렴하지 아니한 죄로 다스리게 하소서. 고려조의 습관이 아직도 다 개혁되지 아니하여, 전국의 관리들이 성문된 법을 지키지 아니하고 편지를 사사로이 왕래하여 관가의 소유물을 공공연하게 보내 주니 매우 미편한 일입니다. 지금부터는 일절 육전에 의하여 엄금하되, 금하는 것을 어기고 준 자나 받은 자를 모두 다 장물을 계산하여 율에 따라 죄를 판정하여, 선비의 풍습을 타일러 경계하게 하소서." 하니, 그대로 따랐다.

처음에 임금이 대신이나 조정에서 벼슬하는 선비 중에 뇌물을 받는 자가 많으므로, 엄하게 금지하는 법을 세우고자 하여 윤회尹淮를 시켜서 교지를 짓게 하고, 영의정 유정현과 성산 부원군 이직·좌의정 이원·대제학 변계량·이조판서 허조·예조 참판 이명덕을 부르고, 지신사 곽존중을 시켜서 전교하기를,

"고려조의 말년에 뇌물을 공공연하게 왕래하더니, 옛 풍습이 아직도 남아서 전국의 관리들이 관가의 물건을 공공연하게 뇌물로 주고도 태연하게 여기면서 조금도 괴이쩍게 생각하지 아니하고, 그중에 주는 것을 받지 아니하는 자는 도리어 기롱과 조소를 받으니, 이로 말미암아 뇌물죄를 범하는 관리들이 계속해서 죄를 짓게 되니, 내가 매우 민망하게 여기는 바이다. 법률 조문을 보면, 다만 관가의 소유물을 남에게 준 죄만 있고, 보내 준 것을 받은 죄에 대한 율이 없으므로, 이제 법을 세워, 준 자나 받은 자에게 다 같이 벌을 주고자 하니 특별히 교지를 내려야 할 것인가. 관할사를 시켜 아뢰게 하여 법을 세울 것인가." 하니,
유정현 등이 아뢰기를, "이와 같은 일을 아뢰어서 법을 세우는 것이 관할사의 직책입니다." 하였다.

이원이 아뢰기를, "이제 헌부에서 신더러 남이 준 뇌물을 받았다고 하므로, 신은 이 일에 대해서 감히 가부를 말하지 못하겠나이다." 하니,

유정현이 희롱하여 말하기를, "나 같은 늙은 자가 음식이나 향과 말린 고기를 받는 것이 무엇이 해로울 것이 있겠소." 하고, 변계량과 허조도 또한 말하기를, "먹는 물건을 주고받는 것은 해로울 것이 없을 것 같은데 하필 모두 금할 것이 있겠소." 하니, 곽존중이 들어가 아뢰고 나와서 이원에게 이르기를, "공의 말씀도 모두 다 아뢰어서 이미 다 아셨습니다." 하니, 이원이 감사를 드리고 나갔다.

—세종실록 6년 7월 14일—

그때 조진·왕효건·최세온·이지실이 장물을 범한 죄로 탄핵당하였고, 대신과 조정의 관원 중에 뇌물을 받아 연루된 자가 매우 많았는데, 좌의정 이원이 최세온에게 표범 가죽과 이지실에게 표지를 받았으므로 역시 사헌부의 탄핵을 받고 있는 중이라, 이원이 의논을 올릴 때 자진하여 말해서 풀게 한 것이었다. 이에 사헌부에 명령을 내려 뇌물을 준 자와 받은 자는 모두 죄주도록 엄중하게 고시하였다.

매월 조회일에 대하여 건의하다

예조에서 상정소 제조인 부원군 이직·좌의정 황희·판부사 허조·참판 정초 등과 의논하여 아뢰기를, "삼가 살펴보건대 당나라 정관 13년에 상서 좌복야 방현령이 아뢰기를, '천하가 태평하고 만사의 일이 간략하오니, 청하건대 3일 만에 한 번 조회에 나아오소서.' 하니, 이를 허락하였으며, 23년에 이르러 태위 장손무기 등이 조회에 나아와 정사를 보는 날을 주청하니, 황제가 대답하기를, '짐이 보위에 오르매, 밤낮으로 부지런하여도 오히려 많은 사무가 쌓이고 막힐까 염려되니, 이후로는 매일 상시로 조회에 나올 것이다.' 하였는데, 또 모든 관료들은 삭일(1일)과 망일(15일)에 관복을 입고 조회하게 하였으니, 고종 영휘 2년 8월에 조서를 내리기를, '다음날 1일부터 태극전에서 조회를 받겠다.' 하고, 이후로는 매양 5일마다 한 번씩 태극전에서 정사를 보고, 삭일과 망일에 조회하는 것을 영구한 일상 제도로 삼았으니, 모든 서울에 있는 문무관 직무의 9품 이상은 삭일과 망일에 조회하게 하되, 문관 5품 이상과 감찰어사·원외랑·태상 박사는 매일 상시로 참여하게 하고, 무관 5품 이상은 그대로 매월 5일·11일·21일·25일에 참여하게 하고, 3품 이상 여러 관청에 일직한 사람과 상급자는 각기 직무에 따라 참여하게 하고, 홍문관·숭문관과 국자감의 학생은 철마다 참여하게 하고, 만약 비가 내려 몸가짐을 잃게 되거나, 땅이 질면 모두 정지하도록 하였다.

연영전에 공무를 아뢰는 의식은, 전전殿에 가서 두 번 절하고, 예를 올리면서 세 번 절하고, 만복萬福을 아뢰면서 두 번 절하고, 황제가 '올라오라'고 하면, 또 두 번 절하고, 전전殿에 올라가서 두 번 절하면서 황제께 문안하고, 황제가 '편안하다.'고 하면, 또 두 번 절하고 정무를 아뢰며, 이를 마치면 두 번 절하고, 전전殿에서 내려와 두 번 절하였습니다. 후당後唐 동광 2년에 중서문하에서 아뢰기를, '매월 상시로 조회하되, 백관들을 모두 절하게 할 것입니다.'라고 하였으며, 진나라 개운 원년에 이부 시랑 장소원이 아뢰기를, '문무 조회관은 날마다 정전에서 입궐하게 할 것입니다.' 하였다.

송나라에서는 당과 오대五代의 제도를 따라, 문무관이 날마다 문명전의 정전에 조회하게 하되, 재상 한 사람이 서열의 위차를 주관하고, 5일마다 황제의 언행을 기록하게 하였다. 석림 섭씨는 말하기를, '당나라에서는 정전에서 날마다 군신들을 보고, 백관들이 모두 있는 것을 조회라 하는데, 의장을 불러 각閣에 들면 백관들도 또한 따라 들어가게 되니, 당나라의 제도는 천자가 일찍이 날마다 백관을 보지 않은 적이 없었다. 그뒤에 정전에 나아가지 않고, 자신전紫宸殿에서 본 사람은 다만 대신과 궐내의 여러 관청뿐이므로, 백관들은 전하는 말만 듣고 즉시 물러가게 되니, 백관들은 다시 천자를 볼 수 없게 되었다.'고 하였다.

송나라 신종 때의 관제는 행 시종관 이상이 날마다 수공전에 조회하는 것을 조회관이라 이르고, 모든 관청 조정관료 이상이 매 5일마다 한 번씩 자신전紫宸殿에 조회하는 것을 육참관이라 이르고, 서울에 있는 조정 관료 이상이 삭일과 망일에 한 번씩 자신전에 조회하는 것을 삭참관이라 하여, 드디어 일정한 제도로 삼았다.

본 조선의 조정에서는 1405년 태종 5년 3년 정월 일 예조의 결재에, '날마다 정무를 아뢰되, 의정부의 당상관과 육조의 당상관·삼군도총제부의 당상관·공신功臣·대간 각각 1인이 함께 나아간다.' 하였으며, 1424년 세종 6년 10월 일 교지에는 '이후로는 아뢸 때에 육조의 판서가 나아오되, 판서가 유고하면 참판이 나아오고, 참판이 유고하면 참의가 나아오게 하라.' 하였으며, 1426년 4월 일 교지에는, '이후로는 공신功臣이 아침 보고 때에 따라 참여하되, 다만 육아일六衙日[89]에 하라.' 하였으며, 선덕 3년 정월 일에 예조에서 정부·육조와 함께 의논한 결재에는 '한성부 윤 이상은 매 조회일마다 아침 보고에 나아와 참여하라.' 하였다.

신 등이 참고하여 조사고찰 하건대, 본 조정의 문무관은 조회 제도가 없으며, 사정전에서 공무를 보고할 적에 또한 절하는 예가 없으니, 옛날의 의전례에 어긋남이 있습니다. 바라건대, 당나라·송나라가 융성할 때의 법을 따라, 본 조정의 문무 직관의 품급과 여러 관사의 관장 사무에 관계되는 체제와 방식을 참고하건대, 모든 문무 2품과 참의·승지·첨총제·대간원·집현전의 6품 이상과, 의정부 사인·육조 낭관들은 날마다 조회하되, 승지가 먼저 들어가 예를 행하고 올라가서 시종하는 자리로 나아가고, 여러 문무관은 들어가 사정전의 뜰로 나아가서 조회하고, 뒤에 의정부·육조·공신·삼군·한성부·대간 중에 마땅히 공무를 보고하여야 할 사람은 전殿으로 올라가서 공무를 보고하고, 나머지 관원은 차례대로 물러가게 하소서." 하니, 그대로 따랐다.

–세종실록 11년 4월 22일–

---

89) 매달 여섯 번씩 정사를 임금에게 아뢰는 날. 고려 때에는 매월 1·5·11·15·21·25일이었고, 조선 초기에는 1·6·11·16·21·26일로서, 날짜에는 다소 변동이 있었으나 그대로 육아일을 지키다가, 뒤에는 줄어서 5·11·21·25일의 사아일四衙日을 시행하였다.

이직의 졸기

1431년[70세] 세종 13년 8월 7일 성산부원군 이직의 졸기.

성산 부원군 이직李稷이 졸卒하였다. 이직의 자字는 우정虞庭이요, 본관은 성주니 이인민의 아들이었다. 나이 16세에 문과에 급제하여 경순부 주부가 되고, 여러 차례 사헌지평·성균사예·전교 부령 등을 지내고 왕부 지인상서에 보직되었다가 종부령에 옮겼다. 병인년에 밀직사 우부대언에 임명되고,

임신년에 우리 태조 대왕을 추대하여 개국하기를 도와 드디어 지신사에 임명되고, 3등 공신에 책훈되었다. 이 해에 모친상을 당하였다가 계유년에 중추원 도승지로 상중에 부름을 받아 곧 중추원 학사에 임명되고, 추충 익대 개국공신의 호를 내려 주었다.

정축년에 사헌부 대사헌으로 옮기고, 기묘년에 중추원 사로서 서북면 도순문 찰리사를 겸임하여, 겨울에 항복한 왜적을 달래어 배 6척을 모두 서울로 보내고, 참지문하부사에 올랐다. 경진년에는 참찬문하부사로 올랐다가 곧 삼사좌사로서 지의정부사로 소환되었다. 신사년에 좌명공신 4등에 책훈되고 이내 참찬의정부사로 바꾸어 추충 익대 개국 좌명공신의 호를 더하였다.

태종의 사명을 받들고 북경에 가서 고명誥命과 인장印章을 청하여 받아 가지고 돌아왔는데, 어떤 사건으로 양천현에 안치되었다가 임오년에 석방되어 다시 참찬의정부사에 제수되었다. 계미년에 판사평부사에 임명되매, 글을 올려 사양하였으나 윤허하지 아니하였다.

1405년에 육조에 판서를 두어 계급을 정 2품으로 하였는데, 이직이 이조판서에 임명되었다. 정해년에 동북면 도순문 찰리사, 영흥 부윤으로 나갔다가 곧 의정부 찬성사로 불러들여 사헌부 대사헌을 겸하였다. 1408년에 다시 이조판서가 되고, 경인년에는 천릉 도감 제조로서 경원부에 이르러 덕릉·안릉 두 능을 함흥부로 받들어 옮겼다.

임진년에 성산 부원군으로 오르고, 1414년에 판의정부사가 되어 글을 올려 사직하였으나 윤허하지 아니하고, 얼마 안 되어 의정부 우의정에 올랐다. 황제가 북쪽을 정벌하여 개선하자 이직이 표문을 받들고 가서 축하하였다.

1415년에 죄로 인하여 성주에 안치되었다가 1422년에 소환하여 다시 성산 부원군에 봉하였다. 1424년에 영의정부사를 오르고, 인종 황제가 등극하매 표문을 받들고 가서 축하하였다. 1426년에 좌의정을 제수받고, 1427년에 사직을 원하여 성산 부원군을 봉하였는데, 이에 이르러 졸하니 나이가 70이었다. 슬피 곡하고 3일간 조회를 정지하며, 조의를 표하고 부의로 쌀과 콩 70석과, 종이 1백 50권을 주고 관청에서 장례를 다스리게 하였다.

이직은 천성이 후중하고 근신하며, 개국 초에 어울려 함께한 인연으로 공신의 반열에 참여함을 얻어 지위가 최고에 이르렀으나 세상과 더불어 돌아가는 대로 좇아 따라가며, 일을 당하여서는 가부의 결단이 없으므로 시대 사람들이 이로써 부족하였다고 하였다. 아들은 이사후李師厚·이사원李師元·이사순李師純 셋이 있었다.

-세종실록 13년 8월 7일-

세종은 이직의 부음 소식에 모든 사무를 전폐하고 사흘 동안 조회를 금하게 한 뒤 빈소를 찾아 조문길에 나섰다. 빈소에서 세종은 손수 분향하며 조의를 표하는 글을 올렸다.

이직은 세 아들을 두어 맏이 이사순은 공조 참판, 둘째 이사원은 황해도와 강원도 관찰사, 3남 이사후는 한성판윤을 지냈다. 딸이 있어 일찍 출가했다가 남편을 잃었는데, 33세가 되던 해 태상왕이던 태종에게 개가하여 후궁이 되었다.

이직은 성주의 안봉서원에 제향 되었고, 저서로는 형제 시집이 남아 있다. 가곡원류歌曲源流에 시조 한 수가 전한다. 조선 개국공신 이직이 고려조 유신들을 향해 노래한 내용이다. 이성계가 정권을 잡자 불사이군을 외치며 죽음으로 저항한 기득권의 충신들이 아닌, 새로운 정치세력으로 부상한 공신들의 관점에서 노래한 글이다.

까마귀 검다 하고 백로야 웃지 마라

겉이 검은들 속조차 검을쏘냐

겉 희고 속 검은 이는 너뿐인가 하노라.

1431년 세종 13년 10월 6일 성산 부원군 이직에게 제를 올리다.

성산 부원군 이직에게 제를 올렸다. 그 교지에, "국운을 도와 나라를 다스렸으니, 의리는 이미 나라에 기쁨과 근심을 같이했으며, 공을 표창하고 덕을 높였으니, 예절은 마땅히 사후의 영광이 갖추어졌다. 이것이 곧 일정한 규정인데, 어찌 사사로 베푸는 은혜이랴. 경은 성질이 온화하고 순수하며, 기국은 크고 깊었도다. 일찍이 경제의 재주를 가지고, 이내 성현의 학문을 궁구하였다. 도량은 중임을 맡을 만하고, 밝음은 기미를 환하게 알 만하였도다.

고려의 국운이 쇠진하여, 하늘이 덕 있는 이를 찾았는데, 마침 풍운의 기회를 만나자 친히 일월의 빛에 의지하였도다. 이미 태조를 따라서 나라를 세운 훈공을 이루었고, 또한 본인을 도와서 천명을 보좌하는 공렬을 이루었다. 정성을 다하여 임금을 섬겼으며, 힘을 다하고 꾀를 합하였도다. 산하의 맹서를 두 조정에 서약하고, 죽백의 공명을 만세에 전했으니, 경의 우리 종사에 힘을 쓴 것이 또한 컸도다. 이로 인하여 태조께서 고굉(팔과 다리)의 도움을 입게 되고, 의정부에서는 주석의 바탕이 높았다. 두 번이나 사헌부에 봉직하였고, 여러 번 관찰사 되었다. 네 번이나 황제의 조정에 조회했으나 모두 응대를 잘했으며, 세 번이나 정승이 되었으나 진실로 백성들이 우러렀도다.

참으로 국가의 의문을 점치는 큰 거북이요, 난국을 처리하는 예리한 무기였도다. 생각건대, 나의 작은 몸을 전부터 아는 사람에게 맡기려 했는데, 대대로 섬기는 신하를 돌아보니 다시 생존한 사람이 없었다. 우뚝 선 한 늙은이가 네 조정까지 남아 있어, 이에 돌보아 주는 마음이 깊었으며, 더욱 보좌하는 힘을 입었도다. 무릇 이 제도가 모두 경이 만든 것인데, 어찌 질병이 오래 머물러 부음이 문득 이르게 되었을까. 하늘이 좋은 보좌를 빼앗아 이미 의지할 바 없었으니, 나라에 큰 의심이 있으면 누구에게 이를 결정하겠는가. 지금 예관을 보내어서 전을 드리고, 또 치상하는 일로써 종말을 수습하려 하노라. 아아, 평탄할 때나 험난할 때에 변하지 않으니, 감히 경의 그전 공적을 잊겠는가. 저승과 이승의 간격이 없으니 진실로 나의 지극한 심정을 헤아리리라." 하였다.

-세종실록 13년 10월 6일-

1433년 세종 15년 3월 2일 좌의정 이직의 아내 허씨에게 제를 올리다. 신보를 쓰기가 이 교서로부터 비롯하다.

좌의정 이직의 아내 허씨에게 제를 올렸다. 그 교서에 이르기를, "국가에 공이 있는 훈신을 길이 생각하여 은혜가 내실(안방)에 미치므로, 이에 구휼을 닦노라. 생각건대, 그대 허씨는 지체 높은 집안으로 태어나서 어진 사람의 배필로 들어왔고, 일찍이 집을 다스리는 법이 드러나서 문벌의 아름다움을 더하였더니, 지금 세상을 떠나매 진실로 애처롭도다. 이에 예관을 명하여 대신 작은 제를 베풀게 하노라. 이 특별한 은혜를 몸 받아서 나의 지극한 회포를 알지어다." 하였다. 대체 어보御寶인 신보信寶 쓰기를 이 교서로부터 비롯하였다.

-세종실록 15년 3월 2일-

[승진과정]

1377년[16세] 고려 우왕3년 문과급제, 밀직사 우부대언, 예문제학
1392년[31세] 태조 1년 이성계 추대에 참여해 도승지, 개국공신 3등
1393년[32세] 태조 2년 2월 도승지, 9월 중추원 학사
1394년[33세] 태조 3년 8월 12일 무악천도를 주장. 12월 밀직제학
1397년[36세] 태조 6년 1월 대사헌
1399년[38세] 정종 1년 1월 지중추원사, 12월 지문하부사
1400년[39세] 정종 2년 5월 삼사좌사, 12월 삼사우복야
1401년[40세] 태종 1년 윤 3월 참찬의정부사, 12월 찬성사
            12월 무역마의 값을 잘못 정하여 괴산에 귀양
1402년[41세] 태종 2년 9월 참찬의정부사, 10월 예문관 대제학
1403년[42세] 태종 3년 3월 판사평부사
1404년[43세] 태종 4년 6월 판사평부사 사직, 성산군
1405년[44세] 태종 5년 1월 이조판서
1406년[45세] 태종 6년 8월 예문관 대제학
1407년[46세] 태종 7년 7월 영흥 부윤, 10월 찬성사, 12월 대사헌
1408년[47세] 태종 8년 2월 이조판서 겸 판의용순금사사, 지공거
1410년[49세] 태종 10년 5월 천릉도감제조
1411년[50세] 태종 11년 4월 이조판서
1413년[52세] 태종 13년 9월 동북면 도체찰사
1414년[53세] 태종 14년 6월 우의정
1415년[54세] 태종 15년 5월 9일 성주에 유배되다.
1422년[61세] 세종 4년 1월 이직의 딸이 태상왕의 후궁이 되다.
1422년[61세] 세종 4년 2월 4일 이직을 성산부원군으로 삼았다.
1424년[63세] 세종 6년 9월 7일 영의정. 9월 19일 명나라 황제 등극사신
1425년[64세] 세종 7년 1월 24일 황제의 예우를 받고 북경에서 돌아오다.
1426년[65세] 세종 8년 2월 8일 속육전을 올리다.
1426년[65세] 세종 8년 5월 3일 좌의정
1427년[66세] 세종 9년 1월 좌의정 사임, 성산부원군
1428년[67세] 세종 10년 1월 26일 기자묘를 세울 것을 청하다.
1429년[68세] 세종 11년 4월 22일 매월 조회일에 대하여 건의하였다.
            4월 23일 늙은 대신들은 5일에 한 번 조회에 참석하게 하다.
1431년[70세] 세종 13년 8월 7일 성산부원군 이직이 죽다.

조선왕조 영의정 재임기간

영의정	임기 시작	임기 종료	영의정	임기 시작	임기 종료	영의정	임기 시작	임기 종료	영의정	임기 시작	임기 종료
배극렴	1392.7.17	1392.11.24	조준	1392.12.13	1399.12.1	심덕부	1399.12.1	1400.3.3	성석린	1400.3.15	1400.9.8
민제	1400.9.8	1400.11.13	이거이	1400.11.13	1401.윤3.1	김사형	1401.윤3.1	1401.7.13	이서	1401.7.13	1402.4.18
이거이	1402.4.18	1402.10.4	성석린	1402.10.4	1403.4	조준	1403.7.16	1404.6.6	조준	1405.1.15	1405.6.27
성석린	1405.7.3	1406.12.7	이서	1406.12.8	1406.12.8	성석린	1406.12.9	1407.7.4	이화	1407.7.4	1408.1.3
하륜	1408.2.11	1409.8.10	이서	1409.8.10	1409.10.11	하륜	1409.10.11	1412.8.21	성석린	1412.8.21	1414.4.17
하륜	1414.4.17	1415.5.17	성석린	1400.3.15	1416.5.24	남재	1416.5.25	1416.11.2	유정현	1416.11.2	1418.6.5
한상경	1418.6.5	1418.9.3	심온	1418.9.3	1418.12.7	유정현	1418.12.7	1424.9.7	이직	1424.9.7	1426.5.13
			황희	1431.9.3	1449.10.5	하연	1449.10.5	1451.7.13	황보인	1451.10.29	1453.10.11
수양대군	1453.10.11	1455.윤6.11	정인지	1455.윤6.11	1458.2.13	정창손	1458.7.1	1459.11.6	강맹경	1459.11.6	1461.4.17
정창손	1461.4.29	1462.5.10	신숙주	1462.5.20	1466.4.18	구치관	1466.4.18	1466.10.19	한명회	1466.10.19	1467.4.6
황수신	1467.4.6	1467.5.20	심회	1467.5.20	1467.9.20	최항	1467.9.20	1467.12.12	조석문	1467.12.12	1468.7.17
이준	1468.7.17	1468.12.20	박원형	1468.12.20	1469.1.22	한명회	1469.1.23	1469.8.22	홍윤성	1469.8.22	1470.4.6
윤자운	1470.4.6	1471.10.23	신숙주	1471.10.23	1475.6.17	정창손	1475.6.7	1485.3.27	윤필상	1485.3.28	1493.11.6
이극배	1493.11.6	1495.3.20	노사신	1495.3.20	1495.10.4	신승선	1495.10.4	1497.3.29			
한치형	1500.4.11	1502.10.3	성준	1503.1.4	1504.윤4.4	유순	1504.윤4.13	1509.윤9.27	박원종	1509.윤9.27	1510.3.6
김수동	1510.3.6	1512.7.7	유순정	1512.10.7	1512.12.20				성희안	1513.4.2	1513.7.27
송질	1513.10.27	1514.7.27	유순	1514.10.1	1516.4.6	정광필	1516.4.9	1519.12.17	김전	1520.2.14	1523.2.13
남곤	1523.4.18	1527.2.2	정광필	1527.10.21	1533.5.28	장순손	1533.5.28	1534.9.11	한효원	1534.11.20	1534.12.29
김근사	1535.3.26	1537.10.24	윤은보	1537.11.2	1544.7.5	홍은필	1545.1.13	1545.윤1.2	윤인경	1545.윤1.6	1548.5.16
홍은필	1548.5.17	1549.1.28	이기	1549.5.21	1551.8.23	심연원	1551.8.23	1558.5.19	상진	1558.5.29	1563.1.17
윤원형	1563.1.17	1565.8.15	이준경	1565.8.10	1571.5.28	권철	1571.5.1	1573.2.1	권철	1573.3.22	1573.9.15

영의정	임기		영의정	임기		영의정	임기		영의정	임기	
	시작	종료		시작	종료		시작	종료		시작	종료
이탁	1573.9.21	1574.4.11	홍섬	1574.4.11	1576.8.1	권철	1576.8.18	1578.8.1	홍섬	1578.11.1	1579.2.1
박순	1579.2.1	1585.1.1	노수신	1585.5.1	1588.3.15	노수신	1588.5.11	1588.12.1	유전	1589.2.1	1589.10.28
이산해	1590.4.1	1592.5.1	유성룡	1592.5.1	1992.5.1	이양원	1592.5.1	1592.5.1	최흥원	1592.5.1	1593.10.25
유성룡	1593.10.27	1598.10.7	이원익	1598.10.8	1599.5.26	윤두수	1599.7.24	1599.9.19	이원익	1599.9.22	1600.1.
이산해	1600.1.21	1600.4.28	이항복	1600.6.17	1602.윤2.1	이덕형	1602.윤2.3	1604.4.9	이항복	1604.4.18	1604.5.16
윤승훈	1604.5.22	1604.11.26	유영경	1604.12.6	1608.2.14	이원익	1608.2.14	1609.8.13	이덕형	1609.9.9	1611.8.24
이원익	1611.8.24	1612.6.21	이덕형	1612.9.5	1613.8.19	기자헌	1614.1.19	1617.11.26	정인홍	1618.1.18	1619.3.13
박승종	1619.3.13	1623.3.12	이원익	1623.3.16	1625.2.21	이원익	1625.8.7	1626.12.10	윤방	1627.1.18	1627.5.11
신흠	1627.9.4	1628.6.29	오윤겸	1628.11.21	1631.8.27	윤방	1631.9.15	1636.6.13	김류	1636.7.14	1637.8.4
이홍주	1637.9.3	1638.6.11	최명길	1638.9.15	1640.1.15	홍서봉	1640.1.15	1641.8.11	이성구	1641.10.10	1642.7.24
최명길	1642.8.3	1642.11.17	신경진	1643.3.6	1643.3.11	심열	1643.5.6	1644.3.12	홍서봉	1644.3.12	1644.4.4
김류	1644.4.5	1644.12.7	김류	1645.2.3	1646.3.4	김자점	1646.3.27	1649.6.22	이경석	1649.8.4	1650.3.11
이경여	1650.3.11	1651.1.1	김육	1651.1.11	1651.12.7	정태화	1651.12.7	1654.4.22	김육	1654.6.14	1654.8.15
이시백	1654.9.6	1655.6.18	김육	1655.7.14	1655.7.24	이시백	1655.8.25	1656.6.11	정태화	1656.6.11	1658.6.16
심지원	1658.7.8	1659.3.25	정태화	1659.3.25	1661.윤7.28	정태화	1661.12.13	1667.3.11	홍명하	1667.윤4.27	1667.12.27
정태화	1668.1.2	1670.11.17	허적	1671.5.13	1672.5.5	정태화	1672.5.6	1673.4.12	허적	1673.7.26	1674.3.21
김수흥	1674.4.26	1674.7.16	허적	1674.7.26	1679.7.11	허적	1679.10.6	1680.4.2	김수항	1680.4.3	1685.7.4
김수항	1685.8.11	1687.7.24	남구만	1687.7.25	1688.7.13	김수흥	1688.7.14	1689.2.2	여성제	1689.2.2	1689.2.9
권대운	1689.2.10	1694.4.1	남구만	1694.4.1	1695.7.2	남구만	1695.10.2	1696.6.25	유상운	1696.8.11	1698.1.23
유상운	1698.3.13	1699.3.16	유상운	1699.6.27	1699.10.17	서문중	1700.1.16	1700.3.22	서문중	1700.5.16	1701.3.27
최석정	1701.6.19	1701.10.1	서문중	1702.1.24	1702.9.29	최석정	1703.2.11	1703.6.16	신완	1703.8.6	1704.6.24
신완	1704.9.26	1705.2.5	최석정	1705.4.13	1705.8.10	최석정	1706.1.24	1706.10.28	최석정	1707.1.12	1708.4.19
최석정	1708.7.29	1709.6.29	최석정	1709.10.24	1710.3.12	이여	1710.3.25	1710.윤7.17	서종태	1711.4.19	1712.1.20

영의정	임기		영의정	임기		영의정	임기		영의정	임기	
	시작	종료		시작	종료		시작	종료		시작	종료
서종태	1712.4.19	1712.9.26	이유	1712.9.26	1713.7.16				서종태	1714.9.27	1716.8.5
김창집	1717.5.12	1718.8.8				김창집	1719.1.4	1721.12.9	조태구	1721.12.19	1723.6.6
최규서	1723.8.20	1724.9.23	이광좌	1724.10.3	1724.12.18	정호	1725.4.23	1727.4.14	이광좌	1727.10.1	1729.5.18
홍치중	1729.6.6	1732.6.23	심수현	1732.12.26	1734.5.4				이의현	1735.2.12	1735.2.28
김흥경	1735.11.20	1736.2.27				이광좌	1737.8.11	1740.5.26	김재로	1740.9.28	1745.3.14
김재로	1745.4.14	1749.9.5				조현명	1750.3.11	1750.10.29			
김재로	1751.3.25	1752.9.23	이종성	1752.10.17	1753.5.25	김재로	1753.9.3	1754.5.7	이천보	1754.5.14	1755.4.21
이천보	1755.7.17	1756.2.18	이천보	1756.3.2	1758.8.12	유척기	1758.8.12	1759.3.18	이천보	1759.3.18	1759.5.7
김상로	1759.5.7	1759.8.15	김상로	1759.8.17	1760.10.14	.			홍봉한	1761.9.27	1762.윤5.2
신만	1762.윤5.2	1762.9.17	신만	1762.9.20	1763.5.26	신만	1763.5.30	1763.7.4	홍봉한	1763.7.4	1766.4.16
홍봉한	1766.4.26	1766.9.12	윤동도	1766.10.21	1766.11.5	윤동도	1766.11.24	1766.12.9	서지수	1766.12.9	1767.3.17
김치인	1767.3.19	1767.6.14	김치인	1767.6.27	1768.6.8	서지수	1768.6.8	1768.6.14	김치인	1768.6.14	1768.11.3
홍봉한	1768.11.24	1770.1.10	김치인	1770.1.10	1770.11.21	김치인	1770.12.5	1771.4.24	김치인	1771.4.28	1772.3.9
김상복	1772.3.9	1772.3.24	김상복	1772.4.8	1772.8.20	김상복	1772.9.3	1772.10.5	한익모	1772.10.5	1772.10.22
김상복	1772.10.22	1772.11.22	신회	1772.11.22	1773.1.27	한익모	1773.1.28	1773.2.6	한익모	1773.윤3.13	1773.4.15
김상복	1773.4.16	1774.6.21	한익모	1774.6.21	1774.6.28	신회	1774.6.28	1775.7.1	한익모	1775.7.7	1775.11.30
김상철	1775.12.4	1776.3.14	김양택	1776.3.19	1776.6.25	김양택	1776.7.5	1776.8.7	김상철	1776.8.17	1778.7.15
김상철	1778.7.18	1779.9.29	서명선	1779.9.29	1780.1.5	김상철	1780.1.8	1781.1.6	서명선	1781.1.16	1783.1.19
정존겸	1783.6.2	1784.10.8	서명선	1784.10.11	1785.3.9	정존겸	1786.2.13	1786.7.17	정존겸	1786.7.20	1786.10.21
김치인	1786.10.21	1787.7.21	김치인	1787.8.3	1788.3.13	김치인	1788.4.13	1788.12.4	김치인	1789.1.4	1789.1.9
김익	1789.7.11	1789.9.26	이재협	1789.9.27	1789.11.17	김익	1790.1.19	1790.3.20	채제공	1793.5.25	1993.6.4
홍낙성	1793.6.22	1794.4.10	홍낙성	1794.4.17	1795.6.28	홍낙성	1795.8.12	1796.10.22	홍낙성	1796.11.19	1797.5.22
이병모	1799.9.28	1799.11.8	이병모	1800.1.1	1800.7.4	심환지	1800.7.4	1802.10.18	이시수	1802.10.27	1803.1.22
이병모	1803.3.20	1803.7.6				이병모	1805.10.15	1805.12.6	서매수	1805.12.7	1806.1.30

영의정	임기		영의정	임기		영의정	임기		영의정	임기	
	시작	종료		시작	종료		시작	종료		시작	종료
이병모	1806.2.1	1806.9.10				김재찬	1812.5.1	1816.5.10			
서용보	1819.1.25	1820.6.15	한용귀	1821.4.24	1821.10.26	김재찬	1821.11.19	1823.2.22	남공철	1823.2.23	1824.12.1
남공철	1827.4.2	1829.6.14	남공철	1830.9.7	1831.5.16	남공철	1832.7.29	1833.5.16	이상황	1833.5.16	1834.2.4
심상규	1834.7.9	1835.6.10				이상황	1837.10.20	1838.3.23			
조인영	1841.4.22	1841.9.4	조인영	1842.1.7	1842.9.12	조인영	1844.8.10	1844.9.22	권돈인	1845.3.26	1845.6.2
권돈인	1847.11.22	1848.7.4	정원용	1848.7.4	1848.10.25	정원용	1849.8.5	1850.10.5	조인영	1850.10.6	1850.12.6
권돈인	1851.2.2	1851.6.19				김흥근	1852.1.20	1852.3.17	김좌근	1853.2.25	1855.11.26
김좌근	1858.11.1	1859.1.12	정원용	1859.1.12	1860.1.24	정원용	1861.5.30	1861.10.20	김좌근	1861.11.1	1862.4.19
정원용	1862.10.19	1863.9.8	김좌근	1863.9.8	1864.4.18	조두순	1864.6.15	1865.5.16	조두순	1865.5.17	1866.4.13
이경재	1866.4.13	1866.4.29	김병학	1867.5.18	1868.윤4.11	정원용	1868.윤4.11	1868.윤4.21	김병학	1868.윤4.23	1872.10.1
홍순목	1872.10.12	1873.4.29	이유원	1873.11.13	1874.12.4	이유원	1874.12.5	1874.12.27	이유원	1875.2.15	1875.4.12
이최응	1875.11.20	1878.1.16	이최응	1878.4.26	1880.2.11	이최응	1880.2.13	1881.윤7.17	이최응	1881.윤7.21	1881.윤7.25
이최응	1881.11.15	1882.1.13	서당보	1882.1.13	1882.3.2	홍순목	1882.3.3	1882.10.22	홍순목	1882.10.24	1882.11.19
홍순목	1882.11.22	1883.6.7				김병국	1884.5.22	1884.10.2	심순택	1884.10.21	1885.11.2
심순택	1885.11.9	1886.8.6	심순택	1886.11.22	1888.4.5	심순택	1888.4.7	1888.8.16	심순택	1888.9.30	1889.10.11
심순택	1889.10.12	1892.1.18	심순택	1892.4.26	1892.윤6.17	심순택	1892.7.21	1892.12.5	심순택	1893.2.2	1894.3.14
심순택	1894.4.30	1894.6.18	김병시	1894.6.20	1894.6.25	김홍집	1894.6.25	1894.7.15	김홍집	1895.4.1	1895.5.5
박정양	1895.5.8	1895.7.5	김홍집	1895.7.5	1896.2.11	김병시	1896.9.24	1897.1.10	김병시	1897.2.19	1897.4.5
심순택	1897.8.1	1897.12.10				김병시	1898.7.21	1898.8.12	심순택	1898.9.23	1898.10.11
윤용선	1898.10.21	1898.10.27	조병세	1898.11.5	1898.12.6	윤용선	1899.6.27	1900.1.2	윤용선	1900.1.29	1900.8.9
윤용선	1900.8.10	1900.8.24	윤용선	1900.9.1	1901.4.7	심순택	1901.6.15	1901.8.24	윤용선	1901.8.25	1901.9.12
윤용선	1901.9.23	1902.5.24	심순택	1902.5.24	1902.6.2	윤용선	1902.6.7	1902.12.4	이근명	1903.1	1903.5.15
윤용선	1903.5.25	1903.7.12	이근명	1903.9.12	1904.1.22	이근명	1904.1.25	1904.3.17	이근명	1904.11.5	1905.1.7
민영규	1905.5.28	1906.6.12	조병호	1906.6.18	1906.7.5	조병호	1906.12.22	1907.2.2	이완용	1907.6.14	1910.8.22